T0198597

WiWi klipp & klar

Reihe herausgegeben von

Peter Schuster
Fakultät Wirtschaftswissenschaften
Hochschule Schmalkalden
Schmalkalden, Deutschland

WiWi klipp & klar steht für verständliche Einführungen und prägnante Darstellungen aller wirtschaftswissenschaftlichen Bereiche. Jeder Band ist didaktisch aufbereitet und behandelt ein Teilgebiet der Betriebs- oder Volkswirtschaftslehre, indem alle wichtigen Kenntnisse aufgezeigt werden, die in Studium und Berufspraxis benötigt werden.

Vertiefungsfragen und Verweise auf weiterführende Literatur helfen insbesondere bei der Prüfungsvorbereitung im Studium und zum Anregen und Auffinden weiterer Informationen. Alle Autoren der Reihe sind fundierte und akademisch geschulte Kenner ihres Gebietes und liefern innovative Darstellungen – WiWi klipp & klar.

Weitere Bände in dieser Reihe: http://www.springer.com/series/15236

Jan-Frederik Engelhardt •
Alexander Magerhans

eCommerce klipp & klar

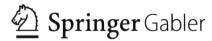

Springer Gabler

Jan-Frederik Engelhardt
Hannover, Deutschland

Alexander Magerhans
EAH Jena
Jena, Deutschland

ISSN 2569-2194   ISSN 2569-2216   (electronic)
WiWi klipp & klar
ISBN 978-3-658-26503-8   ISBN 978-3-658-26504-5   (eBook)
https://doi.org/10.1007/978-3-658-26504-5

Die Deutsche Nationalbibliothek verzeichnet diese Publikation in der Deutschen Nationalbibliografie;
detaillierte bibliografische Daten sind im Internet über http://dnb.d-nb.de abrufbar.

Springer Gabler ist ein Imprint der eingetragenen Gesellschaft Springer Fachmedien Wiesbaden
GmbH und ist ein Teil von Springer Nature.
Die Anschrift der Gesellschaft ist: Abraham-Lincoln-Str. 46, 65189 Wiesbaden, Germany

Inhaltsverzeichnis

Abbildungsverzeichnis

„A mind is like a parachute. It doesn't work if it's not open."

Frank Zappa

1.1 Der digitale Kosmos, der eCommerce und das Buch

Der digitale Kosmos, unendliche Weiten. Wir schreiben das Jahr 2019. Dies sind die Abenteuer des eCommerce, der unterwegs ist, um neue Datenwelten zu erforschen, neue Geschäftsmodelle und virtuelle Nutzungsdimensionen. Viele Lichtjahre vom analogen Kosmos entfernt dringt der eCommerce in Galaxien vor, die nie ein Mensch zuvor gesehen hat.
(In Anlehnung an „Raumschiff Enterprise").

Die Analogie birgt einen gewissen Reiz: Der eCommerce wird gerne als Wirtschaftsraum gesehen, der als digitaler Kosmos quasi eine eigene, vom analogen Kosmos weitestgehend losgelöste Entstehung und Entwicklung vollzieht. Der eCommerce hat die Weiten des Weltraums für alle Akteure deutlich erweitert. Die zuvor sehr konkret wahrnehmbaren Grenzen des analogen, physikalischen Handelns in einem Wirtschaftsraum in Form von räumlich nur beschränkt adressierbaren Kunden, begrenzten Beschaffungsmärkten und limitierten Lieferantenbeziehungen sowie auch räumlich eingeschränkten Absatzkanälen sind aufgehoben, zumindest aber deutlich weniger begrenzt. Eine eCommerce-Plattform ist grundsätzlich weltweit verfügbar, der Zugang zu Märkten nicht eingeschränkt und Warenströme können nahezu weltweit gelenkt werden. Unglaubliche Erfolgsgeschichten von Unternehmen, die in diesem digitalen Kosmos erfolgreich agieren, sind hinlänglich bekannt. Ein Unternehmen wie beispielsweise Google konnte mit einer Website, die quasi nur ein einziges Freitextfeld zur Sucheingabe und durchnummerierte Suchergebnisse als Leistung anbietet, zu einem weltweit dominierenden Player aufsteigen. Anbieter von kostenfreien Chatprogrammen wie WhatsApp sind nur auf Basis von Nutzer- aber nicht zahlenden Kundenstämmen im zweistelligen Milliardenbereich bewertet worden. Logistikunternehmen wie Amazon und Alibaba schicken sich an, den weltweiten eCommerce zu zentralisieren. Vor 30 Jahren alles undenkbar und auch erst durch die Exploration des digitalen Kosmos und seiner unendlichen Weiten denkbar geworden. Gleichzeitig verdichtet sich aber auch die Erkenntnis, dass der Vorstoß in diese fernen Galaxien noch einigen wenigen vorbehalten ist. Die Abenteuer sind bei Weitem nicht für jeden Explorierenden oder Forschenden auch von wirtschaftlichem Erfolg gekrönt. Es scheint nur eine kleine Gruppe von Unternehmen zu geben, die

© Springer Fachmedien Wiesbaden GmbH, ein Teil von Springer Nature 2019
J.-F. Engelhardt, A. Magerhans, *eCommerce klipp & klar*, WiWi klipp & klar,
https://doi.org/10.1007/978-3-658-26504-5_1

den digitalen Kosmos verstanden haben, ihn sicher durchqueren und die Gravitationskräfte auf die Nutzer- und Geldströme für sich nutzbar machen können. Wie auch im analogen, physikalischen Kosmos sind viele Unternehmen nicht in der Lage, durch eCommerce die Nutzermaterie zu verdichten, zu entzünden und als stabilen Kundenstern dauerhaft in seinem System zu etablieren.

Die Analogie hat aber noch einen zweiten Reiz: Die im weitesten Sinne naturwissenschaftliche Herangehensweise an das Phänomen des digitalen Kosmos – mit dem eCommerce als zentrales kosmischen Element. Kosmos ist übrigens der griechische Begriff für Ordnung, quasi die geordnete Struktur, die sich am Himmel widerspiegelt. Universum als lateinisches Pendant steht eher für „das Ganze", alles was da ist. Die Kosmologen beschäftigen sich also mit „dem Wesen des Ganzen". In diesen Wissenschaftsdisziplinen wird der Versuch unternommen, die geordnete Struktur des Ganzen in einfache Modelle zu überführen. Es gilt zu klären, welche Art von Wirkungsgeflecht liegt dem Ganzen zugrunde? Ziel ist es, nicht weniger als die „Weltformel" zu finden, die sämtliche physikalischen Phänomene beschreibbar und erklärbar macht. Hierzu werden Grundkräfte definiert, Wechselwirkungen beschrieben und letztlich die Vereinbarkeit der verschiedenen Modellannahmen angestrebt. Ganz ist dies bislang noch nicht gelungen. Für den eCommerce ist es ebenso erstrebenswert, möglichst einfache Modelle zu formulieren, die die auftretenden Kräfte im digitalen Kosmos beschreiben und erklären. Ähnlich beispielsweise der Gravitation sollte die Fähigkeit einer eCommerce-Plattform erklärbar sein, Nutzer auf sich zu zentrieren und in (loyale) Kunden zu transformieren. Da die Gravitation intern instabil ist, d. h. eine Masse müsste unter dem eigenen Gewicht zusammenfallen, muss es Kräfte geben, die dieser Kraft entgegenstehen. Was ist Masse im digitalen Kosmos? Welche weiteren Kräfte wirken im Umfeld des eCommerce und wie wirken die Kräfte wechselseitig? Die Suche nach solch umfassenden Modellen für den eCommerce kann sich dabei nicht auf physikalische Gesetze zurückziehen, zu groß ist die Re-

levanz vieler weiterer Erkenntnisdisziplinen wie die der Ökonomie, der Psychologie und vieler mehr.

Das Wissen um die Wirkungsmechanismen und Grundkräfte des eCommerce, aber auch der eCommerce selbst haben sich mit hoher Geschwindigkeit weiterentwickelt. Für die Unternehmenspraxis ist der eCommerce von hoher und zunehmender Bedeutung, da der wirtschaftliche Erfolg vieler Unternehmen heute und in Zukunft entscheidend vom eCommerce abhängt. Um den Erfolg weiter aktiv zu gestalten, ist die Kenntnis des Nutzers bzw. des Kunden im eCommerce von zentraler Bedeutung. Um in der Analogie zu bleiben: Der digitale Kosmos vereint eine Vielzahl von Kräften – die des Nutzers ist aber mit Sicherheit eine zentrale. Auch die Technologie ist eine weitere Kraft im Gefüge des digitalen Kosmos. Sie legt ganz wesentlich die Basis für die Möglichkeit von Transaktionen, regelt die Leistungsbeziehungen von den beteiligten Partnern und übernimmt in zunehmendem Maße die Entscheidungshoheit in vielen Kernbereichen des eCommerce. Das Unternehmen selbst ist eine dritte Kraft, die Einfluss auf das Wirkungs- und Austauschgefüge des digitalen Kosmos ausübt. Grundsätzlich aber hinken wir der Physik noch ein bedeutendes Stück in der Modellierung des digitalen Kosmos hinterher – nicht zuletzt aufgrund des einige Jahrhunderte umfassenden Vorsprungs der Physiker in der Durchdringung des Erkenntnisgegenstandes. Da wir aber der Überzeugung sind, dass der Kunde im eCommerce eine zentrale, vielleicht die zentrale Kraft ist, fokussiert sich dieses Buch in weiten Teilen auf die Erklärung des Kundenverhaltens.

1.2   Aufbau des Buches

Im zweiten Kapitel des Buches werden die Grundlagen zur Wertschöpfung im eCommerce in Form der Geschäftsmodellierung dargestellt. Sind die Dimensionen und Elemente des Geschäftsmodells definiert, wird der Kunde im dritten Kapitel des Buches auf die Reise geschickt. Ausgehend von dem modellierten Geschäftsmodell wird der

Kunde entlang seiner idealtypischen Customer Journey beschrieben und die inneren Prozesse des Kunden erklärt. Es werden die zentralen psychologischen Phänomene vom Start bis zum Ende seiner Journey genannt und erläutert. Dies reicht von der Ebene seiner Erwartungen bis zu den Herausforderungen in der Kundenbindung oder auch -rückgewinnung. Darauf aufbauend wird im vierten Kapitel des Buches die Journey des Kunden aus einer Gestaltungssicht des Unternehmens durchlaufen. Wie sind die Shopdimensionen im eCommerce zu gestalten, um den Kunden bestmöglich auf seiner Reise zu führen und zu begleiten. Das fünfte Kapitel schließlich rückt den Kunden wieder in den Fokus. Das Konstrukt der Total Customer Experience wird als zentrales und als eine Journey umfassendes Erlebnis vorgestellt. In diesem Kapitel werden auf Basis des Verständnisses der Gesamterfahrung die Anforderungen an ein Omni-Channeling vorgestellt. Hiermit wird dem Umstand Rechnung getragen, dass die Journey des Kunden in der Regel eine Vielzahl von Kontakten im digitalen Kosmos vorhält – und die gilt es zu orchestrieren. Das fünfte Kapitel schließt mit einem kurzen Einblick in das Instrumentarium des digitalen Kosmos. Die wichtigsten Techniken zur Datenspeicherung und -auswertung werden angerissen und die Potenziale dieser Technologien ausgeführt, um den eCommerce handhabbar zu machen.

Kapitel 2
Das Geschäftsmodell beschreibt das Grundprinzip, nach dem eine Organisation Werte schafft, vermittelt und erfasst. Bevor ein Geschäftsmodell jedoch ausdifferenziert wird, müssen die spezifischen Gesetze der Netzwerkökonomie verstanden sein. Diese Gesetze sind wesentlich für die Geschäftsmodelle im eCommerce, da diese zwar nicht neu, aber gegenüber den Modellen im analogen Kosmos bedeutend anders ausgeprägt sind. Diese Gesetze sind im Wesentlichen: Huntley's Law, Moore's Law, Gilder's Law, Metcalfe's Law, McGuire's Law und Arthur's Law. Auf Basis dieser Gesetze und Wirkungsmechanismen sind wesentliche Effekte zu verstehen und abzubilden:

1) Das Prinzip der kritischen Masse postuliert, dass Teilnehmergenerierung vor Profitstreben zu setzen ist. Um dieses – auch sehr kontrovers diskutierte – Prinzip zu realisieren, werden Instrumente aufgezeigt und detailliert.
2) Ein weiteres Prinzip ist das der „Vernetzung und Virtualisierung". Zentral ist hier, dass Unternehmen begreifen (müssen), dass der Wettbewerb nicht der von Unternehmen untereinander sein wird. Vielmehr konkurrieren vernetzte Unternehmen als Ecosystem miteinander – und gewinnen oder verlieren gemeinsam. Auch dieses Prinzip ist für den Marketer des analogen Kosmos nicht einfach zu akzeptieren. Jahrzehntelang wurde die Wettbewerbsstrategie des Unternehmens in den unternehmerischen Fokus gerückt – „gewinne" gegen deine Marktbegleiter. Nun heißt es: „Kooperiere" mit ihnen. Im Supply-Chain-Management ist diese Kooperation bereits tief verankert und akzeptiert, dass ein Unternehmen allein nicht die wahrgenommene Leistungsfähigkeit beim Endkunden gewinnen kann – sondern nur die Supply- Chain als Ganzes.
3) „Begleite den Kunden auf seiner Customer Journey" (Social-Local-Mobile-Ansatz). So trivial dieses anmutet, so schwer gestaltet es sich. Unternehmen müssen ihren Kunden begleiten – auch außerhalb der hierfür vom Unternehmen vordefinierten Kontaktsituationen. Und eCommerce-Unternehmen müssen reagieren und nicht vordefinieren.

Und letztlich ist 4) das Gesetz zunehmender Skalenerträge zu verstehen und zu nutzen. Das Bit kostet – fast – nichts. Das Vervielfältigen des Bits kostet letztlich – fast immer – nichts. Inwiefern dies Gültigkeit für das eigene Geschäftsmodell besitzt und inwiefern fundamentale Gesetze (des abnehmenden Grenznutzens) nur noch eingeschränkt gültig sind, muss geprüft werden. Das Managen von eCommerce-Unternehmen muss sich insbesondere mit diesem Gesetz sehr intensiv befassen, da Steuerungsmechanismen unter Umständen neu justiert und auszurichten sind. Vor dem Hintergrund dieser Gesetze kann das Geschäftsmodell hinsichtlich folgender, grundlegender Dimensionen beschrieben werden: Geschäftsmodellvision, Nutzendimension, Kundendimension, Wertschöpfungsdimension, Partnerdimension, Finanzdimension und der Geschäftsmodellführung. Über diese Dimensionen wird beschrieben, (1) welchen Wert ein Unternehmen einem oder mehreren Kundensegmenten anbietet, sowie (2) die notwendige Architektur und das Partnernetzwerk, um das Wertangebot zu erstellen, vermarkten und auszuliefern. Es wird festgelegt, (3) wie die geschaffenen Werte dem Kunden kommuniziert und übertragen werden und schließlich beschreibt es (4) die Logik, mit der ein Unternehmen Geld verdient. In einigen Fällen ist die Ausrichtung auf zukünftige Weiterentwicklungen inkludiert, sodass (5) die Anpassung der Schaffung von Werten aufgenommen werden kann, um die Nachhaltigkeit des Geschäftsmodells in der Zukunft sicherzustellen.

Kapitel 3

Im dritten Kapitel steht der Kunde im Mittelpunkt des Interesses. Zunächst betrachten wir die Akquisemöglichkeiten, die sich im Internet für einen Onlineanbieter ergeben. Dabei kommen die Suchmaschinenoptimierung und -werbung sowie das Display Advertising zur Sprache. Wie die Diskussion des Affiliate Marketing zeigt, ergeben sich dadurch gerade für kleinere und mittlere Unternehmen interessante Akquisechancen. Social Media ist mittlerweile Teil unseres täglichen Medienkonsums und darf daher bei einer Betrachtung von Akquisemaßnahmen nicht fehlen. Sobald es einem Onlineanbieter gelungen ist, Kunden für sein Leistungsangebot zu gewinnen, kommt es darauf an, deren Erwartungen zu erfüllen. Das Confirmation-/Disconfirmation-Paradigma dient uns als theoretischer Bezugsrahmen, um die verschiedenen Ursachen und Wirkungen der Kunden(un)zufriedenheit zu diskutieren. Einen Schwerpunkt haben wir auf die Messung der Kundenzufriedenheit gelegt. Nur wenn ein Onlineanbieter um die Zufriedenheit seiner Kunden weiß, kann er darauf abgestimmte Maßnahmen planen und umsetzen. Ziel dieser Maßnahmen ist es, die Erwartungen der Kunden zu übertreffen und die Kundenbindung zu stärken. Daher haben wir im Abschnitt zur Kundenbindung den Schwerpunkt auf Kundenbindungs-

maßnahmen gelegt, die ein Onlineanbieter ergreifen sollte, um seine Kunden an seinen Onlineshop zu binden. Leider sind nicht immer alle Kunden zufrieden mit dem jeweiligen Leistungsangebot. Einem systematischen und proaktiven Beschwerdemanagement kommt daher eine große Bedeutung zu. Aus unserer Erfahrung wird jedoch genau dieser Themenkomplex von vielen Onlineanbietern stark vernachlässigt. Wir thematisieren daher die einzelnen Bausteine eines Beschwerdemanagements und zeigen auf, welche Möglichkeiten, aber auch Herausforderungen sich in diesem Bereich durch die sozialen Medien ergeben. Trotz aller Bemühungen um Kundenzufriedenheit und Kundenbindung kann es passieren, dass Kunden verloren gehen. Die Kundenrückgewinnung darf bei der vorliegenden Betrachtung nicht fehlen. Verschiedene Analyseinstrumente und Anreizformen werden auf ihre Anwendbarkeit im eCommerce untersucht. Besonders wichtig sind uns in diesem Zusammenhang präventive Maßnahmen. Betrachtet man einzelne Kunden(gruppen) genauer, dann wird schnell klar, dass sich nicht alle Kundenbeziehungen gleichermaßen rechnen. Daher ist eine ökonomische Analyse der bestehenden Kundenbeziehungen der sinnvolle Abschluss des gesamten Kundenprozesses. Auch hier haben wir Analyseinstrumente ausgewählt und auf ihre Praktikabilität untersucht.

Kapitel 4

Im vierten Kapitel fokussieren wir die Betrachtung auf einen Onlineshop. Zunächst geht es um die begriffliche Abgrenzung des eCommerce, bevor wir auf die Bedeutsamkeit der richtigen Domainadresse eingehen. Entlang eines idealtypischen Bestellprozesses werden die einzelnen Elemente eines Onlineshops näher betrachtet und anhand von aktuellen Beispielen verdeutlicht. Begonnen wird mit dem übersichtlichen und benutzerfreundlichen Aufbau der Startseite. Prinzipiell lassen sich mehrere Wege unterscheiden, die ein Kunde zum gewünschten Produkt wählen kann. Entweder er nutzt die Navigation oder er geht direkt über das Suchfeld. Beide Pfade werden einer genaueren Betrachtung unterzogen. Anhand konkreter Praxisbeispiele wird der Aufbau einer Produktdetailseite diskutiert. Danach kommen die benutzerfreundliche Gestaltung des Warenkorbs und des Registrierungsprozesses zur Sprache. Einen Schwerpunkt haben wir auf die Vorstellung der verschiedenen Zahlungssysteme gelegt. Da es gerade am Ende des Bestellprozesses verstärkt zu Abbrüchen kommt, steht der kundengerechte Checkoutprozess im Fokus der Betrachtung. Ausführungen zu ergänzenden Informationen runden die Betrachtung des Bestellprozesses ab. Da nicht nur (potenzielle) Kunden ein Interesse am Onlineshop haben, erweitern wir den Betrachtungswinkel und beziehen Journalisten in die Betrachtung mit ein. Das Onlinepresseportal wird daher als wichtiges Kommunikations- und Interaktionsinstrument vorgestellt. Mit ausgewählten Anmerkungen zur Gestaltung einer Landingpage beschließen wir das vierte Kapitel.

Kapitel 5

Das fünfte Kapitel umfasst drei Themenkomplexe. Der erste ist die Erklärung des Konstrukts der Total Customer Experience. Die Total Customer Experience setzt sich aus der Erfahrungssicht und der Erlebnissicht des Kunden zusammen. Die Erfahrungssicht wird durch die eher informationsverarbeitende Sicht beschrieben und als Customer Journey Experience bezeichnet. Customer Journey Experience beschreibt die wahrgenommene Wertigkeit (Valenz) der Gesamterfahrung mit einer Marke über verschiedene Touchpoints im Zeitablauf, die sich durch die Wahrnehmung thematisch zusammenhängender (im Sinne eines übergeordneten Markenthemas oder -versprechens), konsistenter (einheitlich und harmonisch im Sinne der Markenpräsentation) und kontextsensitiver (passgenau für unterschiedliche Situationen, Kontexte, und Vorlieben) Touchpoints manifestiert. Die Erlebnissicht hingegen beruht auf den unmittelbaren und spontanen Reaktionen, die im Rahmen der Brand Experience zusammengefasst sind. Brand Experience ist die Summe aus (sensorischen) Eindrücken, Gefühlen (affektiv), Denken (kognitiv) und (physischen) Reaktionen, die durch markenbasierte Stimuli an einem Touchpoint ausgelöst werden. Die Total Customer Experience wirkt sich schließlich positiv auf die Kundenloyalität aus und

entfaltet einen positiven Effekt auf ökonomische Unternehmenskennzahlen.

Das Customer Experience Management beinhaltet zwei Perspektiven: Erstens die Anbieterperspektive und zweitens die Kundenperspektive. In der ersten sind vorrangig die internen Abläufe zu gestalten, d. h. eine entsprechende Kultur zu etablieren und die Organisation, Prozesse und Fertigkeiten sowie der Umgang mit den verfügbaren Ressourcen zu gestalten. Die zweite Perspektive hat die Ausrichtung auf den Kunden, die Interaktion und Gestaltung der Touchpoints zum Gegenstand. Customer Experience Management möchte die Erlebnisqualität optimieren und zielt damit letztlich wie alle Managementansätze darauf ab, den monetären Unternehmenserfolg zu optimieren. Um die Customer Experience letztlich aktiv zu managen, müssen die Konstrukte greifbar gemacht werden. Zentrale Fragestellung ist daher, wie Customer Experience zu messen ist. „If You Can't Measure It, You Can't Manage It." – Diesem Leitsatz folgend, sind die vorgestellten Konstrukte als Bausteine der Customer Experience zu detaillieren. Hierzu wird ausführlich vorgestellt, wie 1) die Konstrukte verständlich zu machen sind („was") und 2) wie die Konstrukte zu operationalisieren sind („wie").

Die Integration digitaler, aber auch nicht digitaler Vertriebskanäle ist eine Evolution, in der die Distanz zwischen dem Kunden und dem eCommerce-Unternehmen sukzessive verringert wird. Der Wandel hin zu einem Einkaufserlebnis, in dem der Kunde zu jeder Zeit auf Produkte und Leistungen mittels jedes beliebigen Absatzkanals zugreifen kann, hat den Begriff des Omni-Channel-Retailings geprägt. Das Omni-Chanelling ist verknüpft mit einer Lokalisierungsfunktion, dem mobilen Internet und dem Zugriff auf soziale Netzwerke. Diese zusammengeführten Funktionen werden als SoLoMo-Ansatz (social, local, mobile) abgekürzt. Die Nutzung der Kanäle erfolgt durch den Kunden nicht mehr nur sequenziell, sondern multioptional sowie personalisiert (Touchpoint-Ansatz) und die Interaktion ist simultan in Echtzeit. Dies bedeutet, dass die Informationsbereitstellung in allen Kanälen und an jedem Touchpoint identisch ist, ebenso wie die Preise und die Einfachheit des

Kaufprozesses. eCommerce-Unternehmen, die sich durch eine Vielzahl möglicher Kunden-Touchpoints einen hohen Anteil des Onlinegeschäfts am Umsatz und eine stark integrierte Customer Journey auszeichnen, können sich in dem Bereich des Omni-Channels verorten. Die integrierte Customer Journey setzt voraus, dass an jedem Ort, zu jedem Zeitpunkt sämtliches Wissen zum Kunden bereitgehalten und aktiv das individuelle, kontextbezogene Kundenerlebnis gestaltet wird. Das Omni-Channel-Management setzt nicht nur auf Kundenseite, sondern auch systemseitig einen hohen Grad der Integration voraus. Die notwendige Systemarchitektur muss in der Lage sein, dass 1) in Abhängigkeit der historischen und Echtzeitdaten ein (Omni-Channel-Management-)System eine 2) kontextbasierte Analyse durchführt, um 3) den „best next step" abzuleiten. Diese Schritte sind auf Ebene des einzelnen Kunden und in Echtzeit zu prozessieren.

Die Digitalisierung lässt sich in drei + eins (3 + 1) grundlegende thematische Digitalcluster verdichten: In das Internet of Things (IoT) oder Internet der Dinge, in Social-Media-Dienste und in das Cluster Big Data & Analytics. Das Cluster der digitalen Transformation schließlich umfasst als Klammer die ersten drei Cluster und beschreibt die kulturellen Veränderungen und auch die Veränderungen der Geschäftsmodelle, der Betriebsprozesse sowie der Kundeninteraktion. Big Data & Analytics umfasst ein ganzes Bündel von Technologien zur Aufbereitung der verschiedenen Datentypen sowie wichtige (statistische) Verfahren der Auswertung. Die statistischen Verfahren können anhand der Lernart, mithilfe derer ein Modell aus den (Big-)Daten erstellt werden kann, in überwachtes und unüberwachtes Lernen eingeteilt werden. Die am stärksten genutzten Verfahren hierzu sind Regressionsanalysen, Entscheidungsbaumverfahren, Clusterverfahren, Verfahren der Assoziationsanalyse und künstliche neuronale Netze. Diese Analytics-Verfahren zielen darauf ab, Muster in aktuellen und historischen Daten zu erkennen und ein System „richtig" zu beschreiben, um daraus Erkenntnisse für

das zukünftige Verhalten dieses Systems zu ziehen und bestmögliche Rahmenbedingungen zur Herbeiführung des gewünschten Ereignisses aufzuzeigen. Dies geschieht im eCommerce für meist mehrere Millionen Kunden gleichzeitig. Wie gut schließlich ein Analytics-Modell ist, zeigt sich daran, wie gut es vorhersagen kann, wie ein bestimmter Kunde Informationen aufnimmt, verarbeitet und bewertet. Aber auch: wie gut die Persönlichkeit des Kunden erfasst werden kann, seine Verhaltensintentionen vorhersehbar werden. Man kann aus Daten umfassende psychologische Profile erstellen oder auch umgekehrt nach bestimmten Profilen suchen. Zu diesen Anwendungsgebieten werden am Ende des fünften Kapitels ausgewählte Use Cases vorgestellt.

Die Aufnahme und Verarbeitung der Inhalte unseres Buches werden in mehrfacher Weise erleichtert:

Die Sprache ist leicht verständlich, das Layout ist leserfreundlich und übersichtliche Abbildungen verbessern den schnellen Zugang zum Text.

Als bewährte didaktische Elemente dienen außerdem das ausführliche Glossar mit Definitionen der wichtigsten eCommerce-Begriffe sowie ein umfangreiches Stichwortverzeichnis. Wir hoffen, dass es uns mit diesem eCommerce-Lehrbuch gelungen ist, dem Leser eine kompakte, fundierte, aktuelle und didaktisch ansprechende Einführung in das spannende Gebiet des eCommerce liefern zu können.

Der Abschluss des Projektes wäre jedoch ohne Unterstützung nicht möglich gewesen: Unser Dank gilt zunächst dem Springer Gabler Verlag – und hier vor allem Frau Dr. Isabella Hanser – für die Geduld während der Zeit der Manuskripterstellung sowie für die professionelle Unterstützung bei der Umsetzung der Druckfassung. Außerdem danken wir unseren Familien, die uns gerade in der Endphase eine starke Stütze waren. Abschließend möchten wir alle Leser auffordern, uns über einen der zahlreichen Kommunikationskanäle ihre Rückmeldung zu unserem Buch zu übermitteln.

Geschäftsmodelle im eCommerce

„Investiere niemals in ein Geschäftsmodell, das du nicht verstehst.“

Warren Buffett – amerikanischer Unternehmer, Investor

Lernziele

Nachdem Sie dieses Kapitel gelesen haben, können Sie …

1. Die Entwicklung des eCommerce chronologisch aufzeigen.
2. Die Mechanik, d. h. die Wirkungsweise eines Geschäftsmodells beschreiben und erklären.
3. Gesetze der Netzwerkökonomie nennen und deren Wirkungsweise im eCommerce ausführen.
4. Dimensionen und Elemente eines Geschäftsmodells systematisieren, abgrenzen und beschreiben.

2.1 Entwicklung des eCommerce im digitalen Kosmos

Für den Wirtschaftsraum des digitalen Kosmos gilt: Das Bit kostet – fast – nichts. Das Vervielfältigen des Bits kostet letztlich – fast immer – nichts. Für das zumeist an diesen gekoppelten analogen Kosmos hingegen gilt dies nicht. Das Vervielfältigen von materiellen Produkten und analogen Dienstleistungen ist mit Aufwand ver-

bunden. Dies ist ein bedeutender Unterschied. Wie bedeutend dieser Unterschied ist, zeigen uns die Bewertungen von jungen Unternehmen, die um eine erfolgsversprechende Idee im digitalen Kosmos gebaut werden. In kürzester Zeit können die Bewertungen gleichgesetzt werden mit denen der analogen Welt bzw. die digitale Idee kann schnell die analoge Wertschöpfung eines ganzen Produktionsunternehmens übertreffen.

Bis zu diesem Entwicklungsstand wurden verschiedene **Epochen** in der Wirtschaftsgeschichte **des Internets** durchlaufen. In der **ersten Epoche** gab es keinen eCommerce, Geschäftsmodelle waren nicht existent (siehe Abb. 2.1). Das zentrale Anliegen war vielmehr, die seit den 1960er-Jahren bestehende Infrastruktur zum Austausch von Daten einfacher und für eine breitere Basis von Nutzern anwendbar zu machen. Diese Epoche ist zu Beginn von nur einer Person geprägt: Tim Berners-Lee. Dieser arbeitete an der Europäischen Organisation für Kernforschung (Cern) in Genf und programmierte etwa 1989 dort Regeln zur Datenkommunikation und eine universelle, leicht verständliche Sprache zur Präsentation von Inhalten des Netzes. Diese diente bis Mitte 1992 ausschließlich Tim Berners-

© Springer Fachmedien Wiesbaden GmbH, ein Teil von Springer Nature 2019
J.-F. Engelhardt, A. Magerhans, *eCommerce klipp & klar*, WiWi klipp & klar,
https://doi.org/10.1007/978-3-658-26504-5_2

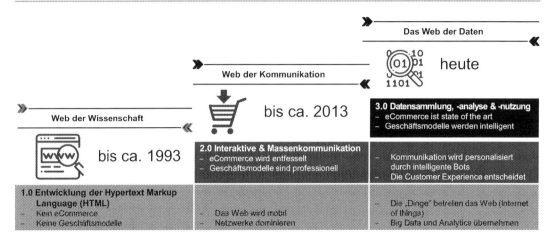

Abb. 2.1 Entwicklung des digitalen Kosmos

Lee selbst. Dass mit HTML für mehr als eine Person ein Mehrwert zu stiften wäre, verstanden aber auch andere. Marc Andreessen entwickelte ein Programm, mit dem man basierend auf HTML die Inhalte dezentraler Datenbanken abfragen und nutzerfreundlich darstellen konnte. Nutzer waren nun Studenten, die diese Form der Erforschung von Netzinhalten schnell „browsen" nannten. Der Browser wurde von den Entwicklern Mosaic genannt und verschenkt. Eine wirtschaftliche Nutzung existierte insofern nicht, obwohl diese mittlerweile auf der Hand lag. Geschäftsmodelle waren weiterhin nicht existent (Ramge 2012, S. 1).

Dann ging es rasant in die **zweite Epoche** (siehe Abb. 2.1). Die Möglichkeiten eines Webbrowsers wurden erkannt und aus Mosaic wurden Netscape und eine weitere Version, die später als Internet Explorer von Microsoft angeboten wurde. Netscape ging etwa 1995 an die Börse und durch den Verkauf der Mosaic-Lizenz von der Tochtergesellschaft der Universität Urbana-Champaign (dem ehemaligen Wirkungsort von Marc Andreessen) an Microsoft floss 1994 der erste Millionenbetrag für ein Produkt aus dem digitalen Kosmos. Dies war die Initialzündung für den eCommerce. Diese Initialphase war jedoch mit überzogenen Erwartungen verbunden, die 2000 mit der Dotcom-Blase platzten. Der Begriff Dotcom („.com") steht für die Dotcom-Unternehmen der New Economy. Die New Economy steckte – als Ganzheit betrachtet – den Einbruch

weitestgehend unbeschadet weg. Firmen wie Google und später auch Facebook konnten ihre Geschäftsfelder erfolgreich vorantreiben und spielen mittlerweile eine neue, bedeutende Rolle in der internationalen Wirtschaft. Die Auseinandersetzung mit Geschäftsmodellen ist in dieser Phase intensiv. Aufgrund der spezifischen Eigenschaften der Wertschöpfung in Zeiten der digitalen Reproduzierbarkeit war man versucht, die Notwendigkeit von tradierten Geschäftsmodellen und auch betriebswirtschaftliche Grundsätze zu hinterfragen oder gar zu negieren. Doch immer mehr formten sich auch im digitalen Kosmos Typen von Geschäftsmodellen. Diese berücksichtigen zum einen die Besonderheiten des eCommerce, zum anderen war und ist das Fundament aber klar in den betriebswirtschaftlichen Grundsätzen verankert. Fazit: Die betriebswirtschaftlichen Grundsätze gelten weiterhin uneingeschränkt und die Geschäftsmodelle des eCommerce werden zunehmend professionell ausgearbeitet und umgesetzt. Und ganz wesentlich in dieser zweiten Epoche: Das Web ist zum ersten interaktiven Massenmedium geworden und bietet auch als nun wirtschaftlich geprägter Kosmos die Grundlage für den eCommerce (Ramge 2012, S. 2).

Die **dritte Epoche** schließlich beginnt gerade (siehe Abb. 2.1). Wollte man es zeitlich verordnen, so wäre vielleicht ein Anfang zu Beginn des zweiten Jahrzehnts des 21. Jahrhundert treffend. Zumindest legen dies einige Entwicklungen

nahe, auch wenn der notwendige zeitliche Abstand zur Abgrenzung und Einstufung noch fehlt.
Auffällig aber ist, dass das Sammeln von Daten
immer zentraler für den Erfolg von Geschäftsmodellen geworden ist. Und die Mittel der Wahl heißen Internet der Dinge, Big Data, Data Mining
und Analytics. Das Sammeln riesiger Datenströme in Echtzeit ist zur Grundlage von Geschäftsmodellen in eCommerce geworden. Im
Wesentlichen geht es aber um die Prinzipien, die
schon den Erfolg der Tante-Emma-Läden manifestierten: Kenne deine Kunden möglichst genau.
Emmas Enkel müssen auf diesem Prinzip aufbauen und ihr Geschäft skalieren. Wer umfassende Daten zu potenziellen Nutzern, tatsächlichen Nutzern und Kunden hat, kann dieses
Wissen nutzen, um Beziehungen aufzubauen und
zu monetarisieren. Konkret können Akquisitions-
und Retentionskosten gemindert, Neukunden gewonnen und der Share of Wallet von Bestandkun-
den vergrößert werden.

2.2   Das Geschäftsmodell

2.2.1   Mechanik eines Geschäftsmodells

Um den eCommerce erfolgreich zu gestalten,
muss ein Geschäftsmodell definiert sein. Obwohl der Begriff **Geschäftsmodell** in der wis-
senschaftlichen Literatur erst seit Mitte der
neunziger Jahre populär ist, wurde er bereits im
Jahre 1957 zum ersten Mal in einem akademi-
schen Artikel verwendet (Bellman et al. 1957;
Osterwalder et al. 2005, S. 6). Im Zeitalter des
Dotcom-Booms stieg die Nutzung des Begriffs
exponentiell an. Grundsätzlich werden Geschäftsmodelle definiert, um aussagekräftig und
prägnant das Wesentliche eines Unternehmens
zu beschreiben.

Im Gegensatz zum Konsens hinsichtlich des
grundsätzlichen Nutzens von Geschäftsmodellen
besteht in der Literatur kein Konsens über den
Begriff des Geschäftsmodells und seiner Bestandteile. Als gemeinsames konstituierendes
Merkmal bei einer Vielzahl von Autoren gilt,
dass das Geschäftsmodell das Gerüst zum Geld-
verdienen beschreibt und den gezielten Einsatz
von Geschäftsaktivitäten als Werkzeug für die
Erlösgewinnung als auch für das Zufriedenstel-
len von Kunden definiert (vgl. Wirtz 2013, S. 82;
Afuah 2003, S. 2). Beispiele für Definitionen
sind der Tab. 2.1 zu entnehmen

In diesen Definitionen steht die **Generierung
von Wertschöpfung** im Vordergrund. Die Wertschöpfung wird in den obigen Definitionen konkretisiert als Nutzen, den ein Unternehmen stiftet.
Die Nutzenstiftung ist im Hinblick auf den Kundennutzen und der Kundenzufriedenheit zu verstehen. Eine weitere Nutzenperspektive ist die
des Nutzens aus der Zusammenarbeit mit Partnerunternehmen. Zentral ist hier die Konfiguration,
wie der Kundennutzen gemeinschaftlich generiert wird. Häufig wird zudem die Wechselwir-
kung mit anderen Komponenten explizit bedacht.
Stark vereinfacht kann das Geschäftsmodell wie
folgt formalisiert werden:

$$Wertschöpfung\,im\,Geschäftsmodell$$
$$= Kundenwert - (Netzwerk -)\,Kosten\,der$$
$$Leistungen\,(vereinf.Darstellung)$$

Das **Ziel des Geschäftsmodells** sollte die Maximierung des generierten Gesamtwerts sein.
Der Mehrwert, den das Geschäftsmodell generiert, ist die Differenz zwischen dem Wert, den
die Leistung für den Kunden darstellt und den
Kosten, die dem Unternehmen und seinem
Netzwerk durch die Erfüllung der Kundennachfrage entstehen. Der Wert der Leistung kann bei
jedem Kunden anders ausfallen und kann als
der maximale Betrag geschätzt werden, den ein
Kunde bereit ist, dafür zu zahlen. Die Differenz
zwischen dem Wert der Leistung und dessen
Preis verbleibt beim Kunden als Konsumentenrente. Auch das Abschöpfen dieser Konsumentenrente ist im Übrigen Aufgabe des Geschäftsmodells.

Da die Begriffsbestimmung nach Osterwalder
sowohl in der Forschung als auch in der Praxis
großen Zuspruch findet (Gassmann et al. 2013b,
S. 25), wird die Definition nach Osterwalder als
Basis verwendet. Ein Geschäftsmodell wird in

Tab. 2.1 Ausgewählte chronologische Definitionen zum Geschäftsmodell (Quelle: in Anlehnung an Zott et al. 2011)

Autor	Definition
Timmers 1998, S. 4	An architecture for the product, service and information flows, including a description of the various business actors and their roles; and A description of the potential benefits for the various business actors; and A description of the sources of revenues.
Afuah und Tucci 2001, S. 3	[...] the method by which a firm builds and uses its resources to offer its customers better value than its competitors and to make money doing so [...] can be conceptualized as a system that is made up of components, linkages between components, and dynamics.
Strähler 2002 S. 41 f.	[...] Eine Beschreibung, welchen Nutzen das Unternehmen stiftet. Eine Beschreibung, wie die Leistung, d. h. der Nutzen für den Kunden, erstellt wird, und in welcher Konfiguration dieser generiert wird. Eine Beschreibung, wodurch das Unternehmen Geld verdient.
Osterwalder 2004, S. 15	[...] a conceptual tool that contains a set of elements and their relationships and allows expressing a company's logic of earning money. It is a description of the value a company offers to one or several segments of customers and the architecture of the firm and its network of partners for creating, marketing and delivering this value and relationship capital, in order to generate profitable and sustainable revenue streams.
Morris et al. 2005, S. 727	[...] a concise representation of how an interrelated set of decision variables in the areas of venture strategy, architecture, and economics are addressed to create sustainable competitive advantage in defined markets.
Kagermann und Österle 2007, S. 17	[...] bestimmt die Zielkunden, die Kundenprozesse, die eigenen Geschäftsprozesse, die Produkte und Dienstleistungen, die Vertriebskanäle, die Form der Leistungserstellung, die Logistik, die Führung und vor allem auch das Erlösmodell (z. B. Produktverkauf, laufende Lizenzgebühren, Lösungsverkauf, Betrieb usw.).
Wirtz 2011, S. 70	[...] stellt eine stark vereinfachte und aggregierte Abbildung der relevanten Aktivitäten einer Unternehmung dar. Es erklärt, wie durch die Wertschöpfungskomponente einer Unternehmung vermarktungsfähige Informationen, Produkte und/oder Dienstleistungen entstehen. Neben der Architektur der Wertschöpfung werden die strategische sowie Kunden- und Marktkomponente berücksichtigt, um das übergeordnete Ziel der Generierung bzw. Sicherung des Wettbewerbsvorteils zu realisieren.

Anlehnung an Osterwalder und Pigneur (2011, S. 18) bzw. Osterwalder, Pigneur und Tucci (2005, S. 5) wie folgt definiert:

≫ Ein **Geschäftsmodell** beschreibt das Grundprinzip, nach dem eine Organisation Werte schafft, vermittelt und erfasst. Es beschreibt 1) den Wert, den ein Unternehmen einem oder mehreren Kundensegmenten anbietet, sowie 2) die notwendige Architektur und das Partnernetzwerk, um das Wertangebot zu erstellen, vermarkten und auszuliefern. Es legt fest, 3) wie die geschaffenen Werte dem Kunden kommuniziert und übertragen werden. Schließlich beschreibt es 4) die Logik, mit der ein Unternehmen Geld verdient. In einigen Fällen ist die Ausrichtung auf zukünftige Weiterentwicklungen inkludiert, sodass 5) die Anpassung der Schaffung von Werten aufgenommen werden kann, um die Nachhaltigkeit des Geschäftsmodells in der Zukunft sicherzustellen. In Abb. 2.2 ist das Geschäftsmodell illustriert.

2.2.2 Nutzen eines Geschäftsmodells

Aus der Verwendung einer Geschäftsmodellperspektive resultieren drei konkrete **Nutzenkomponenten**:

1. Den ersten Nutzen bietet die **Analyse** des aktuellen Geschäftsmodells. Sie stellt die Geschäftstätigkeit einer Unternehmung und deren Beziehungen als vereinfachtes Abbild der Realität dar. Die zentralen Elemente des Geschäftsmodells sowie deren interdependenten Beziehungen werden aufgezeigt. Die Analyse und konsistente sowie integrierte Abbildung des Modells macht die aktuellen und avisierten logischen Zusammenhänge im Unternehmen transparent.
2. Der zweite Nutzen ist die **Planung** des zukünftigen Geschäftsmodells, welche dazu dient, bestehende Tätigkeiten sowie das bestehende Geschäftsmodell weiterzuentwickeln.

Abb. 2.2 Das
Geschäftsmodell

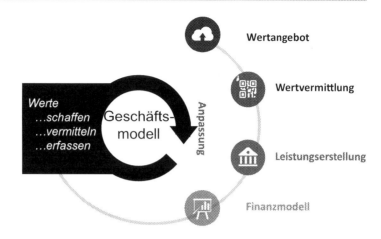

Die Prüfung und Neuausrichtung des Geschäftsmodells bietet einen Anhaltspunkt zur
Verbesserung und Innovation der Inhalte (vgl.
Scheer et al. 2003, S. 7), da die Anforderungen der Kunden an Produkte und Dienstleistungen mit den (technischen) Möglichkeiten
wachsen und sich zunehmend schneller verändern (vgl. Morris 2009, S. 192). Um zu
überleben, argumentiert Morris (2009, S. 194)
daher, müssen Unternehmen ihre Geschäftsmodelle innovieren, da dies der einzige Schutz
vor dem Verlust der Konkurrenzfähigkeit ist.
Ebenso argumentieren Osterwalder, Pigneur
und Tucci (2005) sowie Gassmann et al.
(2013b) und verdeutlichen, dass auf Basis der
vorhandenen Unternehmensstrukturen aktuell
eingesetzte Geschäftsmodelle regelmäßig zu
validieren und gegebenenfalls neu zu entwickeln sind, um im Umfeld dieser dynamischen
Märkte nachhaltig erfolgreich zu sein (Gassmann et al. 2013a, S. 5, Gassmann et al.
2013b, S. 40; Osterwalder et al. 2005, S. 15).
Ebenso stellen Zott, Amit und Massa (2011,
S. 1033) fest, dass Geschäftsmodellinnovationen für Unternehmen zum Auf- und Ausbau
nachhaltiger Wettbewerbsvorteile gehören.
Eine Beschränkung auf die Innovation von
Produkten und Dienstleistungen erweist sich
im Vergleich zu Geschäftsmodellinnovationen
als deutlich weniger erfolgreich und nachhaltig (Amit und Zott 2012, S. 43).
3. Der dritte Nutzen besteht in einer einfacheren
und stringenten **Kommunikation** mit den In-
teressensgruppen. Mithilfe eines Geschäfts-

modells wird die Kommunikation bei der Geschäftstätigkeit und deren Grundmechanismen
in einem vereinfachten und strukturierten Bild
gegenüber internen und externen Interessens-
gruppen dargelegt. Insbesondere die Mechanismen der Wertschaffung können plausibel
erklärt werden.

2.2.3 Verortung des Geschäftsmodells

Die Scientific Community ist sich einig, dass die
Begriffe **Strategie** und Geschäftsmodell verschiedene Dinge bezeichnen. Dennoch werden
beide Begriffe insbesondere in nichtwissen-
schaftlichen, teilweise aber auch in wissenschaftlichen Publikationen als Synonyme verwendet.
Ein Geschäftsmodell beschreibt nach oben aus-
geführter Definition die Funktion einzelner Komponenten einer Unternehmung sowie deren Interaktion (siehe Abb. 2.3). Ein Geschäftsmodell
tätigt damit keine Aussagen zur Wettbewerbssitu-
ation. Im Gegensatz dazu beschreibt eine Strategie, wie sich ein Unternehmen im Verhältnis zur
Konkurrenz abgrenzen und einen nachhaltigen
Wettbewerbsvorteil erarbeiten kann. Die Strategie bildet einen Bezugsrahmen für die Entwicklung und Ausgestaltung eines Geschäftsmodells,
wobei innerhalb einer Strategie verschiedene Ge-
schäftsmodellkonfigurationen möglich sind. Aus
der Geschäftsmodellperspektive kann insofern
das Modell als Analyseeinheit fungieren, um
Teilbereiche einer Strategie zu entwickeln oder

Idee
- Erste abstrakte Formulierung der unternehmerischen Tätigkeit/ Vision und Mission – hier: inklusive Zielformulierung

Strategie
- Das „Wie". Formulierung der Leitplanken und Regeln, um gegenüber dem Wettbewerb einen nachhaltigen Vorteil zu erreichen

Geschäftsmodell
- Ein Geschäftsmodell beschreibt das Grundprinzip, nach dem eine Organisation Werte schafft, vermittelt und erfasst

Geschäftsprozessmodell
- Ein Geschäftsprozessmodell beschreibt, wie ein konkreter Geschäftsvorfall in einzelne Prozesse implementiert ist

Abb. 2.3 Verortung des Geschäftsmodells

das Modell ist der partielle Output einer bewusst gewählten Strategie (vgl. Stähler 2002 S. 49).

Der Terminus **Geschäftsidee** wird meist deutlicher abgegrenzt. Dies nicht zuletzt aufgrund der zeitlichen Differenzierbarkeit: Die Geschäftsidee entsteht zeitlich vor dem Geschäftsmodell und ist darüber hinaus deutlich abstrakter (Scheer et al. 2003, S. 7). Scheer, Deelmann und Loos (2003, S. 7) verstehen ein Geschäftsmodell als das Bindeglied zwischen einer Geschäftsidee und einem daraus zu erstellenden, detaillierten Unternehmensplan. Insofern ist mit den Begriffen Geschäftsidee, -modell und Unternehmensplan ein kaskadierendes System gegeben, dass sowohl zeitlich als auch in der Detailtiefe eine sprungfixe Charakteristik aufweist. Mithilfe eines Geschäftsmodells kann letztlich auch die Geschäftsidee besser dargestellt, überprüft, bewertet und kommuniziert werden (Rentmeister und Klein 2003, S. 20).

Stellt das Geschäftsmodell eine abstrakte Sicht der Firmenlogik dar, so wird in einem **Geschäftsprozessmodell** dargestellt, wie ein konkreter Geschäftsvorfall in einzelne Prozesse implementiert ist (Osterwalder et al. 2005, S. 12). Geschäftsprozesse beschreiben die Produktion eines spezifischen Outputs durch die Kombina-

tion verschiedener Inputfaktoren (Veit et al. 2014, S. 3). Ein Geschäftsmodell stellt somit ein Bindeglied zwischen der Strategie und dem Geschäftsprozessmodell dar (Al-Debei und Avison 2008, S. 5; Veit et al. 2014, S. 3).

2.3 Spezifika von Geschäftsmodellen im eCommerce

2.3.1 Gesetze im digitalen Kosmos

Der uns bekannte analoge Kosmos ist in den Jahrhunderten immer treffender und umfassender beschrieben worden. Dabei wurden Gesetze aufgestellt, die die uns umgebenden Phänomene beschreiben und erklären können. Auch im Bereich des digitalen Kosmos sind **Gesetze der Netzwerkökonomie** zur Beschreibung konkreter Phänomene aufgestellt worden (siehe Abb. 2.4). Der digitale Kosmos ist auf Basis dieser Gesetze der Netzwerkökonomie durchaus treffend beschrieben. Sicher ist, dass die Entwicklung des digitalen Kosmos keine Parallelentwicklung darstellt, die eventuell wieder vergehen wird. Sie ist vielmehr Bestandteil und Treiber für die Umwälzun-

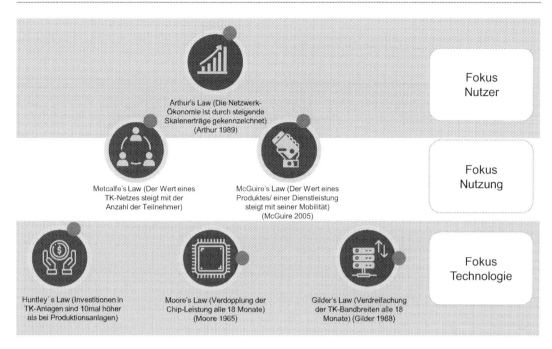

Abb. 2.4 Gesetze des digitalen Kosmos

gen unseres realen Kosmos und der digitalen und vernetzten Rückkopplungen. Das Verständnis über die Wirkungsweise dieser Mechanismen eröffnet den Weg für neuartige Produkt- und Dienstleistungsideen und deren Geschäftsmodelle. Zentrale Erkenntnisse aus den Gesetzen sind für den eCommerce mittel- und unmittelbar relevant. Ähnlich wie im analogen Kosmos gelingt es keinem Marktteilnehmer, sich diesen spezifischen Gesetzen zu entziehen. Versucht man entgegen dieser Kräfte sein Geschäftsmodell zu betreiben, fällt einem – im übertragenen Sinne – der Apfel trotzdem auf den Kopf.

Zu den empirischen Gesetzen der Netzwerkökonomie gehören im Wesentlichen:

1. Huntley's Law (Investitionen in TK-Anlagen sind 10-mal höher als bei Produktionsanlagen)
2. Moore's Law (Verdopplung der Chipleistung bei Halbierung der Preise alle 18 Monate) (Moore 1965)
3. Gilder's Law (Verdreifachung der TK-Bandbreiten alle 18 Monate) (Gilder 1988)
4. Die allgemeinen Netzmechanismen des Metcalfe's Law (Der Wert eines digitalen Netzes

steigt exponentiell zur Anzahl angeschlossener Teilnehmer) (Metcalfe und Boggs 1976)
5. McGuire's Law (Der Wert eines Produktes/ einer Dienstleistung steigt mit seiner Mobilität) (McGuire 2005)
6. Arthur's Law (Die Netzwerkökonomie ist durch steigende Skalenerträge gekennzeichnet) (Arthur 1994). Dieses kann als Kondensat aus den anderen Gesetzen verstanden werden, beinhaltet durchaus aber noch eigenständige Aspekte.

Moore's Law – alle 18 Monate verdoppelt sich bei gleichem Preis die Leistungsfähigkeit der Informations- und Kommunikationstechnik. Oder anders ausgedrückt: Der Preis halbiert sich alle 18 Monate für das gleiche Leistungsvermögen der Komponenten. Das Moore'sche Gesetz symbolisiert den elementaren Wachstumsmotor des digitalen Zeitalters – die stetige Zunahme von Rechenleistungen zu konstanten Kosten. Das kontinuierliche Wachstum von Rechnerkapazitäten entsprechend dem Moore'schen Zusammenhang schafft auch die Voraussetzung für Funktionserweiterungen von Softwarelösungen, die durch neue Versionen oder neue Produkte realisiert

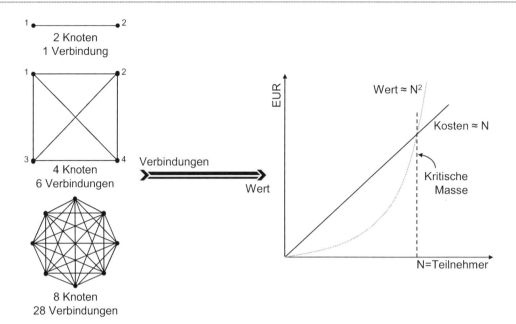

Abb. 2.5 Metcalfe's Law. (Quelle: vgl. Yoo 2015, S. 92 f.)

werden können. Auch die rechenintensiven Lösungen im Bereich Big Data und Predictive Analytics werden hierdurch in der Breite anwendbar. Die Bausteine des eCommerce entwickeln sich im Hinblick auf Leistungsfähigkeit und Kosten maßgeblich durch das Gesetz von Moore.

Gilder's Law – alle sechs Monate verdoppelt sich die Datenübertragungsrate bei gleichbleibender netzwerktechnologischer Basis. Dieses Paradigma setzt Gilder in den Kontext des Mooreschen Zusammenhangs in Bezug auf die 18-monatige Leistungssteigerung bei gleichbleibenden Preisen. Mit seinen eigenen Worten formuliert: *„More information can be sent over a single cable in a second than was sent over the entire Internet in 1997 in a month."* Die zunehmende Verbreitung von z. B. cloudbasierten Lösungen ist ohne steigende Datenübertragungsraten nicht denkbar. Ebenfalls nicht realisierbar wäre die Zielsetzung im eCommerce, dass die Interaktion zwischen Unternehmen und Kunden weitestgehend in Echtzeit, das heißt ohne Wartezeiten im Webseitenaufbau, Datenbankabfragen etc. abläuft. Etwa 40 % aller eCommerce-Käufer verlassen eine Website, wenn die Ladezeiten über drei Sekunden liegen – Tendenz weiter fallend (Kurtuldu und Mora 2017).

Metcalfe's Law – Der Wert eines Netzwerkes steigt im Quadrat mit der Anzahl seiner verbundenen Nutzer (siehe Abb. 2.5). Gelten die Mechanismen von Moore und Gilder als technisches Rückgrat des digitalen Zeitalters, sorgt das von Robert Metcalfe definierte Paradigma für eine Erklärung der explosionsartigen Vernetzung von Menschen im Internet. Nach seinen Untersuchungen zeigt sich der ursächliche Zusammenhang in der Verbreitung eines Netzwerkes darin, dass sich jede Anzahl (n) von verbundenen Computern, Telefonen oder Maschinen im Allgemeinen doppelt potenziert (n^2) durch ihre Verwendung und Verknüpfung miteinander. Diese Netzeffekte liegen dann vor, wenn mehrere Güter aufgrund ihrer Kompatibilität und ihres komplementären Charakters in einer Vermarktungs- und Nutzenbeziehung stehen. Hierdurch bilden sie ein fiktives Netzwerk zwischen den Nachfragern. Es wird unterschieden zwischen direkten Netzeffekten und indirekten. Direkte Netzeffekte liegen vor, wenn der Nutzen eines Gutes allein dadurch steigt, dass andere Personen das gleiche Gut (zur Kommunikation) einsetzen. Indirekte Netzeffekte hingegen liegen vor, wenn komplementäre Güter (Ersatzteile, Service, Zusatzteile etc.) billiger werden und breiter verfügbar sind aufgrund

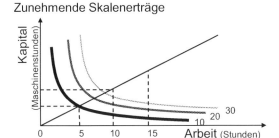

Zunehmende Skalenerträge

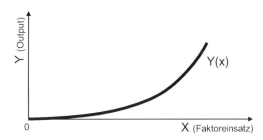

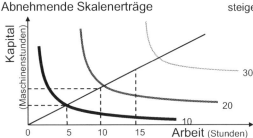

Abnehmende Skalenerträge

Bei zunehmenden Skalenerträgen nimmt der Abstand
zwischen den Isoquanten mit steigender Outputmenge ab. Für
steigenden Output wird zunehmend weniger Input benötigt.

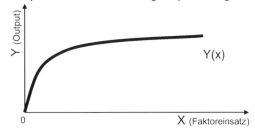

Abb. 2.6 Arthur's Law und Skalenerträge

der steigenden Kundenanzahl des (kompatiblen) Originärproduktes. Ein Beispiel stellt der Internettelefonieanbieter Skype dar. Der Wert für jeden Nutzer hängt entscheidend davon ab, wie viele seiner persönlichen Kontakte ebenfalls den Service nutzen. Ein typischer Anwendungsfall indirekter Netzeffekte ist der Kreditkartenmarkt, in dem der Wert für einen Besitzer einer Visakarte ansteigt, umso mehr Unternehmen ein Visakartenlesegerät besitzen. Für die Unternehmer wiederum steigt der Wert des Visakartenlesegeräts mit der Anzahl an Visakartennutzern (Sun und Tse 2007, S. 19).

McGuire's Law – Das Mobilitätsgesetz unterstellt, dass der Wert eines Produkts mit der Mobilität zunimmt. Ein einfaches Maß für Mobilität ist der Anteil der Zeit, den das Produkt zur Verwendung verfügbar ist. Dank einer Kombination aus dem Mooreschen Gesetz, der Skalierbarkeit aufgrund des Metcalfe-Gesetzes, der Gerätekonvergenz und der zunehmenden Allgegenwärtigkeit von Mobilfunknetzen sinken die Kosten für die ständige Verfügbarkeit eines Produkts.

Arthur's Law – Die Netzwerkökonomie ist durch steigende Skalenerträge gekennzeichnet (siehe Abb. 2.6). Skalenerträge geben die Veränderung des Outputs an, wenn alle Inputfaktoren um denselben Faktor erhöht werden. Bei steigenden Skalenerträgen erhöht sich die Produktion um mehr als die Erhöhung des Inputs. Bei konstanten Skalenerträgen ist das Verhältnis Input- zu Outputveränderung gleich. Bei fallenden Skalenerträgen schließlich kann die Produktion nur um einen geringeren Faktor gesteigert werden. Die meisten konventionellen betriebswirtschaftlichen Modelle bauen auf sinkenden Skalenerträgen auf. Die hier auftretende negative Rückkopplung führt zu a priori berechenbaren Gleichgewichten, etwa für Preise oder Marktanteile. Arthur grenzt den Geltungsbereich von sinkenden Skalenerträgen und den Geltungsbereich der damit einhergehenden Theorien und Modelle auf vorwiegend ressourcenbasierte Leistungen ein. Die Ökonomie der Leistungsbeziehungen im digitalen Kosmos lässt sich nach Arthur vorwiegend auf der Basis steigender Skalenerträge bzw. auf der Basis positiver Rückkopplungseffekte beschreiben. Im Gegensatz zu sinkenden Skalenerträgen können steigende Skalenerträge zu Lösungen mit mehrfachen potenziellen monopolistischen Gleichgewichtszuständen führen (Überblick zu den Arbeiten zu *„Increasing Returns"* siehe Arthur 1994). Der eCommerce ist eine der Branchen, für die die Ökonomie der zunehmenden Skalenerträge zutreffen kann. Es ist daher fundamental, sich mit diesen Überlegungen auseinanderzusetzen.

2.3.2 Effekte auf die Geschäftsmodellentwicklung im eCommerce

Auf Basis dieser Gesetze sind die Geschäftsmodelle im eCommerce auszurichten. So sind durch die Gesetze einige betriebswirtschaftliche Grundregeln gegenüber dem realen Kosmos deutlich verstärkt oder verändert. Die Prinzipien, die schon den Erfolg der Tante-Emma-Läden manifestierten, sind weiterhin gültig. Aber Emmas Enkel müssen im eCommerce ihr Geschäftsmodell anpassen. Das Geschäftsmodell muss die in den Vordergrund tretenden oder auch die veränderten Mechanismen in der Wertschöpfung abbilden. Als **Effekte aus den Gesetzen des digitalen Kosmos** sind folgende hervorzuheben:

2.3.2.1 Kritische Masse – Teilnehmergenerierung geht vor Profitstreben

Die Ausnutzung des Prinzips der Netzeffekte nach der Metcalfe'schen Logik erfordert eine notwendige **schnelle Verbreitung** mit einer hinreichend hohen Nutzerzahl. Diese zeitliche und quantitative Diffusion in einem Netz wird häufig mit der Kennzahl „Zeit bis zum Erreichen von 100 Millionen Nutzern" gemessen (siehe Abb. 2.7). Erkennbar ist die Diffusionsgeschwindigkeit in den letzten Dekaden für neue Technologien und Leistungsangebote signifikant gestiegen. Festzuhalten ist: Digitale Geschäftsmodelle benötigen eine **kritische Masse** an Nutzern, damit für alle Beteiligten der überdurchschnittliche Nutzenzuwachs sichtbar wird und auf dieser Basis definierte Erlösmodelle überhaupt erst

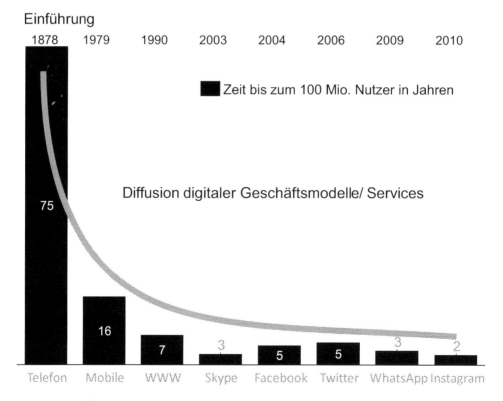

2.7 Zunehmende Diffusionsgeschwindigkeit. (Quelle: in Anlehnung an Statista)

umsetzbar werden. Daher ist das schnelle Wachstum durch eine Zunahme an Nutzern in kurzer Zeit einer der wesentlichsten Erfolgsfaktoren für digitale Geschäftsmodelle. Netzwerkeffekte sind dabei häufig mit drei Phänomenen verbunden: Dem Henne-Ei-Problem, den selbstverstärkenden Wachstumsdynamiken und dem Winner-takes-it-all-Effekt. Das **Henne-Ei-Problem** beschreibt die Herausforderung, Nutzer einer Marktseite für die Plattform zu gewinnen, bevor eine kritische Masse an anderen Nutzern einer anderen Mark präsent ist (Caillaud und Jullien 2003, S. 310). In einem Marktplatz haben Anbieter zunächst einen geringen Anreiz, ihre Produkte oder Dienstleistungen anzubieten, wenn keine Nachfrager vorhanden sind. Umgekehrt werden Nachfrager nur auf den Marktplatz kommen, wenn eine Mindestzahl an Anbietern vorhanden ist. Nach Erreichen der kritischen Masse können diese Unternehmen dagegen vielfältige selbstverstärkende Effekte generieren. Ein Teil der Literatur beschäftigt sich damit, den Effekt bestimmter Marktcharakteristika auf die **Wachstumsdynamiken** zu untersuchen. Dazu zählt das Offenheitslevel der Plattform, die Entscheidung, welche der Seiten stärker bepreist bzw. subventioniert wird oder die Wahl zwischen einem Preismodell auf Basis der getätigten Transaktionen oder Plattformmitgliedschaft (Täuscher et al. 2017 S. 183). Der **Winner-takes-it-all-Effekt** entsteht dadurch, dass sich durch die selbstverstärkenden Wachstumseffekte meist ein dominierender Anbieter durchsetzt, der die konkurrierenden Betreiber in eine Nische oder ganz vom Markt verdrängt (Sun und Tse 2007, S. 17). Die Dynamiken sind dabei umso stärker, je mehr die Nutzung mehrerer Plattformen hohe Kosten verursacht (Lock-in-Effekt, siehe unten), starke direkte Netzwerkeffekte bestehen und wenn beide Nutzerseiten keine hochgradig spezifischen Anforderungen an die Plattformfunktionalitäten stellen.

Um diese Phänomene aktiv zu beeinflussen, ist eine beständige **Erneuerung und Erweiterung der Funktionalitäten** ein probates Mittel. Hiermit werden Nutzer bzw. Kunden an das jeweilige eCommerce- Unternehmen gebunden. Inwieweit **geschlossene Systeme** zum Zwecke einer „Zwangsbindung" über das Prinzip der Lock-in-Effekte nutzbar sind, ist im Einzelfall zu prüfen. Geschlossene Systeme sind analog den Mitgliedschaften auf Facebook und Instagram oder auch bei eBay Plus oder der Metro gegeben. Grundsätzlich ist es aber erstrebenswert, große Netze aufzubauen, in denen die Nutzer – zumindest in geringem Umfang – einem **Lock-in-Effekt** unterliegen. Unter dem Lock-in-Effekt versteht man eine Art Abhängigkeitsverhältnis von einem Kunden zu einem Anbieter. Der Lock-in-Effekt beschreibt dabei die Tatsache, dass ein Wechsel des Kunden zu einem anderen Anbieter durch Wechselkosten unwirtschaftlich ist. Der Kunde ist also an seinen jetzigen Anbieter „gebunden", da ein Wechsel nur dann sinnvoll ist, wenn der neu entstandene Nutzen durch den Wechsel größer oder zumindest gleich den Kosten des Wechsels ist. Gründe für Wechselkosten – bzw. **Typen von Lock-ins** sind:

- Verträge
- Investitionen in Informationen & Datenbanken
- Suchkosten
- Ausbildung/Schulung
- Loyalitätsprogramme
- Support
- Personalisierung

Maßnahmen im eCommerce zum Aufbau **von Lock-ins** sind:

- Investment in die Kundenbasis: Durch Investments in die Kundenbasis kann eine Community rund um die angebotene Leistung etabliert werden. Durch die Vernetzung der Kunden untereinander wird die Bindung an das eCommerce-Unternehmen über die eigentliche Nutzung der Leistung hinweg gestärkt.
- Konzepte entwickeln, bei denen Kunden in die Leistung investieren: Verschiedene Konzepte, wie beispielsweise ein Loyalitätsprogramm, können den Kunden animieren, in das Leistungsprogramm zu investieren, um später so ein Incentive zu erhalten.
- Ergänzende Leistungen verkaufen: Mit dem Angebot von zusätzlichen Leistungen zum

ursprünglichen Leistungsprogramm kann ein eigenes Ökosystem etabliert werden, in dem sich die Kunden wohlfühlen und das einen höheren Nutzen erzeugt als die Summe der Leistungen isoliert erzeugen kann (bspw. Amazon Prime).

Hervorzuheben ist im Zusammenhang mit dem Kampf um die „kritische Masse" bzw. dem Fokus auf Teilnehmergenerierung die **Preisstrategie**. Metcalfe's Law bestimmt das Erlösmodell digitaler Unternehmen. Als besonders strikte Form der Preisstrategie ist das „Follow the free" einzuordnen. Google gibt nur deswegen sein Betriebssystem Android kostenfrei für die Entwickler von Computern und Smartphones bzw. Tablets ab, damit eine gewünschte flächendeckende Verbreitung und Nutzung dieses zur zentralen mobilen Plattformen für die anderen Dienste und Angebote von Google werden lässt. Diese Strategie bestimmt damit über den Erfolg des gesamten digitalen Geschäftsmodells. Die Bemühungen von Microsoft, gerade in diesen Marktsegmenten dauerhaft und führend mitzuwirken, unterstreichen die Wirkung freier Software zur Durchsetzung einer dominierten Marktposition im digitalen Zeitalter. Und zeigen damit gewissermaßen auch die Grenzen des alten Vertriebsmodells. Gerade in diesem Kontext wird auch das Geschäftsmodell von Apple zunehmend in Frage gestellt, das auf seiner Strategie der homogenen und aufeinander extrem optimierten und geschlossenen Software- und Hardwarelogik beruht. Amazon hingegen ist bekannt dafür, bedeutende Anteile des Ergebnisses und der Ressourcen in neue Geschäftsfelder zu investieren und dafür auf Gewinn zu verzichten. Wachstum ist – noch – wichtiger als der Ausweis eines hohen Jahresüberschusses.

2.3.2.2 Vernetzung und Virtualisierung – suche nach attraktive Partner im Ecosystem des Kunden

Die Kontakte zum Unternehmen sind extrem vernetzt und aufgrund des Metcalfe'schen Zusammenhangs gegenseitig verstärkend. Meinungsportale, Bewertungsplattformen, Preis- und Produktvergleiche sowie Verbraucherportale –

die Vielfalt an zugänglichen Informationen zu einem spezifischen Thema und der Umfang virtueller sozialer Kontakte beeinflussen einzeln und zusammen die Art und Weise des Kundenkontaktes für eCommerce-Unternehmen. Im eCommerce ist daher die Suche nach und der Aufbau von attraktiven Partnern von hoher Bedeutung. **Vernetzung** bezieht sich zum einen auf die **Wertschöpfungspartner**, das heißt auf Partner, die Teile der eigenen Wertschöpfung übernehmen. Eingehende Logistik und ausgehende Distribution sind hier sicher an erster Stelle zu nennen. Aber auch Partner im Bereich Transaction, Webshop, Hosting und Spezialisten im Bereich SEO (Search Engine Optimization) SEM (Search Engine Marketing), Service und vielen weiteren Bereichen sind kritisch. Die Kunden erlangen eine relativ hohe Transparenz über Preise, Leistungen und Qualität, die zu einer erhöhten Kontrolle über konkrete Kaufentscheidungen führt. Je besser der Partner, desto erfolgreicher ist auch die Realisierung des Geschäftsmodells. So wichtig es aber auch ist, Funktionen, für die keine Kernkompetenz im Unternehmen vorliegt, an kompetente Partner außerhalb des Unternehmens zu geben, so kritisch ist aber auch der drohende Verlust der Hoheit über den Kunden. Gerade im eCommerce wird es zunehmend schwerer, die Interaktion mit dem Kunden selbstbestimmt zu gestalten. Die Dominanz von Unternehmen, die Teile der Wertschöpfung im eCommerce übernehmen, ist deutlich zunehmend. Dies hat sich insbesondere in der Zusammenarbeit mit starken Playern wie Amazon gezeigt und ist auch in einzelnen Branchen wie der Medienindustrie mit Playern wie Netflix, Amazon Prime, MagentaTV oder maxdome erkennbar. Der Besitz von Plattformen, Suchmaschinen oder die Überlegenheit in einzelnen Funktionsbereichen des eCommerce wie die der Logistik und Analytics verschieben den Kunden zunehmend aus der Hemisphäre des eCommerce-Unternehmens in die des Wertschöpfungspartners.

Zum anderen ist aber auch an **Partner** zu denken, die nicht Teil der Wertschöpfung sind, sondern **Teil des Ecosystems des Kunden**. In letzter Zeit haben bei der Customer Journey Partner und externe Einflüsse an Wichtigkeit hinzugewonnen

(Chandler und Lush 2015). Eine Vielzahl an eCommerce-Unternehmen erkennt zunehmend die erweiterte Sichtweise der Customer Journey, welche in einem Netzwerkkontext zu betrachten ist. Ein solches Netzwerk besteht aus Gemeinschaften, Experience- und Service-Netzwerken, Mitarbeitern, die Teil des breiten Ecosystems sind, in dem die Customer Experience stattfindet. Bereits 2006 schlossen sich zwei der innovativsten Marken der Welt zusammen. Nike ging eine Partnerschaft mit Apple als NikePlus (Nike+) ein. Die Partnerschaft und Produkte machten es möglich, dass sich ein Paar Nike-Schuhe mit einem iPod verband und somit die Distanz, Zeit und verbrannte Kalorien durch ein iPod messbar wurden. Die Daten wurden dann mit der Nike-Website synchronisiert. Daraufhin entstand schnell eine Gemeinschaft (Community) für die Läufer. Aufgrund des Erfolgs ist diese Partnerschaft weiter ausgebaut und eine der neuesten Innovationen stellt die AppleWatch Nike+ Series 3 dar. eCommerce-Unternehmen müssen die Hebel einer positiven Erfahrung ihrer Kunden entlang der gesamten Journey aufrecht halten. Hieraus sind für die Unternehmen dann die Potenziale des Cross-Sellings zu erschließen. Und in einem Ecosystem kann das Cross-Selling durchaus auf das Leistungsprogramm des Partners abzielen. Letztlich wird hiermit die Bindung des Kunden an das eigene Leistungsprogramm ebenfalls gesteigert.

2.3.2.3 SoLoMo (Social-Local-Mobile) – begleite den Kunden auf seiner Customer Journey

Wir befinden uns im Zeitalter der **Mobilität**, das dem Gesetz der Mobilität unterliegt. Dank der Kostensenkungen des Moore'schen Gesetzes und der Skalierbarkeit durch das Metcalfe-Gesetz kommt es zu einer zunehmenden Konvergenz und Miniaturisierung von Geräten – Smartphones sind mobil, Uhren können kommunizieren und das Internet der Dinge wird noch weit mehr unserer mobil genutzten Gegenstände zu Sendern und Empfängern werden lassen, als wir es uns heute vorzustellen wagen. Im Zusammenspiel mit der zunehmenden Allgegenwärtigkeit von leistungsfähigen Mobilfunknetzen ist die stän-

dige Verfügbarkeit eines Produkts und seiner Produktinformationen auf mehreren „Kanälen" gegeben. Der Kontakt zwischen Kunden und dem eCommerce-Unternehmen ist jederzeit möglich. In beide Richtungen und auch zwischen Kunden untereinander. Der Schlüssel zum Maß der Mobilität ist die Zunahme des prozentualen Zeitraums, in dem das Produkt verfügbar ist.

Auf Grundlage des Mobilitätsgesetzes steigt mit dieser uneingeschränkten Kontaktmöglichkeit der Wert eines Produkts oder einer Dienstleistung, da diese einfach und jederzeit verfügbar sind. Wurde im Zeitalter des Internets alles miteinander vernetzt, ist nun die Herausforderung im eCommerce, dies auch mobil zu gewährleisten. Wie sind Produkte, Dienstleistungen und kundenbezogene Services des eCommerce-Unternehmens zu mobilisieren? Wie ist das gesamte Netzwerk zu mobilisieren, sodass der Kunde den Nutzen aus diesem Netzwerk verfügbar hat? Und schließlich – ist die Mobilisierung von Zeit und Raum unabhängig, genauer: ist der Nutzen anders zu gestalten, je nach **Lokation des Kunden**?

Die zentrale Motivation bei der Nutzung von Netzwerken ist auf die Vernetzung mit Freunden, Bekannten und Menschen mit ähnlichen Interessen gerichtet. An dieser Stelle knüpft auch das Smartphone als ständiger Begleiter an, über den der **Kontakt zum sozialen Umfeld** in sozialen Netzwerken im Internet aufgebaut und aufrechterhalten werden kann. So werden mobile Endgeräte zunehmend zum „Hauptzugangsgerät" für soziale Netzwerke (vgl. Heinemann 2014, S. 3). Aus diesem Grund müssen auch Geschäftsmodelle im eCommerce soziale Netzwerke einbeziehen und in den Fokus stellen. Dieser Social Commerce ist verknüpft mit der Lokalisierungsfunktion und dem mobilen Internet durch das Smartphone. Diese **SoLoMo-Vernetzung** (Social-Local-Mobile-Vernetzung) kann dem Kunden einen maßgeblichen Mehrwert bieten (vgl. Heinemann 2014, S. 7 f.). Internetnutzer neigen in sämtlichen Lebensbereichen zunehmend dazu, Informationen zu ihrem Aufenthaltsort und zu lokalen Angeboten in Echtzeit und online in sozialen Netzwerken zu teilen. Auf diese Weise werden soziale Netzwerke zu ständigen Begleitern in allen Lebenssituationen und zu allen Themen, sodass diese soziale Mediennutzung nicht mehr isoliert betrachtet werden kann, sondern zunehmend im Zusammenspiel mit Lokalisierung bzw. Location-based Services und mobiler Internetnutzung (Heinemann 2013, S. 24). Dieses Zusammenspiel von sozialer, lokaler und mobiler Vernetzung bildet die Basis für die „Synergien des SoLoMo" und erlaubt ganz neue Möglichkeiten der Vermarktungseffizienz für den eCommerce. Auf der anderen Seite hingegen verändert das Internet das Suchverhalten der Kunden und übt somit im Zusammenspiel mit der SoLoMo-Vernetzung auch Einfluss auf deren Kaufverhalten aus. Im Grunde geht es darum, die Rolle der Smartphones als Schlüssel zu einer neuen Art der Kundenorientierung zu erkennen und mit allen Mitteln umzusetzen. Der sozialen, lokalen und mobilen Vernetzung entlang des Kaufprozesses wird eine zentrale Rolle beigemessen. Aus Sicht des Kunden können diese Komponenten nicht einzeln betrachtet werden, da die Grenzen zwischen ihnen fließend sind – von daher ist auch die Rede von einer sozialen, lokalen und mobilen Vernetzung. Im Zentrum der SoLoMo-Vernetzung steht der Kunde, der über sein mobiles Endgerät sozial, lokal und mobil mit seiner Umwelt vernetzt ist. Er befindet sich in einem ihn umgebenden, ubiquitären Einkaufsumfeld, bestehend aus einer Vielzahl von Touchpoints, die alle als Schnittstellen zu einem (Omni- oder Multi-Channel-)Händlers zu betrachten sind. Über diese kann der Kunde entlang des gesamten Einkaufsprozesses, von der Stufe der Presales bis zur Stufe der After Sales, begleitet werden. So hat der Händler einen 360-Grad-Blick auf den Kunden. Dabei hat der Händler die Möglichkeit, sich über das bestehende Netzwerk sozial, lokal und mobil mit dem Kunden zu vernetzen.

2.3.2.4 Gesetz zunehmender Skalenerträge

Die **Fixkostendominanz** ist prägend für die Art des Wirtschaftens. Der Anteil der proportionalen Kosten am Produktions- oder Leistungserstellungsprozess wird zunehmend kleiner und der Anteil der fixen Kosten immer größer. Der Anteil der fixen Kosten ist für die Gestaltung der Leistungserbringung mittlerweile bestimmend. Dieser Effekt ist seit Langem in nahezu allen Branchen ausgeprägt, ist aber bei den Unternehmen des digitalen Kosmos noch ausgeprägter. Galt bei den energie-/materiebasierten Leistungen das **Gesetz abnehmender Skalenerträge,** so ist bei informationsbasierten Leistungen das **Gesetz zunehmender Skalenerträge** relevant. Brian Arthur (1994) hat beobachtet, dass im digitalen Kosmos, der durch Vernetzung, Geschwindigkeit und im ersten Schritt materielosem Austausch gekennzeichnet ist, das klassische Muster der abnehmenden Skalenerträge nicht auftritt. Die abnehmenden Skalenerträge waren eine der Säulen der Wirtschaftswissenschaften des 19. Jahrhunderts. Kern der abnehmenden Skalenerträge war die Erfahrung, dass in der Produktion zwar Größenvorteile gegeben sind (Economies of Scale, Lernkurve), diese jedoch mit zunehmender Größe proportional immer unbedeutender werden. Letztlich werden die Kosten der Koordination und der Transportkosten immer dominanter und sorgen für abnehmende Skalenerträge. Konsequenz ist, dass die Größe der Konzerne (Koordination) und – verstärkt durch die Globalisierung – die Beförderung der produzierten Güter auf weit entfernte Märkte letztlich zu einer Wachstumsbremse werden. „Nichts wächst in den Himmel" ist die allgemein anerkannte Konsequenz. Was aber, wenn die Koordination aufgrund der Vernetzung und Kommunikationstechnologien einfach und günstig durchführbar ist und die immateriellen Leistungen nahezu ohne Kosten distribuiert werden können? Und wenn somit bei jeder verkauften Einheit der Wert steigt? Bei vielen Leistungen besitzt jede verkaufte Einheit einen größeren Wert als die vorherige. So wie es Metcalfe's Law postuliert, sind Netze und die auf einem standardisierten Netzwerk aufsetzenden Leistungen mit zunehmender Verbreitung von zunehmendem Nutzen. Faxgeräte, Festnetztelefonie und auch Messengerdienste wie Skype, WhatsApp u. v. m. belegen nachvollziehbar, dass erst die Verbreitung einen Wert generiert. Und dieser steigt mit zunehmender Nutzerzahl. Im digitalen Kosmos kann die Teilnahme am Netzwerk dessen Attraktivität steigern. Aber nicht nur immaterielle Leistungen profitieren exklusiv von diesem Effekt. **Angebote werden zunehmend „gebündelt".** Das heißt, sowohl immaterielle Leistungen erhalten einen materiellen Zusatz als auch vice versa. Mittlerweile sind nahezu alle Produkte des realen Kosmos mit Leistungen des digitalen Kosmos „angereichert". Insofern werden auch die zuvor genannten energie-/materiebasierten Produkte zunehmend durch Aspekte der steigenden Skalenerträge beherrscht. Wenn Moore die Zyklen beschleunigt, Metcalfe den Nutzen aus der Netzwerknutzung potenziert, dann ist Arthur's Prinzip der steigenden Skalenerträge auch spürbar.

Das Gesetz von Arthur basiert somit auf den **Einzeleffekten** aus

1. der Fixkostendominanz und folglich Leistungen mit geringen Grenzkosten bzw. die Grenzkosten sind immer kleiner als die Durchschnittskosten,
2. Erfahrungs- und Lernkurveneffekten,
3. einer Dominanz direkter Netzeffekte
4. hohen Entwicklungskosten mit geringen Kosten der Produktion, Lagerung oder Distribution
5. kaum existierenden Kapazitätsbeschränkungen
6. durch Absatzsteigerung immer weiter steigender Skalenerträge (Skaleneffekt, Economies of Scale, Law of Increasing Returns).

Für die Geschäftsmodelle des eCommerce, aber auch des digitalen Kosmos als Ganzes resultieren daraus folgende **Phänomene**:

1. Frage der Standardsetzung oder Nutzung des Standards tritt in den Vordergrund.
2. Die kritische Masse zu erreichen ist erfolgskritisch.
3. Anfangsinvestitionen sind mit hoher Unsicherheit zu leisten.
4. Es existieren keine eindeutigen Stabilitätszustände mehr und Zufallsereignisse werden entscheidend.

2.4 Geschäftsmodelltypen

2.4.1 eCommerce Geschäftsmodelle

Eindrücklichste **Beispiele innovativer Geschäftsmodelle** sind Unternehmen wie Amazon, Google, Facebook oder Apple und zunehmend auch Unternehmen wie Samsung, Microsoft oder die mittlerweile vielfältigen chinesischen Technologiefirmen und digitalen Plattformen wie Alibaba. Auf Basis der Geschäftsmodelle des digitalen Kosmos sind mit etwas Zeitverzögerung diese Onlinegiganten entstanden, die größer und mächtiger geworden sind, als es selbst die Optimisten der ersten Gründerzeit vorhergesehen haben. Google und Facebook machen auf Basis der Gesetze der Netzökonomie Rechenleistung, Daten und Netze zu Gold und Amazon schickt sich an, die Vision seines Gründers Jeff Bezos zu verwirklichen, nämlich der größte Händler der Welt zu werden. Gleichzeitig hat das Internet neue Möglichkeiten für Kleinunternehmer geschaffen: professionelle eBay-Verkäufer, Betreiber von Nischenplattformen, Youtube-Künstler und -Dozenten, Influencer und Handwerker und Servicedienstleister wie beispielsweise Übersetzer können ihre Leistungen via Web weltweit bewerben und vertreiben.

Dabei werden maßgeblich die Werte weiterhin außerhalb des Netzes geschaffen. Das Web übernimmt die Funktion eines Marktplatzes, einer Kleinanzeige oder einer Datenautobahn, auf der die Bits ohne Verzögerung ausgetauscht werden. eBay als Handelsplattform beispielsweise hantiert nur mit Bits. Die Atome – in Form von auktionierten Produkten – werden von Verkäufern und Käufern bewegt. Die rein virtuelle Wertschöpfung ist in aller Regel profitabler als der Umgang mit handfester Ware. Der Siegeszug des mobilen Internets befördert zudem seit einigen Jahren eine Reihe neuer Geschäftsmodelle an den Schnittstellen von digitaler und analoger Welt. Der Erfolg der neuen Carsharinganbieter wie Car2Go von Daimler oder DriveNow von BMW und Sixt wäre ohne Apps auf smarten Telefonen, Onlineortung in Echtzeit und bequemen digitalen Abrechnungssystemen nicht denkbar. Der Nutzen dieser digitalen Technik ist in der realen Welt direkt spür- und erfahrbar. Daher sind Anwender auch bereit, für diesen Nutzen zu zahlen. Das (mobile) Internet nimmt dabei, wie beim Onlinehandel auch, die Rolle eines Dienstleisters ein. Die eigentliche Wertschöpfung erfolgt in der realen Welt, denn Carsharingnutzer zahlen nicht dafür, dass sie mit einer App ein Auto an Ort A finden können, sondern dass sie mit dem Auto von A nach B fahren.

Das Internet ist der große Vermittler. Eine riesige Datingmaschine, die den großen und kleinen eCommerce-Unternehmen Geschäfte ermöglicht. Die Werte werden meist auf Basis eines materiellen Gutes oder einer Dienstleistung im analogen Kosmos geschöpft. Es gibt viele Gemeinsamkeiten zwischen digitalen und analogen Geschäftsmodellen. Aber auch spezifische Gesetze und Effekte aus diesen Gesetzen für den eCommerce. Wie kann vor diesem Hintergrund ein Geschäftsmodell im eCommerce beschrieben werden? Was sind die zentralen Bausteine zur Beschreibung des Geschäftsmodells?

2.4.2 Grundlagen der eCommerce-Geschäftsmodelle – Leistungen

Da das Electronic Business veränderte Markt- und Wettbewerbsbedingungen aufweist, müssen Unternehmen, die in den elektronischen Einzelhandel einsteigen wollen, Innovationsleistung erbringen und durch erfolgversprechende Geschäftsmodelle überzeugen. Die zentrale Frage in diesem Zusammenhang lautet: „Wie können Werte erzielt werden?" Auf Basis von grundsätzlichen Optionen elektronischer Geschäftsmodelle muss der Austausch einer **angebotenen Leistung** im Rahmen des eCommerce hinsichtlich des Inhalts und der dabei zum Tragen kommenden Vergütung dargestellt werden. Mit **E-Content, eCommerce, E-Context und E-Connection** können grundsätzlich vier idealtypische Leistungen als grundlegende Geschäftsmodelloptionen unterschieden werden (vgl. Wirtz 2013, S. 275 f.; Kollmann 2013, S. 48, siehe Abb. 2.8).

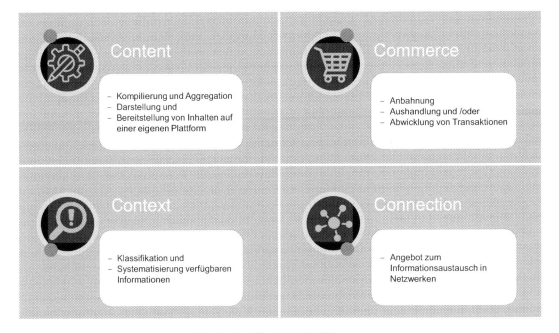

Abb. 2.8 Leistungen im Geschäftsmodell. (Quelle: Wirtz 2013, S. 277)

2.4.2.1 E-Content

Die Geschäftsmodellleistung „E-Content" bezieht sich auf die Vermarktung von **Inhalten auf einer eigenen Plattform** innerhalb eines Netzwerkes. Die Geschäftsmodellleistung beschäftigt sich mit der Sammlung, Selektion, Systematisierung, Kompilierung und Bereitstellung von Inhalten (Content). Hierbei zielt das Geschäftsmodell darauf ab, den Nutzern einen einfachen und bequemen Zugang auf virtuell aufbereitete Inhalte zu ermöglichen. Varianten dieses Geschäftsmodells bilden die Modelle **E-Information, E-Entertainment und E-Education**, die dementsprechend über informierende, unterhaltende oder bildende Inhalte verfügen.

Die Erlöse innerhalb der Geschäftsmodellleistung Content können entweder über direkte, bspw. durch den Verkauf von Premiuminhalten, oder über indirekte, bspw. durch Werbung, Erlösmodelle generiert werden. Beispiel für ein direktes Modell ist das Amazon Prime-Portal, über das nur gegen eine Nutzungsgebühr Filme und Musik online abgerufen werden können. Dagegen sind Beiträge auf Statista.com bis auf Premiumartikel kostenlos. Die Erlöse werden hier indirekt über Werbeeinblendungen (Banner) realisiert (vgl. Wirtz 2013, S. 278; Kollmann 2013, S. 49).

2.4.2.2 eCommerce

In der Geschäftsmodellleistung „eCommerce" findet sich der „echte" Onlinehandel. Das Geschäftsmodell umfasst die **Anbahnung, Aushandlung und/oder Abwicklung von Geschäftstransaktionen über Netzwerke**. Bedingt durch die Möglichkeiten des Internets zielt das Geschäftsmodell darauf ab, die traditionellen Phasen einer Transaktion zu unterstützen, zu ergänzen oder gar zu substituieren. Ziel dieses Konzeptes ist es, Kauf- und Geschäftsprozesse zu vereinfachen oder auch bequemer und schneller abzuwickeln. Varianten der Geschäftsmodellleistung bestehen in Form von **E-Attraction, E-Bargaining und E-Transaction**. Während letzteres Modell die Abwicklung von Geschäftstransaktionen in Form von Zahlungen und Auslieferungen erleichtern soll, versteht man unter E-Attraction alle Maßnahmen, die die Anbah-

nung von Transaktionen unterstützen. Die Leistungsvariante E-Bargaining bzw. E-Negotiation beschreibt die Aushandlung von Geschäftsbedingungen. Die Erlöse innerhalb des Geschäftsmodells Commerce werden wiederum direkt durch den Verkauf von Produkten oder Dienstleistungen sowie indirekt, bspw. durch Werbung, generiert. Ein Beispiel für die Umsetzung einer solchen Geschäftsmodellleistung ist das Reiseunternehmen Expedia.de. Der Großteil des Reiseangebots wird direkt von den Anbietern erworben und die Hotelzimmer, Flug- oder Bahntickets werden über die eigene Website an Endkunden direkt weiterverkauft (vgl. Wirtz 2013, S. 306 f.; Kollmann 2013, S. 50). Weitere Beispiele sind buch.de und Amazon. Beide kaufen Produkte und/oder Leistungen ein, um diese dann mit Margenaufschlag an ihre Kunden weiterzuverkaufen.

2.4.2.3 E-Context

Im Vordergrund der Geschäftsmodellleistung Context stehen die **Klassifizierung, Systematisierung und Zusammenführung von verfügbaren Informationen und Leistungen** in Netzwerken. Hierdurch wird das Ziel verfolgt, die Markttransparenz für den Kunden zu verbessern und seinen Suchaufwand zu reduzieren. Das Geschäftsmodell Context lässt sich in die drei Bereiche **E-Search, E-Catalogs und E-Bookmarking** weiter differenzieren. Zur ersten Kategorie zählen Internetsuchdienste, die vollautomatisch und in regelmäßigen Abständen Webseiten und deren Inhalte erfassen, katalogisieren und diese für die Nutzer zur Verfügung stellen. Zur Kategorie E-Catalogs zählen Webkataloge, die ebenfalls Informationen zu Webseiten und deren Inhalte zur Verfügung stellen. Der Unterschied zum E-Search-Modell besteht darin, dass die Katalogisierung der Webseiten nicht automatisch, sondern durch Redakteure erfolgt, die eine Bewertung über die jeweiligen Kataloginhalte verfassen. Unter der letzten Kategorie (E-Bookmarking) wird die gemeinschaftliche Indexierung von im Internet verfügbaren Informationen durch die Nutzer verstanden. Erlöse können direkt, bspw. über Gebühren für die Aufnahme von Inhalten, oder indirekt, bspw. durch Werbung realisiert werden.

Beispiele für die Umsetzung des Geschäftsmodells sind Google (E-Search), Gelbe-Seiten.de
(E-Catalog) oder Del.icio.us (E-Bookmarking)
(vgl. Wirtz 2013, S. 331 f.; Kollmann 2013,
S. 50).

2.4.2.4 E-Connection

Gegenstand der Geschäftsmodellleistung-Con-
nection ist die Realisierung von technischen,
kommerziellen und kommunikativen Verbindungen und damit des **Informationsaustausches in
Netzwerken**. Ziel des Geschäftsmodells ist es,
die Interaktion zwischen zwei oder mehreren Ak-
teuren in einem virtuellen Netzwerk herzustellen,
die in der realen Welt aufgrund von hohen Transaktionskosten oder Kommunikationsbarrieren
nicht möglich wäre. Dementsprechend wird der
Geschäftsmodelltyp Connection in die Varianten
Intra- sowie Interconnection unterteilt. Während Intraconnection das Angebot von Kommu-
nikationsmöglichkeiten im Internet beschreibt,
enthält der Bereich Inter-Connection Anbieter,
die den Zugang zu Netzwerken ermöglichen.
Erlöse werden direkt, bspw. durch Verbindungs-
gebühren, oder indirekt, bspw. durch Werbung
oder Cross-Selling generiert. Beispiele für die
Umsetzung des Geschäftsmodells sind soziale
Netzwerke wie bspw. Facebook (kommunika-
tive Zusammenführung), T-Online (technische
Zusammenführung) oder die Scout24-Platt-
formen, wie ImmobilienScout24.de (kommerzielle Zusammenführung von Maklern zum Zwecke des Hausverkaufs auf einem eMarktplatz);
vgl. Wirtz 2013, S. 357 f.; Kollmann 2013,
S. 50 f.).

2.4.3   Dimensionen und Elemente von Geschäftsmodellen

Der Frage „Welche Leistung bildet den Kern des
Geschäftsmodells?" schließt sich die Frage „Aus
was besteht ein Geschäftsmodell insgesamt?" bzw.
„Wie ist ein Geschäftsmodell aufgebaut?" an.

Die Synthese der bestehenden Ansätze in der
Literatur beinhaltet insgesamt 15 **Geschäftsmodellelemente** (13 + 2), anhand derer Geschäftsmodelle beschrieben werden. Um die auftretende

Tab. 2.2 Dimensionen und Elemente von Geschäftsmodellen (Quelle: vgl. Schallmo 2013, S. 49 f.)

Dimension	Elemente
Geschäftsmodellvision	
Kundendimension	Kundensegmente
	Kundenkanäle
	Kundenbeziehungen
Nutzendimension	Leistungen
	Nutzenversprechen
Wertschöpfungsdimension	Prozesse
	Ressourcen
	Fähigkeiten
Partnerdimension	Partner
	Partnerkanäle
	Partnerbeziehung
Finanzdimension	Kosten
	Umsätze
Geschäftsmodellführung	

Komplexität zu reduzieren und eine bessere
Übersicht sicherzustellen, werden **Geschäftsmodelldimensionen** gebildet, die Geschäftsmodellelemente eines Themenbereichs (z. B. Kunden)
zusammenfassen; die Geschäftsmodelldimensionen sind somit den Geschäftsmodellelementen
übergeordnet. Auf Basis von bestehenden Ansätzen und deren Synthese lassen sich die Geschäftsmodellelemente und -dimensionen folgendermaßen erläutern; vergleiche Tab. 2.2:

- **Geschäftsmodellvision**: Wie lässt sich das
  ideale Geschäftsmodell (ideal = gewünschter
  zukünftige Zustand des Geschäftsmodells) innerhalb einer Industrie beschreiben und wie
  wird das bestehende Geschäftsmodell weiterentwickelt?
- **Nutzendimension**: Welcher Nutzen soll durch
  welche Leistungen für Kundensegmente gestiftet werden?
- **Kundendimension**: Welche Kundensegmente
  sollen mit dem Geschäftsmodell erreicht werden? Wie sollen die Kundensegmente erreicht
  werden? Wie soll die Beziehung zu Kundensegmenten ausgestaltet werden?
- **Wertschöpfungsdimension**: Welche Ressourcen und Fähigkeiten sind notwendig, um
  die Leistungen zu erstellen und das Geschäftsmodell zu betreiben? Welche Prozesse sollen
  ausgeführt werden?

- **Partnerdimension**: Welche Partner sind für das Geschäftsmodell notwendig? Wie soll mit den Partnern kommuniziert werden und wie sollen die Leistungen beschafft werden? Welche Beziehung soll zu den jeweiligen Partnern vorliegen?
- **Finanzdimension**: Welche Umsätze werden mit den Leistungen erzielt? Welche Kosten werden durch das Geschäftsmodell verursacht? Welche Mechanismen sollen jeweils für Umsätze und Kosten zum Einsatz kommen?
- **Geschäftsmodellführung**: Welche kritischen Erfolgsfaktoren liegen für das Geschäftsmodell vor und wie lassen sich diese mittels Führungsgrößen operationalisieren?

Mit dem sogenannten **Business Model Canvas** (vgl. Abb. 2.9) haben Osterwalder und Pigneur eine „gemeinsame Sprache zur Beschreibung, Visualisierung, Bewertung und Veränderung von Geschäftsmodellen" (Osterwalder und Pigneur 2011, S. 16) entwickelt, die sich dazu eignet, Veränderungen unter dem Einfluss der neuen Dynamik einer digitalisierten (Handels-)Welt zu analysieren. Die Ausgangslage, die Osterwalder und Pigneur dem Business Model Canvas zugrunde legen, liest sich dabei wie die Beschreibung des im Handel seit einigen Jahren stattfindenden Strukturwandels:

> Heutzutage sind zahllose innovative Geschäftsmodelle im Entstehen begriffen. Ganz neue Branchen formen sich heraus, während die alten sich auflösen. Newcomer fordern die alte Garde heraus, von denen manche fieberhaft versuchen, sich selbst neu zu erfinden (Osterwalder und Pigneur 2011, S. 16).

Das **Business Model Canvas** ist ein Ansatz, der die genannten Geschäftsmodellelemente und -dimensionen umfassend abbildet. Aufgrund seiner Einfachheit, der profunden wissenschaftlichen Basis und der sehr hohen Akzeptanz in der Praxis und insbesondere der Unternehmen aus dem di-

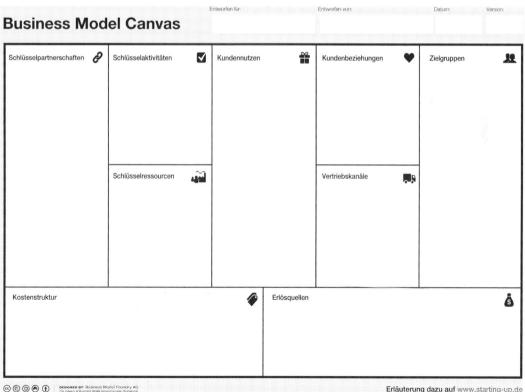

Abb. 2.9 Business Model Canvas

gitalen Umfeld, wird dieser Ansatz weiter ausge-führt. Gemäß Osterwalder und Pigneur (2011, S. 18) hat ein Geschäftsmodell die Aufgabe, das Grundprinzip zu beschreiben, „nach dem eine Organisation Werte schafft, vermittelt und er-fasst". Das Business Model Canvas beschreibt Geschäftsmodelle dabei anhand von **neun Bau-steinen**, die sich wie folgt unterteilen lassen:

- Eine **effizienzorientierte linke Hälfte** des Canvas, die die **Leistungserstellung** konkre-tisiert: Wie wird die Leistung in welcher Form *geschaffen*? Schlüsselpartner, Schlüsselaktivi-täten und Schlüsselressourcen sind die res-sourcenseitigen Bausteine, die zur Erreichung des Wertangebots erforderlich sind.
- Und eine **wertorientierte rechte Hälfte**, die das **Leistungsversprechen** nennt: Was ist das eigentliche Lösungsangebot und welchen Nutzen *vermittelt* das Unternehmen bzw. wie lautet das Kundenversprechen? Marktseitig ist das Business Model Canvas durch (Kommuni-kations- und Vertriebs-)Kanäle, Kundenbezie-hungen und Kundensegmente charakterisiert.
- Das **Fundament bildet der Gewinn**, der sich explizit aus den Bausteinen „Kostenstruktur" und „Einnahmequellen" ergibt. Durch die Nähe zur Leistungserstellung sind die zu be-schreibenden Kostenstrukturen links angeord-net. Das Erlösmodell, also die Erläuterung, wie die Form des Gelderwerbs erfolgt und der Wert *erfasst* wird, ist dem rechten Bereich zu-geordnet.
- Das durch das Geschäftsmodell erzeugte **Wertangebot** bildet das Herzstück der Busi-ness Model Canvas, da es quasi die „Exis-tenzberechtigung" des Geschäftsmodells dar-stellt.

2.4.3.1 Nutzendimension und Wertangebot

Das Kernstück eines Geschäftsmodells ist das ei-gentliche **Produkt- oder Lösungsangebot**, wel-ches auf die Bedürfnisse eines bestimmten Kun-densegments zurechtgeschnitten ist. Das Angebot muss daher einen glaubhaften, überzeugenden und in seiner Kombination einzigartigen Mehr-wert gegenüber den Kunden liefern. Bei der Be-

schreibung sollte sowohl das Nutzenversprechen bzw. der Kundenmehrwert ausformuliert als auch auf Aspekte eingegangen werden, inwiefern das Angebot strategisch zum Unternehmen passt, warum das Unternehmen als ein glaubwürdiger Anbieter von den Kundensegmenten wahrge-nommen werden wird und wie sich das Angebot von jenen der Wettbewerber unterscheidet.

Die Nutzendimension definiert die Leistungen und den damit erzeugten Nutzen eines Geschäfts-modells; sie beantwortet die Frage, was den Kun-den angeboten wird.

Die Nutzendimension ist nicht isoliert zu se-hen. Auf Basis der ausformulierten Nutzendi-mension bzw. der Leistungen wird der Einsatz von Ressourcen, Fähigkeiten und Prozessen er-stellt. Darüber hinaus haben Leistungen einen Preis und ermöglichen die Erzielung von Umsät-zen. Neben dem Nutzen, der gegenüber den Kun-den erbracht wird, ist auch der Nutzen, der ge-genüber den Partnern erbracht wird, relevant.

Da die Leistungen als zentrales Wertangebot eine solch zentrale Rolle im Geschäftsmodell einnehmen, sind mit E-Content, eCommerce, E-Context und E-Connection die **vier idealtypi-schen Leistungen** als grundlegende Geschäfts-modelloptionen bereits ausgeführt worden (siehe Abschn. 2.4.2)

Leitfragen zur Nutzendimension und dem Wertangebot
Vgl. Maisch und Palacios Valdés (2018, S. 38 ff.); Stüber et al. (2017, S. 222 ff.) und Schallmo (2018, S. 55 ff.):

- Welche aktuellen und zukünftigen Be-dürfnisse hat ein spezifisches Kunden-segment und wie wichtig sind diese Bedürfnisse den jeweiligen Kunden-segmenten?
- Welcher Nutzen soll je Kundensegment gestiftet werden und wie soll dieser Nut-zen in einem Nutzenversprechen ausfor-muliert werden?
- Welche Produkte und Dienstleistungen sind notwendig, um den Nutzen zu

> stiften und das Nutzenversprechen zu erfüllen?
> • Welcher Nutzen soll für die beteiligten Partner gestiftet werden?
> • Wie werden Kunden mit der Marke, den Leistungen und dem damit erzeugten Nutzen begeistert?

2.4.3.2 Kundendimension und Leistungsversprechen

Die **Kundendimension** definiert die **Kundensegmente**, die **Kundenkanäle** und die **Kundenbeziehungen** des Geschäftsmodells. Die Kundendimension ist extern (auf die Kunden und auf den Markt) gerichtet; sie beantwortet hauptsächlich die Frage, für wen die Leistungen eines Geschäftsmodells erbracht werden. Die Kundendimension beschreibt Kundensegment, -beziehung und -kanal.

Kundensegmente

Nur wer seine Kunden bzw. Kundengruppen und deren relevante Bedürfnisse gut kennt, ist in der Lage, ein erfolgsversprechendes Geschäftsmodell zu entwickeln. Dieser Bereich ist der kritischste, da sich die Aspekte der Leistung und Leistungserstellung an den Kundensegmenten ausrichten müssen. Wenden Sie sich mit ihrem Angebot an einen Nischen- oder einen Massenmarkt? Wer sind die (potenziellen) Käufer des Leistungsangebotes? Weisen die Kunden in ihrer Bedürfnisausprägung unterschiedliche Eigenschaften auf, wie sind die Zahlungsbereitschaft und der Wert des Kunden? Und schließlich ist zu klären, wie diese in **Segmente geclustert** werden. Bei einem digitalen Geschäftsmodell sollte immer die **Medienaffinität bzw. das digitale Kommunikations- und Interaktionsverhalten** der Kundensegmente beachtet werden. Bei einigen Geschäftsmodellen, wie die von Onlinezeitungen sowie die von vielen Bloggern, sind die Endnutzer bzw. Leser nicht diejenigen, die für ein Angebot zahlen, sondern Werbetreibende. Bei Geschäftsmodellen, bei denen ein Unternehmen als Leistungsvermittler auftritt, wie im Fall

von UBER und Airbnb, sind sowohl die Anbieter der Leistungen als auch die Leistungsempfänger Kundensegmente.

> **Leitfragen zu den Kundensegmenten**
> Vgl. Maisch und Palacios Valdés (2018, S. 38 ff.); Stüber et al. (2017, S. 222 ff.) und Schallmo (2018, S. 55 ff.):
>
> • Welche Kundenbedürfnisse liegen vor und wie erfolgt auf dieser Basis die Bildung von Kundensegmenten?
> • Welche Kundensegmente sollen als Erstes bearbeitet werden?
> • Welcher Nutzen soll für die Kundensegmente gestiftet werden und wie viel sind die Kunden bereit zu bezahlen?
> • Welchen Wert haben die Kundensegmente für das Unternehmen und welche Kundensegmente sind am wichtigsten?

Kundenbeziehungen

In der Darlegung der Kundenbeziehung wird beschrieben, in welcher Form ein Unternehmen die **Akquise und Pflege zu den einzelnen Kundensegmenten** gestaltet, um den Vertrieb der Leistung zu ermöglichen. Eine Ausgestaltung dieser Beziehung ist maßgeblich vom **Kommunikations- und Interaktionsverhalten** der jeweiligen Kundensegmente abhängig, muss jedoch auch mit **finanziellen Möglichkeiten** und dem **Wertpotenzial des Kunden** abgeglichen werden. In der Darlegung der Kundenbeziehung werden die Art der Kundenbeziehung, die einzelnen Aktivitäten sowie die Kontaktpunkte dargelegt. Bei den Kontaktpunkten kann es sich neben persönlichen an einem physischen Point of Sale auch um medien-vermittelte über E-Mail, Telefon oder eine Internetpräsenz handeln.

> **Leitfragen zur Kundenbeziehung**
> Vgl. Maisch und Palacios Valdés (2018, S. 38 ff.); Stüber et al. (2017, S. 222 ff.) und Schallmo (2018, S. 55 ff.):

- Wie können neue Kunden gewonnen und langfristig an das Unternehmen gebunden werden?
- Wie kostenintensiv sind die unterschiedlichen Formen der Kundenbeziehung?
- Welche Form der Kundenbeziehung ist besonders erfolgversprechend?
- Welche Form der Kundenbeziehung soll vorliegen?

- Wie sind die Kommunikations- und Vertriebskanäle in die Prozesse (z. B. Anfrage, Beschaffung) der Kunden integriert?
- Mittels welcher Kommunikations- und Vertriebskanäle können viele Kunden erreicht werden?
- Mittels welcher Kommunikations- und Vertriebskanäle sollen die Kundensegmente erreicht werden?

Kanäle

In der Kanalbeschreibung wird dargelegt, über welche **Kommunikations- und Vertriebskanäle** ein Unternehmen seine Kundensegmente erreicht und das Leistungsangebot vermittelt. Die Kommunikationskanäle dienen dazu, mit Kunden in Kontakt zu treten und diese über die Leistungen sowie den möglichen Nutzen zu informieren; die Kommunikationskanäle dienen ebenfalls dazu, dass die Kunden mit dem Unternehmen in Kontakt treten. Zu den Vertriebskanälen zählen auch Verkaufs-, Liefer- und Servicekanäle. Über die Vertriebskanäle werden die Leistungen an die Kunden transferiert. Die Kommunikations- und Vertriebskanäle können sich überschneiden.

Dabei sollten alle Phasen der Kundenbeziehung (Customer Journey) berücksichtigt werden. Osterwalder und Pigneur unterscheiden **fünf Kanalphasen** (Osterwalder und Pigneur 2011, S. 26): Aufmerksamkeit, Bewertung, Kauf, Vermittlung und Nachbetreuung. Diese einzelnen Phasen können über einen physischen (Verkaufsfiliale) als auch über einen digitalen Kanaltyp (Internetverkauf), durch eigene kanäle oder mittels Partner bedient werden. Die Herausforderung ist es, über den Kundenzyklus die richtige Kanalwahl mit dem eigenen, limitierten Budget auszubalancieren.

Leitfragen zu den Kanälen
Vgl. Maisch und Palacios Valdés (2018, S. 38 ff.); Stüber et al. (2017, S. 222 ff.) und Schallmo (2018, S. 55 ff.):

2.4.3.3 Wertschöpfung/Partner und Leistungserstellung

In der Wertschöpfungsdimension werden die Rahmenbedingungen beschrieben, um die **Leistungen zu erstellen**. Die Wertschöpfungsdimension definiert hierzu die **Prozesse** sowie die **Ressourcen** und **Fähigkeiten**, die für das Geschäftsmodell notwendig sind. Die Wertschöpfungsdimension beantwortet die Frage, wie das Geschäftsmodell die Leistungen erstellt und erbringt bzw. wie das Geschäftsmodell betrieben wird.

Schlüsselaktivitäten/Prozesse

In den Schlüsselaktivitäten werden die erforderlichen Prozesse sowie deren Anforderungen dargelegt, um das Leistungsangebot zu erstellen. Ein Prozess ist eine Menge von Aufgaben, die in einer Reihenfolge zu erledigen sind. Prozesse haben Leistungen als Ergebnis und ermöglichen es, die Kundensegmente zu erreichen, die Kundenbeziehungen aufzubauen, diese aufrechtzuerhalten und Umsätze zu generieren. Prozesse sind also notwendig, um das Geschäftsmodell zu betreiben und das Nutzenversprechen auf eine nachhaltige, eine wiederholbare, eine skalierbare und eine steuerbare Art zu erfüllen. Welche Prozesse für ein Geschäftsmodell relevant sind, hängt von der **Position innerhalb der gesamten Wertschöpfungskette** (vom Rohstoff zur Kundenbindung) ab. So ist zum Beispiel bei Microsoft die Entwicklung und Pflege von Software eine Schlüsselaktivität. Bei dem Onlinehändler Amazon werden neben der Entwicklung neuer Produkte bzw. Dienstleistungen auch Logistikmanagement,

Marketing und Support Schlüsselaktivitäten sein. Partner können Prozesse ausführen, um das Geschäftsmodell zu vervollständigen.

Leitfragen Schlüsselaktivitäten/Prozesse
Vgl. Maisch und Palacios Valdés (2018, S. 38 ff.); Stüber et al. (2017, S. 222 ff.) und Schallmo (2018, S. 55 ff.):

- Wie gestaltet sich die gesamte Wertschöpfungskette der Industrie und welche Position soll innerhalb dieser Wertschöpfungskette eingenommen werden?
- Welche Prozesse sind für die Erfüllung des Nutzenversprechens notwendig?
- Welche Prozesse sind für die Bereitstellung von Kanälen und die Pflege der Kundenbeziehungen notwendig?
- Welche Prozesse sollen dabei von Partnern ausgeführt werden und wie erfolgt die Verknüpfung mit den Partnern?

Schlüsselressourcen
Um die Schlüsselaktivitäten umzusetzen bzw. um ein Geschäftsmodell zu realisieren und langfristig zu betreiben, sind bestimmte Ressourcen erforderlich. Diese Schlüsselressourcen können **physischer** (Gebäude, Maschinen, Fahrzeuge), **intellektueller** (Marken, Firmenwissen, Partnerschaften), **menschlicher** (Experten in bestimmten Gebieten) als auch **finanzieller** (Bargeld, Kreditrahmen) Natur sein. Sie fließen direkt bzw. indirekt in die Leistungen des Geschäftsmodells ein und dienen dazu, die Kundensegmente zu erreichen, die Kundenbeziehungen aufzubauen und diese aufrechtzuerhalten. So ist für Lufthansa die Flugzeugflotte eine Schlüsselressource, für ein Technologieunternehmen wie der Roboterhersteller KUKA zählt neben den Produktionsanlagen zur Erstellung der Güter auch das in Patenten hinterlegte geistige Eigentum als Schlüsselressource. Um das Geschäftsmodell zu vervollständigen, stellen Partner ebenfalls Ressourcen bereit.

Leitfragen Schlüsselressourcen
Vgl. Maisch und Palacios Valdés (2018, S. 38 ff.); Stüber et al. (2017, S. 222 ff.) und Schallmo (2018, S. 55 ff.):

- Welche Ressourcen und Fähigkeiten sind für die Stiftung des Nutzens notwendig und in welcher Form und woher müssen diese Ressourcen und Fähigkeiten beschafft werden?
- Welche Ressourcen und Fähigkeiten sind für das Geschäftsmodell erfolgskritisch und welche einzigartig?
- Wie sollen die Ressourcen und Fähigkeiten von Partnern in das Geschäftsmodell integriert werden?

2.4.3.4 Schlüsselpartner
Die Partnerdimension definiert die Partner, die **Partnerkanäle und die Partnerbeziehungen** des Geschäftsmodells. Nicht alle der erforderlichen Leistungen und Ressourcen zur Umsetzung eines Geschäftsmodells müssen und sollten von dem Unternehmen selbst aufgebracht werden. Das intelligente Kooperieren mit Partnern kann zu einem entscheidenden Erfolgsfaktor für eine schnelle und professionelle als auch langfristige erfolgreiche Umsetzung des Geschäftsmodells werden. Daher ist nicht nur zu ermitteln, welche Partner erforderlich sind, um ein Geschäftsmodellobjekt zu realisieren, sondern es gilt zu eruieren, welche Partner langfristig einen strategischen Vorteil aufgrund von spezifischen Eigenschaften bieten können.

Leitfragen Partner
- Welche Partner sind für das Geschäftsmodell notwendig?
- Welche Ressourcen und Fähigkeiten sollen von den Partnern bereitgestellt werden?
- Welche Partner sind in die Wertschöpfungskette integriert und welche Prozesse sollen die Partner ausführen?

Für Partnerkanäle erfolgt eine Unterscheidung in **Kommunikations- und Beschaffungskanäle**. Die Kommunikationskanäle dienen dazu, mit Partnern in Kontakt zu treten, mit diesen Partnern zu kommunizieren und sie über den Nutzen zu informieren. Die Beschaffungskanäle dienen dazu, die bereitgestellten Ressourcen von Partnern an das Geschäftsmodell zu übertragen.

Leitfragen Partnerkanäle
- Welche Kundenkanäle können durch die Partner erschlossen werden?
- Wie sollen die Partner bei der Erfüllung des Nutzenversprechens unterstützen?
- Über welche Kommunikations- und Beschaffungskanäle sollen Partner erreicht werden?
- Welche Kommunikations- und Beschaffungskanäle sind besonders erfolgversprechend und kostengünstig?

Die Partnerbeziehung sagt aus, wie die **Gewinnung** von Partnern und deren **Bindung** an das Geschäftsmodell stattfindet. Neben den vertraglichen Regelungen wird die Partnerbeziehung über den Nutzen, den der Partner erhält, gefestigt. Je Partner sind unterschiedliche Formen von Partnerbeziehungen möglich.

Leitfragen Partnerbeziehung
Vgl. Maisch und Palacios Valdés (2018, S. 38 ff.); Stüber et al. (2017, S. 222 ff.) und Schallmo (2018, S. 55 ff.):

- Welche Form der Partnerbeziehung ist besonders erfolgversprechend?
- Wie kostenintensiv sind unterschiedliche Formen der Partnerbeziehung?
- Welche Form der Beziehung soll zu Partnern aufgebaut werden und wie erfolgt die Zusammenarbeit mit den Partnern?

2.4.3.5 Finanzdimension und Erlös-/ Kostenmodel

Erlösmodel

Die große Herausforderung in einem Geschäftsmodell ist immer, wie man aus der angebotenen Leistung Gewinn erwirtschaftet. Die Umsätze werden durch den Verkauf und durch die Bereitstellung von Leistungen erzielt. Sie sind durch ihre Struktur und ihren Mechanismus charakterisiert. Die **Umsatzstruktur** beschreibt, von welchen Kunden/Partnern und mit welchen Leistungen das Geschäftsmodell Umsätze generiert. Der für Kunden und Partner gestiftete Nutzen fließt somit in Form von Umsätzen wieder an das Geschäftsmodell zurück. Hierbei kommen unterschiedliche Umsatzmechanismen zum Einsatz, die mit den Kunden und Partnern vereinbart sind. Es muss beschrieben werden, **wer** für die dargebotene Leistung bereit ist zu bezahlen. Sind es die Endnutzer meines Angebotes oder ggf. Intermediäre, wie z. B. Werbetreibende? Des Weiteren muss auf das **Preismodell** eingegangen werden bzw. wie die Bezahlung erfolgt und wie der jeweilige Vertragstyp ausgestaltet ist. Strebt man ein klassisches Produktgeschäft an, bei dem man seine Leistung verkauft, oder erfolgt die Bezahlung auf Nutzungsbasis. So können Amazonkunden zum einen digitale Leistungen wie einen Film kaufen, für die Nutzung über einen bestimmten Zeitraum bezahlen oder über eine kontinuierliche Mitgliedsgebühr bei Prime Video unbegrenzt online streamen.

Leitfragen Umsätze
- Für welchen Nutzen sind die Kunden bereit zu bezahlen und wie viel sind Kunden bereit zu bezahlen?
- Wie kann der gestiftete Nutzen in Form von Umsätzen abgeschöpft werden?
- Für welche Leistungen (Produkte und Dienstleistungen) können Umsätze generiert werden?
- Wie soll der Umsatzmechanismus (z. B. Mietgebühr je Minute) für die Kundensegmente ausgestaltet werden?

In der **Kostenstruktur** werden die wichtigsten Kostentreiber zur **Erstellung** und **Betrieb** des Geschäftsmodells aufgeführt. Kosten entstehen also durch die **Partnerschaften**, den **Einsatz von Ressourcen**, den **Aufbau von Fähigkeiten** und die **Ausführung von Prozessen**. Es wird Transparenz geschaffen, wie hoch die voraussichtlichen fixen und variablen Kosten und was die einzelnen Kostenblöcke sind. Auf Basis der Kostenstruktur ist ersichtlich, für welche Aspekte der Leistungserstellung wie viel Geldressourcen bereitgestellt werden müssen. Es kann analysiert werden, ob und wie dieser Ressourceneinsatz minimiert werden kann. Analog zu den Umsatzmechanismen kommen Kostenmechanismen (z. B. Nutzungsgebühr, Grundgebühr, Provision, Mietgebühr, Lizenzierung) zum Einsatz, die mit den Partnern vereinbart sind.

> **Leitfragen Kosten**
> * Welche Kosten werden während des Betriebs des Geschäftsmodells und innerhalb der jeweiligen Geschäftsmodellelemente entstehen und welche Kosten sind wesentlich?
> * Welche Ressourcen, Fähigkeiten und Prozesse werden dabei welche Kosten und in welcher Höhe Kosten verursachen?
> * Durch welche Faktoren (z. B. Menge, Preise) wird die Kostenstruktur beeinflusst?
> * Wie soll der Kostenmechanismus (z. B. die Zahlung einer Nutzungsgebühr) mit den Partnern ausgestaltet werden?

2.4.3.6 Geschäftsmodellvision und -führung

Die Geschäftsmodellvision ist den Geschäftsmodelldimensionen übergeordnet. Sie dient somit als Basis, um die Geschäftsmodelldimensionen zukunftsgerichtet auszugestalten. Die Geschäftsmodellvision sagt aus, was das **ideale Geschäftsmodell** innerhalb einer Industrie in den nächsten drei bis fünf Jahren charakterisiert. Die Ge-

schäftsmodellvision beinhaltet dazu die **Begründung**, die **Zielsetzung**, den **Schwerpunkt** und die **Beschreibung der Nachhaltigkeit** des Geschäftsmodells. Die Geschäftsmodellvision beeinflusst somit die zukünftige Ausgestaltung bzw. die (Weiter-)Entwicklung der jeweiligen Geschäftsmodelldimensionen.

> **Leitfragen zur Vision**
> * Wie ist das ideale Geschäftsmodell (die vereinfachte Beschreibung der Geschäftsmodelldimensionen und eingesetzter Technologien) innerhalb der Industrie für die nächsten drei bis fünf Jahre charakterisiert?
> * Ausgehend von Leistungen (Produkte und Dienstleistungen), die innerhalb der Industrie angeboten werden: Welche Leistungen sollen in Zukunft nicht mehr reduziert oder zusätzlich angeboten werden? Wie werden zukünftige Leistungen in einem Leistungssystem zusammengefasst?
> * Welche Kundenbedürfnisse liegen aktuell und zukünftig vor und wodurch ist die Existenz des Geschäftsmodells begründet?
> * Warum sind potenzielle Kunden des Geschäftsmodells bereit, für die Leistungen, die innerhalb eines Leistungssystems angeboten werden, zu bezahlen?
> * Liegen für das Geschäftsmodell Wettbewerber vor? Wenn ja, was dient zur Differenzierung (z. B. mittels der Stiftung eines neuartigen Nutzens) gegenüber den Wettbewerbern bzw. wie findet eine Absicherung des Geschäftsmodells gegenüber Nachahmern statt?

Die **Geschäftsmodellführung** beinhaltet alle kritischen Erfolgsfaktoren der Geschäftsmodelldimensionen und ist diesen übergeordnet. Die **kritischen Erfolgsfaktoren** stehen in Beziehung zueinander und beeinflussen sich gegenseitig. Diese Beeinflussung ist in einem Wirkungsnetz dargestellt. Die kritischen Erfolgsfaktoren sind die wenigen Variablen, die den Erfolg eines Geschäftsmodells beeinflussen. Sie sind mithilfe von **Führungsgrößen** und eines dazugehörigen **Zielwerts** sowie **Zeitbezugs** operationalisiert; Maßnahmen dienen dazu, die jeweiligen Zielwerte zu erreichen. Ein geeignetes Instrument zur Ausarbeitung der Führung ist die Balanced Scorecard und Strategy Map.

Leitfragen zur Führung
- Welche kritischen Erfolgsfaktoren liegen für das gesamte Geschäftsmodell bzw. je Geschäftsmodelldimension vor?
- Welche Quellen liegen für die Umsatzgenerierung und die Nutzenstiftung vor und welche kritischen Erfolgsfaktoren beeinflussen jeweils diese Quellen?
- Wie beeinflussen sich die kritischen Erfolgsfaktoren untereinander? Wie verstärken sich die kritischen Erfolgsfaktoren gegenseitig? Wie kann die Beeinflussung und die gegenseitige Verstärkung der kritischen Erfolgsfaktoren in einem Wirkungsnetz6 dargestellt werden?
- Wie können kritische Erfolgsfaktoren mit Hilfe von Führungsgrößen operationalisiert werden, um das Geschäftsmodell zu steuern?

2.4.3.7 Vertiefung zu Erlösmodellen im digitalen Kosmos – Simply Seven:

Jörg Rheinboldt, Niko Waesche und Erik Schlie vertreten die These, dass jedes Erlösmodell sich in eines von sieben Kategorien einsortieren lässt – **Simply Seven** (simplyseven.net). Es gibt zwar eine große Vielfalt an Ideen, aber nur eine eingeschränkte Auswahl an Erlösmodellen. Da die Monetarisierung wesentlich über den Erfolg eines Geschäftsmodells bestimmt, ist es durchaus sinnvoll, sich eingehender mit der Systematik von Erlösmodellen zu befassen. Es sei angemerkt, dass die Autoren ihre Simply Seven nicht als Erlös-,

sondern als Geschäftsmodell deklarieren. Diese Unschärfe macht die Ausführungen aber nicht minder interessant. Die sieben Erlösmodelle laut Simply Seven sind (Schlie et al. 2011):

- **Service Sales**/Direktvertrieb: Erlöse aus einzigartigen, individualisierten Produkten oder Dienstleistungen in singulären Transaktionen (Skype & Co)
- **Subscriptions**/Abonnement: Erlöse aus einem Servicevertrag oder einer Mitgliedschaft (Blizzard Entertainment (World of Warcraft & Co)
- **Retail**/Onlinehandel: Erlöse aus dem Handel mit physischen Produkten (Amazon & Co)
- **Commisions**/Provision: Erlös aus der Vermittlung von abgeschlossenen Transaktionen (eBay & Co)
- Advertising/Onlinewerbung: Erlöse aus Gebühren, die für den Zugang zu – potenziellen – Kunden bezahlt werden (Google & Co)
- **License Sales**/Lizenz: Erlöse aus dem Verkauf des Zugangs zu digitalen Produkten und geistigem Eigentum (Apple & Co)
- Financial Management/Finanzmanagement: Profitieren von Investitionspositionen und Finanzdienstleistungskommissionen (in der Entwicklung, wird hier nicht ausgeführt)

Service Sales (Transaktionseinnahmen aus einmaligen Geschäften)

Kern des Erlösmodells ist die Zahlung für eine in Anspruch genommene Leistung. Diese hat den Charakter eines Events. Dieses Event ist eine eigenständige, einzigartige Transaktion. Natürlich kann eine Reihe von Events stattfinden – der Leistungsaustausch wird aber jeweils als eigenständige Transaktion durchgeführt. Auch wenn die Kundenbindung in diesem Erlösmodell gering ist, gibt es die Tendenz zum Lock-in und/oder zur Loyalität. Das Gesetz der Trägheit sorgt dafür: Wenn man bei Amazon alles günstig und zuverlässig geliefert bekommt, warum sollte man sich noch anderweitig registrieren? Dennoch gibt es auch Platz für kleine Händler, besonders im Direktvertrieb. So machen die Lautsprecherboxenhersteller Nubert, Teufel und Abacus weit mehr als die Hälfte des Umsatzes in dem eigenen Onlineshop. Der Rennradanbieter Da Vinci bietet seine Produkte sowohl im eigenen Shop als auch auf Amazon an – dort allerdings rund zehn Prozent teurer. Der Vorteil des Direktvertriebs liegt aus Herstellersicht insbesondere in der Umgehung der Händlerspanne. Ein Vorteil des Service Sales ist auch die Möglichkeit zur konsequenten Abschöpfung der Konsumentenrente: Die Anzahl und ggf. auch die individuelle Ausgestaltung der Transaktionen kann mit der Zahlungsbereitschaft des Kunden variieren. Die Telekommunikationsindustrie hat mit diesem Erlösmodell lange die Konsumentenrenten erfolgreich abgeschöpft: Telefonate in den „Peakzeiten" (vormittags, mittags) oder außerhalb des Ortsnetzes wurden einzeln – als Event – und teuer abgerechnet. Kunden, deren Zahlungsbereitschaft geringer war, haben Telefonate in „Off-Peakzeiten" verschoben und Ferngespräche nur selten und kurz geführt. Die Erlösmodelle entwickelten sich aber immer mehr in einheitliche „Flatrates", d. h. einem Festbetrag für die Telefonie, die unabhängig von Zeit und Destination ist. Solche Flatrates ermöglichen in weit geringerem Umfang das Abschöpfen der Konsumentenrente – können aber als Mechanismen in bestimmten Marktsituationen nicht ignoriert werden. Grundsätzlich ist die Flatrate der Übergang zu dem nächsten Erlösmodell, dem Abonnement (Schlie et al. 2011).

Subscription/Abonnement

2003 kam mit „Second Life" eine zweite Welt auf die Welt. Die Möglichkeit, sich dort eine zweite Identität zuzulegen, war vielen Menschen ein Abonnement wert. Mit dem Aufstieg von Second Life wurde auch das Erlösmodell des „Abonnements" im digitalen Kosmos verbreitet. Weitverbreitet sind Abonnements heute in den meisten Servicemodellen der Medienindustrie, z. B. den Musikstreamingplattformen Soundcloud und Spotify. Bei diesen Diensten können die Kunden Musik nach Wahl beliebig oft hören. Sie kaufen diese aber nicht und dürfen sie auch nicht herunterladen. Die Plattformen vergüten die Verwerter wiederum über Lizenzgebühren – vergleichbar mit den GEMA-Gebühren im klassischen Massenmedium Radio. Musikstreaming auf Basis eines Abonnements scheint aus heutiger Sicht für alle Beteiligten ein gutes Geschäft zu sein. Das Modell ist auch für Spielfilme und hochwertige Fernsehserien geeignet und wird durch die amerikanische Onlinevideothek Netflix und die zu Amazon gehörende Geschäftsmodellkopie Amazon Prime erfolgreich betrieben. Weitere Beispiele sind Datingplattformen und Anbieter von Inhalten (Content) für Firmenkunden. Das Portal Statista, in dem öffentlich zugängliche Daten systematisiert und in übersichtlichen Infografiken angeboten werden, bietet ein Erlösmodell auf Basis von Abonnements an. Bedarf und Zahlungsbereitschaft bei den Kunden ist vorhanden. Auch wenn die Instrumente zur Abschöpfung der maximalen Zahlungsbereitschaft des Kunden mit Abonnements eingeschränkter sind als im Service Sales – Unternehmen profitieren von dem Phänomen, dass Kunden häufig vergessen. Viele Abonnements werden nicht gekündigt, obwohl die Leistungen nicht genutzt werden. Fitnessstudios sind ein Beispiel für dieses Phänomen im analogen Kosmos (Schlie et al. (2011).

Retail-/Onlinehandel

2017 setzte Amazon Waren im Wert von 177,9 Milliarden Euro um. Das waren 31 Prozent mehr als im Jahr zuvor. Der US-Onlinehandelsgigant ist zum Synonym für Einkaufen im Netz geworden. Das Geschäft ist erfolgreich – aber für den Anbieter komplex. Kunden bestellen bei den großen Onlineadressen, weil es bequem und der Preis in der Regel niedriger als in realen Geschäften ist. Wegen des Rückgaberechts im Versandhandel ist der Kauf risikolos. Im Onlinehandel jedoch profitabel zu agieren gelingt nur wenigen. Der Preiswettbewerb ist ruinös, die Logistik hochkomplex, und die Retouren der Kunden sind extrem teuer. Amazon gibt es seit 1994, also seit dem Jahr, als der Mosaic-Browser einen ersten Zugang ins Netz verschaffte. Aber es war eines der wenigen großen Internet-Start-ups der ersten Generation, das es in die schwarzen Zahlen schaffte. Selbst die erfolgreichen Onlinehändler kommen heute auf zwei bis drei Prozent Umsatzmarge und sind damit keineswegs profitabler als die stationären Händler. Ein wesentlicher Vorteil, den dieses Erlösmodell bietet ist: Das Unternehmen erhält den direkten Zugang zum Kunden. Und zu den Such-, Kauf- und Nutzungsdaten. Sowohl der Zugang zum Kunden als auch zu den umfangreichen Daten sind zunehmende Erfolgsfaktoren. Die daraus resultierenden Erkenntnisse erschließen zukünftige Erlöspotenziale, die vielleicht die Potenziale des Handels weit übertreffen (Schlie et al. 2011).

Provisionen
Seit 1995 bringt der Auktionsmarktplatz eBay Käufer und Verkäufer zusammen – und erhält für das Makeln eine Provision. Logistik, Rückgaben und Produkthaftung werden im Unterschied zu klassischen Onlinehändlern von eBay nichts prozessiert. Zudem baute das Unternehmen drei Jahre später mit Paypal einen Bezahldienst auf, der ebenfalls nach dem Provisionsprinzip funktioniert: Für jede abgeschlossene Transaktion wird eine Provision erlöst. Dank globaler Reichweite summierte sich im Jahr 2017 der Erlös auf 13,09 Milliarden Dollar. Dass die provisionsbasierte Vernetzung ein gutes Geschäft sein kann, beweisen auch Rakuten (Vermittlung von Onlineshops), Yatego (Vermittlung von Händlern und Kunden) oder AboutYou (Handelsplattformen für Mode). Eine relativ junge, aber rasch wachsende Kategorie von Provisionsprofiteuren sind Shopping-Communitys, die Gruppen von Verbrauchern durch Gemeinschaftsgeschäfte tatsächliche oder vermeintliche Vergünstigungen verschaffen (HaftpflichtHelden, home24 oder Groupon). Oder aber Communitys, die eine gemeinsame User Experience oder Markenwelt schaffen, an der die Händler lediglich teilnehmen dürfen – gegen Zahlung einer Provision. Diese Firmen scheinen nur Bits zu bewegen, schaffen aber vor allem Marktplätze und Kommunikation und haben ein enormes Wachstumspotenzial. Auch hier dominieren die Großen den Markt. In Nischenmärkten werden dennoch kleine spezialisierte Angebote erhalten bleiben (Gartenxxl.de). Ebenso wie im Handel bietet das Erlösmodell den direkten Zugang zum Kunden und zu den Such-, Kauf- und Nutzungsdaten. Die resultierenden Erkenntnisse erschließen auch hier zukünftige Erlöspotenziale, die vielleicht die Potenziale der Provision weit übertreffen (Schlie et al. 2011).

Werbung/Advertising
Der beste Freund von Onlinewerbung ist die Gratiskultur. Wenn Nutzer nicht bereit sind, für Inhalte oder Dienste zu zahlen, dann bezahlen sie mit ihrer Aufmerksamkeit. Und mit Daten, die personalisierte Werbung möglich machen. Das Prinzip ist, etwas vermeintlich zu verschenken, um mit etwas anderem deutlich mehr zu verdienen. Das hat schon Rockefeller vorgemacht, der Petroleumlampen gratis unters Volk brachte, weil er sein Geld mit Raffinerien verdiente. Heute betreibt dieses Erlösmodell keiner effizienter und in größerem Stil als Google. Der Datenriese verschenkt Suchfunktionen, Betriebssysteme für mobile Endgeräte, Kartendienste, Speicherplatz in der Datenwolke und machte 2011 einen Umsatz von rund 111 Milliarden. Lange Zeit galt es als nahezu unmöglich, aufwendige redaktionelle Websites mit Werbung profitabel zu betreiben. Mit großen Reichweiten und günstigen Produktionskosten gelingt dies heute den großen Nachrichtenangeboten wie den Onlineausgaben von „Guardian" und „Economist" oder Bild.de und Spiegel.de. Umsätze und Gewinne bleiben allerdings eher gering.

Eine Ausnahme bilden auch Bewegtbildangebote mit großem Wachstumspotenzial. Videowerbung im Netz kann ähnlich emotional wirken wie klassische TV-Spots. Und man kann sie – angepasst an das Surfverhalten des jeweiligen Nutzers – individualisieren. In den vergangenen Jahren ist eine ganze Branche entstanden, die Werbetreibenden und den Anbietern von Werbeflächen im Netz dabei hilft, ihre Botschaften besser an den potenziellen Kunden zu bringen (Schlie et al. 2011).

Licence Sales/Vertrieb von Lizenzen
Steve Jobs, Steve Wozniak und Ronald Wayne gründeten die Firma Apple am 1. April 1976. Der Firmenlegende nach musste Jobs seinen VW-Bus und Wozniak seinen Taschenrechner verkaufen, um das Startkapital von 1750 Dollar zusammenzubringen. Fortan entwickelten und verkauften sie Computer mit einem benutzerfreundlichen Betriebssystem. Nach einer wechselvollen Geschichte mit Höhen und Tiefen entwickelte Apple 2001 den iPod, 2007 das iPhone und 2010 das

iPad. Die teuren Geräte und die Betriebssys-
temsoftware OS sind Massenware geworden –
und damit hochprofitabel. Doch erst mit iTunes
und dem App Store ist es der Firma gelungen,
zum größten Händler von digitalen Lizenzpro-
dukten zu werden. Lizenzhandel im Netz ist
keine Apple-Erfindung. Kommerzielle Software-
vertriebsportale mit Downloadfunktion gab es
auch lange vor Netscape, und es gibt sie natürlich
weiterhin. Auch bei Computerspielvertriebssei-
ten wird das Erlösmodell häufig angewendet. Apple ist es allerdings als erstes Unternehmen gelungen, ein Ecosystem für eigene Hardware-,
Software und digitale Lizenzprodukte zu schaffen. Die Idee des Ecosystems ist aktuell auch im
Cloud Computing zu finden. Die Verwandtschaft
zum Lizenzgeschäft ist sehr eng. Im Cloud Computing soll ähnlich zum Lizenzgeschäft eine
möglichst große und breite Zielgruppe mit einer
standardisierten oder bestenfalls flexiblen Plattform angesprochen werden. Unterschiede zum
klassischen Lizenzgeschäft, wo Lizenzen meist
zur zeitlich unbeschränkten Nutzung berechti-
gen, ergeben sich durch die Besonderheiten
der zeit-, verbrauchs- oder transaktionsbasierten
Leistungsinanspruchnahme und -verrechnung.
Einfach formuliert ist hier das Modell Lizenz +
Service Sales ausgeprägt (Schlie et al. 2011).

Freemium
Die Erlösmodelle der Simply Seven wurden –
mit Ausnahme des „Financial Management/Fi-
nanzmanagement" – bereits erläutert. Aufgrund
der Nähe zu den Gesetzen des digitalen Kosmos,
der Effekte auf die Geschäftsmodellentwicklung
im eCommerce und der schieren Bedeutung wird
auf ein weiteres Erlösmodell eingegangen: Freemium. 2009 erschien das Buch „Free" von Chris
Anderson. Der zentrale Begriff darin lautet
„Freemium". Andersons Kernidee ist: In der Offlinewelt kann ein Anbieter fünf Prozent seiner
Leistung an Kunden verschenken. Mit 95 Prozent muss er Geld verdienen. Das Standardbei-
spiel hierfür ist die Autowerkstatt, die Reifen-
druck, Ölstand und Kühlwasser kostenlos prüft
und dann verdient, wenn bei diesem kostenlosen
Service Mängel und Defekte erkannt werden, die
entgeltlich zu beheben sind. In der digitalen Welt,

so Anderson, ist es genau andersherum. Dank der
niedrigen Distributionskosten und der riesigen
Skalierungshebel kann ein Anbieter 95 Prozent
verschenken und nur fünf Prozent seiner Leistung einem Kundenkreis in Rechnung stellen.
Der Grundgedanke ist richtig und spiegelt die
Gesetze des digitalen Kosmos konsequent wider.
Manche nutzen den Begriff des Freemium fälsch-
licherweise, um gegen das Urheberrecht zu argumentieren, nach dem Motto: Freemium beweise,
dass man auch mit ungeschützten Werken Geld
verdienen könne.

Oft machen die Gratisnutzer ein Produkt überhaupt erst interessant für zahlende Kunden. Das
ist zum Beispiel bei Businessnetzwerken wie
LinkedIn oder Xing der Fall, die auch ohne
Premium-Abo echten Nutzwert für die Mitglieder bieten. Dadurch konnten die Onlinegemein-
schaften wachsen, ein kleiner Teil zahlt dann
für Zusatzfunktionen eine monatliche Gebühr.
Gleiches gilt für die Fotocommunity Flickr.
Freemium rechnet sich ebenfalls für Datentrans-
ferdienstleister wie Dropbox oder pCloud: Pri-
vatanwendern reicht das kostenlose Basiskonto
für den Hausgebrauch. Die Anbieter verdienen
ihr Geld mit wenigen Intensivnutzern und Firmenkunden.

Streng genommen ist Freemium Marketing,
das sich irgendwann auszahlt – in der Regel in
Form von Abonnements. Die Herausforderung in
diesem Erlösmodell ist es, den Kostenloskunden
zu einem zahlenden Kunden werden zu lassen.
Und diese Conversion Rate möglichst auf Ebene
des einzelnen Nutzers, vorab und mit hoher Pro-
gnosegüte zu bestimmen. Dies ist durch Data Mining und predictive Analytics zu erreichen. Dabei
geht es darum, hochzurechnen, wie viel Marke-
tingbudget man im Durchschnitt investieren
muss, um mit dem Kunden einen bestimmten
Umsatz zu machen. Ziel ist es, mit Freemium die
richtigen Daten zu sammeln, um die angebotenen
Leistungen später zu monetarisieren.

Damit wäre das wichtigste Merkmal der dritten Phase der Internetökonomie beschrieben, die
gerade begonnen hat. Die Analyse von Daten, in
Echtzeit auf Basis zunehmend intelligenter mul-
tivariater Analyseverfahren und maschinellem
Lernen. „Daten sind das neue Öl", lautet eine

jüngere Silicon-Valley-Weisheit. Denn: Wer die Daten im Griff hat, kennt die Kunden. Und vielleicht auch die Knöpfe, die er drücken muss, um Geld zu verdienen.

Zusammenfassung

Ein Geschäftsmodell beschreibt das Grundprinzip, nach dem eine Organisation Werte schafft, vermittelt und erfasst. Es beschreibt (1) den Wert, den ein Unternehmen einem oder mehreren Kundensegmenten anbietet, sowie (2) die notwendige Architektur und das Partnernetzwerk, um das Wertangebot zu erstellen, vermarkten und auszuliefern. Es legt fest, (3) wie die geschaffenen Werte dem Kunden kommuniziert und übertragen werden. Schließlich beschreibt es (4) die Logik, mit der ein Unternehmen Geld verdient. In einigen Fällen ist die Ausrichtung auf zukünftige Weiterentwicklungen inkludiert, sodass (5) die Anpassung der Schaffung von Werten aufgenommen werden kann, um die Nachhaltigkeit des Geschäftsmodells in der Zukunft sicherzustellen.

Auf Basis von Gesetzen der Netzwerkökonomie sind die Geschäftsmodelle im eCommerce auszurichten. Diese Gesetze sind im Wesentlichen: Huntley's Law, Moore's Law, Gilder's Law, Metcalfe's Law, McGuire's Law und Arthur's Law. Vor dem Hintergrund dieser Gesetze kann das Geschäftsmodell hinsichtlich folgender, grundlegender Dimensionen beschrieben werden: Geschäftsmodellvision, Nutzendimension, Kundendimension, Wertschöpfungsdimension, Partnerdimension, Finanzdimension und der Geschäftsmodellführung.

2.5   Übungsaufgaben und Lösungen

2.5.1   Übungsaufgaben

Aufgabe 1
Skizzieren Sie die Entwicklung des eCommerce und starten Sie die Chronologie mit der Entwicklung der Hypertext Markup Language (HTML – englisch für Hypertextauszeichnungssprache).

Aufgabe 2
Erläutern Sie die Gesetze der Netzwerkökonomie, konkret: Huntley's Law, Moore's Law, Gilder's Law, Metcalfe's Law, McGuire's Law und Arthur's Law.

Aufgabe 3
Erläutern Sie die „Mechanik" eines Geschäftsmodells anhand einer vereinfachten, formalisierten Gleichung. Erläutern Sie bitte auch die Variablen der Gleichung.

Aufgabe 4
Welche Effekte üben die Gesetze der Netzwerkökonomie auf die Geschäftsmodelle im eCommerce aus?

Aufgabe 5
Mit E-Content, eCommerce, E-Context und E-Connection können vier Typen von Leistungen als grundlegende Geschäftsmodelloptionen unterschieden werden. Bitte erklären Sie diese anhand von je einem geeigneten eCommerce-Unternehmen, das als idealtypischer Stellvertreter für diese Form der angebotenen Leistung verstanden werden kann.

Aufgabe 6
Nennen Sie die Dimensionen und Elemente von Geschäftsmodellen.

Aufgabe 7
Erläutern Sie das Grundprinzip und die Struktur des Business Model Canvas.

Aufgabe 8
Es gibt sieben (Simply Seven) Erlösmodelle. Erläutern Sie die sechs vorgestellten Erlösmodelle und nennen Sie geeignete eCommerce-Unternehmen, die als idealtypischer Stellvertreter für je eine Form des Erlösmodells verstanden werden können.

Aufgabe 9
Versuchen Sie erfolgreiche deutschstämmige eCommerce-Unternehmen zu finden. Gibt es ein dominierendes Erlösmodell (in den 2000er-/2010er-Jahren)?

Aufgabe 10

„Vor dem Hintergrund einer zunehmend höheren wirtschaftlichen Dynamik und immer kürzeren Produktlebenszyklen ist die Sinnhaftigkeit eines Geschäftsmodells kaum mehr gegeben." Nehmen Sie zu diesem Statement kurz Stellung und begründen Sie Ihre Stellungnahme.

2.5.2 Lösungen

Lösung zu Aufgabe 1

Epoche 1: Die bestehende Infrastruktur zum Austausch von Daten wird für eine breitere Basis von Nutzern anwendbar. Dies ist vor allem möglich durch die Entwicklung von HTML durch Tim Berners-Lee und den ersten Browsern zur Visualisierung von HTML.

Epoche 2: Erste kommerzielle Nutzung der Infrastrukturen ab den 90er-Jahren des letzten Jahrhunderts. Das Internet wird zum interaktiven Massenmedium und bietet eine zunehmend professionelle Grundlage für den eCommerce.

Epoche 3: Mit Beginn des zweiten Jahrzehnts des 21. Jahrhundert treten Daten in den Vordergrund. Die Nutzung der Datenströme eröffnet grundsätzlich neue Möglichkeiten. Der eCommerce ist nicht länger bloß ein neuer Absatzkanal, sondern vielmehr ein komplettes digitales Business Ecosystem, das selbstlernend mit dem existierenden Business Ecosystem interagiert.

Lösung zu Aufgabe 2

Die Gesetze der Netzwerkökonomie sind:

- Huntley's Law (Investitionen in TK-Anlagen sind 10-mal höher als bei Produktionsanlagen),
- Moore's Law (Verdopplung der Chipleistung bei Halbierung der Preise alle 18 Monate) (Moore 1965),
- Gilder's Law (Verdreifachung der TK-Bandbreiten alle 18 Monate) (Gilder 1988),
- Die allgemeinen Netzmechanismen des Metcalfe's Law (der Wert eines digitalen Netzes steigt exponentiell zur Anzahl angeschlossener Teilnehmer) (Metcalfe und Boggs 1976),

- McGuire's Law (der Wert eines Produktes/einer Dienstleistung steigt mit seiner Mobilität) (McGuire 2005),
- Arthur's Law (die Netzwerkökonomie ist durch steigende Skalenerträge gekennzeichnet) (Arthur 1994).

Lösung zu Aufgabe 3

Wertschöpfung im Geschäftsmodell = Kundenwert − (Netzwerk-)Kosten der Leistungen (vereinf. Darstellung).

Das Ziel des Geschäftsmodells sollte die Maximierung des generierten Gesamtwerts sein. Der Mehrwert, den das Geschäftsmodell generiert, ist die Differenz zwischen dem Wert, den die Leistung für den Kunden darstellt und den Kosten, die dem Unternehmen und seinem Netzwerk durch die Erfüllung der Kundennachfrage entstehen. Der Wert der Leistung kann bei jedem Kunden anders ausfallen und kann als der maximale Betrag geschätzt werden, den ein Kunde bereit ist, dafür zu zahlen. Die Differenz zwischen dem Wert der Leistung und dessen Preis verbleibt beim Kunden als Konsumentenrente.

Lösung zu Aufgabe 4

Als Effekte aus den Gesetzen des digitalen Kosmos sind folgende zu nennen: Konsequente Ausrichtung auf die „kritische Masse", „Vernetzung & Virtualisierung" als Strategieoption zur Erreichung von Wettbewerbsvorteilen, Gestaltung der Customer Journey und der SoLoMo-Touchpoints und schließlich: Management der betriebswirtschaftlichen Strukturen unter Berücksichtigung des „Gesetzes zunehmender Skalenerträge".

Lösung zu Aufgabe 5

- E-Content: Das Ziel in der Geschäftsmodelloption E-Content ist die Sammlung, Auswahl, Systematisierung, Kompilierung und Bereitstellung von konsumentenorientierten, personalisierten Inhalten auf einer eigenen Plattform. Inhaltlich können sich diese Angebote zwischen Information, Entertainment, Infotainment und Education bewegen.

Beispielsweise hat der Tages-Anzeiger im April 2014 die sogenannte „metered Paywall" eingeführt. Pro Monat kann eine definierte Anzahl von Beiträgen kostenlos gelesen werden. Möchte der Nutzer jedoch weitere Artikel lesen, benötigt er ein digitales Abonnement.

- eCommerce: Der Leistungstyp des eCommerce umfasst sämtliche Phasen eines Kaufabschlusses von der Anbahnung über die Aushandlung bis zur Abwicklung der Geschäftstransaktion. Die konkreten Leistungen werden E-Attraction (Anbahnung), E-Bargaining/Negotiation (Aushandlung), Service Broker, E-Transactions (Abwicklung) genannt.

Als Beispiel bietet FashionFriends in den Bereichen Fashion, Mode, Schuhe, Accessoire, Lifestyle, Spielzeuge und Beauty über 1000 Marken und Sonderangebote mit bis zu 70 % Rabatt an.

- E-Context: Im Mittelpunkt der Option E-Context steht die Komplexitätsreduktion. Mit der Klassifizierung und Systematisierung von im Internet verfügbaren Informationen werden Orientierungshilfen zur Verfügung gestellt. Drei Ausprägungen werden als konkrete Leistungen definiert: Suchmaschinen, Webkataloge und Bookmarking (E-Search, E-Catalogs und E-Bookmarking). Eine direkte Gebühr für die Inhaltsaufnahme oder Werbeerträge bilden mögliche Erlösmodelle.

Als Schweizer Beispiel kann events.ch genannt werden, das einen umfassenden Veranstaltungskalender der Schweiz anbietet.

- E-Connection: Der Leistungstyp E-Connection fokussiert auf die Schaffung von technologischen, kommerziellen und kommunikativen Verbindungen in und zu Netzwerken (Intra- sowie Interconnection).

Konkrete Geschäftsmodelle sind Communitys wie xing.com, Mailing Services wie Gmail oder Interconnection, wie beispielsweise der Internet Service Provider Deutsche Telekom.

Lösung zu Aufgabe 6
Die Dimensionen und Elemente von Geschäftsmodellen sind:

- die Geschäftsmodellvision,
- die Kundendimension (Elemente: Kundensegmente, Kundenkanäle und Kundenbeziehungen),
- die Nutzendimension (Elemente: Leistungen und Nutzenversprechen),
- die Wertschöpfungsdimension (Elemente Prozesse, Ressourcen und Fähigkeiten),
- die Partnerdimension (Elemente: Partner, Partnerkanäle, und Partnerbeziehung),
- die Finanzdimension (Elemente Kosten, Umsätze)
- und die Geschäftsmodellführung.

Lösung zu Aufgabe 7
Mit dem sogenannten Business Model Canvas können Geschäftsmodelle beschrieben, visualisiert, bewertet und verändert werden. Das Business Model Canvas bildet die Geschäftsmodelldimensionen und -elemente umfassend ab und analysiert auf dieser Basis, wie eine Organisation Werte schafft, vermittelt und erfasst. Das Business Model Canvas beschreibt Geschäftsmodelle dabei anhand von neun Bausteinen, die sich wie folgt unterteilen lassen:

- Eine effizienzorientierte linke Hälfte des Canvas, die die Leistungserstellung konkretisiert: Schlüsselpartner, Schlüsselaktivitäten und Schlüsselressourcen sind die ressourcenseitigen Bausteine.
- Eine wertorientierte rechte Hälfte, die das Leistungsversprechen nennt: Kommunikations- und Vertriebskanäle, Kundenbeziehungen und Kundensegmente sind zu spezifizieren.
- Das Fundament bilden die Bausteine „Kostenstruktur" und „Einnahmequellen".
- Das durch das Geschäftsmodell erzeugte Wertangebot bildet das Herzstück des Business Model Canvas, da es quasi die „Existenzberechtigung" des Geschäftsmodells darstellt

Lösung zu Aufgabe 8

Die sechs Erlösmodelle sind:

- Service Sales (Skype & Co)
- Subscriptions (Blizzard Entertainment & Co)
- Retail (Amazon & Co)
- Commisions (eBay & Co)
- Advertising (Google & Co)
- License Sales (Apple & Co)

Lösung zu Aufgabe 9

Beispiel: Der Onlinehändler OTTO steigerte im Geschäftsjahr 2017/18 seinen Umsatz um 8,5 Prozent auf 2956 Milliarden Euro. Die Anzahl der aktiven Kunden stieg auf 6,6 Millionen (+8 Prozent), davon über 1,8 Millionen Neukunden. Gleichzeitig findet beim Hamburger Unternehmen der größte Umbruch der Firmengeschichte statt – der Wandel des Geschäftsmodells vom Händler zur Plattform. In diese Entwicklung investiert OTTO allein bis zum Ende des Geschäftsjahres 2018/19 rund 100 Millionen Euro.

Lange Zeit dominierte in Deutschland die Praxis, erfolgreiche amerikanische Retailerlösmodelle zu kopieren (beispielsweise Zalando). Seit etwa 2015 werden in Deutschland die Geschäfts- und Erlösmodelle zunehmend unabhängiger von globalen „Vorlagen". Es ist erkennbar, dass regionale Besonderheiten, stationäre Kompetenzen, Supply-Chain-übergreifende Aktivitäten und der Ausbau insbesondere von Plattformmodellen und datengetriebenen Geschäftsmodellen in Deutschland wichtiger werden.

Lösung zu Aufgabe 10

Aufgrund der zunehmend höheren wirtschaftlichen Dynamik ist die Auseinandersetzung mit dem eigenen Geschäftsmodell sogar noch wichtiger geworden. Um erfolgreich zu sein, müssen Unternehmen ihre Geschäftsmodelle innovieren, da dies der einzige Schutz vor dem Verlust der Konkurrenzfähigkeit ist. Ebenso argumentieren Osterwalder et al. (2005), dass auf Basis der vorhandenen Unternehmensstrukturen aktuell eingesetzte Geschäftsmodelle regelmäßig zu validieren und gegebenenfalls neu zu entwickeln sind, um im Umfeld dieser dynamischen Märkte nachhaltig erfolgreich zu sein. Eine Beschränkung auf die Innovation von Produkten und Dienstleistungen erweist sich im Vergleich zu Geschäftsmodellinnovationen als deutlich weniger erfolgreich und nachhaltig.

Literatur

Afuah, A. N. (2003). *Business models: A strategic management approach*. New York: McGrawHill.

Afuah, A. N., & Tucci, C. L. (2001). *Internet business models and strategies*. New York: McGrawHill.

Al-Debei, M. M., & Avison, D. (2008). Defining the business model in the new world of digital. In *Proceedings of the Americas Conference on Information Systems (AMCIS)* (Bd. 2008, S. 1–11).

Amit, R., & Zott, C. (2012). Creating value through business model innovation. *MIT Sloan Management Review, 53*(3), 41–49.

Anderson, C. (2009). *Free – Kostenlos. Geschäftsmodelle für die Herausforderungen des Internets*. Frankfurt a. M.: Campus.

Arthur, W. B. (1994). *Increasing returns and path dependence in the economy*. Ann Arbor: University of Michigan Press.

Bellman, R., Clark, C. E., Malcolm, D. G., Craft, C. J., & Ricciardi, F. M. (1957). On the construction of a multi-stage, multi-person business game. *Operations Research, 5*(4), 469–503. https://doi.org/10.1287/opre.5.4.469.

Caillaud, B., & Jullien, B. (2003). Chicken & egg. Competition among intermediation service providers. *The RAND Journal of Economics, 34*(2), 309–328.

Chandler, J. D., & Lush, R. F. (2015). Service systems: A broadened framework and research agenda on value propositions, engagement, and service experience. *Journal of Service Research, 18*(1), 6–22.

Gassmann, O., Csik, M., & Frankenberger, K. (2013a). *Geschäftsmodelle entwickeln: 55 innovative Konzepte mit dem St. Galler Business Model Navigator*. München: Hanser.

Gassmann, O., Frankenberger, K., & Csik, M. (2013b). Geschäftsmodelle aktiv innovieren. In D. Grichnik & O. Gassmann (Hrsg.), *Das unternehmerische Unternehmen* (S. 23–41). Wiesbaden: Springer Gabler.

Gilder, G. (1988). The revitalization of everything: The law of the microcosm. *Harvard Business Review, 66*(2), 49–61.

Heinemann, G. (2013). *No-Line-Handel – Höchste Evolutionsstufe im Multi-Channeling*. Wiesbaden: Springer Gabler.

Heinemann, G. (2014). *SoLoMo – Always-on im Handel*. Wiesbaden: Springer Gabler.

Kagermann, H., & Österle, H. (2007). *Geschäftsmodelle 2010: Wie CEOs Unternehmen transformieren* (2. Aufl.). Frankfurt a. M.: FAZ-Inst. für Management-, Markt- und Medieninformationen.

Kollmann, T. (2013). *E-Business: Grundlagen elektronischer Geschäftsprozesse in der Net Economy* (5. Aufl.). Wiesbaden: Springer Gabler.

Kurtuldu, M., & Mora, L. (2017). Speed matters. Designing for mobile performance. *Brain Food, 3.* https://www.awwwards.com/brain-food-perceived-performance/?utm_source=thinkwgoogle&utm_campaign=brainfood. Zugegriffen am 25.10.2018.

Maisch, B., & Palacios Valdés, C. A. (2018). Kundenzentrierte digitale Geschäftsmodelle. In L. Fend & J. Hofmann (Hrsg.), *Digitalisierung in Industrie-, Handels- und Dienstleistungsunternehmen* (S. 29–51). Wiesbaden: Springer Gabler. https://doi.org/10.1007/978-3-658-21905-5_2.

McGuire, R. (2005). *The law of mobility.* https://www.sprint.com/business/resources/WhitePaper_RiskVs-Reward.pdf. Zugegriffen am 25.10.2018.

Metcalfe, R. M., & Boggs, D. R. (1976). Ethernet: Distributed packet switching for local computer networks. *Communications of the ACM, 19*(7), 395–404.

Moore, G. E. (1965). Cramming more components onto integrated circuits. *Electronics, 38*(8), 82–85.

Morris, L. (2009). Business model innovation. The strategy of business breakthroughs. *International Journal of Innovation Science, 1*(4), 191–204.

Morris, M., Schindehutte, M., & Allen, J. (2005). The entrepreneur's business model: Toward a unified perspective. *Journal of Business Research, 58*(6), 726–735. https://doi.org/10.1016/j.jbusres.2003.11.001.

Osterwalder, A. (2004). *The business model ontology: A proposition in a design science approach. Institut d'Informatique et Organisation.* Lausanne: University of Lausanne, Ecole des Hautes Etudes Commerciales HEC.

Osterwalder, A., & Pigneur, Y. (2011). *Business Model Generation: Ein Handbuch für Visionäre, Spielveränderer und Herausforderer.* Frankfurt a. M.: Campus.

Osterwalder, A., Pigneur, Y., & Tucci, C. L. (2005). Clarifying business models: Origins, present, and future of the concept. *Communications of the association for Information Systems, 16*(1), 1–25.

Ramge, T. (2012). Von Perlen und Luftblasen. Wer verdient im Internet eigentlich wie Geld? *Brandeins* (7). https://www.brandeins.de/magazine/brand-eins-wirtschaftsmagazin/2012/digitale-wirtschaft/von-perlen-und-luftblasen. Zugegriffen am 25.10.2018.

Rentmeister, J., & Klein, S. (2003). Geschäftsmodelle – ein Modebegriff auf der Waagschale. In H. Albach & J. Hummel (Hrsg.), *ZfB Special Issue „Die Zukunft des Electronic Business"* (S. 17–30). Wiesbaden: Springer Gabler.

Schallmo, D. R. A. (2013). *Geschäftsmodell-Innovation – Grundlagen, bestehende Ansätze, methodisches Vorgehen und B2B-Geschäftsmodelle.* Wiesbaden: Springer Gabler.

Schallmo, D. R. A. (2018). Geschäftsmodell-Dimensionen, -Elemente, und Metamodell der Geschäftsmodell-Innovation. In *Geschäftsmodelle erfolgreich entwickeln und implementieren.* Berlin: Springer Gabler. https://doi.org/10.1007/978-3-662-57605-2_3.

Scheer, C., Deelmann, T., & Loos, P. (2003). *Geschäftsmodelle und internetbasierte Geschäftsmodelle-Begriffsbestimmung und Teilnehmermodell.* Mainz: Johannes Gutenberg Universität.

Schlie, E., Rheinboldt, J., & Waesche, N. (2011). *Simply seven – Seven ways to create a sustainable internet business.* Hampshire: Palgrave Macmillan.

Stähler, P. (2002): *Geschäftsmodelle in der digitalen Ökonomie: Merkmale, Strategien und Auswirkungen* (2. Aufl.). Reihe: Electronic Commerce: Vol. 7. Lohmar, Köln: Josef Eul.

Stüber, E., Hudetz, K., & Becker, G. (2017). Veränderung der Geschäftsmodelle im Handel durch die Digitalisierung. In R. Gläß & B. Leukert (Hrsg.), *Handel 4.0.* Berlin/Heidelberg: Springer-Gabler. https://doi.org/10.1007/978-3-662-53332-1_11.

Sun, M., & Tse, E. (2007). When does the winner take all in two-sided markets? *Review of Network Economics, 6*(1), 16–40. https://doi.org/10.2202/1446-9022.1108.

Täuscher, K., Hilbig, R., & Abdelkafi, N. (2017). Geschäftsmodellelemente mehrseitiger Plattformen. In D. Schallmo, A. Rusnjak, J. Anzengruber, T. Werani, & M. Jünger (Hrsg.), *Digitale Transformation von Geschäftsmodellen. Schwerpunkt: Business Model Innovation.* Wiesbaden: Springer Gabler.

Timmers, P. (1998). Business models for electronic markets. *Electronic Markets, 8*(2), 3–8. https://doi.org/10.1080/10196789800000016.

Veit, D., Clemons, E., Benlian, A., Buxmann, P., Hess, T., Spann, M., Kundisch, D., Leimeister, J. M., & Loos, P. (2014). Business models – An information systems research agenda. *Business & Information Systems Engineering, 6*(2), 45–53.

Wirtz, B. W. (2011). *Business model management: Design – Instrumente – Erfolgsfaktoren von Geschäftsmodellen* (2. Aufl.). Wiesbaden: Springer Gabler.

Wirtz, B. W. (2013). *Electronic business* (4. Aufl.). Wiesbaden: Springer Gabler.

Yoo, C. S. (2015). *Moore's law, Metcalfe's law, and the theory of optimal interoperability, scholarship.* Paper 1651. http://scholarship.law.upenn.edu/faculty_scholarship/1651

Zott, C., Amit, R., & Massa, L. (2011). The business model: Recent developments and future research. *Journal of Management, 37*(4), 1019–1042. https://doi.org/10.1177/0149206311406265.

Kundenmanagement

Service Excellence kostet Geld – keine Excellence-Kunden

(Carsten K. Rath)

Lernziele

1. Die wichtigsten Maßnahmen zur Kundenakquise im eCommerce einschätzen und anwenden.
2. Die Bedeutung der Kundenzufriedenheit für den Unternehmenserfolg und Maßnahmen zur Steigerung der Kundenzufriedenheit einordnen.
3. Kundenbindungsmaßnahmen auswählen und auf Onlinekunden abstimmen.
4. Ein Beschwerdemanagementsystem auf den eCommerce anpassen und bei einem Onlineanbieter einführen.
5. Verlorene Kunden zurückgewinnen.
6. Den Kundenwert einzelner Kunden(gruppen) bestimmen.

Beim **Kundenmanagement** (**KM**) handelt es sich um ein spezielles Managementkonzept. Dieses umfasst hinsichtlich der Marktbearbeitung organisatorische, funktionale und verkaufsstrategische Aspekte (Diller 1995, S. 1363). Dabei geht es um die Generierung und Pflege von Kundenbeziehungen über den gesamten Kundenlebenszyklus hinweg (Diller et al. 2005, S. 23, zitiert nach: Diller 2006, S. 3343; Diller 2006, S. 3343).

▷ **Kundenmanagement** umfasst die systematische Analyse, Planung und Steuerung von Kundenbeziehungen. Zentrales Ziel des Kundenmanagements ist die Maximierung des Kundenlebenszeitwerts (Kundenwert). Das Kundenmanagement erstreckt sich dabei auf den gesamten Prozess des Kundenlebenszyklus, also die Kundenselektion und -akquisition, den Ausbau und die Pflege der Geschäftsbeziehung sowie gegebenenfalls deren Beendigung (Krafft 2001a, S. 866).

Hinterhuber et al. (1997, S. 5) haben sich die Frage gestellt, worauf sich der langfristige Erfolg eines Unternehmens zurückführen lässt. Dabei haben sie festgestellt, dass es im Wesentlichen um zwei Aspekte geht:

- **Kernkompetenzen:** Erfolgreiche (Online-) Anbieter verfügen über besondere Kompetenzen, Fertigkeiten und Technologien. Diese sind durch langjährige Erfahrungen und kollektive Lernprozesse entstanden und werden von den (Online-)Kunden als einzigartig wahrgenommen. Sie sind von keinem Konkurrenten imitierbar und lassen sich auf eine Vielzahl von Märkten übertragen.

J.-F. Engelhardt, A. Magerhans, *eCommerce klipp & klar*, WiWi klipp & klar, https://doi.org/10.1007/978-3-658-26504-5_3

- **Kundenzufriedenheit:** Durch ihre Kernkompetenzen sind (Online-)Anbieter in der Lage, einen echten Kundenwert zu schaffen. Sie stellen dadurch ihre Kunden schneller und besser zufrieden als ihre (Online-)Konkurrenten. Zudem ist das Niveau der Kundenzufriedenheit erfolgreicher (Online-)Anbieter höher als das weniger erfolgreicher (Online-)Anbieter.

Im Kundenmanagement geht es um eine konsequente Ausrichtung des Onlineanbieters auf vorhandene und potenzielle Kundenbeziehungen. Dabei steht der Onlinekunde im Mittelpunkt aller unternehmerischen Überlegungen. Raab und Werner (2009, S. 11–12) formulieren für das Kundenmanagement die folgenden **Zielsetzungen**:

- Kundenbeziehungen sollen **dauerhaft** sein. Der Onlineanbieter muss eine Kundentreue aufbauen und eine hohe Kundenkonstanz erzielen, um so möglichst lebenslange Beziehungen zu pflegen.
- Durch den **Beziehungsaspekt** wird deutlich, dass sich der Onlineanbieter mehr am Onlinekunden als an seinem Sortiment ausrichten muss.
- Zudem muss sichergestellt sein, dass die Kundenbeziehung **profitabel** ist. Über die Dauer der Kundenbeziehung soll sichergestellt werden, dass der Beitrag eines jeden Onlinekunden zum Unternehmensgewinn maximiert wird.
- Da es sich beim KM um eine Managementmethode handelt, müssen alle Interaktionen mit bestehenden und potenziellen Kunden über alle organisatorischen Grenzen hinweg kontinuierlich **koordiniert** und **weiterentwickelt** werden.

3.1 Kundenakquise

Wer sich ohne Auftrag vom Kunden verabschiedet, arbeitet automatisch für den Wettbewerb.
(Martin Limbeck)

Im Rahmen der Kundenakquise geht es darum, dass sämtliche Marketing- und Verkaufsaktivi-

täten auf die Kundenzielgruppe(n) abgestimmt werden. Dabei besteht die zentrale Herausforderung in der effizienten Ansprache des relevanten Kundensegments bzw. der relevanten Kundensegmente. Damit ist auch die richtige (Online-)Kommunikation angesprochen, bei der auf die Vermeidung von Streuverlusten zu achten ist (Kracklauer et al. 2002, S. 18).

▶ Der Begriff **Akquisition** stammt aus dem Lateinischen und setzt sich als Kunstwort aus „Aktivität" und „Questition" zusammen. Verbunden würde das „aktiv nachfragen" bedeuten. Und genau das tut ein guter Onlineanbieter, um neue Kunden zu gewinnen (Busch 1998, S. 180).

Die eigenen Akquisebemühungen sind auch immer im Vergleich zu den relevanten (Online-)Konkurrenten zu betrachten. Dabei geht es um den systematischen Aufbau von **Wettbewerbsvorteilen**. Dies können eine **Preisführerschaft** oder aber auch **Differenzierungsvorteile** sein. Dadurch schafft sich der Onlineanbieter bessere Voraussetzungen für die Kundengewinnung (Kracklauer et al. 2002, S. 18).

Kappeller und Mittenhuber (2003, S. 189) haben Merkmale zusammengestellt, über die ein **idealer Kunde** verfügen sollte:

- Er ist mit vergleichsweise geringen Kosten zu akquirieren.
- Er akzeptiert den regulären Preis.
- Er ist mit geringem Aufwand zu betreuen.
- Er nimmt große Einzelmengen ab.
- Er fordert kaum bzw. keine zusätzlichen Serviceleistungen.
- Er toleriert Terminschwankungen.
- Er bleibt Konkurrenzeinflüssen gegenüber resistent.
- Sein Name dient als Referenz bei Neukunden.
- Er empfiehlt den Onlineshop aktiv im Freundes- und Bekanntenkreis.

▶ Der Begriff des **akquisitorischen Potenzials** geht auf Erich Gutenberg zurück. Das akquisitorische Potenzial umfasst die Gesamtheit der

Abb. 3.1 Kundenvorgänge im eCommerce. (Quelle: Steuck 1998, S. 19)

Vorteile, die ein Onlineanbieter aus der Sicht der aktuellen und potenziellen Kunden bietet: Das Ansehen des Onlineanbieters, die Gestaltung des Onlineshops, das Verhalten der Mitarbeiter im Kundenkontakt, die Qualität der Produkte, der angebotene Service usw. können dem Onlineanbieter eine Vorzugsstellung gegenüber der Konkurrenz verschaffen.

▶ Das akquisitorische Potenzial beruht auf den Präferenzen der Nachfrager, die durch die bisherigen Entscheidungen und Maßnahmen des Onlineanbieters aufgebaut worden sind. Das entscheidende Maß an Goodwill wirkt sich positiv auf gegenwärtige und künftige Kaufentscheidungen aus. Je größer das akquisitorische Potenzial ist, desto höhere Verkaufspreise kann der Onlineanbieter auf dem Markt durchsetzen, ohne dass die Nachfrage wesentlich zurückgeht bzw. Kunden zur Konkurrenz abwandern (Lauer 1999a, S. 22).

In Abb. 3.1 sind die verschiedenen Kundenvorgänge visualisiert, die im eCommerce zu den entsprechenden Reaktionen des Onlineanbieters führen.

3.1.1 Suchmaschinenoptimierung (SEO)

Ziel der Suchmaschinenoptimierung ist es, dass der eigene Onlineshop bei Suchmaschinenanfragen auf einem der vorderen Plätze in der Trefferliste erscheint. Die Suchmaschinen wollen ihren Nutzern sehr gute Suchergebnisse liefern. Dies realisieren sie dadurch, dass sie Treffer bzw. Inhalte liefern, die zu den Anforderungen der Suchenden passen. Nur so können die Suchmaschinen die Nutzer an sich binden. Suchmaschinen setzen daher bestimmte Programme („Webcrawler" oder „Spider") ein, um Websites und Webshops zu analysieren und zu indizieren. Dabei wird die Relevanz der Website für die jeweiligen Suchanfragen bewertet. Dies geschieht mit geheimen Algorithmen. Im Mittelpunkt des Interesses stehen Schlüsselbegriffe (Keywords), die die Nutzer von Suchmaschinen in das Suchfeld eingeben. Dabei kann es sich um einzelne Wörter, aber auch ganze Sätze handeln. Der Onlineanbieter muss also bei der Suchmaschinenoptimierung sicherstellen, dass sein Onlineshop genau für die Begriffe optimiert ist, die seine Kunden als Suchbegriffe verwenden (Charlesworth 2010, S. 54–55). Suchmaschinen geben somit Orientierung im Internet. Der eigene Onlineshop sollte sich unter den ersten zehn Treffern befinden (Kreuter 2005, S. 259).

▷ Die **Suchmaschinenoptimierung** (englisch: Search Engine Optimization (SEO)) ist eine Optimierung eines Internetauftritts mit dem Ziel, dass die Website des Onlineanbieters von den Suchmaschinen prominent gerankt wird (Brüne 2009, S. 239).

Der Prozess der Suchmaschinenoptimierung basiert darauf, dass die gesamte Struktur des Onlineshops analysiert und optimiert wird. Dabei stehen die im Textbereich eingebetteten Schlüsselwörter im Mittelpunkt des Interesses. Außerdem ist die Verlinkung mit anderen Websites ein wichtiger Bestandteil der Optimierung. Es ist empfehlenswert, den Text in kleinere Segmente zu unterteilen, die dann jeweils die entsprechenden Schlüsselwörter enthalten. Dadurch lässt sich die Auffindbarkeit in Suchmaschinen (v. a. Google) verbessern (Brüne 2009, S. 239).

Innerhalb der Suchmaschinenoptimierung wird in OnPage- und OffPage-Maßnahmen unterschieden (Ecker et al. 2014, S. 34, 41):

• Unter den Begriff der **OnPage-Optimierung** fallen alle Maßnahmen der Suchmaschinenoptimierung, die direkt im Onlineshop vorgenommen werden. Diese Änderungen sind dazu angedacht, den Onlineshop in den Suchmaschinen in die vorderen Positionen auf den Trefferlisten zu bringen. Dabei kann es einige Wochen dauern, bis erste Erfolge sichtbar werden. Die OnPage-Optimierung fällt in den Verantwortungsbereich der Personen, die Zugriff auf das Content Management System (CMS) des Onlineshops haben. Der Vorteil der OnPage-Optimierung besteht darin, dass es sich um eine sehr kosteneffiziente Maßnahme zur Kundenakquise handelt. Denn in erster Linie geht es um die Beeinflussung der unbezahlten Suchergebnisse (organische Suchergebnisse). Zur OnPage-Optimierung zählt auch die Verbesserung der technischen Struktur des Onlineshops. Technische Verbesserungen haben zur Folge, dass der Online-

shop besser von Suchmaschinen erfasst werden kann.

• Die **OffPage-Optimierung** wird auch als Linkbuilding bezeichnet. Damit werden alle Optimierungsmaßnahmen erfasst, die nicht direkt auf den Onlineshop angewendet werden. Sie wird auch als „Königsklasse" der Suchmaschinenoptimierung bezeichnet. Es muss jedoch beachtet werden, dass Fehler zu Verlusten der Sichtbarkeit in den Suchergebnissen, insbesondere von Google, führen können. Das Linkbuilding ist mit einem hohen Aufwand verbunden. Im Kern geht es darum, Backlinks auf den eigenen Onlineshop zu generieren. Backlinks verlinken von anderen Webseiten auf den Onlineshop und stellen eine sehr nachhaltige Maßnahme der SEO dar. Google sieht in den Backlinks Empfehlungen einer anderen Website für den jeweiligen Onlineshop und verwendet diese Information als wichtigen Rankingfaktor. Je mehr Backlinks auf den Onlineshop verweisen, desto größer ist die Relevanz des Onlineshops für Google. Dabei spielt die Qualität der verlinkenden Website eine zunehmende Bedeutung. Die Inhalte des Onlineshops sollten einen wirklichen Mehrwert für die Internetnutzer darstellen, dann wird der Onlineshop auch gern von anderen Websites verlinkt.

3.1.2 Suchmaschinenwerbung (SEA)

Google ist für einen Großteil der Internetnutzer das Tor zum Internet. Für den deutschen Markt hat Google ein Quasimonopol. Alle anderen Suchmaschinen spielen nur eine sehr untergeordnete Rolle (Prommy 2008, S. 12). Bei jeder passenden Suchanfrage auf Google hat der Onlineanbieter die Möglichkeit, sich und seinen Onlineshop zu präsentieren, neue Kunden zu akquirieren und mehr Umsatz zu generieren. Der Schlüssel dazu heißt bei Google **Google AdWords** (Beck 2011, S. 25).

▷ **Suchmaschinenwerbung** (englisch: Search Engine Advertising (SEA)) bedeutet, dass der

Onlineanbieter beim Suchmaschinenbetreiber (vorrangig ist hier Google) Werbung, die von den „organischen Suchergebnissen" getrennt angezeigt wird, und für die er den Suchmaschinenbetreiber bezahlt, bucht (Prommy 2008, S. 12).

Das Interessante an Google AdWords ist, dass die Internetnutzer bei fast jedem Internetbesuch auf Google AdWords stoßen, auch ohne dass sie es wissen. Dazu müssen sie noch nicht einmal die Suchmaschine von Google verwendet haben. Dies hängt mit dem Google-Netzwerk zusammen (Beck 2011, S. 33; Ecker et al. 2014, S. 10):

- Das sogenannte **Suchnetzwerk** umfasst Suchmaschinen, auf denen AdWords geschaltet werden können. Google nimmt in diesem Netzwerk eine überragende Stellung ein.
- Darüber hinaus gibt es weitere Websites, auf denen Google AdWords geschaltet werden können. Dies wird als **Displaynetzwerk** bezeichnet. Zu diesem Netzwerk zählen große Internetportale, einzelne private Webseiten, kommerzielle und nicht kommerzielle Webauftritte, Smartphone-Apps, Videos sowie Blogs und weitere Onlineplattformen. Im Displaynetzwerk sind über eine Million Websites organisiert. Voraussetzung für die Teilnahme am Displaynetzwerk ist, dass diese Websites die Werbeeinblendungen von Google zulassen. Google AdWords sucht für die verwendeten Suchbegriffe bzw. Keywords passende Onlineplattformen aus. Alternativ kann der Onlineanbieter diese auch selbst auswählen.

Nach Zebisch (2010, S. 19–20) lassen sich drei zentrale **Ziele** abgrenzen, die der Onlineanbieter mit Google AdWords erreichen kann:

- **Steigerung der Besucherzahl:** Zunächst geht es bei Google AdWords darum, neue und qualifizierte Besucher auf den Onlineshop zu bringen und somit die Besucherzahlen zu steigern. Nach dem Start einer Google AdWords-Kampagne sollte ein deutlicher Zuwachs an Besuchern zu verzeichnen sein.

- **Steigerung der Conversion Rate:** Die Erhöhung der Besucherzahlen ist jedoch kein Selbstzweck, sondern stellt nur die notwendige Bedingung für das Erzielen einer Conversion Rate dar. Dabei kann es sich um einen erfolgten Kauf, eine Anfrage, eine Newsletterregistrierung oder einen Download handeln.
- **Erhöhung des Return on Investment (ROI):** Jeder Onlineanbieter möchte mit seinem Onlineshop Gewinne erzielen. Ausgaben, die der Onlineanbieter für eine Google AdWords-Kampagne tätig, rechnen sich natürlich nur, wenn er mehr zurückbekommt, als er ausgegeben hat.

Beispiel

Return on Investment (ROI): Angenommen, im Onlineshop wird ein E-Book für 25,50 Euro angeboten und mithilfe von Google AdWords beworben. Für die Google AdWords-Kampagne werden 2000 Euro investiert. Das E-Book kann während der Kampagne insgesamt 90-mal verkauft werden. Dies entspricht einem Umsatz in Höhe von 2295 Euro. Da für das E-Book keine weiteren Kosten anfallen, kann der Umsatz direkt in die Return-on-Investment-Formel übernommen werden:

$$ROI = (2295 - 2000) / 2000 * 100 = 14,75$$

Somit ergibt sich für diese Google AdWords-Kampagne ein ROI in Höhe von 14,75 Prozent (Zebisch 2010, S. 20).

SEA ist nicht nur aufgrund der erhöhten Besucherzahlen im Onlineshop interessant. Es kommt üblicherweise auch zu überdurchschnittlich guten Conversion Rates. Begründen lässt sich dies durch die Tatsache, dass es sich bei SEA um eine Pull-Strategie handelt. Die Internetnutzer sind aktiv auf der Suche nach einem bestimmten Produkt oder einer bestimmten Dienstleistung. Genau in diesem Moment stoßen sie auf die Google AdWords-Anzeige. Der Werbekontakt finden also in einer High-Involvement-Situation statt (Prommy 2008, S. 12).

3.1.3 Display Advertising

3.1.3.1 Ziele des Display Advertising

Zu Beginn einer Onlinewerbekampagne müssen die Ziele und die angestrebten Wirkungen definiert werden. Die zu erzielenden Wirkungen hängen vom Werbemittel und vom Werbeumfeld ab. Als psychologische Ziele kommen im hier diskutierten Kontext hauptsächlich die **Markenbekanntheit** und das **Markenimage** infrage. Darüber hinaus soll durch die ergriffenen Werbemaßnahmen die Kaufbereitschaft gesteigert werden. Aber auch die Gewinnung von **E-Mail-/Kontaktadressen** (**Leads**) oder **Direktverkäufe** (**Sales**) können im Fokus der Onlinewerbekampagne liegen. Kampagnen, bei denen die Markenstärkung und die Reichweitengenerierung im Vordergrund stehen, werden als **Brandingkampagnen** bezeichnet. Diese Kampagnen werden durch großflächige Banner auf gut besuchten Websites umgesetzt. Will der Onlineanbieter dagegen Klicks und Sales generieren, spricht man von **Performancekampagnen**. Diese lassen sich eher mit Google AdWords umsetzen (Bernecker und Beilharz 2012a, S. 170–171).

▸ Mit **Display Ads** bezeichnet man allgemein Werbeanzeigen auf Websites. Mittels eines „Click Through" findet über den im Display Ad eingebundenen Hyperlink die Weiterleitung zum beworbenen Produkt bzw. zur Dienstleistung statt (Alpar und Wojcik 2012, S. 109).

3.1.3.2 Online-Werbeformen

Bei einem **statischen Banner** handelt es sich um ein unverändertes Bild. Bei dieser Werbeform ist der Rahmen für die Werbebotschaft sehr begrenzt. Die große Herausforderung besteht darin, die Aufmerksamkeit des Betrachters zu gewinnen. Damit der Betrachter in den Onlineshop weitergeleitet werden kann, muss er das Banner anklicken. Von zentraler Bedeutung sind daher die Relevanz der Werbebotschaft, die genaue Aussteuerung und das Werbeumfeld. Nur wenn das Banner für den Betrachter interessant und ansprechend ist, wird er es anklicken. Weil statische

Banner einfach zu erstellen sind, sind sie immer noch bei vielen Werbetreibenden beliebt (Keßler et al. 2017, S. 630–631).

Bei **animierten Bannern** handelt es sich dagegen um Bewegtbilder. Für die Werbebotschaft stehen damit viel mehr Möglichkeiten zur Verfügung. Beispielsweise können komplexe Bewegungen (z. B. die Fahrt eines Autos auf der Landstraße) dargestellt werden. Durch die Bewegung im Banner fällt es diesen leichter, die Aufmerksamkeit der Betrachter zu gewinnen. Gegenüber statischen Bannern weisen animierte Banner eine höhere Klickrate auf und werden daher auch häufig eingesetzt. Auch mit diesem Banner will der Werbetreibende die Aufmerksamkeit der Betrachter gewinnen und diese zum Anklicken des Banners animieren (Keßler et al. 2017, S. 631).

Die **interaktiven Rich Media** Banner sind Multimedia-Banner. Da sie Bild, Ton und Interaktivität miteinander verbinden, können sie eine relativ hohe Aufmerksamkeit und hohe Klickraten erzielen. In interaktive Rich Media Banner können ganze Menüs integriert werden. Der Betrachter kann dann beispielsweise nach Büchern eines bestimmten Autors filtern, die ihm in der Folge als Trefferliste im Onlineshop angezeigt werden (Keßler et al. 2017, S. 633).

Dynamische Banner passen ihr Erscheinungsbild an. Das hängt davon ab, in welcher Situation sich der Nutzer befindet, in der das Banner ausgespielt wird. Hat ein Onlineshopbesucher beispielsweise signalisiert, dass er sich für Rhetorikliteratur interessiert, werden ihm in der Folge im dynamischen Banner Rhetorikbücher angeboten. Dynamische Banner haben i. d. R. gute Klickraten. Das liegt daran, dass die Nutzer den Onlineshop bereits kennen und ihm vertrauen (Keßler et al. 2017, S. 634–635).

Ein **Pop up Banner** „poppt" in einem neuen Fenster über der gerade geöffneten Website auf. Die Größe eines Pop up Banners ist nicht genauer definiert und kann stark variieren. Auf jeden Fall weckt dieses Werbemittel die Aufmerksamkeit der Betrachter. In den meisten Fällen kommt es jedoch auch zu einer starken Verärgerung und

Verunsicherung der Betrachter. Vor diesem Hintergrund ist es nicht verwunderlich, dass es mittlerweile Pop up-Blocker gibt, die das Öffnen von Pop ups verhindern. Das **Pop under Banner** wird dagegen hinter der besuchten Website geöffnet. Der Nutzer merkt zunächst gar nicht, dass sich ein Pop under-Banner geöffnet hat. Erst nachdem er seinen Browser geschlossen hat, sieht er das Pop under Banner. Auch die Pop under-Banner können mittlerweile von Pop hup Blockern am Öffnen gehindert werden. Beide Bannerformen sind daher nur bedingt empfehlenswert (Keßler et al. 2017, S. 635).

Sticky Ad und **Anchor Ads** „kleben" gewissermaßen auf der Website. Wenn der Internetnutzer nach unten scrollt, bleiben diese Banner weiterhin im Blickfeld sichtbar. Diese Banner stören dadurch den Surfprozess und werden häufig als unangenehm wahrgenommen (Keßler et al. 2017, S. 635).

Wenn der Nutzer auf ein Video klickt, läuft ein kurzer Werbefilm ab. **Videobanner** werden insbesondere auf dem Videosharing-Portal Youtube eingesetzt. Die audiovisuellen Gestaltungsmöglichkeiten sind vergleichbar mit einem TV-Spot (Keßler et al. 2017, S. 635).

Fakebanner suggerieren dem Betrachter einen bestimmten Sachverhalt, um ihn zum Anklicken des Banners zu bewegen. Diese Banner können wie eine Systemmeldung des Computers gestaltet sein. Die Internetnutzer nehmen das Banner nicht als Werbung wahr und klicken es an. Oftmals führt dies jedoch zur Verärgerung der Nutzer. Daher gelten Fakebanner auch als unseriös und sollten eher nicht eingesetzt werden (Keßler et al. 2017, S. 636).

3.1.3.3 Offline-Werbeformen

Neben den Onlinewerbeformen kommt auch den Offlinewerbeformen im eCommerce eine große Bedeutung zu. Ihre Aufgabe besteht darin, den Onlineshop bzw. dessen Webadresse (URL) bekannt zu machen und die Kunden zu motivieren, den Onlineshop zu besuchen. Dafür stehen die klassischen Werbeformen zur Verfügung. Die Auswahl und der Einsatz hängen von der Zielgruppe und dem Sortiment des Onlineshops ab (Chaffey et al. 2001, S. 300–304; Kollewe und

Keukert 2014, S. 315–340; Reinhardt 1999, S. 145–146; Roll 1996, S. 141–144; Walter 2016, S. 193–195):

- **Paketdesign:** Erfolgreiche Onlineanbieter (z. B. Amazon der Zalando) haben erkannt, dass im Paketdesign ein großes Potenzial für die Bekanntmachung des Onlineshops steckt. Sowohl Nachbarn, die Pakete entgegennehmen, wenn der eigentliche Kunde nicht zu Hause ist, Mitbewohner oder Kollegen als auch der Paketbote werden auf den Onlineshop aufmerksam.
- **Paketbeileger:** Diese Werbeform zählt streng genommen nicht zu den Kundenakquiseinstrumenten, denn der Kunde, der ein Paket mit einem Paketbeileger bekommt, hat ja bereits bestellt. Allerdings kann durch Paketbeileger auf andere Onlineshops (des gleichen Anbieters) sowie auf interessante Produkte und Dienstleistungen hingewiesen werden.
- **Mailings:** Wenn dieses Werbemittel richtig eingesetzt wird, kann es sehr effektiv sein. Momentan ist ein Rückgang bei den postalischen Mailings bzw. Werbebriefen feststellbar. Dies führt jedoch dazu, dass das eigene Mailing besser wahrgenommen wird.
- **Plakate:** Kunden fahren täglich an Plakatwänden und Litfaßsäulen vorbei. Auch diese Werbeflächen lassen sich für die Bekanntmachung der URL nutzen. Insbesondere auf Bahnhöfen, an Bushaltestellen oder an Kreuzungen erzielen Plakate gute Aufmerksamkeitswerte.
- **Zeitungen und Zeitschriften:** Zeitungen und Zeitschriften sind ideal geeignet, um die URL bekannt zu machen. So kann die URL sehr gut in eine Werbeanzeige eingebunden werden. Dies kann von einer unauffälligen Nennung unter der Firmenadresse bis zu einer sehr prominenten Darstellung in einem Störer reichen.
- **Fernsehen:** Onlineanbieter (z. B. Trivago oder Mobile) sind auch im Fernsehen aktiv. Da die Reichweite des Fernsehens jene anderer Medien bei Weitem übersteigt, erzielen sie damit eine enorme Breitenwirkung. Einschränkend muss jedoch festgehalten werden, dass Werbespots nur eine sehr kurze Kontaktzeit

(i. d. R. 30 Sekunden) bieten. Dies erschwert das genaue Erinnern der URL. Des Weiteren muss der Zeitraum zwischen Fernsehkonsum und Internetnutzung überbrückt werden. Die URL sollte daher leicht zu erinnern sein.

- **Radio:** Auch im Radio bietet sich die Möglichkeit, die URL zu nennen. Allerdings ist dies mit gravierenden Einschränkungen verbunden. Das Radio ist ein sehr flüchtiges Medium, dass nur noch den Status eines Nebenbeimediums hat. Die Chance, dass die URL, die zudem noch buchstabiert werden muss, von den Hörern bewusst wahrgenommen wird, ist eher gering. Das Radio kommt daher eher infrage, wenn ein redaktioneller Beitrag über den Onlineanbieter gesendet wird. Dann bleibt genügend Zeit, die URL zu nennen.
- **Auf dem Produkt/der Produktverpackung:** Da nicht alle Produkte die Möglichkeit einer Beschriftung bieten, ist diese Variante stark vom jeweiligen Produkt abhängig. Auf den Produktverpackungen ist ein Aufdruck dagegen unproblematisch.
- **Briefbögen:** Auf den Briefbögen des Onlineanbieters sollte die URL des Onlineshops aufgedruckt sein. Die Firmenadresse ist ohnehin ein fester Bestandteil, daher fügt sich die URL harmonisch in das Gesamtbild ein. Die Kontaktdaten sollten noch um eine zentrale E-Mail-Adresse ergänzt werden.
- **Visitenkarten:** URL und E-Mail-Adresse sollten einen festen Stammplatz auf den Visitenkarten aller Mitarbeiter haben.
- **Auf anderen Schriftstücken:** Auf allen Schriftstücken (z. B. Jahresabschluss, Produktbeschreibungen, Infobriefe, Firmenzeitungen oder Werbeartikel), die das Unternehmen verlassen, können die URL sowie eine zentrale E-Mail-Adresse aufgedruckt sein.

3.1.3.4 Online-Werbeträger

Der Erfolg einer Onlinewerbekampagne hängt nicht nur von der Auswahl der richtigen Werbemittel ab. Vielmehr kommt es auf das geschickte Zusammenspiel von Werbemittel und Werbeträger an (Maaß 2008, S. 214):

- **Common Interest Sites:** Diese Art von Websites verfügen über keinen thematischen Schwerpunkt. Sie fokussieren daher auch nicht auf eine bestimmte Zielgruppe. Als Beispiele mögen Portale wie Web.de oder das Onlineangebot von Sat.1 dienen. Auf diesen Websites sind sehr unterschiedliche Nutzertypen anzutreffen, die sehr unterschiedliche Bedürfnisse haben und unterschiedliche Ziele verfolgen. Werden dort Werbebanner geschaltet, ist mit hohen Streuverlusten zu rechnen, da nur ein kleiner Teil der Nutzerschaft von der Werbung angesprochen wird. Vorteilhaft ist jedoch, dass diese Websites sehr bekannt sind und daher auch stark frequentiert werden. Sie eignen sich daher für die Ansprache von potenziellen Neukunden.
- **Special Interest Sites:** Diese Websites setzen einen ganz konkreten Themenschwerpunkt (z. B. auf Autos, Bücher, Sport oder Wellness). Daher ist hier eine eher homogene Zielgruppe anzutreffen. Die eingesetzten Werbemittel können besser auf die Zielgruppe und das Werbeumfeld abgestimmt werden. Dies wird durch höhere Klickraten belohnt. Das hat allerdings seinen Preis. Aufgrund der homogenen Zielgruppen werden i. d. R. höhere Preise für das Einblenden der Banner verlangt.

3.1.3.5 Werbewirkungen

Die einzelnen Werbeformen lösen beim Betrachter unterschiedliche Wirkungen aus. Die wichtigsten Werbewirkungen werden im Folgenden kurz skizziert (Bernecker und Beilharz 2012a, S. 179):

- **Awareness:** Werbemittel sollen in erster Linie Aufmerksamkeit erzeugen. So lässt sich eine größere Aufmerksamkeit durch große und auffällige Formate sowie durch eine prominente Platzierung erzielen.
- **Recognition:** Die Betrachter sollen die Marke nach einem Werbemittelkontakt wiedererkennen. Dies lässt sich zum einen durch eine ungestützte Befragung ermitteln („Welche Schokoladensorten kennen Sie?"). Alternativ kann auch eine gestützte Befragung zum Einsatz kommen („Kennen Sie Ritter

Sport?"). Auch auf die Recognition wirken sich großformatige und auffällige Werbemittel positiv aus.

- **Gefallen und Akzeptanz:** Die eingesetzten Werbemittel müssen von den Betrachtern akzeptiert werden. Darüber hinaus ist es wünschenswert, dass diese ihnen auch gefallen. Hierbei kann es zu einem Zielkonflikt kommen. Große und auffällige Werbemittel (z. B. große Pop ups) erzielen zwar eine große Wirkung, werden jedoch von den Betrachtern häufig abgelehnt.
- **Glaubwürdigkeit:** Die Betrachter sollen durch die Werbemittel in ihrer Kaufentscheidung bestärkt werden. Dazu ist es erforderlich, dass die eingesetzten Werbemittel glaubwürdig und vor allem seriös wirken. Neben dem Werbeformat spielt dabei auch das Werbeumfeld (d. h. die jeweilige Website, auf der das Werbemittel eingesetzt wird) eine entscheidende Rolle.
- **Innovation und Aktivierung:** Werbung will immer auch beeinflussen. Die Betrachter sollen dazu animiert werden, eine Handlung zu vollziehen. Dies kann der Besuch eines Onlineshops sein, einen Newsletter zu abonnieren oder Facebook-Fan zu werden.

3.1.3.6 Targeting

Im Rahmen der Onlinewerbung ist es von ganz entscheidender Bedeutung, wer ein bestimmtes Werbemittel zu sehen bekommt. Dies trägt ganz entscheidend zum Erfolg der Onlinewerbekampagne bei. Ideal wäre es, wenn die richtige Person das richtige Werbemittel zur richtigen Zeit wahrnehmen würde. Um Kampagnen möglichst zielgruppengerecht auszuspielen, wurden verschiedene Targetingtechniken entwickelt (Bernecker und Beilharz 2012a, S. 181–183; Mühling 2009, S. 68–84):

- **Contextual Targeting:** Hierbei werden Werbemittel eingeblendet, die zum Inhalt der jeweiligen Website passen. Bei Besuchern von www.mobile.de kann davon ausgegangen werden, dass sie sich für Autos interessieren. Daher werden dort passende Werbemittel (z. B. Banner des ADAC) ausgespielt.

- **Geografisches Targeting:** Wenn sich der Onlineanbieter auf ein bestimmtes geografisches Gebiet (z. B. die DACH-Region) konzentrieren möchte, dann wird dies bei der Ausspielung der Werbemittel berücksichtigt.
- **Behavioral Targeting:** Bei dieser Targetingform werden die Interessen bzw. Affinitäten der Nutzer miteinbezogen. Ein Internutzer, der häufig auf Buchseiten surft, bekommt verstärkt Anzeigen von Onlinebuchshops ausgespielt. Dies erfolgt dann mittels Cookie-Tracking auch auf themenfremden Websites.
- **Social Targeting:** Das Social Targeting hat in der letzten Zeit stark an Bedeutung zugenommen. Nutzer pflegen in soziale Netzwerken persönliche Daten ein, die von werbetreibenden Onlineanbietern genutzt werden können. So ist es beispielsweise bei Facebook möglich, Nutzer nach ihrem Wohnort, ihrem Alter, ihrem Familienstand oder ihren Interessen zu selektieren.

3.1.3.7 Abrechnung der Werbekosten

Die Abrechnung der Werbekosten kann nach ganz unterschiedlichen Prinzipien erfolgen (Ecker et al. 2014, S. 10; Maaß 2008, S. 215):

- Beim **Cost-per-Click-Verfahren** (**CPC**) werden die Klicks auf das Banner vergütet. Sollte es vorkommen, dass niemand auf das Banner klickt, entstehen auch keine Kosten.
- Dagegen fallen beim **Cost-per-Mille-Verfahren** (**CPM**)/**Pay-per-View-Verfahren** bereits Kosten durch die Einblendung des Banners an. Abgerechnet wird pro 1000 Anzeigen (Impressions) des Werbemittels. Dabei ist es nicht ausschlaggebend, ob überhaupt jemand auf das Werbebanner geklickt hat.

Aus Sicht der Werbetreibenden ist das CPC-Verfahren vorzuziehen, da sie nur für tatsächlich getätigte Klicks bezahlen müssen. Im Umkehrschluss bevorzugen die Werbeträger das CPM-Verfahren, da sie bereits durch die Werbeeinblendung Einnahmen erzielen. Für Letzteres bedarf es keiner speziellen Kundenreaktion und die Werbeträger tragen nicht das Risiko, dass das Banner nicht zielgruppengerecht gestaltet ist und daher nur geringe oder keine Klickraten erzielt (Maaß 2008, S. 215).

3.1.4 Affiliate Marketing

Beim Affiliate Marketing handelt es sich um eine spezielle Variante der Distributionspolitik. Dabei werden Leistungen des Onlineanbieters (Merchant) von Partnerunternehmen (Affiliates) vermarktet. Der Onlineanbieter stellt dazu seinen Affiliates entsprechende Werbemittel zur Verfügung, die sie in ihre Webauftritte integrieren können. Die Werbemittel sind mit einem individuellen Link verknüpft, der einen spezifischen Partnercode enthält. Dadurch wird es ermöglicht, die Klickanzahl bzw. die Anzahl der Transaktionen einem bestimmten Affiliate zuzuweisen. Für jede vermittelte Aktion bzw. Transaktion erhält der Affiliate eine Provision (Maaß 2008, S. 211; Prommy 2008, S. 10). Beim Affiliate Marketing handelt es sich somit um Werbung auf Provisionsbasis (ca. 5–25 Prozent) (Nassif 2001, S. 7; Schwarz 2011, S. 55).

▶ **Affiliate Marketing** ist eine internetbasierte Vertriebslösung, bei der ein Anbieter seine Vertriebspartner erfolgsorientiert durch Provisionen vergütet. Der Anbieter stellt seine Werbemittel zur Verfügung, die der „Affiliate" entweder auf seinem System zur Bewerbung der Angebote des Kooperationspartners oder über andere Kanäle wie E-Mail-Marketing verwenden kann (Hilker 2010, S. 188).

In der Praxis haben die folgenden **Abrechnungsverfahren** eine weite Verbreitung gefunden (Brüne 2009, S. 201–202; Maaß 2008, S. 211):

- **Pay per Click:** Bei diesem Abrechnungsmodell muss der Onlineanbieter (Merchant) nur dann eine Provision zahlen, wenn ein Nutzer aufgrund der Werbemaßnahme (z. B. ein Banner) auf einer Affiliate-Seite einen Link angeklickt hat und dadurch auf die Internetseite des Onlineanbieters gelangt ist.
- **Pay per Transaction/Pay per Sale:** Der Onlineanbieter muss nur dann eine Provision zahlen, wenn ein Nutzer aufgrund der Werbemaßnahme einen Kauf tätigt. Der Affiliate erhält also für jede abgeschlossene Transaktion eine bestimmte Provision, die i. d. R. vom Umsatz abhängt.
- **Pay per Lead:** Diesem Abrechnungsmodell liegt die Idee zugrunde, dass der Merchant nur dann eine Provision zahlen muss, wenn ein Nutzer aufgrund der Werbemaßnahme durch eine bestimmte Aktion sein Interesse bekundet. Dies könnte beispielsweise die Registrierung auf der Website des Onlineanbieters sein. Dieses Abrechnungsmodell eignet sich insbesondere für beratungsintensive Produkte oder Dienstleistungen, die der Nutzer nicht ohne Weiteres online erwirbt.

Ganz maßgeblich für den Erfolg des Affiliate-Marketings ist die richtige Wahl der Affiliate-Partner. Die Suche solcher Partner kann in Eigenregie erfolgen. Aus Kostengründen ist diese Vorgehensweise jedoch nur für größere Unternehmen empfehlenswert. Kleine und mittlere Onlineanbieter können sich bestehenden Affiliate-Netzwerken anschließen. Diese Affiliate-Netzwerke vermitteln dann zwischen potenziellen Affiliates und dem Onlineanbieter. Dadurch ist es auch kleinen und mittleren Onlineanbietern möglich, ihre Präsenz im Internet zu stärken und ihre Vertriebsreichweite auszubauen (Maaß 2008, S. 211–212).

Die einzelne Elemente und Funktionsweisen eines Affiliate-Programms sind in Abb. 3.2 dargestellt.

Die Auswahl eines Affiliate-Netzwerks muss vor dem Hintergrund der Zielstellung des Onlineanbieters erfolgen. Angenommen, der Onlineanbieter konzentriert sich auf ein deutschsprachiges Absatzgebiet, scheiden Affiliate-Netzwerke aus, die sich auf den internationalen Markt spezialisiert haben. Zudem muss sichergestellt sein, dass die Affiliates zum Leistungsangebot des Merchants passen (Maaß 2008, S. 212; Prommy 2008, S. 10).

Für die **Kundenakquise** ist Affiliate-Marketing sehr geeignet. Nachdem sich ein Affiliate bei einem Netzwerk angemeldet hat, kann er sich seine Kampagne und seine Werbemittel aussuchen. Die Erfolgsmessung erfolgt automatisch über die Tracking-Software. Auch der

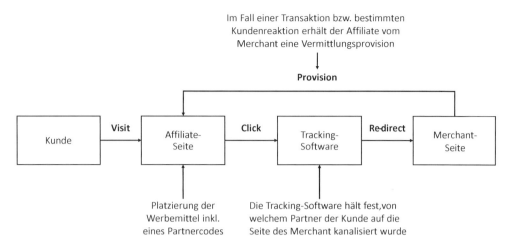

Abb. 3.2 Elemente und Funktionsweise eines Affiliate-Programms. (Quelle: Maaß 2008, S. 212)

Merchant kann ganz bequem seine Onlinewerbemittel online stellen und sich „seine" Affiliates aussuchen. Dabei ist es wichtig, dass der Onlineanbieter zu jedem Werbemittel eine passende Landingpage anbietet. Idealtypisch wird dabei direkt auf Produkte bzw. die entsprechende Produktdetailseite verlinkt (Schwarz 2011, S. 55).

3.1.5 Social-Media-Akquise

Für das Engagement im Web 2.0 und auf Social-Media-Plattformen ist es ganz grundlegend, dass sich das Onlinemarketingmanagement eine entsprechende Strategie erarbeitet. Eine Strategie ist dabei behilflich, Ziele (z. B. Bekanntheit) zu definieren und diese zu erreichen sowie Budgets effizienter einzusetzen. Insgesamt betrachtet trägt die **Social-Media-Strategie** nachhaltig zur Kundenakquise und damit auch zum Unternehmenserfolg bei (Bernecker und Beilharz 2012a, S. 212).

▷ **Web 2.0** ist ein Begriff für eine Reihe interaktiver und kollaborativer Konstrukte des Internets, er bezeichnet keine spezielle Technik oder bestimmte Softwareversion, sondern das Zusammenwirken verschiedener Methoden und Werkzeuge und eine vermutete soziale und wirtschaftliche Entwicklung. Der Begriff steht

für eine dezentrale und an den Interessen der Nutzer orientierte Nutzung des Internets (Godau und Ripanti 2008, S. 205).

Zunächst geht es um die **Analyse der Zielgruppe** (Bernecker und Beilharz 2012a, S. 213):

- Wer soll mit den Social-Media-Maßnahmen angesprochen werden?
- Sind die Zielgruppen des Onlineanbieters überhaupt in den sozialen Medien aktiv?
- Wie soll die Ansprache erfolgen (z. B. per Du oder per Sie)?
- Wie „tickt" die Zielgruppe und was erwartet sie?
- Wie redet sie bisher über den Onlineanbieter und seine Produkte und Dienstleistungen?

Als Zweites müssen die **Ziele operationalisiert** werden. Die Ziele sollten mit Kennzahlen hinterlegt sein, die im Rahmen der Zielkontrolle zur Anwendung kommen können (Bernecker und Beilharz 2012a, S. 213):

- Bekanntheit
- Kundenakquise
- Kundenzufriedenheit
- Kundenbindung
- Imageverbesserung
- Kontakt zu Multiplikatoren oder Influencern

Im dritten Schritt geht es um die **strategische Vorgehensweise** (Bernecker und Beilharz 2012a, S. 214):

- Wie will der Onlineanbieter vorgehen?
- Welche Inhalte bzw. welcher Content kann geboten werden?
- Wie soll der Social-Media-Auftritt gestaltet werden?
- Wie häufig können die sozialen Medien bespielt werden?
- Wer ist für den Social-Media-Auftritt zuständig?
- Wie können die Mitarbeiter einbezogen werden?
- Welche Budgets stehen zur Verfügung?

Erst im letzten Schritt kann die **Auswahl der jeweiligen Social-Media-Plattformen** erfolgen. Dazu müssen die oben aufgeworfenen Fragen beantwortet sein. Erst nachdem geklärt ist, *wer* etwas machen soll, *was* gemacht werden soll und *wie* es gemacht werden soll, macht die Frage nach dem w*o* überhaupt erst Sinn (Bernecker und Beilharz 2012a, S. 214).

3.1.5.1 Social-Media-Plattformen
Blogs
Innerhalb der Blogszene ist es umstritten, ob auch Unternehmen einen Blog betreiben sollten. Schließlich soll ein Blog vor allem durch seine Unabhängigkeit bzw. Objektivität überzeugen. Dies dürfte für einen Unternehmensblog nur schwer möglich sein (Hein 2007, S. 77; Ward 2011, S. 98). Aus der Sicht eines Onlineanbieters gibt es jedoch zahlreiche Argumente, die für einen Blog sprechen und daher im Folgenden kurz aufgezeigt werden.

▷ Ursprünglich wurde von **Webblogs** gesprochen: Wortverbindung aus World Wide Web und Log für Logbuch, meist abgekürzt als Blog, ist ein auf einer Webseite geführtes und damit öffentlich einsehbares Tagebuch oder Journal. Häufig besteht ein Blog aus einer langen, abwärts chronologisch sortierten Liste von Einträgen, die in bestimmten Abständen umgebrochen wird. Blogs sind die älteste Form

der Vernetzung im Internet (Hilker 2010, S. 188).

Innerhalb der Blogszene lassen sich verschiedene **Arten von Blogs** unterscheiden, die jeweils verschiedene Aufgaben und Funktionen erfüllen. Im Folgenden werden die wichtigsten Blogarten für Onlineanbieter vorgestellt (Bernecker und Beilharz 2012a, S. 216–217):

- **Corporate Blogs**: Dabei handelt es sich um einen Unternehmensblog. Dieser dient als Instrument der Kundenakquise und -bindung, der Kommunikation mit potenziellen und bestehenden Kunden sowie als Werbeplattform.
- **Service Blogs:** Dies ist eine Unterform des Corporate Blogs. Hierbei steht der Servicegedanke im Mittelpunkt des Interesses. Es werden Anwendungshinweise, Informationen und Ratschläge zu Produkten und Dienstleistungen des Onlineanbieters veröffentlicht. Da sich Service Blogs vorrangig an bestehende Kunden wenden, lässt sich durch sie die Kundenbindung stärken. Aber auch potenzielle Kunden können sich im Service Blog ein Bild vom jeweiligen Onlineanbieter machen.
- **Knowledge Blogs:** Diese Blogs dienen hauptsächlich dem internen Wissensmanagement. Sie können aber auch öffentlich zugänglich sein und als Informationsplattform für potenzielle und bestehende Kunden dienen.
- **Themen-Blogs:** Durch Themen-Blogs kann sich ein Onlineanbieter als Experte auf einem bestimmten Wissensgebiet positionieren. Es werden hauptsächlich interessante Hintergrundinformationen zu einem bestimmten Wissensgebiet veröffentlicht. Dadurch wird der Themen-Blog zu einer Anlaufstelle für interessierte Internetnutzer.
- **Kampagnen-Blogs:** Diese Blogart besteht nur temporär. Sie bezieht sich auf bestimmte Ereignisse und Aktionen. Als Beispiel mag der Horst Schlämmer-Blog von Volkswagen dienen, dessen Inhalte sich durch virale Effekte sehr schnell im Internet verbreiteten und zu einem enormen Medienecho führten.

- **Produkt- und Marken-Blogs:** Hierbei stehen, analog zur klassischen Werbung, die Produkte und Dienstleistungen bzw. die Marke des Onlineanbieters im Mittelpunkt des Interesses. Den Lesern wird durch die Veröffentlichung von Hintergrundinformationen ein Mehrwert geboten.

≫ Content ist King – dieser Grundsatz gilt auch für das Bloggen. Denn nur, wenn der Onlineanbieter interessante Inhalte auf seinem Blog einbindet, werden die Nutzer den Blog regelmäßig besuchen und sich mit den jeweiligen Blogbeiträgen beschäftigen. Ideal ist es, wenn es gelingt, eine spannende Beitragsserie zu veröffentlichen. Am Ende eines jeden Artikels kann schon auf den folgenden Artikel verwiesen werden (Bernecker und Beilharz 2012a, S. 223; Moravek 2015, S. 224).

Facebook

Facebook hat sich zu einem der wichtigsten, wenn nicht sogar dem wichtigsten, sozialen Knotenpunkt im Internet und einem machtvollen Marketingmedium entwickelt (Hilker 2010, S. 33). Daher zählt Facebook im Business-to-Consumer-Marketing auch zum Pflichtprogramm eines jeden Onlinemarketingmanagers (Moravek 2015, S. 187).

≫ **Facebook** ist ein mehrsprachiges, werbefinanziertes Netzwerk. Im sozialen Netzwerk vernetzen sich Menschen kostenlos seit 2004 mit einem Profil. Innerhalb des Netzwerkes können die Nutzer Textbotschaften, verlinkte Videos und Fotos austauschen. Firmen können ebenfalls Seiten anlegen (Hilker 2010, S. 190).

Als Onlineanbieter ist man verpflichtet, seine unternehmerischen Facebookaktivitäten über die Unternehmensseite laufen zu lassen. Dagegen wird die unternehmerische Nutzung von privaten Profilen von Facebook untersagt (Moravek 2015, S. 188).

Mit Facebook sind die folgenden **Vorteile** verbunden (Hilker 2010, S. 35):

- Es kann davon ausgegangen werden, dass Facebook die weltweit wohl bekannteste Social-Media-Plattform ist, deren Nutzung Medienaffinität und Zielgruppennähe kommuniziert.
- Facebook ist die perfekte Plattform, um schnelle, günstige, flexible und interessante Promotion- und Marketingaktionen zu launchen.
- Es gibt persönliche Profile, Gruppen und Fanpages für Marken, Unternehmen, Produkte oder Personen.

Als **nachteilig** kann der folgende Aspekt ins Feld geführt werden (Hilker 2010, S. 35):

- Zahlreiche Datenschutz- und Urheberrechtsfragen sind noch ungeklärt. Dementsprechend skeptisch bzw. zurückhaltend können Firmenauftritte auf Facebook wahrgenommen werden.

Welchen Nutzen bietet Facebook für die Akquise eines Onlineanbieters? Zunächst muss ein eigenes Firmenprofil erstellt werden. Die Diskussion mit den Usern über die Marke findet über die Gründung von themen- oder produktverwandten Gruppen statt. Diese können auch für One-to-One-Marketingaktionen genutzt werden. Zudem bieten sie eine gute Basis für die Marktforschung. Eine direkte Kommunikation ist auch über die Pinnwände möglich. Eine weitere Möglichkeit zur Interaktion mit den Usern besteht durch die Einbindung von Apps und Promotionaktionen auf den Fanseiten. Außerdem können Onlineanbieter auf Facebook zielgruppengenau Banner schalten (Hilker 2010, S. 34).

Die eigene Fanseite bei Facebook lässt sich auch crossmedial vermarkten. So ist es beispielsweise möglich, die eigenen Produkte und Dienstleistungen auf der Facebookfanseite zu bewerben, die Facebookfanseite hingegen wird auch offline (z. B. auf Visitenkarten) beworben (Ward 2011, S. 132).

≫ Vorrangiges Ziel des Facebookengagements ist es, Interaktionen mit den Facebooknutzern zu generieren. Dabei muss beachtet werden, dass Facebook kein Push-Kanal ist. Nur durch attraktiven Content ist es möglich, die eigenen Fans zum Mitmachen (z. B. dem Setzen des Gefällt-mir-Buttons) anzuregen. Da jede Interaktion eines Fans dessen Freundeskreis informiert, kann dadurch ein großer viraler Effekt ausgelöst werden (Bernecker und Beilharz 2012a, S. 227).

Selbstverständlich gehört zu einem **Dialog** auf Facebook auch die Reaktion des Onlineanbieters auf Äußerungen und Fragen der Nutzer bzw. Fans. Als Reaktionszeit stehen dabei maximal 24 Stunden zur Verfügung. Je eher, desto besser ist es für das kundenorientierte Image des Onlineanbieters (Ward 2011, S. 123).

XING

Wurde früher vom „Klüngeln" gesprochen, spricht man heute etwas eleganter vom „Netzwerken". Dadurch kann in Karriereangelegenheiten auf Bekannte, Exkollegen und Freunde zurückgegriffen werden. In den letzten Jahren hat das eigene Jobnetzwerk stark an Bedeutung für die individuelle Karriereplanung zugenommen. Genau auf diesen Bedarf haben Businessportale wie XING und LinkedIn reagiert (Kilian 2009, S. 199; Ward 2011, S. 151–152). XING ist für den deutschsprachigen Raum die beliebteste Social-Media-Plattform im Business-to-Business-Bereich und wurde 2003 als Open BC (Open Business Club) gegründet. Daher zählt XING gerade für die Kundenakquise im Business-to-Business-Bereich zum Pflichtprogramm eines Onlinemarketingmanagers (Grabs und Bannour 2012, S. 325; Moravek 2015, S. 184).

▷ **XING** ist eine webbasierte Plattform, in der die Teilnehmer ihre geschäftlichen Kontakte zu anderen Personen verwalten. Kernfunktion ist das Sichtbarmachen des Kontaktnetzes. Ein Benutzer sieht, wer wen kennt, ausgehend von seinen eigenen Bekannten, die er in XING getroffen hat. Außerdem bietet XING zahlreiche Communityfunktionen wie Kontaktseite, Suche nach Interessengebieten, Foren und Gruppen. XING wurde 2003 gegründet. Auch Unternehmen können bei XING ein Profil anlegen. Betriebe können auch Werbung und Stellenangebote schalten. Das Businessnetzwerk wird außerdem stark zur Personalsuche genutzt (Hilker 2010, S. 196).

Bei XING gibt es in der Basisvariante **kostenlose Profile** für Privatpersonen und Unternehmen. Da-

rüber hinaus werden auch **kostenpflichtige Premiummitgliedschaften** sowie zusätzliche Features für die Unternehmensseiten angeboten (Ward 2011, S. 154).

Auf XING gibt es zahlreiche **Funktionen**, um aktiv qualifizierte Businesskontakte zu knüpfen. Diese Funktionen stehen allerdings nur im Rahmen einer Premiummitgliedschaft zur Verfügung. Mithilfe der erweiterten Suche lassen sich Mitglieder nach Branche, Ort und Position im Unternehmen filtern und anschreiben bzw. kontaktieren. Dabei muss beachtet werden, dass XING nach Personen und nicht nach Unternehmen aufgebaut ist. Da die Mitglieder i. d. R. ihre Profile pflegen, findet man über die Suche aktuelle und richtige Ansprechpartner (Moravek 2015, S. 184).

Stufen des Networkings bei XING (Kilian 2009, S. 200):

1. Anmeldung bei XING
2. Grunddaten im Profil ausfüllen
3. Professionelles Foto hochladen
4. Beruflichen Werdegang, Tätigkeiten ausfüllen
5. „Suche", „Biete" und Interessen festlegen
6. „Über mich"-Seite ausfüllen
7. Kontakte suchen und hinzufügen
8. In XING-Gruppen aktiv werden
9. Kontakte einander vorstellen
10. Aktives Networking

Mit XING bieten sich dem Onlineanbieter verschiedene Möglichkeiten, die er für die **Kundenakquise** nutzen kann (Grabs und Bannour 2012, S. 330–333):

• Bestehende Kontakte pflegen
• Neue Kontakte knüpfen
• Anderen helfen und Kompetenz zeigen
• Virtuelle Visitenkarte und digitaler Lebenslauf
• **Veranstaltungen promoten:** Es ist möglich, auf XING ein XING-Event anzulegen. Der Onlineanbieter kann alle seine XING-Kontakte einladen und zudem auf eine vollständige Eventverwaltung zurückgreifen. Darüber hinaus gibt es auch offizielle XING-Events (sog. XING-Treffen). Dort treffen sich virtuelle Gruppen zu realen Gesprächen. Somit ergeben sich vielfältige Kontaktmöglichkeiten, die es im Rahmen der Kundenakquise zu nutzen gilt.

⧽ Im persönlichen Profil ist die Anzahl der Profilbesucher am Ende des Profils sichtbar. Es sollte kontinuierlich – am besten täglich – überprüft werden, ob Anfragen kamen oder neue Kontakt geknüpft werden konnten. Falls dies nicht der Fall sein sollte, muss überprüft werden, wie das Profil attraktiver gestaltet werden kann, um den Erwartungen der Profilbesucher besser zu entsprechen (Ecker et al. 2014, S. 107).

LinkedIn

Das Netzwerk LinkedIn wurde 2002 gegründet und richtet sich international hauptsächlich an Fach- und Führungskräfte. Im Mittelpunkt des Interesses steht der Austausch von Informationen und Fachwissen, beispielsweise in speziellen Gruppen mit Unternehmen. Genau wie bei XING können Privatpersonen Profile anlegen und Unternehmen Seiten online stellen. Neben einer kostenlosen Mitgliedschaft gibt es auch kostenpflichtige Premiumprofile. Unternehmen können Werbung schalten und sich so Zugang zu ganz speziellen Zielgruppen verschaffen (Keßler et al. 2017, S. 789).

⧽ **LinkedIn** ist ein Businessnetzwerk. Es funktioniert nach dem gleichen Prinzip wie Xing, ist aber in Europa weitaus weniger repräsentiert als in den Vereinigten Staaten. Laut LinkedIn sind unter den Mitgliedern Entscheider jedes börsennotierten Unternehmens des DAX 30 und des Fortune 500 Index vertreten (Hilker 2010, S. 191).

Auch auf LinkedIn können sich Unternehmen präsentieren und ihre Produkte vorstellen. Darüber hinaus ist es möglich, dass andere Nutzer diese Produkte weiterempfehlen. Gerade solche Empfehlungen (positive Mund-zu-Mund-Kommunikation) sind für Onlineanbieter sehr wertvoll. Empfehlungen helfen Kaufinteressierten dabei, eine Kaufentscheidung zu fällen. Des Weiteren ist positiv, dass diese Empfehlungen eines LinkedIn-Nutzers bei all seinen Kontakten angezeigt wird (Stuber 2011, S. 416–417). Damit wird LinkedIn zu einem wichtigen Baustein im Rahmen der Social-Media-Akquise.

Mit LinkedIn sind mehrere **Vorteile** verbunden (Moravek 2015, S. 195):

• LinkedIn ist weltweit die Nummer eins im Business-to-Business-Bereich.
• LinkedIn bietet sehr aussagekräftige Profile.
• LinkedIn ist ideal für die Bildung eines Expertenstatus. Dies kann über das Schreiben von Fachbeiträgen (Pulse) realisiert werden. Diese lassen sich dann gut zum eigenen Onlineshop verlinken.
• Es ist eine umfangreiche Personenrecherche möglich.
• Die meisten Mitglieder kommen eher aus größeren Unternehmen.

Für die Kundenakquise ergeben sich ähnliche Möglichkeiten wie auf XING. Allerdings steht bei LinkedIn stärker die internationale Ausrichtung im Fokus. Insbesondere das Verfassen von Fachartikeln kann neue Kontakte generieren (Moravek 2015, S. 195).

Twitter

Twitter stellt als kostenloser Microbloggingdienst bzw. Kurznachrichtendienst eine Art Zwischenstufe zwischen Blog und Social Network dar. Twitternutzer können kurze Nachrichten absenden, die von anderen Nutzern gelesen und abonniert werden können. Onlineanbieter können, genau wie private Nutzer auch, als Marke oder ganzes Unternehmen auftreten (Bernecker und Beilharz 2012a, S. 228). Bei Twitter ist zwischen registrierten Nutzern und Besuchern zu unterscheiden (Grabs und Bannour 2012, S. 112; Pfeiffer und Koch 2011, S. 74; Ward 2011, S. 135).

⧽ **Twitter** ist ein soziales Netzwerk und ein auf einer Website oder mobil per Mobiltelefon geführtes und meist öffentlich einsehbares Tagebuch im Internet (Microblog). Tweets (Twitter-Kurznachrichten) haben eine maximale Länge von 140 Zeichen und werden in Echtzeit verschickt (Hilker 2010, S. 194–195).

Am Anfang wurde Twitter unterschätzt. Mittlerweile ist die Nutzung jedoch rasant angestiegen und Twitter hat sich zu einer der wichtigsten Social-Media-Plattformen im Internet entwickelt. Der Stellenwert im Social-Media-Marketing ist daher enorm gewachsen (Hilker 2010, S. 37).

Worum geht es bei Twitter? Gitomer (2012, S. 109–110) fasst die Twitter-Philosophie folgendermaßen zusammen: Bei Twitter geht es um das Informieren. Bei Twitter werden Informationen weitergegeben. Twittern meint wertvolle Botschaften. Twittern steht für Vernetzen.

Die Tweets leben von **Aktualität** und **Regelmäßigkeit**. Daher ist Twitter besonders in der Nachrichten- und Medienbranche sehr beliebt. Hinzu kommt, dass es sich bei Twitter um ein sehr schnelllebiges Medium handelt. Bei aktiven Twitter-Nutzern können sich die Tweets innerhalb von wenigen Stunden oder sogar Minuten ablösen. Dies stellt besondere Anforderungen an die Formulierung der Tweets. Will ein Onlineanbieter auf sich aufmerksam machen und Kunden akquirieren, dann müssen die Twitter-Botschaften sehr „knackig" formuliert sein. Nur so wird er die Aufmerksamkeit der Nutzer gewinnen (Moravek 2015, S. 194). In den Tweets kann auf multimediale Inhalte verlinkt werden. Dies können beispielsweise Fotos, Videos oder anderer Content aus dem Angebot des Onlineshops sein (Ward 2011, S. 136).

> ▶ Es ist empfehlenswert, häufig zu twittern. Auf jeden Fall einmal am Tag. Besser ist sogar mehrmals pro Tag. Man sollte anderen Nutzern folgen, die sich für die gleichen Themen interessieren und viele Follower haben (Moravek 2015, S. 194).

Die **Vorteile** von Twitter liegen auf der Hand (Hilker 2010, S. 38; Moravek 2015, S. 194):

- Die Nutzung von Twitter ist sehr einfach.
- Mit etwas Übung gelingt es schnell, einige Follower zu finden, die die eigenen Tweets lesen und zwitschern.
- Der Onlineanbieter kann Themen ohne viel Text anteasern.
- Man kann (Produkt-)Nachrichten schnell und einfach verbreiten.

- Auch der Onlineanbieter kann in die Rolle eines Nutzers schlüpfen und interessanten Leuten (z. B. eCommerce-Experten) folgen.

Nachteilig an Twitter ist (Hilker 2010, S. 38):

- Aufgrund der beschränkten Nachrichtenlänge (es stehen nur 140 Zeichen zur Verfügung) bedarf es einer gewissen Eingewöhnung und Übung.

Um Twitter für die Kundenakquise zu nutzen, sollte sich der Onlineanbieter zunächst ein Twitter-Profil anlegen. Dieses kann er mit Bildern und Informationen zu seinem Onlineshop ausgestalten. Zudem sollte er das Twitter-Profil auf seinem Onlineshop bewerben (Moravek 2015, S. 194).

Youtube

Youtube hat im deutschsprachigen Raum eine sehr große Reichweite. Youtube gehört zum Google-Konzern und finanziert sich ausschließlich über Werbeeinnahmen. Die Werbeeinblendungen erfolgen als Vorspann zum Video, während des Videos oder als Abspann. Personen und Unternehmen können sich auf Youtube einen eigenen Kanal einrichten. Dort können sie ihre Videos hochladen und damit anderen Nutzern zur Verfügung stellen. Abonnenten eines Youtube-Kanals werden laufend über neue Videos informiert. Darüber hinaus können die Youtube-Nutzer Videos kommentieren, mit anderen Nutzern teilen und auch bewerten (Moravek 2015, S. 192–193). Youtube wird zunehmend über die Youtube-App auch von mobilen Endgeräten abgerufen (Weinberg 2012, S. 377).

> ▶ **Youtube** ist das führende Videoportal im Internet. Youtube ist vor allem so beliebt, weil sich auch hier eine Gemeinschaft gebildet hat, die Videodateien hochladen, bewerten und kommentieren kann. Über das Netzwerk werden jeden Tag zwei Milliarden Videos abgespielt und Hunderttausende hochgeladen (Hilker 2010, S. 196).

Es gibt zahlreiche **Vorteile**, die für ein Engagement auf Youtube sprechen (Hilker 2010, S. 43; Moravek 2015, S. 193):

- Das Hochladen und Verbreiten von Videos auf dem weltweit populärsten Videoportal im Internet geht sehr einfach und schnell.
- Die Videos lassen sich in die eigene Website einbinden.
- Insbesondere über andere Social-Media-Kanäle können Youtube-Videos einfach verbreitet werden.
- Durch das Engagement auf Youtube verbessert sich das Suchmaschinenranking, dadurch können neue Nutzer und potenzielle Kunden angesprochen werden.
- Zudem bessert sich der Google PageRank durch die Verlinkung zu Youtube.
- Youtube bietet ein eigenes Analysetool, das es ermöglicht, die Zugriffe auf die eigenen Videos statistisch zu analysieren.

Nachteilig ist, dass es keine Funktionen gibt, proaktiv neue Abonnenten bzw. Nutzer anzusprechen, um neue Leads zu generieren (Moravek 2015, S. 193). Zudem kann es anfangs schwierig sein, eine große Anzahl von Nutzern auf die eigenen Videos aufmerksam zu machen (Hilker 2010, S. 43).

▷ Das Video sollte nicht länger als drei Minuten sein. Es ist zwar auch möglich, Videos mit einer Länge von 15 Minuten und mehr auf Youtube hochzuladen, aber die meisten Youtube-Nutzer verfügen nur über eine kurze Aufmerksamkeitsspanne und klicken sich nach kurzer Zeit wieder weg (Stuber 2011, S. 442).

Vor diesem Hintergrund ist es für Onlineanbieter empfehlenswert, sich auf Youtube mit eigenen (Produkt-)Videos zu engagieren. Menschen sind emotionale Wesen und möchten etwas erleben. Mithilfe von Youtube-Videos können Emotionen viel leichter und schneller transportiert werden, als dies mit Texten und Bildern möglich wäre (Moravek 2015, S. 193).

Für die Kundenakquise stellt Youtube einen interessanten Social-Media-Kanal dar. Insbesondere neue bzw. potenzielle Kunden lassen sich auf diesem Wege ansprechen. Da dies auf einem sehr emotionalen Weg geschieht, stärkt das Youtube-Engagement auch gleichzeitig die Markenwahrnehmung durch die Nutzer. Damit sich die Youtube-Videos schnell und weit verbreiten, ist es wichtig, dass der Onlineanbieter diese in seinem gesamten Netzwerk bekannt macht (Weinberg 2012, S. 385).

Flickr

Flickr ist 2002 als ein Nebenprodukt des Spiels Neverending der Firma Ludicorp entstanden. Nachdem sich herausstellt, dass Flickr erfolgreicher war als das Spiel Neverending, konzentrierte man sich bei Ludicorp auf Flickr (Alby 2007, S. 92). Flickr ist ein Imagehoster. Auf diesem Social-Media-Portal können Nutzer Fotos hochladen. Mittlerweile gibt es auf Flickr mehrere Milliarden an Fotos, die sich die Nutzer ansehen können. Jeder Nutzer hat die Möglichkeit, Fotos zu kommentieren und mit eigenen Tags zu versehen. Daher spielt bei Flickr auch der Communitygedanke eine wesentliche Rolle (Hilker 2010, S. 49).

▷ **Flickr** ist teils eine kommerzielle Web-2.0-Anwendung, die die grundlegende Technologie und einen kostenlosen Speicherplatz für Fotos zur Verfügung stellt. Alles andere kommt von den Nutzern selbst. Digitale Bilder mit kurzen Kommentaren können auf die Website geladen und anderen Nutzern zur Verfügung gestellt werden. 2005 wurde Flickr von Yahoo übernommen (Hilker 2010, S. 190–191).

Nutzer können Fotos auf der Website von Flickr hochladen oder dazu Tools nutzen, die Flickr kostenlos zur Verfügung stellt. Die hochgeladenen Fotos können in Alben sortiert und von den Nutzern mit Tags (Schlagworte) versehen werden. Auch der Communitygedanke ist bei Flickr umgesetzt worden. So können Nutzer die Fotos anderer Nutzer bewerten und kommentieren. Besonders oft betrachtete Fotos werden besonders hervorgehoben (Alby 2007, S. 92–93).

Onlineanbieter können somit Grafiken und Fotos rund um das Sortiment ihres Onlineshops oder ihrer Marke auf Flickr präsentieren. Online-shops, auf denen Kleidung angeboten wird, können beispielsweise Fotos von Models mit den aktuellen Designs veröffentlichen (Zarrella 2010, S. 115).

Auch bei Flickr kann zwischen einer kostenlosen Nutzung (Free Account) und einem Premiumzugang (Pro Account) unterschieden werden. Für erste Schritte auf Flickr ist der Free Account völlig ausreichend. Für fortgeschrittene Nutzer, die sehr viele Fotos hochladen wollen, ist der Pro Account mit unbegrenztem Speicherplatz empfehlenswert (Hilker 2010, S. 50; Weinberg 2012, S. 367).

Ein wesentlicher **Vorteil** von Flickr ist die sehr umfassende Zielgruppe. Dadurch lässt sich weltweit ein hohes Maß an Werbewirksamkeit erzielen. Über virale Effekte kann es zu einer schnellen Verbreitung von Produkten, Dienstleistungen und Trends kommen (Hilker 2010, S. 50).

3.1.5.2 Social Media Monitoring

Jeder Onlineanbieter, der sich im Social Web engagiert, sollte ein Interesse daran haben, die Ergebnisse der einzelnen Social-Media-Maßnahmen zu erfassen. Grundsätzlich kann festgehalten werden, dass das Social Media Monitoring jeden Onlineanbieter vor große Herausforderungen stellt. Die mit dem Social Media Marketing angestrebten Ziele wie positives Image, Reputation und (Marken-)Bekanntheit sind häufig nur schwer messbar. Zahlreiche Interaktionen zwischen den Nutzern finden im Verborgenen statt. Zu denken ist dabei beispielsweise an geschlossene Gruppen in Xing oder LinkedIn oder auf privaten Facebookpinnwänden. Dies erschwert das Social Media Monitoring erheblich (Bernecker und Beilharz 2012b, S. 239).

▶ **Social Media Monitoring (SMM)** meint die Beobachtung von Diskussionen und Meinungsbildung im Social Web. Der dazugehörige Oberbegriff Web Monitoring befasst sich mit der Erhebung und Analyse von Daten, die sich aus dem Kommunikationsverhalten der User im Internet ergeben. Social Media Monitoring ist also ein spezielles Web Monitoring (Hilker 2010, S. 164).

Im Vergleich zu klassischen Medien ist die ökonomische Erfolgsmessung in den sozialen Medien wesentlich einfacher, schneller, präziser und effizienter. Begründet werden diese Vorteile durch die folgenden Aspekte (Goderbauer-Marchner und Büsching 2015, S. 231):

- Jede User Journey, jeder Klick im Netz kann praktisch im eigenen Onlineshop und auf fremden Websites mit Trackingsystemen (z. B. mit Google Analytics) erfasst werden.
- Soziale Medien liefern eine einfache Reichweiten- und Wirkungsanalyse (z. B. bei Facebook mit Realtime aufgezeichnete und dokumentierte Likes, Kommentare und „Teilen"-Funktionen) gleich mit.
- Zielgruppenkampagnen können in Echtzeit bewertet und modifiziert werden.
- Über Verlinkungen sind die Kampagneneckwerte (z. B. Laufzeit, Medienkanäle, Rabattaktionen, Werbespots, Gewinnspiele) gut beobachtbar. Dies gilt vor allem für die eigenen Kampagnen. Auf diesem Wege können aber auch wichtige Wettbewerbsdaten gewonnen werden.

In den folgenden **Bereichen** kann SMM eingesetzt werden (Hilker 2010, S. 165; Weinberg 2012, S. 53):

- Produkte lassen sich durch Kundenfeedback und -beteiligung optimieren.
- Präziseres Kundenwissen kann zu einem verbesserten Werbedesign führen.
- Für die Unternehmenskommunikation lassen sich Themen und Multiplikatoren identifizieren. Darüber hinaus können die Positionierung, das Branding und die Markenwahrnehmung gestärkt werden.
- SMM fördert die Krisenprävention. Durch schnelles und gezieltes Eingreifen kann eine frühe Intervention erfolgen.
- SMM kann die Qualitätssicherung unterstützen. Es kommt zu einem frühzeitigen Support zum Lösen von Problemen.
- Innovationen lassen sich durch die Community bewerten.

- Analyse, wie (und ob!) der Onlineanbieter seine Produkte oder seine Dienstleistungen wahrgenommen und von den Kunden bewertet werden.
- Analyse, wie häufig über den Onlineanbieter gesprochen wird und welche Stimmung dabei vorherrscht.
- Prüfung, ob etwas im Gange ist, das seinen Ruf schädigen könnte, z. B. ein negativer Blogeintrag eines verärgerten Kunden.
- Welche Themen werden in der Branche gerade heiß diskutiert und was könnte sich zu einem wirtschaftlich wichtigen Trend entwickeln?
- Analyse, welche Personen in der eigenen Branche als Experten und Meinungsführer im Web anerkannt sind.
- Wer und was ist außerhalb der eigenen Branche aus Sicht der User einflussreich und anerkannt?
- Analyse, wie sich die User über die Konkurrenz des Onlineanbieters austauschen.
- Was erwarten potenzielle Kunden vom Onlineanbieter?

▷ **RSS-Feeds** lassen sich gut für das SMM nutzen. Die Abkürzung RSS steht für **Really Simple Syndication**. RSS ist die Bezeichnung für ein auf XML basierendes, plattformunabhängiges Format im Internet. Es dient der Übertragung von Nachrichten und anderen Webinhalten. Die Bereitstellung von Daten im RSS-Format wird als RSS-Feed bezeichnet. Nach dem Abonnieren des RSS-Feeds einer Internetseite werden die entsprechenden Inhalte dem Nutzer über einen RSS-Ticker zur Verfügung gestellt (Brüne 2009, S. 224).

Als Erstes müssen zentrale **Kennzahlen** definiert werden. Nur so ist es möglich, verwertbare Auswertungen zu erstellen. Diese Kennzahlen dienen der Ergebnisverdichtung und ermöglichen einen Vergleich der eigenen Werte im Zeitablauf. Zusätzlich wird dadurch eine Konkurrenzanalyse ermöglicht (Bernecker und Beilharz 2012b, S. 241).

▷ Als **Key Performance Indicator (KPI)**, zu Deutsch Leistungsindikator, gelten betriebs-

wirtschaftliche Kennzahlen, anhand derer der Fortschritt oder der Erfüllungsgrad einer Zielvorgabe gemessen werden kann. Dabei ist eine Kennzahl eine Verhältniszahl, die zwei Messwerte miteinander in Beziehung setzt. Über KPIs können Prozesse im Unternehmen kontrolliert und bewertet werden, um diese gegebenenfalls anzupassen oder zu optimieren. Ein Messwert ist dabei ein Wert, der gezählt werden kann (Pein 2015, S. 127).

Zunächst sollte die **Anzahl der Kontakte** erhoben werden. In diesem Zusammenhang sind beispielsweise die folgenden Kennzahlen von Interesse (Bernecker und Beilharz 2012b, S. 241):

- Facebook-Fans
- Twitter-Follower
- Mitglieder in der Xing-Gruppe
- Blogbesucher
- Youtube Views

Auf den Kontaktkennzahlen können anschließend weitergehende Analysen aufsetzen. Dabei geht es um Erwähnungen und Interaktionen (Bernecker und Beilharz 2012b, S. 241):

- Facebook-Likes/-Shares
- Retweets/@-Erwähnungen
- Kommentare im Blog bzw. Social Network
- „Daumen hoch"/„Daumen runter" bei Youtube
- Favoritenmarkierungen
- Markierungen in Social-Bookmarking-Portalen

Über diese Kennzahlen hinaus sollten noch Werte erhoben werden, die sich auf konkrete Ziele beziehen. Für das Ziel der **Kundenakquise** eignen sich beispielsweise die folgenden Kennzahlen (Bernecker und Beilharz 2012b, S. 242; Keßler et al. 2017, S. 781–782):

- Erwähnungen der Marke/des Onlineanbieters in Social Networks
- Erwähnungen von einflussreichen Personen (z. B. mit mindestens 1000 Followern)
- Direkte Reichweite = Erwähnungen * Anzahl der direkten Kontakte

- Stimmung der Beiträge (positiv, neutral oder negativ)
- Verhältnis zwischen positiven, neutralen und negativen Beiträgen
- Share of Voice = Markenerwähnungen/ (Summe der Erwähnungen der Wettbewerbs- marken (a, b, c … n))
- Active Advocats = Anzahl der aktiven Fans in den letzten 30 Tagen/Anzahl der Fans
- Audience Engagement (Zielgruppenengage- ment) = (Anzahl der Kommentare + Shares + Links)/Anzahl der Views

3.2   Kundenzufriedenheit

Zufriedenheit ist die Ruhe im Sturm der Gedanken.
(Andrea Kuka)

3.2.1   Bedeutung und Begriffsbestimmung der Kundenzufriedenheit

In der Alltagssprache werden mit dem Begriff der Zufriedenheit Zustände beschrieben, in de- nen sich die Individuen wohlfühlen, in Freude leben, glücklich sind oder eine innere Genugtu- ung empfinden. Zufriedenheit gehört damit zu den psychischen Phänomenen, von denen Indi- viduen eine mehr oder weniger klare Vorstel- lung haben, da sie diese innerlich selbst erleben. Es lässt sich feststellen, dass mit der Verwen- dung des Ausdrucks „zufrieden sein" umgangs- sprachlich ein (be-)wertendes Urteil über ein (Konsum-)Erlebnis getroffen wird, wobei Zu- friedenheit positiv und Unzufriedenheit negativ belegt ist (Herrmann 1998, S. 262; Korte 1995, S. 25; Runow 1982, S. 72; Scharnbacher und Kiefer 1998, S. 5).
   Kunden, die in jeder Hinsicht mit den Pro- dukten und Dienstleistungen des Onlineanbie- ters zufrieden sind, bilden eine optimale Basis für das Entstehen von Kundenloyalität und -bindung. Im Idealfall werden sie somit zu treuen Stammkunden, die ihren gesamten Be- darf beim jeweiligen Onlineanbieter decken (Geisbüsch 1999a, S. 238).

▶ Unter   **Kundenzufriedenheit**   wird   im Allgemeinen die emotionale Reaktion eines Kunden auf die von ihm vorgenommene kognitive Beurteilung eines Objektes (z. B. ein Onlineshop) oder eines Prozesses (z. B. der Online bestellprozess) verstanden. Zufriedenheit weist insofern sowohl eine emotionale als auch eine kognitive Komponente auf (Hennig-Thurau und Hansen 2001, S. 878).

Für viele Onlineanbieter wird immer deutlicher, dass Kundenzufriedenheit nicht nur eine wich- tige Erfolgskennzahl ihres Handelns ist, sondern auch eine wichtige Steuerungskennzahl für ihr zukünftiges Onlinemarketing. Diese Erkenntnis geht mit einem Paradigmenwechsel einher, in dem zum Ausdruck kommt, dass das Transakti- onsmarketing nicht mehr ausreicht und zuneh- mend durch ein Beziehungsmarketing abgelöst wird (Töpfer 1996, S. 1).
   In nahezu allen Branchen wird es immer schwieriger, neue Kunden zu gewinnen und an das Unternehmen dauerhaft zu binden, um da- durch ihre Marktposition langfristig zu sichern. Die Tatsache, dass die Konkurrenz im Internet nur einen Klick weit entfernt ist, führt zu einer weiteren Intensivierung des Wettbewerbs. Vor diesem Hintergrund wird es für den Erfolg eines Unternehmens als unerlässlich angesehen, „die Bedürfnisse und Wünsche der Kunden zu ermit- teln und diese dann wirksamer und besser zufrie- denzustellen als die Wettbewerber" (Hinterhuber et al. 1997, S. 8; Kotler und Bliemel 1995, S. 25; Matzler et al. 1997a, S. 645; Scharf und Schubert 1997, S. 1).

3.2.2   Confirmation-/ Disconfimation-Paradigma

Das **Confirmation-/Disconfirmation-Paradigma** (C/D-Paradigma) steht im Fokus der derzeitigen Zufriedenheitsforschung (Giering 2000, S. 7, Krafft 2002, S. 15, Oliver 1997, S. 99) Homburg und Stock (2001, S. 19) sehen im C/D-Paradigma einen **integrativen Bezugsrahmen** der Zufriedenheitsforschung, in den sich alternative Konzepte und Theorien (wie z. B. die Gerechtigkeitstheorie und die Attributionstheorie) integrieren lassen. Dieser Argumentation folgend wird im Rahmen der vorliegenden Arbeit das C/D-Paradigma als Basismodell zur Konzeptualisierung der Kundenzufriedenheit aufgegriffen. Im C/D-Paradigma ist die Zufriedenheit bzw. Unzufriedenheit der Kunden das Ergebnis eines kognitiven Vergleichsprozesses, bei dem eine vom Kunden gewünschte oder geforderte Soll-Leistung mit der tatsächlich vom Anbieter erbrachten Ist-Leistung verglichen und bewertet wird (Homburg und Giering 2000, S. 80). Es lassen sich vier grundlegende Komponenten des C/D-Paradigmas unterscheiden (Staack 2004, S. 135):

1. die Soll-Komponente,
2. die Ist-Komponente,
3. die Ergebniskomponente und
4. die Entstehung von Zufriedenheit bzw. Unzufriedenheit.

3.2.2.1 Soll-Komponente

In der **Soll-Komponente (Soll-Leistung)**, häufig auch als **Vergleichsstandard** bezeichnet, spiegelt sich das Anspruchsniveau der Kunden in Bezug auf eine bestimmte Leistung wider (Homburg und Rudolph 2001, S. 20). In der Literatur werden sehr unterschiedliche Konzepte diskutiert, die das Anspruchsniveau der Kunden genauer beschreiben und die Entstehung desselben erklären können. Hinzu kommt die Tatsache, dass Kunden mehrere Vergleichsstandards (z. B. das minimal Tolerierbare, das Erwartete, das Ideale oder das Verdiente) gleichzeitig bei der Leistungsbeurteilung heranziehen können und dies auch nachweislich tun (Bruhn und Georgi 2000, S. 188; Matzler 1997, S. 68–75; Oliver 1997, S. 71–72; Stauss 1999, S. 7).

Die Soll-Komponente stellt den Vergleichsstandard für die Beurteilung eines Onlineshops, des Leistungsangebots oder des Onlineanbieters dar. Dabei muss beachtet werden, dass sich dieser Vergleichsstandard, den ein Onlinekunde bei seinen Erwartungen zugrunde legt, im Zeitablauf ändern kann. Grundsätzlich lassen sich die folgenden **Vergleichsstandards** unterscheiden (Raab und Werner 2009, S. 86):

- **Expected Performance:** Dieser Vergleichsstandard basiert auf den bisherigen Erfahrungen der Onlinekunden. Dabei handelt es sich um Erfahrungen, die der Kunde mit gleichen oder vergleichbaren Produkten und/oder Onlineshops gesammelt hat.
- **Desired Performance:** Dies ist die Idealvorstellung des Kunden. Er wendet also den optimal möglichen Vergleichsstandard an.
- **Minimum Tolerable Performance:** Hierbei handelt es sich um das Minimum, was der Kunde erwarten kann bzw. bereit ist, zu akzeptieren.
- **Adequate Performance:** Dieser Vergleichsstandard beschreibt das, was der Kunde als angemessen ansieht und mit angemessenem Aufwand erzielt werden kann.
- **Product Type Norm:** Hiermit wird ein als normal angesehener Vergleichsstandard angesetzt. Es wird vom Onlinekunden das Normale bzw. Übliche erwartet.
- **Comparison Level:** Der Kunde orientiert sich bei diesem Vergleichsmaßstab an dem, was andere Kunden erreicht bzw. bekommen haben. Dabei ist das Kosten-Nutzen-Verhältnis ausschlaggebend.

Bei der Erwartungsbildung können nach Kuß und Tomczak (2000, S. 148) sowohl die Bedürfnisse der Kunden, ihre bisherigen Erfahrungen, die Meinungen und Erfahrungen anderer Kunden sowie die Marketingmaßnahmen des Anbieters eine Rolle spielen. Scharnbacher und Kiefer (1998, S. 8) weisen ergänzend auf Informationen durch unabhängige Testinstitute (wie z. B. Stiftung Warentest) und Berichterstattungen in den Medien (z. B. Reportagen im Fernsehen und Onlineartikel im Internet) hin.

3.2.2.2 Ist-Komponente

Durch die Ist-Komponente wird die Wahrnehmung des Kunden operationalisiert. Damit ist die tatsächlich wahrgenommene, persönliche

Erfahrung des Kunden mit dem Onlineshop oder den Produkten und Dienstleistungen gemeint. Erst nach der Produktnutzung ist es dem Online-kunden möglich, zu beurteilen, ob das Produkt seine Erwartungen erfüllt oder nicht. Nur die wahrgenommene Leistung ist für den Kunden re-levant. Neben dem Produkt wird jedoch auch der Onlineshop in die Beurteilung miteinbezogen (Raab und Werner 2009, S. 87).

Die **Ist-Komponente** stellt gewissermaßen den Gegenpol im Vergleichsprozess zur Soll-Komponente dar (Kaiser 2002, S. 55). In der wis-senschaftlichen Diskussion wird in diesem Zu-sammenhang zwischen einer vom Anbieter objektiv erbrachten Leistung (Performance) und der vom Kunden subjektiv wahrgenommenen Leistung (perceived Performance) unterschieden. Homburg und Rudolph (1997, S. 42) weisen da-rauf hin, dass die **objektive Ist-Leistung** für alle Kunden gleich ist. Die **subjektiv wahrgenom-mene Ist-Leistung** wird dagegen durch unter-schiedliche Wahrnehmungseffekte, Erfahrungen, Wünsche, Werte und Normen des Individuums beeinflusst und kann daher für jeden Kunden unterschiedlich ausfallen (Kaiser 2002, S. 55). Vor diesem Hintergrund herrscht in der Literatur weitgehend Einigkeit darüber, dass nur die subjektiv wahrgenommene Ist-Leistung zur Konzeptionalisierung der Kundenzufriedenheit herangezogen werden sollte, da diese in den Evaluierungsprozess des potenziellen Kunden einfließt (Giering 2000, S. 8–9; Schütze 1992, S. 160).

Für die wissenschaftliche Diskussion hat dies zur Folge, dass auf eine genaue definitorische Abgrenzung der Ist-Komponente häufig verzich-tet wird. Stattdessen werden wahrnehmungstheo-retische Ansätze (z. B. Assimilations-Kontrast-Theorie und Theorie der generellen Negativität) in den Mittelpunkt gerückt (Kaiser 2002, S. 57–67, Matzler 1997, S. 90, Schütze 1992, S. 160–165). Die Ergebnisse dieser Betrachtungen fallen sehr unterschiedlich und zum Teil widersprüch-lich aus (Korte 1995, S. 34–35). Stauss (1999, S. 7) merkt in diesem Zusammenhang kritisch an, dass es für eine analytische Modellbetrach-tung zwar sinnvoll sein kann, die Soll- und Ist-Komponente getrennt zu modellieren, dies in

der Realität jedoch faktisch nicht gegeben ist. Er geht in Übereinstimmung mit Kaas und Runow (1984, S. 452) vielmehr davon aus, dass es sich bei der Wahrnehmung der Ist-Leistung um einen selektiven und subjektiven Prozess handelt, der auch von den Erwartungen der Kunden abhängig ist. Soll- und Ist-Komponente sind damit nicht unabhängig voneinander. Aus diesem Grund empfiehlt es sich, bei der Messung der Kunden-zufriedenheit auf eine getrennte Operationalisie-rung der Soll- und Ist-Komponente zu verzichten und direkt das Ergebnis des Evaluierungsprozes-ses (die resultierende Zufriedenheit bzw. Unzu-friedenheit) zu messen (Giering 2000, S. 10).

3.2.2.3 Soll-Ist-Vergleich
Der dritte Baustein des C/D-Paradigmas wird **Ergebniskomponente** oder auch **Soll-Ist-Ver-gleich** genannt (Korte 1995, S. 35). Der Vergleich der Soll-Komponente und der Ist-Komponente führt entweder zu einer Bestätigung (Confirma-tion) oder zu einer Nichtbestätigung (Disconfir-mation) der Erwartungen. Insgesamt sind drei verschiedene Konstellationen denkbar (Homburg und Stock 2001, S. 22, Stauss 1999, S. 7):

- Im ersten Fall übertrifft die wahrgenommene Leistung die individuelle Erwartungshaltung der Kunden (**Ist-Komponente > Soll-Kom-ponente**). Diese Konstellation wird als posi-tive Nichtbestätigung bezeichnet, die i. d. R. zur Kundenzufriedenheit führt (Homburg und Rudolph 1997, S. 38; Oliver 1980, S. 460–469).
- Im umgekehrten Fall übertrifft die individu-elle Erwartungshaltung der Kunden die wahr-genommene Leistung (**Soll-Komponente > Ist-Komponente**). Auch diese Konstellation wird als Nichtbestätigung bezeichnet, die im Normalfall zur Unzufriedenheit der Kunden führt (Homburg und Rudolph 1997, S. 38).
- Im Gegensatz zu den erstgenannten Möglich-keiten wird die Bestätigung der Erwartungen (**Ist-Komponente = Soll-Komponente**) in der Literatur kontrovers diskutiert. Ein Groß-teil der Autoren argumentiert, dass daraus ebenfalls Zufriedenheit resultiert (Homburg und Rudolph 1997, S. 38). Andere Autoren

sind dagegen der Auffassung, dass es sich dabei nicht um Zufriedenheit, sondern um eine Art Nichtzufriedenheit bzw. **Indifferenz** handelt (Stauss 2000, S. 278). Nach diesem Verständnis sind Zufriedenheit und Unzufriedenheit durch eine Indifferenzzone voneinander getrennt (Bartikowski 2002, S. 146).

Kaas und Runow (1984, S. 453) weisen in diesem Zusammenhang darauf hin, dass es sich bei diesem Vergleichsergebnis erst um ein Zwischenergebnis handelt. In Übereinstimmung mit Schütze (1992, S. 266) wird davon ausgegangen, dass die Kunden das Ergebnis des Soll-Ist-Vergleichs anschließend einer Bewertung unterziehen.

Im Soll-Ist-Vergleich kommt es zu einer Erfüllung oder Nichterfüllung der Erwartungen. Durch die Bewertung des Erfüllungsgrades entsteht entweder das Gefühl der Zufriedenheit oder Unzufriedenheit. Dieses Gefühl der (Un-)Zufriedenheit ist für verschiedene Verhaltensreaktionen der Onlinekunden verantwortlich (Raab und Werner 2009, S. 88–90):

- **Cross-Selling:** Diese Verhaltensweise zeigen zufriedene Kunden. Sie sind bereit, auch andere Produkte des Onlineanbieters zu kaufen. Der Onlineanbieter kann also an bestehende Kunden noch weitere Produkte aus seinem Sortiment verkaufen. Sollte es sich dabei um höherwertige Produkte handeln, wird dies als **Up-Selling** bezeichnet.
- **Kundenbindung:** Die Kundenbindung äußert sich in einem Fortbestand der Geschäftsbeziehung und basiert i. d. R. auf Freiwilligkeit und Zufriedenheit. Die Onlinekunden kaufen weiterhin im Onlineshop ein und empfehlen ihn im Freundes- und Bekanntenkreis.
- **Abnehmende Preissensibilität:** Preiserhöhungen sind im Marketing ein sehr sensibles Thema. Das gilt ganz besonders für den eCommerce. Preiserhöhungen lassen sich eher bei zufriedenen als bei unzufriedenen Kunden durchsetzen. Onlinekunden, denen die Qualität und der Service des Onlineshops wichtig sind, sind normalerweise auch bereit, mehr dafür zu bezahlen.

- **Positive Mund-zu-Mund-Kommunikation:** Die Mund-zu-Mund-Kommunikation spielt im eCommerce eine ganz bedeutende Rolle. Sie bedeutet, dass sich zufriedene Kunden positiv über die Produkte und Dienstleistungen des Onlineanbieters sowie den Onlineshop im Freundes- und Bekanntenkreis äußern. Damit wird der zufriedene Onlinekunde zu einer Referenz des Onlineshops.
- **Abwanderung:** Da die Konkurrenz im Internet nur einen Mausklick weit entfernt ist, können Onlinekunden ganz problemlos zu alternativen Onlineshops abwandern. Konkret kann es sich dabei um einen Geschäfts-, Marken- oder Produktwechsel handeln. Aber auch ein völliger Konsumverzicht ist denkbar.
- **Negative Mund-zu-Mund-Kommunikation:** Dies bedeutet, dass sich der unzufriedene Kunde gegenüber Freunden und Bekannten negativ über die Produkte und Dienstleistungen des Onlineanbieters oder den Onlineshop äußert. Im Internet kommen noch negative Äußerungen auf Bewertungsportalen hinzu, womit sich der Kreis der Adressaten wesentlich ausweitet. Zudem ist zu bedenken, dass sich schlechte Nachrichten immer besser verbreiten als positive.
- **Beschwerde:** Eine Beschwerde ist die individuelle Reaktion eines unzufriedenen Kunden. Der Kunde wendet sich entweder direkt an den Onlineanbieter, was zu begrüßen wäre, oder beschwert sich bei einer Institution (z. B. dem Verbraucherschutz). Als Beschwerdeobjekte kommen die Produkte und Dienstleistungen des Onlineanbieters oder der Onlineshop infrage.

Abb. 3.3 fasst die Ursachen und Wirkungen der Kunden(un)zufriedenheit im eCommerce zusammen.

3.2.3 Kundenzufried enheitsmessung

Kundenzufriedenheit stellt eine strategische Zielgröße dar. Daher müssen Kundenzufrieden-

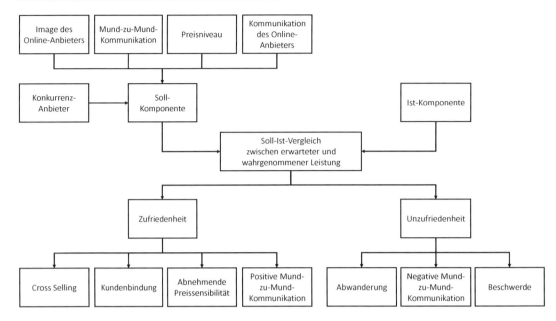

Abb. 3.3 Ursachen und Wirkungen der Kunden(un)zufriedenheit (Quelle: in Anlehnung an Homburg und Stock 2003, S. 21)

heitsanalysen die Kundensituation möglichst objektiv und umfassend darstellen. Dabei kommt es darauf an, dass die Messung systematisch, regelmäßig, objektiv und differenziert nach Marktsegmenten (z. B. nach Regionen, Ländern, Kundengruppen oder Branchen) erfolgt (Raab und Werner 2009, S. 101).

≫ Gegenstand der **Kundenzufriedenheitsmessung** ist die Identifikation von Leistungsmerkmalen, die für das Ausmaß der Kundenzufriedenheit von Bedeutung sind, und die Erfassung der Zufriedenheit der Kunden mit diesen Merkmalen (Hennig-Thurau 2001, S. 882).

Mit der kontinuierlichen Überprüfung der Kundenzufriedenheit sind die folgenden Vorteile verbunden (Raab und Werner 2009, S. 101–102):

• **Kundenorientierte Unternehmensführung:** Bei einer Kundenzufriedenheitsanalyse teilt der Kunde seine Ziele, Bedürfnisse und Wünsche dem Onlineanbieter mit. Dadurch hat er die Möglichkeit, sein Leistungsangebot mit den Erwartungen und Wahrnehmungen seiner Kunden abzugleichen. Diese Erkenntnisse bil-

den die Basis für den Aufbau einer langfristigen Geschäftsbeziehung.

• **Wettbewerbsvergleiche:** Kunden werden die Geschäftsbeziehung zum Onlineanbieter nur dann aufrecht halten, wenn sie mit den Produkten und Leistungen zufrieden sind und das Leistungsangebot besser als das der Wettbewerber ist. Daher ist es ganz entscheidend, das eigene Angebot mit dem der Konkurrenten zu vergleichen.

• **Vergleiche über die Zeit:** Zentrales Ziel der Kundenzufriedenheitsanalyse ist die Ableitung von praktikablen Handlungsempfehlungen. Durch eine Längsschnittanalyse lässt sich überprüfen, ob die Verbesserungsmaßnahmen erfolgreich waren.

• **Gewinn von spezifischen Erkenntnissen:** Durch eine enge Zusammenarbeit mit (potenziellen) Kunden können die Produkte und Dienstleistungen optimal an deren Erwartungshaltung angepasst werden.

3.2.3.1 Ereignisorientierte Messung
Die Grundannahme ereignisorientierter Verfahren besteht darin, dass sich die Kundenzufriedenheit aus der subjektiven Bewertung einzelner

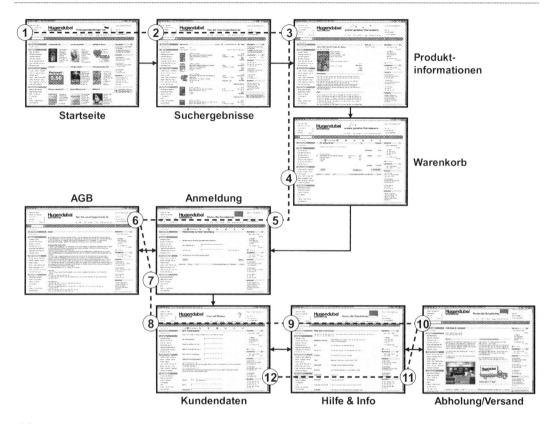

Abb. 3.4 Online-Blueprinting

Erlebnisse während des Konsumprozesses ergibt. Diese Methoden basieren alle auf dem sogenannten „Storytelling". In diesem Zusammenhang sind vorrangig das Blueprinting, die sequenzielle Ereignismethode und die Methode der kritischen Ereignisse zu nennen (Beutin 2001, S. 91; Stauss 1999, S. 15).

Online-Blueprinting

Die Blueprinting-Methode wurde erstmals von Shostak (1982) zur systematischen Analyse und Gestaltung von Dienstleistungsprozessen entwickelt und eingesetzt. Die Gebäudezeichnungen („Blueprint" = „Blaupause") dienten als Ausgangpunkt der analysierten Unternehmen und gaben der Methode ihren Namen.

Zu den **Kundenaktivitäten** zählen im eCommerce das Aufrufen des Onlineshops, das Surfen im Onlineshop, die Onlinebestellung von Produkten sowie die Entgegennahme und Bezahlung der ausgelieferten Produkte. Hinzu kann noch eine direkte Kontaktaufnahme (vor, während und nach der Onlinebestellung) mit dem Onlineanbieter kommen. Aber auch an die Rückgabe von Produkten oder das Beschwerdeverhalten der Kunden ist in diesem Zusammenhang zu denken (Schögel und Jazbec 2003, S. 22). Diese Kundenaktivitäten werden von den Unternehmensaktivitäten durch die Line of Interaction (Kleinaltenkamp 2000, S. 8) visuell voneinander getrennt.

In Abb. 3.4 ist ein Online-Blueprinting am Beispiel von Hugendubel.de wiedergegeben.

Im vorliegenden Beispiel hat der Kunde die Startseite aufgerufen (1. Kontaktpunkt) und dann seinen Produktwunsch direkt in die Suchfunktion eingegeben. Anschließend wurden die Suchergebnisse als tabellarische Auflistung ausgegeben (2. Kontaktpunkt). Danach hat sich der Kunde entschieden, sich die detaillierten Produktinformationen anzusehen (3. Kontaktpunkt). Im Anschluss daran hat er das Produkt in den Warenkorb gelegt (4. Kontaktpunkt) und die Anmeldung aktiviert (5. Kontaktpunkt). Da es sich um einen Neukunden handelt, hat er sich vor der eigentlichen Anmeldung noch einen Überblick über die allgemeinen Geschäftsbedingungen des Onlinebuchshops verschafft (6. Kontaktpunkt). Dann ist er erneut zur Anmeldung gewechselt (7. Kontaktpunkt) und hat die Neukundenanmeldung aktiviert (8. Kontaktpunkt). Dabei sind noch Fragen aufgetaucht, die mit der Hilfe- und Informationsseite (9. Kontaktpunkt) sowie den Hinweisen auf der Seite „Abholung und Versand" (10. Kontaktpunkt) geklärt werden konnten. Abschließend wurde zurück über die Hilfe- und Informationsseite (11. Kontaktpunkt) zur Seite der Kundendaten gewechselt und nach Eingabe aller Kundendaten die Bestellung abgeschickt (12. Kontaktpunkt).

Sequenzielle Ereignismethode
Die sequenzielle Ereignismethode (Sequential Incident Technique) stellt eine phasenorientierte Kundenbefragung dar. Mit ihrer Hilfe lässt sich ein breites Spektrum zufriedenheitsrelevanter Aspekte erheben. Die Grundlage der sequenziellen Ereignismethode bildet ein Online-Blueprinting. Dieses kann durch Vorlage von Symbolen, Zeichnungen, Screenshots oder als multimediale Computerpräsentation umgesetzt werden. Im Unterschied zur Methode der kritischen Ereignisse werden mithilfe der sequenziellen Ereignismethode damit gestützte Erinnerungen („Aided Recalls") erfasst (Stauss und Hentschel 1990, S. 244–247; Stauss 1995a, S. 388, 1999, S. 16).

Im Rahmen persönlicher Interviews wird der Kunde mittels offener strukturierter Fragen gebeten, den gesamten Einkaufsprozess noch einmal gedanklich-emotional durchzugehen und seine positiven wie negativen Beurteilungen an den einzelnen Kontaktpunkten ausführlich zu schildern. Dadurch wird es ermöglicht, den gesamten Einkaufsprozess aus Kundensicht umfassend beurteilen zu lassen (Stauss und Hentschel 1991, S. 242). Die Antworten der Befragungspersonen werden entweder vom Interviewer schriftlich festgehalten oder mit einem Diktiergerät aufgezeichnet und nachträglich schriftlich fixiert. Zusätzlich können Kunden- und Situationsmerkmale erfasst wer-

den. In der sich anschließenden Datenauswertung werden die Kundenberichte nach zufriedenheitsrelevanten Gesichtspunkten analysiert (Bezold 1996, S. 153). Durch die graphische Unterstützung des Blueprintings wird zunächst sichergestellt, dass alle Kontaktpunkte in der Beurteilung der Kunden Berücksichtigung finden. Anschließend muss allerdings noch überprüft werden, ob alle erhobenen Informationen auch relevant für das Zufriedenheitsurteil der Kunden sind (Kaiser 2002, S. 134).

Insgesamt erhält man ein sehr differenziertes Bild des gesamten Onlineshoppingprozesses, das entsprechende Rückschlüsse auf die Ursachen der Zufriedenheit bzw. Unzufriedenheit zulässt. Dieser Erkenntniszuwachs ist mit einem erheblichen Datenerhebungs- und Datenauswertungsaufwand verbunden (Stauss 1999, S. 16). Für eine kontinuierliche Anwendung der Zufriedenheitsmessung im eCommerce ist die sequenzielle Ereignismethode daher eher ungeeignet.

Methode der kritischen Ereignisse
Mithilfe dieser Methode wird versucht, kritische Konsumerlebnisse (sog. kritische Ereignisse bzw. Critical Incidents) zu erforschen, die den Kunden entweder als besonders positiv oder besonders negativ in Erinnerung geblieben sind (Stauss 1999, S. 15). Unter einem Ereignis (Incident) wird dabei jeder Vorgang verstanden, der mit dem Einkaufsprozess direkt in Verbindung steht. Als kritisch (critical) gilt ein Ereignis dann, wenn durch dieses die Zufriedenheit des Kunden deutlich positiv oder negativ beeinflusst wird (Quartapelle und Larsen 1996, S. 135).

Im Gegensatz zur sequenziellen Ereignismethode liefert die Methode der kritischen Ereignisse zwar nur ein unvollständiges Abbild des gesamten Onlineshoppingprozesses, die geschilderten Kundenerlebnisse zeichnen sich dafür aber durch eine hohe Relevanz für das Zufriedenheitsurteil der Kunden aus. Kaiser (2002, S. 154) spricht in diesem Zusammenhang von einem Trade-off zwischen Vollständigkeit und Relevanz, den es gegeneinander abzuwägen gilt. Aus den so erfragten Ereignissen müssen anschließend die Faktoren abgeleitet werden, die für die Kundenzufriedenheit von besonderer Bedeutung sind (Quartapelle und Larsen 1996, S. 135).

Beispiel
Anwendung der Methode der kritischen Ereignisse am Beispiel eines Onlineshops
„Hatten Sie mit dem Onlineshop XY schon einmal ein Erlebnis, an das Sie sich gerne erinnern? Falls ja, schildern Sie dieses bitte kurz, aber so konkret wie möglich.

_____
_____
_____
_____
_____
_____

Und hatten Sie schon ein negatives Erlebnis mit dem Online Shop XY? Falls ja, schildern Sie auch dieses Erlebnis kurz."

_____
_____
_____
_____
_____
_____

Quelle: Schneider 2000, S. 75

3.2.3.2 Merkmalsorientierte Messung
Bei der Anwendung merkmalsorientierter Verfahren zur Messung der Kundenzufriedenheit wird von der Annahme ausgegangen, dass sich die Gesamtzufriedenheit der Kunden auf die Wahrnehmung und Bewertung von Einzelmerkmalen des jeweiligen Konsumerlebnisses zurückführen lässt (**Aggregationshypothese**) (Stauss 1999, S. 12; Töpfer 1999a, S. 307). Es wird dabei vorausgesetzt, dass sich die Kunden im Laufe der Zeit über ein breites Spektrum an Branchen-, Unternehmens-, Produkt-, Service- und Interaktionsmerkmalen ihre Meinung bilden und die einzelnen Merkmale bei der Beurteilung eines Angebotes heranziehen (Homburg und Werner 1998, S. 133).

Multiattributive Zufriedenheitsmessung
Innerhalb der multiattributiven Zufriedenheitsmessung werden verschiedene Ansätze bzw. Modelle diskutiert (Homburg und Werner 1998, S. 133; Kaiser 2002, S. 112–120). Von wissenschaftlichem Interesse sind dabei vor allem die Aggregation der Teilzufriedenheiten zur Gesamtzufriedenheit (kompensatorische und nicht kompensatorische Modelle) (Korte 1995, S. 36–38) sowie die Bestimmung der Gewichtung einzelner Teilzufriedenheiten (Einkomponenten- und Zweikomponentenansätze) (Kaiser 2002, S. 115–116). Zusätzlich wird noch die Frage nach der Erfassung einzelner Modellkomponenten des C/D-Paradigmas (direkte und indirekte Messung der Kundenzufriedenheit) im Zusammenhang mit dem Zeitpunkt bzw. den Zeitpunkten der Messung (Ex-ante-/Ex-post-Messung sowie die reine Ex-post-Messung) thematisiert (Homburg und Werner 1998, S. 133).

Kompensatorische und nicht kompensatorische Multiattributivmodelle
Im Rahmen **kompensatorischer Modelle** wird das Teilergebnis aus einer negativen Diskrepanz zwischen Soll- und Ist-Komponente (Unzufriedenheit mit einem Merkmal) durch das Teilergebnis einer positiven Diskrepanz zwischen Soll- und Ist-Komponente (Zufriedenheit mit einem Merkmal) ausgeglichen. Kompensatorischen Modellen liegt demnach die Hypothese zugrunde, dass sich die Teilzufriedenheiten durch eine linear-additive Aggregation zu einer Gesamtzufriedenheit zusammensetzen (**Additivitätshypothese**) (Korte 1995, S. 36–37). Bei **nicht kompensatorischen Modellen** findet ein solcher Ausgleich dagegen nicht statt (Kaiser 2002, S. 115).

Die nicht kompensatorischen Modelle werden weiter in konjunktive und disjunktive Modelle unterteilt. Bei den **konjunktiven Modellen** stellt sich die Gesamtzufriedenheit erst dann ein, wenn die Kunden mit mehreren als wichtig empfundenen Teilleistungen zufrieden sind. Die Gesamtzufriedenheit wird in Abhängigkeit von einem interindividuell unterschiedlichen Set an Teilzufriedenheiten erklärt. Bei den **disjunktiven Modellen** hingegen liegt bereits dann eine positive Gesamtzufriedenheit vor, wenn die Kunden mit einer als wichtig empfundenen Teilleistung zufrieden sind. Die genannten Modelle stellen konkurrierende Ansätze dar, die sich nicht widerspruchsfrei ineinander überführen lassen (Korte 1995, S. 37).

Einkomponenten- und Zweikomponentenansätze

Die Überlegung, dass vermutlich nicht alle Merkmale des jeweiligen Onlineangebots gleich wichtig für das Zufriedenheitsurteil der Kunden sind (Lingenfelder und Schneider 1991, S. 111), hat dazu geführt, Gewichtungsfaktoren in den Zufriedenheitsmodellen zu berücksichtigen (**Gewichtungshypothese**). Diesem Grundverständnis zufolge ergibt sich die Gesamtzufriedenheit nicht nur aus der Saldierung der einzelnen Teilzufriedenheiten. Zudem ist sie auch von den einzelnen Bedeutungsgewichten der Teilzufriedenheiten abhängig (Korte 1995, S. 37). In den sogenannten **Einkomponentenansätzen** wird auf eine explizite Erhebung der Bedeutungsgewichte verzichtet. **Zweikomponentenansätze** zeichnen sich hingegen dadurch aus, dass neben den Teilzufriedenheiten auch die Bedeutungsgewichte explizit erhoben werden. Der Erhebungsaufwand ist bei Einkomponentenansätzen wesentlich geringer als bei Zweikomponentenansätzen. Zudem ist die direkte Ermittlung von Gewichtungsfaktoren mit erheblichen Problemen verbunden. Ein Nachteil der Einkomponentenansätze besteht dagegen darin, dass eine mögliche unterschiedliche Bedeutung einzelner Leistungsmerkmale nicht unmittelbar ersichtlich ist. Zur Bestimmung der Gewichtungsfaktoren ist es erforderlich, zusätzlich ein globales Zufriedenheitsurteil zu erheben. Mit Hilfe statistischer Datenauswertungsverfahren (v. a. mithilfe der multiplen Regressionsanalyse) lassen sich anschließend die Gewichtungsfaktoren berechnen.

Indirekte und direkte Messansätze und die Zeitpunkte der Messung

Bei der **indirekten Messung** wird die Zufriedenheit über den Erfüllungsgrad der Erwartungen ermittelt. Grundlage für dieses Vorgehen bildet ein Zufriedenheitsverständnis, bei dem sich die Zufriedenheit direkt aus einem Soll-Ist-Vergleich ergibt. Eine bekannte Variante dieses Messansatzes ist der SERVQUAL-Ansatz (Parasuraman et al. 1988, S. 12–40). Bei diesem Verfahren werden vor der Nutzung des Angebots die Erwartungen der Kunden **ex ante** separat erfasst und den **ex post** ermittelten Beurteilungen des Onlineangebots gegenübergestellt. Aus der Differenz der beiden Messwerte wird anschließend das Zufriedenheitsurteil der Kunden berechnet.

Im Gegensatz dazu wird bei der **direkten Zufriedenheitsmessung** auf eine Operationalisierung der einzelnen Modellkomponenten des C/D-Paradigmas verzichtet. Das Ergebnis des Zufriedenheitsprozesses wird direkt nach der Nutzung des Angebots ex post ermittelt. Die direkte Ermittlung von Zufriedenheitsurteilen ohne die Durchführung einer separaten Messung von Erwartungen gilt heute als die valideste Form der Zufriedenheitsmessung (Homburg und Werner 1998, S. 133).

Integrierte Zufriedenheitsmessung

Die integrierte Zufriedenheitsmessung stellt eine Erweiterung multiattributiver Verfahren der Kundenzufriedenheitsmessung dar. Im Rahmen dieser Ansätze wird ebenfalls davon ausgegangen, dass sich das Gesamtzufriedenheitsurteil der Onlinekunden (Globalzufriedenheit) auf die Beurteilung einzelner Leistungen des Onlineangebots und die daraus resultierenden Teilzufriedenheiten zurückführen lässt. Im Mittelpunkt der integrierten Zufriedenheitsmessung stehen daher die einzelnen Teilzufriedenheiten und die resultierende Gesamtzufriedenheit. Darüber hinaus werden auch die Wirkungen der Kundenzufriedenheit (z. B. Loyalität) miterfasst. Zum einen lässt sich dadurch die Bedeutung der Kundenzufriedenheit für das zukünftige Kaufverhalten der Onlinekunden bestimmen und zum anderen können so wichtige Anhaltspunkte für umfassende Verbesserungsmaßnahmen für ein aktives Kundenmanagement gewonnen werden. Die integrierte Messung der Kundenzufriedenheit kann unternehmensunabhängig oder unternehmensabhängig erfolgen (Bruhn 2001, S. 100–101).

Kano-Analyse

Dem Kano-Modell liegt ein multiattributives, mehrfaktorielles Zufriedenheitsverständnis zugrunde. Den Ausgangspunkt der Überlegungen bildet die Vermutung, dass der Zusammenhang zwischen der Erfüllung einer Kundenanforderung und der daraus resultierenden Zufriedenheit bzw. Unzufriedenheit nicht immer linear sein muss (Kano et al. 1996; Sauerwein 2000, S. 25). Vielmehr kann davon ausgegangen werden, dass sowohl lineare als auch nicht lineare Zusammenhänge bestehen (Bauer 2000, S. 127). Ziel der Kano-Analyse ist es, die einzelnen Leistungsmerkmale eines Angebots in Basis-, Leistungs- und Begeisterungsfaktoren einzuteilen, die jeweils einen unterschiedlichen Einfluss auf die Kundenzufriedenheit ausüben (Bailom et al. 1998, S. 48–49; Sauerwein 2000, S. 26–27):

- Durch **Basisfaktoren (Must be)** werden Musskriterien erfasst, deren Nichterfüllung zu starker Unzufriedenheit bei den Kunden führt. Ihre Erfüllung wird von den Kunden zwingend vorausgesetzt, führt jedoch nicht zu erhöhter Zufriedenheit. Daher wird zwischen der Erfüllung von Basisfaktoren und der resultierenden Kundenzufriedenheit ein nicht linearer (konkaver) Zusammenhang vermutet.
- Bei **Begeisterungsfaktoren (Attractive)** verhält es sich genau umgekehrt. Sie werden von den Kunden zwar nicht erwartet, durch ihr Angebot lässt sich die Zufriedenheit aber erheblich steigern. Ihr Ausbleiben wirkt sich jedoch nicht negativ auf die Kundenzufriedenheit aus. Hier wird ein nicht linearer (konvexer) Zusammenhang vermutet.
- **Leistungsfaktoren (One-dimensional)** sind Leistungsmerkmale, die sich sowohl auf die Unzufriedenheit als auch auf die Zufriedenheit der Kunden auswirken können. Zwischen ihrem Erfüllungsgrad und der Kundenzufriedenheit besteht ein proportionaler Zusammenhang.
- **Indifferente Anforderungen**, bei denen kein Einfluss auf die Zufriedenheit festzustellen ist. Der Verlauf dieser Merkmale deckt sich mit der X-Achse. Gemeint sind damit solche Anforderungen, die in Interviews von den Kun-

den zwar genannt werden, denen sie aber keine weitere Bedeutung beimessen.
- **Reverse Anforderungen** sind solche Anforderungen, bei denen der Kunde das genaue Gegenteil erwartet. Die Nichterfüllung einer Erwartung würde dann zur Zufriedenheit und die Erfüllung derselben zur Unzufriedenheit führen. Das Auftreten derartiger Anforderungen dürfte allerdings sehr selten sein. Lediglich wenn ein Unternehmen die Kundenwünsche in Bezug auf einige Merkmale völlig falsch eingeschätzt hat, kann es im Rahmen einer Kano-Analyse zu derartigen Ergebnissen kommen.

Die Ermittlung der genannten Faktoren erfolgt im Rahmen der Kano-Analyse in vier Schritten (Sauerwein 2000, S. 33):

- Im **ersten Schritt** müssen die relevanten Kundenanforderungen identifiziert werden.
- Im **zweiten Schritt** wird der Kano-Fragebogen erstellt. Für jede der ermittelten Kundenanforderungen werden zwei Fragen formuliert. Die erste Frage zielt auf die Reaktion des Kunden bei Erfüllung der Eigenschaft bzw. Anforderung durch den (Online-)Anbieter (funktionale Frage). Die zweite Frage hingegen bezieht sich auf die Reaktion des Kunden bei Nichterfüllung der Eigenschaft bzw. der Anforderung durch den (Online-)Anbieter (dysfunktionale Frage). Insgesamt ergeben sich doppelt so viele Kano-Fragen wie Leistungseigenschaften im Fragebogen berücksichtigt werden.
- Im **dritten Schritt** erfolgt die Durchführung der Kundeninterviews.
- Abschließend erfolgt im **vierten Schritt** die Auswertung der Kano-Fragebögen.

Die Ergebnisse der Kano-Analyse können dazu genutzt werden, gezielte Empfehlungen für die Gestaltung eines kundengerechten Onlineangebots zu geben. Zunächst muss das Management darauf achten, alle Basisanforderungen zu erfüllen, um eine mögliche Unzufriedenheit der Kunden zu vermeiden. Als Nächstes bieten Leistungsanforderungen die Möglichkeit, die Wettbewerbsfähigkeit des Unternehmens unter Beweis zu stellen. Durch die

Erfüllung ausgewählter Begeisterungsanforderungen kann sich der Onlineanbieter gezielt von seinen Konkurrenten abheben (Sauerwein 2000, S. 51).

3.2.3.3 Communityanalyse

Für (Online-)Anbieter eröffnet sich durch Online-Communitys eine völlig neue Informationslandschaft, die es systematisch zu analysieren und kontinuierlich auszuwerten gilt (Hagel und Armstrong 1997, S. 143–144). Darüber hinaus besteht die Möglichkeit, sich aktiv an relevanten Communitys zu beteiligen. Schögel et al. (1999, S. 73) schlagen daher vor, Virtual Communitys entweder mit gezielten Beiträgen und interessanten Informationsangeboten (z. B. Links zu themenverbundenen Websites) zu unterstützen oder sich selbst am Aufbau einer Community zu beteiligen (Jenner 2002, S. 813–814). Letzteres kann unabhängig von der eigenen Website (z. B. durch den Aufbau einer eigenen Community Website) oder als zusätzliches Angebot auf der eigenen Website geschehen (Baier 2001, S. 260–261).

Bei der Communityanalyse geht es darum, bestehende Beiträge der Mitglieder auf ihren Aussagegehalt hin zu untersuchen. In Abhängigkeit von der Mitgliederzahl der relevanten Community bzw. Anzahl der vorliegenden Beiträge kann dies in Form einer Totalerhebung oder durch stichprobenartige Untersuchungen erfolgen. Von besonderem Interesse sind dabei Beiträge in Diskussionsforen, in denen Kunden ihre Probleme und Erfahrungen mit Produkten des Onlineanbieters oder der Konkurrenz schildern (Fritz 2001, S. 104; Rengelshausen 2000, S. 11). In diesen Beiträgen können wichtige Hinweise auf die Erwartungen der Kunden und ihre (Un-)Zufriedenheit mit den jeweiligen Angeboten enthalten sein. Da die einzelnen Beiträge in elektronischer Form vorliegen, lassen sie sich einfach (ohne Medienbruch) in eine Datenbank übertragen. Dort können sie dauerhaft gespeichert werden, um sie einer differenzierten Inhaltsanalyse zugänglich zu machen. Ein weiterer Vorteil besteht darin, dass erkennbar ist, von wem die Beiträge eingestellt wurden. Bei Interesse können die Anbieter

direkt Kontakt mit den jeweiligen Mitgliedern bzw. Kunden aufnehmen (Albers et al. 1999, S. 962). Dadurch wird die Communityanalyse um eine Dialogkomponente erweitert, die zusätzliches Erkenntnispotenzial bietet (Seybold 1999, S. 345).

Eine so verstandene Communityanalyse bietet vielfältige Möglichkeiten, aktuelle Informationen über Kunden (z. B. über ihre Interessen, Probleme, Zufriedenheit bzw. Unzufriedenheit mit dem Angebot bzw. dem Onlineanbieter sowie über ihre Wünsche und Erwartungen) kostengünstig zu gewinnen. Nachteilig wirken sich dagegen der hohe Datenauswertungsaufwand und möglicherweise auftretende Probleme bei der Interpretation der Kundenbeiträge aus. Die Communityanalyse stellt daher eine sinnvolle Ergänzung ereignisorientierter Verfahren dar, die flankierend und möglichst kontinuierlich eingesetzt werden sollte.

3.2.3.4 Beschwerdeanalyse

Die **Beschwerdeanalyse** unterscheidet sich von den bisher diskutierten Verfahren dadurch, dass die Initiierung der Kundenaussagen nicht von der Unternehmens-, sondern von der Kundenseite ausgeht (Bezold 1996, S. 148). Als Informationsquellen dienen Beschwerden, mit denen sich die Kunden direkt an das Unternehmen wenden und die als Artikulationen von (starker) Unzufriedenheit interpretiert werden (Stauss 1989, S. 42).

Als **Quellen der Unzufriedenheit** kommen im eCommerce beispielsweise Probleme mit dem Onlineshop (z. B. Abbruch des Bestellprozesses), dem Lieferservice (z. B. verspätete oder gar keine Lieferung) und Mängel des ausgelieferten Produktes infrage. Aber auch die unbefriedigende bzw. ausbleibende Reaktion des Onlineanbieters auf E-Mail-Anfragen der Kunden können Anlass zur Beschwerde sein (Dobbelstein 2001, S. 295). Beschwerden enthalten somit wichtige Informationen über bedeutsame Kundenprobleme und liefern sowohl kostengünstige als auch aktuelle Hinweise auf Schwachstellen im Leistungsangebot (Stauss 1995a S. 388–389).

Im eCommerce können sich die Kunden i. d. R. telefonisch oder schriftlich (per Post oder

E-Mail) mit einer Beschwerde an den jeweiligen Onlineanbieter wenden. Zu persönlichen Beschwerden kann es dagegen nur bei Anbietern kommen, die auch über stationäre Filialen verfügen (Töpfer 1999b, S. 478). Obwohl den Kunden mehrere Beschwerdekanäle zur Verfügung stehen, wenden sich nur ca. 5 % der unzufriedenen Kunden mit einer Beschwerde an den jeweiligen Anbieter. Die übrigen wandern ab, und/oder schaden dem Unternehmen durch negative Mund-zu-Mund-Kommunikation (Matzler et al. 1997b, S. 735). In ca. 95 % der Fälle führt Unzufriedenheit also lediglich zu einer „stummen Beschwerde" (Unvoiced Complaint). Aus diesem Grund können die eingehenden Beschwerden nur unvollständig über die Probleme aller unzufriedenen Kunden Auskunft geben (Meister und Meister 1998, S. 82–83). Es wird gewissermaßen nur die „Spitze des Eisbergs" erfasst (Meffert und Bruhn 1981, S. 604–605).

Die **Datenauswertung** beinhaltet eine sorgfältige und möglichst schnelle Interpretation der eingegangenen Beschwerden, die anschließend entsprechenden Problemkategorien zugeordnet werden (Stauss und Hentschel 1990, S. 238). Als Ergebnis erhält der Anbieter relevante und eindeutige Informationen, die zwar unvollständig und nicht repräsentativ sind, aber sehr gezielt auf aktuelle Schwachstellen im Angebot hinweisen. Beschwerden kommt damit die Rolle kostengünstiger Frühwarnindikatoren zu.

3.2.4   Kundenzufried enheitsmanagement

Die Basis des Kundenzufriedenheitsmanagements bilden die Erkenntnisse aus den (kontinuierlichen) Kundenzufriedenheitsbefragungen. Das Kundenzufriedenheitsmanagement lässt sich in fünf Unterbereiche aufspalten, die jedoch einer ganzheitlichen Betrachtung bedürfen (Niewerth und Thiele 2014, S. 237–240):

• **Kundenorientiertes Geschäftsprozessmanagement:** Bei der Umsetzung der ermittelten Kundenanforderungen muss der Onlineanbieter eine gewisse Flexibilität zeigen. Wenn es

ihm gelingt, schneller, gezielter und kundenorientierter auf die sich ständig ändernden Marktbedingungen zu reagieren, dann ist er wettbewerbsfähiger als seine (Online-)Konkurrenten. Damit trägt das Geschäftsprozessmanagement ganz erheblich zur Wettbewerbsfähigkeit des Onlineanbieters bei. Die Grundlage dafür ist eine kundenorientierte Ausrichtung aller Geschäftsprozesse. Dazu zählt die funktionsübergreifende Strukturierung von Prozessabläufen mittels Verkettung von wertschöpfenden Aktivitäten (z. B. Beschaffung, Produktion und Absatz) (Niewerth und Thiele 2014, S. 241).

• **Kundenorientiertes Informationsmanagement:** Der Onlineanbieter muss die Kundenbedürfnisse und -erwartungen sowie das Entscheidungsverhalten seiner Kunden kennen. Diese Kenntnisse kann er sich über verschiedene Kundenkontakte erschließen. Bei der Informationsbeschaffung und -auswertung muss beachtet werden, dass die Kunden heute über eine Vielzahl von Online- und Offlinekanälen (z. B. Innen- und Außendienst, Callcenter, Internet, Telefon, Fax, E-Mail oder Briefpost) angesprochen werden. Häufig werden Kundeninformationen mehrfach an verschiedenen Orten gespeichert (z. B. Finanzbuchhaltung und Auftragsbearbeitung). Vor diesem Hintergrund wird die kundenorientierte Gestaltung der Informationsstruktur zu einer echten Herausforderung für den Onlineanbieter, die nur durch eine eindeutige, ganzheitlich aktuelle, kundenfokussierte Datenhaltung und Informationssteuerung (Data Warehouse) zu bewältigen ist (Niewerth und Thiele 2014, S. 259–260).

• **Kundenorientiertes Management der Internet-Kunden-Kommunikation:** Die Onlinekunden haben im Internet ganz neue Möglichkeiten der Informationssuche und Kommunikation. Es findet beispielsweise ein intensiver Erfahrungsaustausch (z. B. Meinungen, Bewertungen und Handlungshinweise) unter den Kunden über Produkte und Dienstleistungen statt. Dafür stehen ihnen unterschiedliche Plattformen (z. B. Bewertungsportale, Blogs und soziale Netzwerke) zur Verfügung.

Durch die enorm schnelle Informationsverbreitung ergeben sich große Herausforderungen für den Onlineanbieter. Da die Kundenäußerungen von anderen Kunden als sehr glaubwürdig wahrgenommen werden, erfolgt eine entsprechend starke Beeinflussung der Erwartungshaltungen (Soll-Komponente) und Einstelllungen gegenüber Produkten, Dienstleistungen und Onlineshops. Dabei muss beachtet werden, dass insbesondere negative Kundenäußerungen eine große Aufmerksamkeit erzielen. Hinzu kommt ein Multiplikatoreffekt, d. h. Meinungen werden übernommen und mit anderen geteilt. Dadurch beschleunigt sich die Verbreitung von Kundenäußerungen entsprechend. Daher sollten sich Onlineanbieter proaktiv und zeitnah an der Diskussion beteiligen (Niewerth und Thiele 2014, S. 321).

- **Kundenorientiertes Personalmanagement:** Die Mitarbeiter des Onlineanbieters nehmen eine Schlüsselstellung ein. Ihr kundenorientiertes Verständnis prägt ganz maßgeblich das Geschäftsprozess- und das Informationsmanagement sowie die Internet-Kunden-Kommunikation. Die zentrale Aufgabe besteht in der Einrichtung eines kundenorientierten Personalführungssystems. Schließlich sollen neben den fachlichen Fähigkeiten der Mitarbeiter auch deren kundenorientierte Eigenschaften und Verhaltensweisen (z. B. Empathie und Verantwortungsbewusstsein) zur Zufriedenheit der Kunden beitragen. Dabei kommt es auf eine kundenorientierte Grundeinstellung der Mitarbeiter an. Zudem muss der Onlineanbieter dafür sorgen, dass seine Mitarbeiter zufrieden sind, denn interne Mitarbeiterzufriedenheit ist eine wichtige Voraussetzung der externen Kundenzufriedenheit. Bei der täglichen Umsetzung des kundenorientierten Verhaltens nehmen die Vorgesetzten bzw. Führungskräfte eine Vorbildfunktion ein (Niewerth und Thiele 2014, S. 275–276).

3.3 Kundenbindung

Kunden sollte man weder binden noch fesseln, man sollte sie begeistern.
(Georg-Wilhelm Exler)

3.3.1 Bedeutung Begriffsbestimmung der Kundenbindung

In vielen Märkten ist ein Mangel an Kunden festzustellen. Für Onlineanbieter ist es daher relativ schwierig und teuer, neue Kunden zu akquirieren. Daher ist es die vorrangige Aufgabe des Kundenbindungsmanagements, die gewonnenen Kunden an den Onlineshop zu binden (Lauer 1999b, S. 230). Zudem ist eine sinkende Kundenloyalität festzustellen. Kosten, die durch aktive Kundenbindung verursacht werden, stellen daher eine Investition in die Zukunft dar. Allerdings kann Kundenbindung keinen vollständigen Ersatz für die Kundenakquise darstellen. Schließlich gehen durch eine ganz natürliche Fluktuation Kunden verloren, die durch die Neukundenakquise ersetzt werden müssen (Meyer und Oevermann 1995, S. 1340–1341).

Um die Kundenbindung zu stärken, muss ein Onlineanbieter zunächst einmal lernen, was Kunden wollen. Zudem muss der Wert berechnet werden, den treue Kunden für den Onlineanbieter haben. Für Kunden, die er als treue Kunden haben will, müssen Angebote erstellt werden, die die Kunden am „Fremdgehen" hindern (Emberger und Kromer 1999, S. 157).

Es ist 7-mal schwieriger – und damit auch teurer – Umsatz mit Neukunden zu generieren als mit bestehenden Kunden. Ein Bestandskunde hat bereits mindestens einmal etwas im Onlineshop bestellt und damit dem Onlineanbieter sein Vertrauen ausgesprochen. Dadurch ist die Schwelle für einen erneuten Einkauf niedriger. Vorausgesetzt natürlich, dass der Kunde mit dem Produkt und dem Onlineshop zufrieden ist. Bei Bestandskunden kann daher prinzipiell von einer Kaufbereitschaft ausgegangen werden. Außerdem ist bekannt, welches Produkt bzw. welche Produkte der Kunde gekauft hat. Der Onlineanbieter kann daher Rückschlüsse auf die Bedürfnisse und Interessen seiner Kunden ziehen. Er kann somit gezielt Produkte aus dem gleichen Segment, verwandte oder ergänzende Produkte anbieten. Darüber hinaus können aus den bisherigen Käufen Rückschlüsse auf das Budget des Kunden gezogen werden. Eine Warenkorbanalyse gibt darüber Aufschluss, ob das billigste Produkt aus einem Segment oder die Nobelmarke gekauft wurde. Zudem wird ersichtlich, ob nur einzelne Produkte im Warenkorb lagen oder dieser gut gefüllt war (Keßler et al. 2017, S. 607; Kollewe und Keukert 2014, S. 314).

Im Mittelpunkt der Bestrebungen steht also die Pflege des bestehenden Kundenstamms. Kunden, die bereits im Onlineshop eingekauft haben, sollen wiederkommen. Onlinekunden haben mit nur einem Klick die Möglichkeit, zur Konkurrenz zu wechseln. Sie erwarten daher eine gezielte und personalisierte Bedürfnisbefriedigung. Es reicht daher nicht aus, lediglich Produkte und Dienstleistungen zu verkaufen, Kundenbedürfnisse müssen befriedigt werden. Der Onlineanbieter muss seine Kunden und deren Bedürfnisse genau kennen. Nur so wird es ihm gelingen, seine Leistungen zu vermarkten. Der Informationsgewinnung und -auswertung kommt daher eine große Bedeutung zu (Kollmann 2009, S. 317).

Kundenbindung kann der Onlineanbieter am ehesten mit guten Produkten und Dienstleistungen sowie interessantem Content erreichen. Darüber hinaus sollte er die Kunden mit Zusatzangeboten überraschen. Dabei müssen guter Content und interessante Zusatzangebote auf einem gut durchdachten Konzept basieren. Außerdem müssen entsprechende Ressourcen für die Erstellung und kontinuierliche Pflege bereitstehen. Dann werden die Nutzer den Onlineshop als Anlaufstelle für hochwertige Inhalte in Erinnerung behalten und gern wiederkommen (Keßler et al. 2017, S. 607–608).

▷ Die aktuelle **Kundenbindung** umfasst einerseits das bisherige Kauf- und Weiterempfehlungsverhalten und andererseits die zukünftigen Wiederkauf-, Zusatzkauf-, (Cross-Selling-) und Weiterempfehlungsabsichten (Goodwill) eines Kunden gegenüber einem (Online-)Anbieter oder dessen Leistungen, die aus psychologischen, situativen, rechtlichen, ökonomischen oder technologischen Bindungsursachen resultieren (Meyer und Oevermann 1995, S. 1341).

Gegenüber Definitionsansätzen aus der Literatur, die größtenteils eine sehr enge Begriffsbestimmung der Kundenbindung vertreten, werden mit der hier verwendeten Definition auch Handlungsweisen des Kunden, die über das Kaufverhalten hinausgehen, miteinbezogen (Weiterempfehlungsverhalten und Weiterempfehlungsabsicht) (Meyer und Oevermann 1995, S. 1341–1342).

3.3.2 Kundenbindung smanagement

Der Onlineanbieter sollte bestrebt sein, die Qualität der Kundenbeziehung unter Berücksichtigung seiner Unternehmens- und Marketingziele möglichst zu optimieren (Meyer und Oevermann 1995, S. 1344).

▷ **Kundenbindungsmanagement** beinhaltet die Konzeption, Planung, Durchführung und Kontrolle aller Aktivitäten eines Onlineanbieters, die dazu dienen, im Rahmen der Unternehmensziele positive Verhaltensweisen von Kunden bzw. Kundengruppen hervorzurufen sowie zielkonforme Kundenbeziehungen beizubehalten und auszubauen (Meyer und Oevermann 1995, S. 1344).

Bruhn (2003, S. 105) hebt aus dem aufgezeigten Begriffsverständnis der Kundenbindung und des Kundenbindungsmanagements die folgenden **Merkmale** hervor:

- **Stammkundenorientierung:** Im Mittelpunkt des Interesses steht die Gestaltung der Geschäftsprozesse mit den aktuellen Onlinekunden.
- **Managementprozess:** Kundenbindung wird als Managementprozess verstanden. In diesem müssen die Kundenbeziehungen systematisch analysiert, geplant, realisiert und kontrolliert werden.
- **Langfristigkeit:** Im Rahmen der Kundenbindung liegt der Fokus auf der langfristigen Gestaltung der Kundenbeziehungen bzw. Geschäftsbeziehungen.

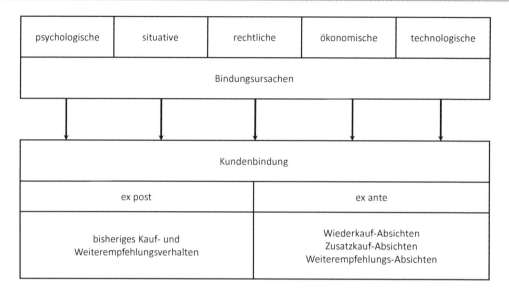

Abb. 3.5 Ursachen und Wirkungen der Kundenbindung (Quelle: Meyer und Oevermann 2006, S. 3335)

- **Geschäftsprozesse:** Die Geschäftsbeziehungen sollen auf verschiedenen Ebenen ausgebaut werden. Dazu zählen der Wiederkauf, der Zusatzkauf (Cross-Buying) und die Weiterempfehlung.
- **Zukunftsorientierung:** Betrachtet wird der zukünftig zu erwartende Kundenwert (Customer Lifetime Value).

Die Aufgaben eines aktiven Kundenbindungsmanagements sind in Abb. 3.5 dargestellt.

▷ Unter **integriertem Kundenbindungsmanagement** ist ein Koordinationsprozess zu verstehen, der darauf ausgerichtet ist, aus den einzelnen, isolierten kommunikations-, preis-, leistungs- und vertriebsbezogenen Maßnahmen der Kundenbindung eine Einheit herzustellen, die in der Lage ist, den Onlinekunden in verschiedenen Situationen seiner Geschäftsbeziehung an den Onlineanbieter zu binden (Bruhn 2003, S. 139).

3.3.2.1 Newsletter

Newsletter sind ein naher Verwandter der E-Mail und können zur Kundenakquise, aber auch -bindung eingesetzt werden. Sie sollen in erster Linie

informieren. Dazu bieten sich besonders Neuigkeiten aus dem Onlineshop an. Zu nennen sind beispielsweise Werbeaktionen oder neue Produktmerkmale. Das Ziel des Newsletter ist es, Traffic auf dem Onlineshop zu generieren und den Empfänger dabei zu unterstützen, eine informierte Kaufentscheidung zu treffen. Der Tenor des Newslettertextes sollte sachlich sein. Der Onlinshopbetreiber sollte den Empfänger nur ganz dezent darauf hinweisen, den nächsten Schritt im Kaufprozess zu tätigen (Ash und Ginty 2013, S. 41).

▷ Ein **Newsletter** ist ein elektronisches Rundschreiben, das in regelmäßigen Abständen (z. B. per E-Mail) an Abonnenten verschickt wird. Newsletter beinhalten meist aktuelle und z. T. nach persönlichem Interessenprofil zusammengestellte Nachrichten bzw. redaktionelle Beiträge, die einen bestimmten Themenbereich betreffen (Holland 2016, S. 113; Schildhauer 2003, S. 224).

Ein Newsletter ist vergleichbar einer Serien-E-Mail aufgebaut. Allerdings geht der Anfangsimpuls im Normalfall vom Empfänger aus. Als Empfänger meldet sich der Onlineshopbesucher auf der Website des Onlineshopbetreibers an. Wenn er seine Zustimmung gegeben hat, bekommt er die gewünschte Information vom Onlineshopbetreiber zugesandt. Der anschließende Versand der Newsletter geht dann wieder vom Onlineshopbetreiber aus (Lindo 2008, S. 19).

Der Newsletter zählt mittlerweile zu den klassischen Marketinginstrumenten, um Kunden an den Onlineshop zu binden. Da der Empfänger interessante Informationen gewissermaßen frei Haus geliefert bekommt, reduziert dies für ihn Zeit und Aufwand bei der Produktsuche. Es ist für ihn nicht mehr notwendig, regelmäßig seine Lieblingsshops aufzusuchen, um dort nach Produktneuheiten, Services oder Veranstaltungstipps zu suchen (Buss 2009, S. 317).

Aus Sicht des Onlineshopbetreibers ist der Versand eines digitalen Newsletters im Vergleich mit einem Papiermailing bzw. einer adressierten Werbesendung wesentlich kostengünstiger. Es fallen keine Ausgaben für Papier, Druck und Zustellung an. Zudem erfolgt die Zustellung sehr schnell. Aktuelle Informationen können ohne Zeitverlust übermittelt werden. Außerdem lassen sich die Responsequoten genau messen. Da sich Newsletter sehr zielgerichtet gestalten lassen, können sie nahezu ohne Streuverluste versandt werden (Holland 2016, S. 105).

Auch für den Empfänger des Newsletters ergeben sich zahlreiche Vorteile. So ist der Erhalt aktueller Informationen über Angebote oder Last-Minute-Angebote sehr attraktiv. Dazu muss der Newsletter möglichst genau auf die Bedürfnisse der Empfänger zugeschnitten sein. Da der Empfänger sein Einverständnis (Permission) geben muss, erhält er auch nur von ihm gewünschte Newsletter (Holland 2016, S. 106).

Nach Holland (2016, S. 113–114) lassen sich zwei verschiedene **Typen von Newslettern** unterscheiden:

- **Newsletter zur Kundenbindung:** Sofern der Newsletter die Onlineshopkunden an den Onlineshop binden soll, kann dies durch die Kommunikation von für den Empfänger relevanten Informationen geschehen. Dabei kann es sich beispielsweise um Neuigkeiten über die Leistungen des Onlineshops handeln (z. B. sind Produktentwicklungen, Branchennews,

die Beantwortung von Kundenfragen, die Ankündigung von Sonderangeboten oder auch die Bekanntgabe von Terminen, Tipps, Rezepte oder Gewinnspiele denkbar).
- **Newsletter als Traffic Builder:** Als „Traffic Builder" soll der Newsletter hauptsächlich die Besucherzahlen im Onlineshop erhöhen.

Worauf ist bei der Gestaltung eines kundenorientierten Newsletters zu achten? Buss (2009, S. 318 ff.) hat dazu die folgenden Empfehlungen zusammengestellt:

- **Der Link zum Newsletterabo sollte geschickt platziert werden:** Es sollte für die Interessenten so leicht wie möglich sein, den Newsletter zu abonnieren. Der Link zur Newsletteranmeldung sollte über den gesamten Onlineshop verteilt sein. Dadurch bietet der Onlineshopbetreiber den Interessenten viele Wege zum Newsletter. Empfehlenswert sind kleine Flächen mit aufmerksamkeitsstarken Grafiken oder Bildern.
- **Den Bestellprozess einfach gestalten:** Für die Newsletterbestellung sind lediglich zwei Dinge erforderlich: Ein Eingabefeld für die E-Mail-Adresse des Interessenten und ein Button mit der Aufschrift „Bestellen". Aus rechtlichen Gründen ist es erforderlich, dass der Onlineshopbetreiber einen Nachweis erhält, dass der Interessent den Newsletter auch tatsächlich bestellt hat. Dies erfolgt über eine E-Mail, die der Onlineshopbetreiber an den Interessenten versendet. In dieser E-Mail muss der Interessent einen Link anklicken und dadurch bestätigen, dass er auch tatsächlich an dem Newsletterabonnement interessiert ist. Diese Vorgehensweise wird auch als Double-Opt-in-Verfahren bezeichnet.
- **Dienstags, mittwochs oder donnerstags versenden:** Am besten wird der Newsletter an einem Dienstag, Mittwoch oder Donnerstag versandt. Montag, Freitag, Sonnabend und Sonntag sind dagegen nicht so gut geeignet. Viele Abonnenten lassen sich ihre Newsletter an eine geschäftliche E-Mail-Adresse schicken. Am Montag ist es in den Büros sehr arbeitsreich. Daher würden Newsletter, die am

Wochenende verschickt wurden, in der E-Mail-Flut untergehen. Gegen den Freitag spricht, dass viele Arbeitnehmer schon ab Mittag ihr Büro verlassen und danach nicht mehr per E-Mail erreichbar sind. Es ist wichtig zu wissen, wann die Konkurrenz ihre Newsletter versendet. Am besten ist es, wenn der Onlineshopbetreiber seinen Newsletter etwas eher verschickt. Zudem muss darauf geachtet werden, wie oft der Newsletter verschickt wird. Ein zweiwöchiger oder monatlicher Rhythmus gilt als empfehlenswert.

- **Nutzwertige Themen finden:** Auch lesenswerte Newsletter müssen sich die Aufmerksamkeit der Empfänger in deren E-Mail-Postfach immer wieder neu erkämpfen. Hinzu kommt, dass die Empfänger hohe Erwartungen an die abonnierten Newsletter haben und jeden Newsletter daher kritisch auf seinen Informationswert hin prüfen. Daher müssen die Informationen immer neu und nützlich sein. Die folgenden Themen sind für die Newsletterabonnenten besonders interessant: Neuigkeiten, die etwas mit dem eigenen Beruf, mit dem eigenen Unternehmen oder den Wettbewerbern zu tun haben. Preis und Sonderangebote. Persönliche Interessen und Hobbies. Veranstaltungen sowie wichtige Termine. Praktisches Zubehör zu Produkten, Tipps zur Bedienung und Tipps zum Einsatz der Produkte.

- **Text und Grafik: Wie gestalten?** Normalerweise werden Newsletter schnell und nur sehr oberflächlich gelesen. Die Abonnenten hangeln sich von einer Überschrift zur nächsten, suchen nach bestimmten Schlagwörtern und betrachten die eingebundenen Bilder. Am intensivsten wird der Teil des Newsletters betrachtet, der sich im sofort sichtbaren Bereich des E-Mail-Postfachs befindet. Wichtige Informationen müssen daher ganz oben stehen. Der Text muss leicht lesbar sein. Die Gestaltung des Newsletters muss sich an den Lesegewohnheiten der Abonnenten ausrichten. Besonders wichtig sind alle Elemente zur Gliederung und Gewichtung von Informationen: Farblich unterlegte Balken, Aufzählungen, Überschriften, Zwischenüberschriften,

Störer (grafisches Element, das stark ins Auge fällt, z. B. „Noch bis zum 8. August 2018") und Trennungselemente wie Linien. Einzelne Themen müssen sich deutlich voneinander abheben. In jedem Newsletter sollte man nicht mehr als einen Störer einsetzen. Begonnen werden sollte mit der wichtigsten Nachricht, die in einem kurzen Satz (maximal 100 Zeichen) zusammenzufassen ist. Danach können gut gegliedert drei bis vier Themen (maximal 200 Zeichen) angefügt werden. Die einzelnen Themen sollten sich gut voneinander abheben. Zwischenüberschriften sollten ebenfalls kompakt sein. Zwei bis drei Wörter genügen.

- **Raster erstellen:** Es ist empfehlenswert, für den Newsletter ein Raster zu erstellen. Dieses kann dann von Ausgabe zu Ausgabe mit Inhalten befüllt werden.

- **Logo einbinden:** Auch das Firmenlogo sollte im Newsletter erscheinen. Am besten ist es, wenn es, analog zum Onlineshop, oben links eingebunden wird. Damit ist der Absender des Newsletters eindeutig sichtbar.

- **Den Newsletter testen:** Bevor der Newsletter versandt wird, sollte sich der Onlineshopbetreiber diesen in verschiedenen E-Mail-Programmen und auf verschiedenen Monitorgrößen ansehen. Das ist deshalb so wichtig, da die Darstellungsform sich von Programm zu Programm stark unterscheiden kann. Gerade zwischen Mailprovidern (wie z. B. Web.de) und E-Mail-Software (wie z. B. Outlook) können die Unterschiede gravierend sein. Neben dem Newsletter sollten auch der Anmeldevorgang (Double-Opt-in) und der Abmeldevorgang getestet werden.

- **Themen langfristig planen:** Als Onlineshopbetreiber sollte man sich eine Halbjahresplanung oder Ganzjahresplanung erstellen. Für die einzelnen Newsletter finden sich dann wesentlich leichter einzelne Nachrichten und Texte. Einige wichtige Termine (Ostern, Muttertag oder Weihnachten) sind ohnehin fix. Aber auch an Messetermine ist zu denken. Neuheiten, die auf einer Messe vorgestellt werden, können auch an die Newsletterabonnenten verschickt werden. Vielleicht gibt es einen geplanten Relaunch des Onlineshops. Auch darüber lässt sich im Newsletter berichten. Durch die langfristige Planung wird sichergestellt, dass es zu einer guten Durchmischung der Themen in den einzelnen Newsletterausgaben kommt.

- **Von einer eigenen festen IP-Adresse versenden:** Dynamische IP-Adressen können bereits von anderen Kunden eines Telekommunikationsanbieters für Spam missbraucht worden sein. Je nach eingesetzter Technik könnte der Newsletter des Onlineshopbetreibers dann ebenfalls als Spam eingestuft werden. Daher ist es empfehlenswert, nur von einer eigenen festen IP-Adresse zu versenden.
- **Professionelle Dienstleister mit dem Versand beauftragen:** Der Versand des Newsletters sollte über eine professionelle Applikation erfolgen. Dafür stehen spezialisierte Dienstleister zur Verfügung.
- **Erfolg kontrollieren:** Das Öffnen bzw. Nichtöffnen eines Newsletters durch die Abonnenten lässt sich technisch messen. Sofern Links im Newsletter eingebaut sind und diese von den Empfängern angeklickt werden, erhält der Onlineshopbetreiber eine gezielte Rückmeldung über den Erfolg des Newsletters. Es ist sogar möglich, den Weg eines Empfängers vom Newsletter aus über die Website, die Produktauswahl bis hin zum Warenkorb und die Produktbestellung zu verfolgen. Wird die Zahl der versendeten bzw. geöffneten Newsletter zu den Bestellungen in Beziehung gesetzt, erhält der Onlineshopbetreiber die Conversion Rate der versendeten bzw. geöffneten Newsletter. Anhand dieser Kennzahlen lässt sich die Wirksamkeit des Newsletters beurteilen.
- **Betreffzeile und Absender:** Die Betreffzeile kann nur wenige Zeichen enthalten und ist doch ganz entscheidend für den Erfolg des Newsletters. Das liegt darin begründet, dass die Betreffzeile das erste ist, das der Abonnent von dem Newsletter wahrnimmt. Sind Betreff und Absender nicht aussagekräftig, besteht die Gefahr, dass der Empfänger den Newsletter ignoriert oder sogar ungeöffnet löscht. Als

Absender eignet sich der Firmenname des Onlineshops. So ist es dem Empfänger auf den ersten Blick möglich, zu erkennen, von wem der Newsletter stammt. Der Betreff lässt sich dann eindeutig zuordnen. Bei der Formulierung der Betreffzeile sollte auf Großbuchstaben und Ausrufezeichen verzichtet werden. Andernfalls besteht die Gefahr, dass der Newsletter vom E-Mail-Programm als Spam eingestuft wird. Besser ist es, wenn der Zweck des Newsletters klar und deutlich formuliert wird. Der Nutzwert des Newsletters sollte zuerst genannt werden.

- **Newsletter abbestellen muss einfach sein:** Grundsätzlich sollte das Abbestellen eines Newsletters innerhalb einer Minute möglich sein. Daher sollte im Newsletter (z. B. ganz am Ende) ein Link eingefügt werden, über den die Abmeldung für den Abonnenten leicht möglich ist. Dabei sollte auf das Erheben von Daten (Warum wurde der Newsletter abgemeldet?) verzichtet werden. Die Abonnenten eines Newsletters erwarten hier eine gute Benutzerfreundlichkeit und wollen nach der Abmeldung nicht mit Fragen aufgehalten werden.

Zusammenfassend lassen sich daher die folgenden **Erfolgsfaktoren** für die Gestaltung eines Newsletters nennen (Ploss 2002, S. 157):

- Freiwilligkeit des Abonnements
- Hoher konkreter Nutzen für den Leser
- Einfachheit der An- und Abmeldung
- Regelmäßigkeit der Publikation
- Leserorientierte Formatierung (Lesefreundlichkeit)
- Kostenfreiheit für den Empfänger
- Hohe Aktualität der Inhalte
- Persönliche Note der textlichen Ausgestaltung

Beispiel

Auf Thalia.de befindet sich im Footer ein Hinweis auf den Thalia.de-Newsletter. Es wird lediglich eine E-Mail-Adresse abgefragt. Neben dem Eingabefeld für die E-Mail-Adresse ist ein Link zu „Rechtlichen Hinweisen" angebracht. Wird dieser angeklickt, erscheint der folgende Hinweistext:

„Rechtliche Hinweise: Mit dem Abschicken dieser Anmeldung erlauben Sie uns, Sie regelmäßig und kostenlos per E-Mail über Themen rund um den Webshop Thalia.de (z. B. Produkte, (Filial-)Aktionen, Gewinnspiele) sowie sortimentsnahe Angebote von unseren Partnern (Ihre Daten werden nicht an diese Partner weitergegeben) zu informieren. Informationen zum jederzeitigen Abmelden vom Newsletter finden Sie hier.

Mit der Anmeldung erklären Sie sich mit den Bestimmungen zur Missbrauchs- und Betrugsverhinderung einverstanden. Sehen Sie dazu auch unsere Datenschutzerklärung."

Nachdem die E-Mail-Adresse eingegeben wurde, erscheint der folgende Hinweis:

„Fast geschafft! Bitte schauen Sie in Ihr E-Mail-Postfach, um die Anmeldung zum Newsletter zu aktivieren."

Thalia.de wendet das Double-Opt-in-Verfahren an. In der E-Mail ist der folgende Text zu lesen:

„Sie haben es fast geschafft", lieber Kunde.

Bestätigen Sie jetzt einfach Ihre Newsletter-Anmeldung* und erhalten attraktive Angebote sowie Informationen zu aktuellen Neuheiten, Bestsellern sowie Gewinnspielen.

Anmeldung-bestätigen-Button

Jeder Thalia-Newsletter bietet Ihnen die Möglichkeit, Ihre Teilnahme durch Klick auf „Newsletter abmelden" am Ende des Newsletters zu beenden.

Liebe Grüße
Ihr Thalia.de-Team.

*Erst mit der Bestätigung erhalten Sie den Thalia.de-Newsletter. Diese Bestätigung ist erforderlich, damit wir sichergehen können, dass Sie persönlich den Newsletter angefordert haben und Ihre E-Mail-Adresse nicht unerlaubt von Anderen genutzt wurde. Mit der Anmeldung zum Newsletter willigen Sie ein, dass während der Nutzung unserer Dienste (Website, Newsletter usw.) personenbezogene Tracking-Informationen erhoben und für Zwecke der personalisierten Werbung und Markt-

forschung durch die Thalia Bücher GmbH genutzt werden. Die Einwilligung können Sie jederzeit durch eine E-Mail an info@thalia.de widerrufen, ohne dass hierfür andere als die Übermittlungskosten nach den Basistarifen entstehen. Natürlich finden Sie auch am Ende jeder E-Mail einen Link, mit dem Sie unseren Service jederzeit abbestellen können.

Nach der Bestätigung des Newsletters wird der Interessent auf eine spezielle Seite von Thalia.de weitergeleitet. Dort wird er mit dem folgenden Text begrüßt:

„Ab sofort erhalten Sie den Thalia.de-Newsletter!

Wir wünschen Ihnen viel Freude mit den Informationen zu Produktneuheiten, aktuellen Angeboten, exklusiven Gutscheinen und vielem mehr.

Ihr Thalia.de-Team." Quelle: www.thalia.de (Stand 6. September 2018)

Checkliste – Newsletter-Marketing

- Ist die Empfängerliste vollständig und trifft sie auf die Zielgruppe zu?
- Sind die Empfängerdaten entsprechend segmentiert, damit der Newsletter besser ausgerichtet und personalisiert werden kann?
- Ist die Empfängerliste so überschaubar, dass der Onlineshopbetreiber den Versand selbst vornehmen kann, oder sollte er zum Versand des Newsletters an eine umfangreiche Empfängerliste einen Spezialdienstleister zu Hilfe nehmen?
- Wird den Interessanten des Newsletters das Double-Opt-in-Verfahren angeboten, bei dem sich der jeweilige Interessent für den Newsletter verifizieren muss?
- Hat der Onlineshopbetreiber eine für ihn passende Form des Mailings gewählt, z. B. Standalone- oder regelmäßige Mailings?
- Enthält der Newsletter einen Hinweis auf die jeweilige Ausgabe?

- Hat der Onlineshopbetreiber wirklich etwas zu sagen, das heißt, bietet er seinen Lesern tatsächlich interessante Inhalte im Newsletter?
- Welche Versandfrequenz und welcher Versandtag passen optimal zur Zielgruppe?
- Wird der Newsletter im Text- und im HTML-Format angeboten?
- Ist die Betreffzeile des Newsletters attraktiv formuliert, oder droht der Newsletter, in überfüllten Posteingängen zu versinken?
- Befindet sich im Newsletter ein Inhaltsverzeichnis mit Verlinkungen in den folgenden Content?
- Beinhaltet der Newsletter ein gesetzlich vorgeschriebenes Impressum und eine Möglichkeit zum Abbestellen?
- Gibt es einen Weiterempfehlen-Button im Newsletter?
- Werden wichtige Kennzahlen der Newsletterkampagne gemessen? Werden weitergehende Marketingmaßnahmen in Folgenewslettern daraufhin angepasst?
(Quelle: Düweke und Rabsch 2012, S. 153; Ploss 2002, S. 163–165)

3.3.2.2 Personalisierung

Das Prinzip der Personalisierung basiert auf dem Konzept des **1:1-Marketings** (Maaß 2008, S. 182; Stolpmann 2001, S. 234). Im Internet ist es sehr gut möglich, Kunden individualisierte Angebote zu unterbreiten und sie persönlich anzusprechen. Dadurch lassen sich Kundenbindungsprogramme steigern und Kundenbeziehungen intensivieren (Capek 2001, S. 81–82):

- **Anziehen:** Zunächst muss die Aufmerksamkeit des Kunden erregt werden. Danach gelangt er auf den Onlineshop.
- **Informieren:** Im Onlineshop müssen ihm relevante Informationen angeboten werden. Hat ein Kunde den Onlineshop schon des Öfteren besucht, wurde i. d. R. bereits ein Profil erstellt. Die Informationen können somit an seine Bedürfnisse angepasst werden.
- **Zusammenstellen:** Im nächsten Schritt kann sich der Kunde die gewünschten Produkte oder Dienstleistungen zusammenstellen.
- **Abwickeln und Bezahlen:** Danach wird der Kauf abgeschlossen.
- **Interagieren:** Die Kundenbindung lässt sich durch eine Bestätigungsmail und weitere Dienstleistungen (z. B. durch die Abfrage des Bestellstatus) nach dem Kauf steigern.
- **Lieferung:** Zum Schluss werden dem Kunden die bestellten Produkte ausgeliefert.

▷ Unter **Personalisierung** versteht man das Anzeigen von Inhalten abgestimmt auf den jeweiligen Benutzer, basierend auf den über den Benutzer gespeicherten Informationen. Diese über den Benutzer gespeicherten Informationen können dabei z. B. Transaktionsdaten (Kaufhistorie, Benutzerverhalten im Onlineshop usw.), psychografische oder soziodemografische Informationen sein. Eng verbunden mit Personalisierung ist der Begriff **Mass Customization**, der jedoch nicht nur das Maßschneidern von Webinhalten, sondern auch das Maßschneidern von Produkten und Services auf den Konsumenten berücksichtigt (Kreuz et al. 2001, S. 112).

Durch die Registrierung des Kunden erfährt der Onlineanbieter wichtige Kundendaten. Bei jedem folgenden Besuch des Kunden im Onlineshop lassen sich die Inhalte und Informationen besser an die Bedürfnisse des Kunden anpassen. Dadurch steigt die Kundenzufriedenheit, die sich wiederum positiv auf die Kundenbindung auswirkt. In der Folge steigen die Umsätze und die operativen Kosten der Kundenbetreuung können gesenkt werden (Capek 2001, S. 82).

Durch die Personalisierung des Onlineshops lassen sich **praktische Wechselbarrieren** aufbauen. Für die Kunden ergibt sich ein Geschwindigkeitsvorteil, da die Einstellungen in einem anderen Onlineshop erneut erfolgen müssten. Hinzu kommen **emotionale Wechselbarrieren**. Der Kunde fühlt sich gewissermaßen wie zu Hause, als Mensch erkannt und verstanden. Obwohl es sich dabei um eine Illusion handelt, kommt ein personalisierter Onlineshop einer persönlichen Kundenbeziehung schon sehr nahe (Ploss 2001, S. 145).

Für die Personalisierung stehen verschiedene **Strategien** zur Verfügung (Capek 2001, S. 83–85; Sonntag 2001, zitiert nach Capek 2001, S. 83–85):

- **Explizite Anfrage:** Bei dieser Strategie wird der Besucher des Onlineshops nach seinen Interessengebieten befragt. Danach richtet sich dann das Produkt- und Dienstleistungsangebot des Onlineshops. Interessiert sich ein Besucher beispielsweise für Architektur, dann werden ihm in einem Onlinebuchshop Architekturbücher angeboten.
- **Suchwegverkürzung:** Die Navigationszeit wird verkürzt. Dazu wandern Links, die der jeweilige Besucher öfter angeklickt hat, in der Navigationsstruktur bzw. Seitenhierarchie weiter nach oben. Vorteilhaft an dieser Strategie ist, dass es sich dabei um eine dynamische Änderung der Navigationsstruktur handelt. Dadurch können mögliche Änderungen in den Interessengebieten der Besucher berücksichtigt werden. Außerdem müssen die Besucher nicht explizit Daten eingeben. Allerdings kann nicht vorhergesagt werden, ob sich der Besucher auch noch für andere Themen interessiert.
- **Kollaboratives Filtern:** Hierbei geben Kunden Bewertungen der Informationen und Produkte ab. Anschließend wird versucht, Gruppen mit ähnlichen Bewertungen zu finden. Es erfolgt eine Zuteilung der einzelnen Besucher bzw. Kunden zu Gruppen. Anschließend werden den Kunden die Bewertungen der Gruppe zugewiesen. Beispielsweise interessiert sich ein Besucher für Bücher über BMW und Mercedes Benz und die Gruppe, der er zugeordnet ist, findet Bücher über BMW, Mercedes Benz und Porsche interessant. Dann ist es sehr wahrscheinlich, dass sich auch dieser Besucher für Bücher über Porsche interessiert. Die Qualität der Personalisierung steigt dabei mit zunehmender Nutzerzahl. Die große Nutzerzahl ist zugleich auch der größte Nachteil dieser Strategie.

- **Verhaltensbeobachtung:** Zunächst surft der Besucher auf einem nicht personalisierten Onlineshop. Das Verhalten des Besuchers (z. B. Bookmarks setzen, Verweildauer auf einzelnen Produktdetailseiten, Drucken, Speichern usw.) wird beobachtet. Über Regeln werden dann Rückschlüsse auf das Verhalten gezogen. Diese Strategie ermöglicht eine Anpassung an sich ändernde Nutzerinteressen. Eine explizite Dateneingabe ist nicht erforderlich. Allerdings muss eine sehr große Datenmenge verarbeitet werden (Data Mining). Außerdem ist es nicht immer ganz einfach, die richtigen Schlüsse aus der Verhaltensbeobachtung zu ziehen.
- **Fertige statistische Profile:** Im Onlineshop werden dem Besucher einige Fragen gestellt. Basierend auf den Antworten wird er einer Gruppe (z. B. jung, weiblich, sportlich) zugeordnet. Die Interessen dieser statistischen Gruppe werden auf den Besucher übertragen. Der Vorteil dieser Strategie besteht darin, dass nur wenige Informationen für die Gruppenzuordnung abgefragt werden müssen. Es kann zudem auf ganz unterschiedliche Sortimentsbereiche geschlossen werden. Allerdings entsprechen die einzelnen Besucher nicht immer dem Gruppendurchschnitt, sodass das Profil nicht immer vollkommen zutrifft.

3.3.2.3 Loyalitätsprogramme

Im Internet sind die Konkurrenten immer nur einen Mausklick weit entfernt. Hinzu kommt eine seit Jahren sinkende Kundenloyalität (Kühnert 2001, S. 87).

Mit Loyalitätsprogrammen werden daher die folgenden Ziele verfolgt (Kühnert 2001, S. 87–88; Zanger und Griese 2000, zitiert nach Kühnert 2001, S. 87–88):

- Zentrales Ziel ist die Steigerung der Kundenbindung und des Customer Lifetime Values (CLV).
- Es soll eine intensive, dialogorientierte Kommunikation angeregt werden. Der Onlineanbieter konzentriert sich auf die bereits bestehenden Kunden, lernt von diesen und

erhöht die Kundenzufriedenheit und -bindung. Gleichzeitig reduzieren sich die Werbekosten.

- Den Mitgliedern können exklusive und individuelle Produkte und Dienstleistungen angeboten werden.
- Kunden fühlen sich als etwas Besonderes. Dies steigert den Unternehmenswert und das Image desselben.
- Abschottungseffekt: Die Mitglieder werden gegenüber Wettbewerbern und deren Abwerbungsversuchen abgeschirmt. Diesem Abschottungseffekt kommt gerade im eCommerce eine besondere Bedeutung zu.

▶ **Bonusprogramme** sind strategisch konzipierte Rabattsysteme, bei denen der Kunde bei Erreichung bestimmter Abnahmemengenbzw. entsprechender Punktwerte im Zeitablauf Naturalrabatte (z. B. Upgradings, Freiflüge), Sach- oder Geldprämien erhält (Diller 2001, S. 186).

Im Folgenden werden Bonusprogramme und Vorteilsclubs als beliebte Loyalitätsprogramme vorgestellt (Bruhn 2003, S. 125–126; Keßler et al. 2017, S. 619–620):

- Gerade für Onlineshops sind **Bonusprogramme** eine hervorragende Möglichkeit, die Kundenbindung zu stärken. Der Kunde trägt sich einmalig als Teilnehmer des Bonusprogramms sein. Bei allen zukünftigen Einkäufen werden ihm dann Bonuspunkte gutgeschrieben. Diese Bonuspunkte kann er sammeln. Hat der Kunde eine bestimmte Mindestpunktzahl erreicht, kann er diese gegen Prämien, Rückerstattungen und Gutscheine eintauschen (Ploss 2001, S. 153). Vorteilhaft ist die langfristig ausgerichtete Kundenbindung. Das Bonusprogramm kann zur Kundenakquise und -bindung eingesetzt werden (Kühnert 2001, S. 89). Allerdings darf bei einem eigenen Bonusprogramm der Administrationsaufwand nicht unterschätzt werden.
- Im **Vorteilsclub** werden den Mitgliedern direkte Vergünstigungen geboten. Diese können sich auf den Erwerb von Produkten oder die Inanspruchnahme von Dienstleistungen beziehen. Mitglieder bekommen Sonderkonditionen oder einen günstigeren Einkaufspreis angeboten. Für Vorteilsclubs ist es charakteristisch, dass die Onlineanbieter Kooperationen mit anderen Unternehmen eingehen. Diese Kooperationspartner gewähren den Mitgliedern des Vorteilsclubs ebenfalls Vergünstigungen und Sonderkonditionen. Durch die Mitgliedschaft wird die Kundenbindung gestärkt. Die direkte, unmittelbare Vorteilsgewährung stellt für die Mitglieder einen echten Mehrwert dar. Allerdings ist ein Vorteilsclub nur sinnvoll, wenn auch ein Bedarf an den Produkten und Dienstleistungen der Kooperationspartner besteht. Es kann vorkommen, dass sich Kunden nur für die einmalige Inanspruchnahme eines Vorteils registrieren (Kühnert 2001, S. 88).

3.3.2.4 Online-Communitys

Durch die Implementierung einer Online-Community in den Onlineshop kann der Onlineanbieter sehr effektiv Stammkundenbindung betreiben. In der Online-Community können sich Nutzer bzw. Kunden mit ähnlich gelagerten Interessen treffen und ihre Erfahrungen mit den Produkten des Onlineshops austauschen. Indem die Nutzer Wissen und Informationen in die Online-Community einbringen, tragen sie zum Erfolg bei (Stolpmann 2001, S. 236; Schwarz 2017, S. 113–119).

▶ **Online-Community** ist die Bezeichnung für eine Gruppe Gleichgesinnter im Internet. Online-Community existieren nach dem Grundsatz, dass alle Mitglieder davon profitieren, wenn sie ihr Wissen und ihre Erfahrungen einbringen. Dementsprechend sind besondere Merkmale von Online-Communitys die Interaktion und Kommunikation innerhalb der Gemeinschaft sowie die Orientierung an bestimmten Regeln und Ritualen (Brüne 2009, S. 60).

Es existieren offene und geschlossene Communitys. **Offene Communitys** stehen grundsätzlich allen Internetnutzern offen. **Geschlossene Communitys** richten sich dagegen an einen definierten Nutzerkreis (Stolpmann 2001, S. 237). Des Weiteren kann zwischen horizontalen und vertikalen Online-Communitys unterschieden werden. Zu den **horizontalen Online-Communitys** zählen beispielsweise Facebook und XING. Dabei handelt es sich um sogenannte Datensilos und Sammelbecken, die den Mitgliedern häufig kein gemeinsames Ziel bieten. Dagegen steht die Selbstdarstellung der Mitglieder im Vordergrund. Im Gegensatz dazu bieten **vertikale Online-Communitys** ihren Mitgliedern ein gemeinsames Ziel. Im Mittelpunkt steht die Diskussion eines bestimmten Themas. Dieses gemeinsame Interesse fördert das Networking innerhalb der Online-Community (Godau und Ripanti 2008, S. 8).

Gute Online-Communitys erzeugen eine starke **Bindung unter den Teilnehmern** und **zum Onlineshop**. Da die Anmeldung in einer Community die Angabe bestimmter persönlicher Daten erfordert, lassen sich dadurch gut **Kundenprofile** erstellen. Dadurch lässt sich die Zielgenauigkeit von Onlinemarketingmaßnahmen erhöhen. Für die Community-Mitglieder steht der Gemeinschaftsgedanke und nicht so sehr die Verkaufssituation im Vordergrund. Daher zeichnen sich Online Communitys häufig durch eine verstärkte **Konsumbereitschaft** aus. Dies wird noch dadurch verstärkt, dass die Angebote des Onlineshops als persönliche Produktempfehlungen wahrgenommen werden (Stolpmann 2001, S. 237).

▶ **User Generated Content** ist das, was die Mitglieder einer Community an Inhalten beisteuern. Diese Inhalte sind Fragen, Antworten auf Fragen, Erfahrungsberichte, Tipps und vieles mehr (Godau und Ripanti 2008, S. 10).

Die Online-Community stellt im Rahmen des eCRM ein Serviceinstrument dar und kann somit zur Erhöhung der Kundenbindung beitragen. Eine Online-Community befriedigt **soziale Bedürfnisse** der Teilnehmer und vermittelt einen gewissen Teamgeist. Dies schafft kontinuierlich einen Anreiz, die Online- Community zu besuchen. Darüber hinaus kann die Online-Community zu einem regelrechten elektronischen Marktplatz avancieren, auf dem Produkte und Dienstleistungen angeboten und gehandelt werden. Daher lässt sich

die Online-Community auch zu Marktforschungszwecken nutzen (Brüne 2009, S. 60; Stolpmann 2001, S. 237).

Eine Online-Community bietet zahlreiche Möglichkeiten, den Wert der elektronischen Gemeinschaft auch monetär zu nutzen. Zu den wichtigsten Einnahmequellen zählen Werbe- und Transaktionseinnahmen sowie Mitglieder- und Teilnahmegebühren (Stolpmann 2001, S. 237).

▶ Ein Unternehmen, das einen Corporate Blog oder eine Online-Community betreibt, muss sich dauerhaft darum kümmern. Bloggen ist ein sehr wichtiger Teil einer Online-Community. Schafft es der Onlineanbieter, im eigenen Blog Interessantes zu schreiben, und erzielt er Kommentare, Antworten und Verbesserungsvorschläge von den eigenen Kunden, dann ist der Onlineanbieter dabei, eine Online-Community um seine Marke herum aufzubauen (Godau und Ripanti 2008, S. 27).

3.3.2.5 Entertainment

Ein Erlebniskauf soll „erlebnisreich und sinnlich" sein. Durch Entertainment soll die Identifikation der Internetnutzer mit dem Onlineshop gesteigert werden. Zudem soll das Entertainmentangebot zum wiederholten Besuch einladen. Dadurch kann wiederum die Kundenbindung maßgeblich gesteigert werden (Stolpmann 2001, S. 238).

Im Internet kann Entertainment ganz unterschiedliche Formen annehmen (Hofert 2001, S. 146–148; Stolpmann 2001, S. 238):

- **Onlinespiele:** Teilnehmer können die Onlinespiele allein spielen oder gegeneinander antreten. Ein besonderer Anreiz sind Highscores in Bestenlisten.
- **Preisausschreiben:** Erfolgsentscheidend ist die Auslobung attraktiver Preise. Es gibt Preisausschreiben, bei denen man schon nach einmaliger Teilnahme etwas gewinnen kann. Aber auch die regelmäßige Teilnahme über einen längeren Zeitraum ist eine gute Variante, um die Kundenbindung zu steigern. Ein sehr erfolgreiches Beispiel ist das McDonald's Monopoly.
- **Virtuelle „Tamagotchis":** Bei diesem Angebot muss ein virtuelles Geschöpf regelmäßig

auf der Website des Onlineanbieters gehegt und gepflegt werden. Dies fördert wiederum die Kundenbindung.

- **Chatforen und Gästebücher:** Hierbei steht die Kommunikation innerhalb der Online-kundschaft im Mittelpunkt des Interesses.
- **Onlineevents:** Große Popularität genießen Chatsessions mit Stars und VIPs oder aber Lifeübertragungen von Konzerten.
- **Elektronische Grußkarten:** Die Nutzer können die elektronischen Grußkarten individualisieren und an Freunde und Bekannte per E-Mail verschicken. Da auf den Karten häufig das Logo des Onlineanbieters angebracht ist, werden die Nutzer zu virtuellen Handelsvertretern. Neben der Kundenbindung können elektronische Grußkarten auch eine akquisitorische Wirkung entfalten.

≫ Eine Variante des reinen Entertainments ist das sogenannte Infotainment. Hier liegt der Schwerpunkt nicht in der reinen Unterhaltung, sondern in der Verbindung zwischen interessant gestalteter Wissensvermittlung mit spielerischen und unterhaltenden Elementen. Diese Form der Präsentation wird unter dem Begriff Edutainment auch zur Kundenbindung bei Kindern und Jugendlichen eingesetzt (Stolpmann 2001, S. 239).

3.3.2.6 After Sales Services

Der Onlineanbieter kann seine Kunden nach dem Kauf unterstützen und somit die Kundenzufriedenheit und Kundenbindung steigern. Der **After Sales Service** ist ein Instrument zur Steigerung der langfristigen Kundenbindung. Dabei handelt es sich um Serviceleistungen (z. B. eine kostenlose Hotline oder ein Supportforum), die den Kunden nach dem Kauf eines Produktes zur Verfügung stehen. Insbesondere die Supportfunktion bietet Differenzierungsmöglichkeiten gegenüber der Konkurrenz (Stolpmann 2001, S. 239).

≫ **Frequently Asked Questions (FAQ):** Liste von „häufig gestellten Fragen". Aufgebaut wie eine Wissensbasis werden alle Anfragen der Nutzer nach deren Häufigkeit aufgelistet. Die Daten

werden „on stock", also auf Lager, vorgehalten. Es handelt sich um typische Fragestellungen und Informationsbedürfnisse der Kunden. Die vorgegebenen Antworten sind meist sehr detailliert und befriedigen den Wissensdurst des Fragestellers hinreichend (Reinhardt 1999, S. 68).

Im Internet kann der teure Hotline Support durch ein **Online-Support-Angebot** ersetzt bzw. ergänzt werden. Dieses Online-Support-Angebot steht den Käufern eines Produkts nach dem Kauf zur Verfügung und kann ihnen umfassende Hilfestellungen bieten. Dies reicht von einfachen Foren mit Listen häufiger Fehlerursachen bis hin zu interaktiven Systemen, die den Kunden individuell zu einer Lösung führen. Derartige Selfservice-Supportlösungen können eine echte Alternative zu teuren Hotlines sein und somit zur Kostensenkung beitragen. Wissensbasierte Online-Support-Angebote und intelligente Agenten schaffen einen echten Mehrwert für die Kunden und tragen ganz maßgeblich zur Kundenbindung bei. Vorteilhaft ist, dass derartige Systeme ständig weltweit zur Verfügung stehen und dies unabhängig von Geschäftszeiten und Ländergrenzen (Stolpmann 2001, S. 240–241).

3.4   Beschwerdemanagement

Menschen, die nie „Danke" und „Bitte" sagen, sind diejenigen, die auch klagen, vom Leben zu wenig zu bekommen.
(Branka Ternegg)

Beschwerden bzw. Beschwerdemanagement ist eigentlich ein sehr dankbares Thema. Zum einen stecken hinter den Beschwerdegründen ganz konkrete Gestaltungshinweise für die Unternehmenspolitik. Zum anderen handelt es sich bei Beschwerden um ganz plastische Vorgänge. Schließlich kann sich jeder in die Lage eines unzufriedenen Kunden hineinversetzen bzw. sollte sich hineinversetzen können (Erlbeck 2004, S. 5).

Es ist ganz normal, dass in Geschäftsbeziehungen auch einmal Probleme auftreten können. Allerdings sind mit Kundenunzufriedenheit verschiedene negative Konsequenzen (z. B. Abwanderung der Kunden oder negative Mund-zu-Mund-Kommunikation) verbunden, die es systematisch zu vermeiden gilt. Daher ist es sinnvoll, ein aktives Beschwerdemanagementsystem zu implementieren. Die „kritische Stimme des Kunden" bildet dabei den Ausgangspunkt für die kontinuierliche Verbesserung der betrieblichen Leistungen (Seidel 1997, S. 17).

▶ Unter **Beschwerdemanagement** wird der aktive Umgang eines Onlineanbieters mit Kundenbeschwerden zum Zwecke einer systematischen Gestaltung und Verbesserung von Geschäftsbeziehungen verstanden. Als **Kundenbeschwerden** werden dabei vom Kunden eigeninitiierte schriftliche oder mündliche Äußerungen von Unzufriedenheit verstanden. Bei **Reklamationen** handelt es sich um eine spezielle Form von Beschwerden; sie liegen vor, wenn mit der Beschwerde kaufrechtliche Ansprüche bezüglich eines Produktes oder einer Dienstleistung artikuliert werden (Hansen und Hennig-Thurau 2001, S. 145–146).

In Beschwerden sehen viele Onlineanbieter Angriffe, die es abzuwehren gilt. Dadurch fühlen sich Onlinekunden mit ihrem Anliegen oft allein gelassen. Sie empfinden daraufhin Enttäuschung, verlieren das Vertrauen zum Onlineanbieter und werden empfänglich für die Angebote anderer Onlineshops. Darüber hinaus bieten sich ihnen im Internet viele Möglichkeiten, ihre Unzufriedenheit einer breiten Öffentlichkeit zu artikulieren. Sie betreiben negative Mund-zu-Mund-Kommunikation und beeinflussen (potenzielle) Kunden negativ, sodass sich diese u. U. ebenfalls vom Onlineanbieter abwenden oder dort gar nicht erst bestellen (Kappeller und Mittenhuber 2003, S. 21).

Nur ein ganz geringer Anteil der unzufriedenen Kunden wird sich beim Onlineanbieter beschweren. Schätzungen gehen davon aus, dass sich nur knapp 5 % der unzufriedenen Kunden beschweren. Die große Mehrheit der unzufriedenen Kunden, die sich nicht beschwert, wird als **Unvoiced Complainers** bezeichnet. Die Gründe dafür können sehr vielseitig sein (Brückner 2005,

S. 34; Geisbüsch 1999b, S. 48; Preißner 2009, S. 177; Sirin 2017, S. 25):

- Viele Kunden reklamieren nicht bzw. beschweren sich nicht, weil sie glauben, dass es nichts nützt: Resignation statt Reklamation ist die Folge.
- Andere scheuen die Mühe, die mit einer Beschwerde verbunden ist.
- Oder sie wollen sich nicht wichtigtuerisch fühlen und unfreundlich verhalten.
- Die Abwanderung zu einem Konkurrenz-Onlineshop ist im Internet sehr viel einfacher als in der realen Welt. Schließlich ist die Konkurrenz nur einen Klick weit entfernt.
- Es fällt den unzufriedenen Kunden leichter, sich im Freundes- und Bekanntenkreis über den Onlineanbieter zu beschweren.
- Kunden wissen nicht, an wen sie die Beschwerde richten sollen.

Verschärfend kommt hinzu, dass in den 95 % der sich nicht beschwerenden Kunden gravierende Fälle von Unzufriedenheit verborgen sein können, von denen der Onlineanbieter nichts erfährt (Erlbeck 2004, S. 25).

▶ In einer umfassenden Formulierung sind **Beschwerden** Artikulationen von Unzufriedenheit, die gegenüber Unternehmen oder auch Drittinstitutionen mit dem Zweck geäußert werden, auf ein subjektiv als schädigend empfundenes Verhalten eines (Online-)Anbieters aufmerksam zu machen, Wiedergutmachung für erlittene Beeinträchtigungen zu erreichen und/oder eine Änderung des kritisierten Verhaltens zu bewirken (Wimmer 1985; Stauss 1989 beide zitiert nach Stauss und Seidel 2014, S. 28)

3.4.1 Ziele des Beschwerdemanagements

Die **Oberziele** des Beschwerdemanagements bestehen darin, die Kundenunzufriedenheit wieder in Kundenzufriedenheit umzuwandeln. Darüber hinaus sollen die negativen Auswirkungen von

Kundenunzufriedenheit auf das Unternehmen minimiert werden. Außerdem beinhalten Beschwerden wichtige Hinweise auf betriebliche Schwächen, aber auch marktliche Chancen, die es zu identifizieren gilt. Aus diesen Oberzielen leiten Hansen und Hennig-Thurau (2001, S. 146), sowie Stauss (2006, S. 755) die folgenden **Teilziele** des Beschwerdemanagements ab:

- Die Herstellung von (**Beschwerde-)Zufriedenheit**. Diese bildet die Grundlage für Einstellungsverbesserungen, Kundenbindung und Markentreue. Daher ist eine kundenorientierte Bearbeitung des Anliegens des Beschwerdeführers essenziell.
- Die Vermeidung von **Opportunitätskosten** anderer Reaktionsformen unzufriedener Kunden. Durch die Beschwerden soll der Onlineanbieter in die Lage versetzt werden, Abhilfe zu schaffen, Problemursachen zu beseitigen und für ihn gravierende Verhaltensalternativen (z. B. Abwanderung der Kunden zur Konkurrenz oder Einschaltung von Drittinstitutionen) zu verhindern.
- Mit einem proaktiven Beschwerdemanagement kann der Onlineanbieter seine **kundenorientierte Unternehmensstrategie** verdeutlichen.
- Durch das Beschwerdemanagement sollen Kunden zufriedengestellt und dazu angeregt werden, **positiv** über den Onlineanbieter und seinen Onlineshop zu **sprechen**. Diesem Aspekt kommt gerade im Zusammenhang mit Onlineshops eine große Bedeutung zu.
- In Beschwerden sind immer wieder wichtige Informationen zur **Qualitätsverbesserung** enthalten. Zudem lassen sich dadurch Marktchancen aufdecken.
- Zu guter Letzt sollen **interne** und **externe** **Fehlerkosten** reduziert werden.

Seidel (1997, S. 18) fasst die Zieldiskussion prägnant in zwei Handlungsprinzipien des Total Quality Managements zusammen:

- **Doing it absolutely right the second time:** Die Kundenzufriedenheit soll wiederhergestellt werden. Beim zweiten Anlauf sollen je-

doch keine Fehler mehr gemacht werden.
- **Doing it right the first time:** Durch die Nutzung der Informationen, die in den Beschwerden enthalten sind, wird das Streben nach „null Fehlern" systematisch gefördert. Dadurch wird angestrebt, die Kundenaufträge bereits beim ersten Mal korrekt und fehlerfrei zu bearbeiten.

3.4.2 Beschwerdestimulierung

Bei der Beschwerdestimulierung handelt es sich um die erste Phase des Beschwerdemanagementprozesses. Hierbei sollen unzufriedene Kunden dazu bewegt werden, ihre Probleme bzw. Beschwerde gegenüber dem Onlineanbieter vorzubringen (Stauss 2006, S. 756). Mithilfe der Beschwerdestimulierung soll daher derjenige Anteil unzufriedener Kunden erhöht werden, für den die Reaktion der Beschwerde infrage kommt. Der Onlineanbieter sollte unmissverständlich zum Ausdruck bringen, dass er sich für alle Gründe, die Anlass zur Unzufriedenheit geben können, verantwortlich fühlt und diese im Sinne des Kunden auch abstellen möchte (Stauss und Seidel 1998, S. 74). Daher zählen zur Beschwerdestimulierung alle planvollen und zielgerichteten Aktivitäten eines Onlineanbieters, die den Kunden zur Artikulation einer Beschwerde aufgrund einer bestehenden Unzufriedenheit bewegen (Bruhn 2003, S. 165).

Im Rahmen der Beschwerdestimulierung stehen drei **Fragenkomplexe** im Vordergrund (Bruhn 2003, S. 166)

- Welche **Beschwerdebarrieren** gibt es?
- Welche **Beschwerdewege** bestehen derzeit im Onlineshop bzw. müssen aktiviert, optimiert oder sogar neu geschaffen werden?
- Wie können die realisierten Beschwerdewege gegenüber den Kunden bestmöglich **kommuniziert** werden?

Unter **Beschwerdebarrieren** lassen sich verschiedene Faktoren subsumieren, die die Kunden davon abhalten sich beim jeweiligen Onlineanbieter zu beschweren. Daher muss sich der

Onlineanbieter zunächst mit diesen Beschwerdebarrieren beschäftigen, bevor Konzepte der
Beschwerdestimulierung erarbeitet werden können. Konkret handelt es sich dabei um Besch-
werdekosten und -nutzen, Produktmerkmale,
Problemmerkmale sowie personen- und situati-
onsspezifische Merkmale. Die erste Aufgabe des
Onlineanbieters besteht darin, in Erfahrung zu
bringen, wie diese Faktoren bei seinen Kunden
ausgeprägt sind. Dies lässt sich durch entsprechende Fragestellungen in laufenden Kundenum-
fragen umsetzen (Seidel 1997, S. 31).

Es kommt vor, dass Kunden auf eine Beschwerde verzichten, da sie nicht wissen, an wen
sie sich mit ihrem Anliegen wenden sollen. Der
Onlineanbieter muss daher auf seiner Website
kommunizieren, welche **Beschwerdewege** es
gibt und welche **Mitarbeiter** dafür zuständig
sind. Als Beschwerdewege stehen gebührengüns-
tige oder -freie Beschwerde- bzw. Servicetele-
fone, spezielle Beschwerdeseiten im Onlineshop
sowie Meinungs- und Beschwerdekarten zur Verfügung. Insbesondere letztere lassen sich mit den
Warensendungen an die Kunden verschicken
(Seidel 1997, S. 31–32).

Beispiel für eine Beschwerdestimulation
Ihre Kritik ist unsere Chance!

Sie haben Feedback, Anregungen, Verbesserungsvorschläge, konstruktive Kritik zu unseren Produkten, Services oder unserem Onlineshop?

Wir freuen uns, von Ihnen zu hören.

mailto: kundenfeedback@unternehmen.de

(Quelle: Sirin 2017, S. 81)

Die eingerichteten Beschwerdekanäle müssen
nach innen (gegenüber den eigenen Mitarbeitern)
und nach außen (gegenüber den eigenen Kunden)
kommuniziert werden. Die Mitarbeiter, die zukünftig verstärkt mit Beschwerdeführern in Kontakt kommen, müssen wissen, dass diese Beschwerden nicht negativ interpretiert werden
dürfen. Es muss ihnen vielmehr klar sein, dass Beschwerden ein großes Informationspotenzial zur
Verbesserung der betrieblichen Leistungen bieten.
Für die externe Kommunikation gegenüber den
Kunden stehen grundsätzlich alle Instrumente der
klassischen Kommunikation und der Onlinekom-
munikation zur Verfügung. Die Kernbotschaft
muss lauten: „Wir haben für Sie die folgenden Beschwerdekanäle eingerichtet!"

3.4.3 Beschwerdeannahme

Die Mitarbeiter und die Unternehmensleitung
müssen das Handeln des Beschwerdeführers richtig beurteilen. Wenn sich unloyale Kunden nicht
richtig verstanden fühlen, wandern sie stillschwei-
gend zu anderen Onlineshops ab. Der Beschwerdeführer hingegen zeigt durch sein Verhalten (Artikulation der Unzufriedenheit), dass er sich eng
an den Onlineshop gebunden fühlt. Für jeden Onlineanbieter sollte deshalb jede Beschwerde ein
willkommener Anlass sein, die Bindung des Kunden zu festigen. Zudem geht es darum, die Be-
schwerdegründe zu analysieren, um Ansatzpunkte
zur Optimierung von Unternehmensabläufen, zur
Verbesserung der Kommunikation und zur Verbesserung der Kundennähe aufzudecken (Kappeller
und Mittenhuber 2003, S. 21).

Die Beschwerdeannahme kann in drei Teilaufgaben untergliedert werden. Zunächst müssen
Beschwerdewege eingerichtet werden. Anschließend müssen die Beschwerdewege gegenüber
den Kunden kommuniziert werden. Zuletzt erfolgt die schnelle und vollständige Erfassung der
Beschwerden (Stauss 1995b, S. 230).

3.4.3.1 Einrichtung von
Beschwerdewegen

Als Erstes muss die Frage geklärt werden, auf
welche Weise sich die Kunden beschweren sollen. Grundsätzlich stehen dafür vier verschiedene
Wege zur Verfügung. Kunden können sich münd-
lich, telefonisch, schriftlich oder online beschweren. Zudem ist zu klären, gegenüber welcher
Stelle beim Onlineanbieter sich die Kunden beschweren sollen. Die Entscheidungen müssen
unter besonderer Berücksichtigung des leichten
Zugangs für die Kunden erfolgen. Außerdem ist
zu beachten, dass eine effiziente Beschwerdeer-
fassung, -reaktion und -bearbeitung möglich ist.
Zudem spielen auch organisatorische Gesichts-
punkte eine Rolle (Stauss 1995b, S. 229–230;

Stauss 2006, S. 756; Stauss und Seidel 2014, S. 141).

- **Mündliche Beschwerden:** Der mündliche Beschwerdeweg kommt für einen Onlineanbieter nur in Betracht, wenn dieser über stationäre Filialen verfügt und damit als Multi-Channel-Anbieter im Markt auftritt. Insbesondere für stark dezentral organisierte Unternehmen (z. B. Banken, Versicherungen oder Einzelhandelsbetriebe) mit hoher Kundenfrequenz kommt dieser Beschwerdeweg infrage.
- **Schriftliche Beschwerden:** Zu den schriftlichen Beschwerdewegen zählen Beschwerdebriefe, Beschwerdefaxe, Beschwerde-E-Mails und neuerdings auch Social-Media-Beschwerden.
- **Telefonische Beschwerden:** Die Wahl des telefonischen Beschwerdewegs hat für die sich beschwerenden Kunden und für den Onlineanbieter zentrale Vorteile. Für die Kunden reduziert sich der zeitliche und psychische Aufwand der Beschwerde. Für den Onlineanbieter ergibt sich die Chance, die in den Beschwerden artikulierten Probleme gleich im unmittelbaren Kontakt mit den Kunden zu lösen. Zudem ist diese Form der Beschwerdebearbeitung schnell und kostengünstig.

3.4.3.2 Kommunikation der Beschwerdewege

Der Kommunikation des Beschwerdewegs kommt eine große Bedeutung zu. Nur wenn die Kunden wissen, wo und wie sie sich beschweren können, wird ein möglichst großer Anteil an unzufriedenen Kunden sich auch beim Onlineanbieter melden und sich beschweren. Zur Kommunikation der Beschwerdewege (z. B. Filiale, Telefonnummer, Postanschrift, E-Mail-Adresse) können ganz unterschiedliche Kommunikationsmittel genutzt werden (Stauss 1995b, S. 229–230):

- Anzeigen in Zeitungen und Zeitschriften
- Hinweise auf Produktverpackungen und in Gebrauchsanleitungen
- Hinweise in der E-Mail-Signatur und im Newsletter
- Teaser und Links im Onlineshop
- Hinweise auf Rechnungen und sonstigem Schriftverkehr, z. B. Lieferscheinen

Dabei ist es wichtig, dass die Kunden aktiv aufgefordert werden, sich mit ihrer Beschwerde an den Onlineanbieter zu wenden. Ihnen muss klar sein, dass ihre Beschwerde willkommen ist und an welchen Ansprechpartner oder welche Organisationseinheit sie sich wenden können (Stauss 1995b, S. 230).

3.4.3.3 Schnelle und vollständige Erfassung der eingehenden Beschwerden

Die von den sich beschwerenden Kunden geäußerten Probleme müssen schnell, systematisch und vollständig und nach einer einheitlichen Methode erfasst werden. Zunächst sind dabei Entscheidungen über die **Erfassungsinhalte** zu fällen (Stauss 1995b, S. 230; Stauss 2006, S. 756):

- **Beschwerdedaten i. e. S.:** Dazu zählen Informationen über den **Beschwerdeinhalt** (z. B. den Beschwerdewortlaut, die Art des Problems, die Situation des Beschwerdevorfalls), den **Beschwerdeführer** (z. B. externer oder interner Kunde, betroffene Person(en) bzw. Unternehmen oder Dritte, die tatsächliche oder angekündigte Reaktion des Beschwerdeführers), das **Beschwerdeobjekt** (z. B. ein Produkt oder eine Dienstleistung oder angewendete Marketing-Mix-Instrumente).
- **Fallbezogene Informationen:** Die Erfassung dieser Informationen kann sofort oder aber auch noch später erfolgen. Dazu zählen Daten der **Beschwerdeannahme** (z. B. der gewählte Beschwerdeweg und der annehmende Mitarbeiter) und der **Beschwerdebearbeitung** (z. B. die zuständige Bearbeitungsstelle, die Bearbeitungstermine, die zugewiesene Priorität der Beschwerde, das Ergebnis der Fallprüfung sowie die Falllösung).

▷ Das Prinzip des **Complaint Ownership**: Danach ist diejenige Person beim Onlineanbieter, die von einem Kunden über ein Problem als erste informiert wird bzw. als erstes ein Kundenproblem

wahrnimmt, ab diesem Zeitpunkt dafür verantwortlich, dass das Problem als Beschwerde
erkannt, erfasst und bearbeitet wird. Sie hat somit
das „Eigentum" an dieser Beschwerde erworben.
Der **Complaint Owner** hat nun die Aufgabe,
entweder das Problem unmittelbar zu lösen,
wenn es in seinen fachlichen Kompetenzbereich
fällt, oder entsprechende fach- und entschei-
dungskompetente Mitarbeiter zur Lösung des
Problems einzuschalten (Stauss und Seidel 2014,
S. 128).

Für die eigentliche Erfassung der Beschwerden
können **standardisierte Formblätter** und/oder
Eingabemasken **DV-gestützter Beschwerdema-
nagementprogramme** zum Einsatz kommen.
Die Vorteile der DV-gestützten Erfassung liegen
auf der Hand. Es wird ein Medienbruch vermieden. Damit ist diese Variante der Erfassung die
sicherere Vorgehensweise. Zudem können durch
die schnellere Informationsübermittlung Bear-
beitungszeiten verkürzt und die Beschwerdeaus-
wertungen schneller zur Verfügung gestellt werden. Dadurch stehen relevante Informationen
eher für zu ergreifende Verbesserungsmaßnahmen bereit (Stauss 1995b, S. 230; Stauss 2006,
S. 756).

3.4.4 Beschwerdebearbeitung und -reaktion

In dieser Phase des Beschwerdemanagements
geht es um die Interaktion mit dem unzufriedenen Kunden. Des Weiteren zählen dazu die
Weiterleitung der Beschwerden an die verantwortlichen Mitarbeiter im Unternehmen, die
Kommunikation nach der Beschwerdeannahme
sowie die Ausgestaltung der jeweiligen Falllösung (Stauss 1995b, S. 231).

3.4.4.1 Gestaltung der Interaktion mit dem unzufriedenen Kunden

Ziel der Interaktion mit dem unzufriedenen Kunden ist es, dass dieser eine Beschwerdezufriedenheit empfindet. Letztere wird dabei ganz maßgeblich von der Interaktion mit dem Kunden

beeinflusst. Um dies zu erreichen, müssen die
Mitarbeiter über die zur Verfügung stehenden
Beschwerdewege und Bearbeitungsstandards informiert sein. Zudem ist es von Bedeutung, dass
sie über sozialpsychologische Kenntnisse und
Fähigkeiten zur Beruhigung der Beschwerdesitu-
ation verfügen. Nur so können sie den unternehmerischen Willen zur angemessenen Problemlö-
sung verdeutlichen (Stauss 1995b, S. 231).

Innerhalb des Unternehmens müssen auf verschiedenen Ebenen Verantwortlichkeiten definiert werden (Stauss 2006, S. 756):

- Der **Process Owner** ist für den gesamten Beschwerdemanagementprozess verantwortlich.
- Die Einzelfallbearbeitung wird vom **Complaint Owner** verantwortet.
- Der **Task Owner** ist für einzelne Bearbei-
  tungsstufen verantwortlich.

3.4.4.2 Weiterleitung der Beschwerde

Für den Fall, dass Beschwerdeannahme und -be-
arbeitung nicht örtlich und personell zusammenfallen, muss nach der Beschwerdeannahme die
zuständige Fachabteilung ermittelt und an diese
die Beschwerde weitergeleitet werden. Dies setzt
voraus, dass die Zuständigkeiten geklärt und im
ganzen Unternehmen bekannt sind. Hierbei können DV-gestützte Beschwerdemanagementpro-
gramme sehr hilfreich sein. Verantwortliche
Mitarbeiter können schnell identifiziert werden.
Per Datenübertragung erhalten sie dann die Be-
schwerdeinhalte sowie die zugehörigen Erledi-
gungstermine. Die Einhaltung von Terminen ist
besonders wichtig und wird durch DV-gestützte
Mahn- und Eskalationssysteme überwacht. Beschwerden, die nicht innerhalb der vorgegebenen
Fristen abschließend bearbeitet werden können,
werden dann automatisch an die nächsthöhere In-
stanz des Onlineanbieters weitergeleitet (Stauss
1995b, S. 231; Stauss 2006, S. 756).

3.4.4.3 Umfang und Gestaltung der Kommunikation nach dem Beschwerdeeingang

Es muss festgelegt werden, welche Rückmeldungen in welcher Form erfolgen sollen. Im Laufe

einer Beschwerdebearbeitung lassen sich die folgenden Rückmeldungen an den Kunden abgrenzen (Stauss 1995b, S. 231):

- **Eingangsbestätigung:** Damit ist die Bestätigung des Eingangs einer Beschwerde gemeint.
  Diese sollte i. d. R. schriftlich erfolgen. Hat
  sich beispielsweise ein Kunde per Brief mit
  seiner Beschwerde an den Onlineanbieter ge-
  wendet, sollte auch die Eingangsbestätigung
  per Brief erfolgen. Auf Beschwerde-E-Mails
  kann dagegen ebenfalls per E-Mail geantwor-
  tet werden.
- **Zwischenbescheid:** Zwischenbescheide werden verschickt, wenn es einmal länger mit der
  Bearbeitung der Beschwerde dauert. Dadurch
  wird der Kunde auf dem Laufenden gehalten
  und es wird ihm kontinuierlich das Gefühl gegeben, dass man sich um sein Anliegen küm-
  mert.
- **Endbescheid:** Nach der erfolgten Bearbeitung der Beschwerde wird ein Endbescheid
  verschickt, in dem dem Kunden i. d. R. die
  Falllösung mitgeteilt wird. Ausnahmsweise
  kann auch ein ablehnender Endbescheid verschickt werden.
- **Ermittlung der Beschwerdezufriedenheit:**
  Die Erzielung der Beschwerdezufriedenheit
  ist ein ganz maßgebliches Ziel des Beschwerdemanagements. Nach dem Abschluss der Beschwerdebearbeitung sollten die Kunden gefragt werden, ob jetzt alles in Ordnung ist und
  wie zufrieden sie mit der Bearbeitung ihrer
  Beschwerde sind.

Beispiel einer Entschuldigungs-E-Mail

„*Sehr geehrter Herr Suhr,*

*es tut uns sehr leid, dass Sie mit dem Kauf
in unserem Onlineshop nicht zufrieden sind.*

*Selbstverständlich nehmen wir den Artikel
zurück und erstatten Ihnen den vollen Kaufpreis. Anliegend finden Sie ein Rücksendela-
bel, mit dem Sie den Artikel einfach in jeder
DHL-Filiale abgeben und an uns zurücksenden können. Wir werden Ihnen den Kaufpreis
innerhalb von drei Werktagen nach Eingang
der Rücksendung erstatten.*

*Als kleine Entschuldigung für unser Missge-
schick schenken wir Ihnen einen Einkaufsgutschein in Höhe von 20 % des Einkaufswerts. Sie
können den Gutschein-Code bei Ihrer nächsten
Bestellung in unserem Onlineshop im Warenkorb eintragen. Der Betrag wird dann automatisch von der Gesamtsumme abgezogen.*

*Wir möchten uns gerne für Ihren Hinweis
bedanken. Nur durch Ihre berechtigte Kritik
können wir jeden Tag ein bisschen besser werden.*

Herzliche Grüße, auf bald!
Torsten Schmidt
Leiter Kundenservice
www.online-shop.de“

Beispiel für einen Zwischenbescheid

„*Ihre Reklamation vom 8. Juni 2018*

Sehr geehrte Frau Krüger,

*vielen Dank für Ihren Brief, in dem Sie uns
über die neuerlichen Probleme mit Ihrer anti-
ken Standuhr berichten. Seien Sie sicher: Wir
werden alles tun, damit Sie bald wieder unge-
trübte Freude an Ihrem wertvollen Stück haben.*

*Sie reklamieren, dass nach wie vor das
Schlagwerk der Uhr zu bestimmten Tageszeiten
aussetzt. Dies könnte auf neuerliche Verschiebungen im Räderwerk – zum Beispiel während
des Transports – zurückzuführen sein. Antike
Uhren reagieren in der Regel sehr empfindlich.*

*Selbstverständlich haben Sie ein Recht da-
rauf, von uns eine einwandfrei funktionierende
Uhr aus der Reparatur zurückzubekommen.
Wir bedauern daher sehr, dass Sie Anlass zu
einer Reklamation haben. Auf alle unsere Arbeiten gewähren wir eine Garantie von 12
Monaten.*

*Wir bitten Sie daher, Ihre Uhr in den nächs-
ten Tagen an unseren Logistikpartner zu übergeben, damit unser Uhrmachermeister den
Defekt schnell und für Sie natürlich kostenlos
beheben kann.*

*Für Rückfragen erreichen Sie uns montags
bis freitags von 9:00 bis 18:00 Uhr unter 0551-
123-456.*

Mit freundlichen Grüßen
Miriam Siegl“

Neben der Kommunikationsform (telefonisch, schriftlich) müssen auch zeitliche Standards festgelegt werden, innerhalb derer die Kommunikation mit dem Kunden erfolgen soll (Stauss 1995b, S. 231).

3.4.4.4 Falllösung

Unter der Falllösung wird die Lösung verstanden, die dem Kunden für sein geäußertes Problem angeboten werden soll. Es lassen sich dabei die folgenden Falllösungen abgrenzen (Stauss 1995b, S. 231–232; Stauss 2006, S. 757):

- **Finanzielle Lösungen:** Preisnachlass, Geldrückgabe oder Schadensersatz
- **Materielle Lösungen:** Umtausch, Reparatur, anderes Produkt oder Geschenk
- **Immaterielle Lösungen:** Entschuldigung oder Information

In einer Einzelfallprüfung muss entschieden werden, welche der oben aufgeführten Falllösungen infrage kommt. Dabei muss auch die Bedeutung des Kunden (Beschwerdepriorität) für den Onlineanbieter berücksichtigt werden. Um ein einheitliches Beschwerdemanagement zu realisieren, sollten bei der Entscheidung auch spezifische Fallkategorien berücksichtigt werden. Nur so ist eine gerechte Gleichbehandlung aller Kunden möglich (Stauss 1995b, S. 232).

Für berechtigte Sachmängel gibt es vier verschiedene juristische Regelungen, die es im Rahmen der Falllösung zu bedenken bzw. prüfen gilt (Brückner 2005, S. 24–25):

- **Wandlung:** Die Wandlung geht am weitesten. In diesem Fall verlangt der Kunde die Annullierung des Kaufvertrags. Der Kunde schickt die bestellte und bereits bezahlte Ware an den Onlineanbieter zurück und bekommt von diesem im Gegenzug den Kaufpreis erstattet. Vorteilhaft darin ist die Tatsache, dass damit die Beschwerde aus der Welt geschafft und der Kunde zufrieden ist. Dadurch erscheint das zukünftige Kaufrisiko minimiert. Die Wandlung bedeutet für den Onlineanbieter einen Totalausfall.

- **Minderung:** Im Falle der Minderung bekommt der Kunde einen Preisnachlass. Er behält das bestellte Produkt bzw. die bestellte Dienstleistung, bezahlt jedoch einen geringeren Kaufpreis. Selbstverständlich ist eine Minderung auch dann noch möglich, wenn der Kunde den Kaufpreis bereits überwiesen hat. Der Onlineanbieter erstattet ihm dann den vereinbarten Preisnachlass. Der Kunde freut sich, dass er etwas gespart hat und nimmt kleinere Mängel dafür in Kauf. Die Minderung kommt nur infrage, wenn der Kunde lediglich einen „Schönheitsfehler" beanstandet. Liegen dagegen technische Probleme vor, die die Produktverwendung beeinträchtigen, scheiden Preisnachlässe aus. Hinzu kommt, dass es im Einzelfall schwierig sein kann, sich auf einen „fairen" Preisnachlass zu einigen.

- **Umtausch:** Auch in diesem Fall bleibt der geschlossene Kaufvertrag gültig. Der Onlineanbieter ersetzt die beschädigte Ware durch ein einwandfreies Produkt. Sollte das neue Produkt einwandfrei funktionieren, wird der Kunde seinen Reklamationsgrund bald vergessen haben. In Abhängigkeit vom Produktwert kann der Umtausch sehr teuer sein. Es sei denn, Dritte (z. B. Lieferanten oder Hersteller) müssen die Kosten des Umtauschs übernehmen.

- **Nachbesserung:** Bei der Nachbesserung bekommt der Onlineanbieter die Gelegenheit, die beanstandete Ware zu reparieren. Sollten die Reparaturversuche fehlschlagen, kann immer noch eine Wandlung oder Minderung vereinbart werden. Eine Reparatur kann gerade bei höherwertigen Produkten kostengünstiger sein als ein Umtausch. Der Kunde besitzt dann zwar ein funktionstüchtiges Produkt. Es handelt sich jedoch um ein bereits repariertes Produkt. Dies kann zu einem latenten Misstrauen aufseiten des Kunden führen („Wer weiß, wie oft das Produkt noch ausfällt, wenn es erst einmal älter ist?").

Innerhalb der Falllösungen lassen sich Standard- und Individualreaktionen unterscheiden (Stauss 1995b, S. 232):

- Bei der **Standardreaktion** handelt es sich um eine Antwort nach einem gleichbleibenden und sich ständig wiederholendem Muster. Diese Beschwerdereaktion ist für häufig auftretende und nicht sehr schwerwiegende Probleme bzw. Beschwerden geeignet. Dadurch wird eine schnelle und wirtschaftliche Bearbeitung der Beschwerden ermöglicht.

- Für schwierigere Fälle müssen **Individualreaktionen** erarbeitet werden. Dies ist beim Auftreten gravierender Probleme erforderlich. Falls die Kundenforderungen den Entscheidungsspielraum des Bearbeiters übersteigen, müssen höhere Instanzen eingeschaltet werden, die dann ebenfalls Individualreaktionen vorschlagen. Es kann aber auch vorkommen, dass sich ein A-Kunde beschwert. In diesem Fall kommt der individuellen Ansprache und Bearbeitung eine ganz besondere Bedeutung zu.

Auch die Bearbeitung einzelner Falllösungen kann durch den Einsatz der EDV wesentlich erleichtert werden. In einer **Beschwerdedatenbank** können beispielsweise Informationen über Standardprobleme und -lösungen hinterlegt sein. Aber auch Individuallösungen lassen sich in der Beschwerdedatenbank abbilden (Stauss 1995b, S. 232).

3.4.5 Beschwerdeauswertung

In Beschwerden sind relevante, eindeutige und aktuelle Informationen enthalten, die über die vom Kunden wahrgenommenen Probleme mit einem Sachverhalt der unternehmerischen Leistung Aufschluss geben. In ihnen finden sich Hinweise auf Schwächen in der Marketingplanung, -realisierung und -kontrolle. Außerdem lassen sich durch Beschwerden Änderungen in Kundenpräferenzen und mögliche Marktchancen identifizieren. Daher ergeben sich für das Beschwerdemanagement zwei wesentliche Aufgabengebiete. Zum einen geht es darum, die in den Beschwerden enthaltenen Informationen quantitativ und qualitativ auszuwerten. Zum anderen müssen die so gewonnenen Erkenntnisse systematisch für strategische und operative Marketingentscheidungen zur Verfügung gestellt werden (Stauss 1995b, S. 232; Stauss 2006, S. 757).

3.4.5.1 Quantitative Beschwerdeauswertung

Zentrales Ziel der quantitativen Beschwerdeauswertung ist es, den Umfang des Beschwerdeaufkommens zu erfassen. Dies geschieht differenziert nach einem vorab festgelegten **Merkmalskatalog** (Stauss 1995b, S. 232; Stauss 2006, S. 757):

- Regionen
- Zeitintervalle, auch unter Berücksichtigung saisonaler Einflüsse
- Kaufphasen, d. h. unterschieden nach Vorkauf-, Kauf- und Nachkaufphase
- Unternehmenseinheiten und Sachgebieten
- Produkte bzw. Produktgruppen
- Dienstleistungen und Serviceangeboten
- Problemarten
- Kundengruppen, z. B. nach A-, B- und C-Kunden

Wichtig ist, dass der Informationsnutzen der Beschwerden maximiert wird. Dies kann dadurch erreicht werden, dass die Entscheidungsträger, in deren Verantwortungsbereich entsprechende Problemstellungen und -lösungen fallen, über die quantitativen Ergebnisse der Beschwerdeauswertung informiert werden. Auch die Geschäftsleitung ist ebenfalls darüber in Kenntnis zu setzen. Sollte es vorkommen, dass ganz gravierende Probleme (z. B. gesundheitsgefährdende Sicherheitsmängel bei einem Produkt) auftreten, ist die regelmäßige Berichterstattung durch Sonderberichte zu ergänzen (Stauss 1995b, S. 232–233).

3.4.5.2 Qualitative Beschwerdeauswertung

Im Mittelpunkt der quantitativen Beschwerdeauswertung steht das Aufdecken von betrieblichen Schwachstellen. Eine genauere Ursachenanalyse findet jedoch nicht statt. Dies ist die Aufgabe der qualitativen Beschwerdeauswertung. Hierbei geht es in erster Linie um eine **systematische Ursachenanalyse**, deren Ergebnisse als Ansatzpunkte für Verbesserungsmaßnahmen dienen. Je nachdem, um welche Problemart es sich handelt, stehen dafür ganz unterschiedliche Analyseinstrumente zur Verfügung (Stauss 1995b, S. 233; Stauss 2006, S. 757):

- Materialprüfungen
- Gebrauchstests
- Überprüfung des Qualitätssicherungssystems
- Kontrollen des Produktionsablaufs
- Kontrollen des Personalverhaltens

Für die qualitative Beschwerdeauswertung haben sich Problemlösungs- bzw. Qualitätsverbesserungsteams bewährt. Dabei wird auf verschiedene Problemlösungstechniken (wie z. B. das **Ishikawa-Diagramm** oder die **Failure Mode and Effect Analysis** (**FMEA**)) zurückgegriffen. Zudem können die gebildeten Teams durch beschwerdeführende Kunden und Mitarbeiter aus anderen Filialen oder Zulieferer- oder Handelsbetrieben ergänzt werden. Ziel ist es, dass die identifizierten Probleme und die sie verursachenden Ursachen zukünftig nicht mehr auftreten können. Daher müssen die erarbeiteten Vorschläge in konkrete Verbesserungsmaßnahmen umgesetzt werden. Diese können sich zum einen auf interne Funktionen und Prozesse (z. B. Forschung und Entwicklung, Leistungserstellung, Gestaltung der Website und des Bestellprozesses, Personalmanagement oder organisatorische Abläufe) und zum anderen auf externe (Transaktions-)Prozesse mit Zulieferern, Handelspartnern und Kunden beziehen (Stauss 1995b, S. 233).

3.4.6 Beschwerdemanagement-Controlling

Das Beschwerdemanagement-Controlling hat die Aufgabe, den Beschwerdemanagementprozess zielorientiert zu überwachen. Dabei muss auf die Einhaltung von Standards sowie die Erreichung von Zielen des Beschwerdemanagements geachtet werden (Stauss 1995b, S. 233–234; Stauss 2006, S. 757–758).

3.4.6.1 Aufgabencontrolling
Für das Aufgabencontrolling ist es erforderlich, dass Leistungsindikatoren und -standards formuliert werden, deren Einhaltung und Adäquanz

laufend zu überwachen ist. Für einen Teil der Leistungsindikatoren können **objektive Standards** verabschiedet bzw. verwendet werden. Dabei handelt es sich beispielsweise um zeitliche Vorgaben für die Schnelligkeit der Beschwerdebearbeitung. Aber auch für die zwischenzeitliche Kundenkommunikation lassen sich zeitliche Standards festlegen. Dabei muss zwischen den verschiedenen Beschwerdewegen unterschieden werden. Insbesondere Social-Media-Beschwerden erfordern eine sehr schnelle Bearbeitung und Reaktion. Neben den objektiven Standards kommen auch Kundenzufriedenheitswerte als Standards zum Einsatz. Diese gilt es im Rahmen von Beschwerdezufriedenheitsbefragungen zu überprüfen. Dies gilt insbesondere für das Monitoring der wahrgenommenen Qualität folgender Teilaufgaben (Stauss 1995b, S. 234; Stauss 2006, S. 757–758):

- Zugänglichkeit des Beschwerdekanals bzw. der -kanäle
- Verständlichkeit der Kommunikation des Beschwerdeweges
- Sozialpsychologische und fachliche Kompetenz des Kontaktpersonals
- Angemessenheit der Falllösung

Sobald zwischen Soll- und Ist-Leistung eine Abweichung festgestellt wird, die eine gewisse Toleranzschwelle überschreitet, sind entsprechende Korrekturprozesse im Beschwerdemanagement einzuleiten (Stauss 1995b, S. 234).

3.4.6.2 Zielcontrolling
Auch im Rahmen des Zielcontrollings kommt die **Beschwerdezufriedenheitsbefragung** zum Einsatz. Hierbei geht es um die Überwachung des Erreichungsgrades wesentlicher Teilziele des Beschwerdemanagements. Im Mittelpunkt des Interesses stehen dabei die folgenden Aspekte (Stauss 1995b, S. 234):

- Wiederherstellung von Kundenzufriedenheit
- Einstellungsverbesserung
- Erhöhung der Kundenbindung
- Vermeidung alternativer Kundenreaktionen (z. B. Abwanderung)

- Initiierung positiver Mund-zu-Mund-Kommunikation
- Vermeidung negativer Mund-zu-Mund-Kommunikation

Um **kundenbeziehungsrelevante Ziele** zu überprüfen, wird auf die nachfolgenden **Kennzahlen** (Key Performance Indicators (KPI)) zurückgegriffen (Stauss und Seidel 2014, S. 369):

- Erhöhung der Beschwerdeartikulation (KPI: Artikulationsquote/Nichtartikulationsquote)
- Erhöhung der Registrierung artikulierter Kundenbeschwerden (KPI: Registrierungsquote/Nichtregistrierungsquote)
- Erhöhung der Beschwerdezufriedenheit (KPI: Anteil überzeugter/enttäuschter Beschwerdeführer)
- Verstärkung der positiven Mund-zu-Mund-Kommunikation (KPI: Empfehlungsquote/Warnungsquote)
- Förderung des Wiederkaufverhaltens (KPI: Wiederkaufquote/Abwanderungsquote)

Auch für **qualitätsrelevante Ziele** lassen sich Kennzahlen formulieren (Stauss und Seidel 2014, S. 369):

- Sinkende Verärgerung von Kunden über Probleme mit Produkten und Dienstleistungen (KPI: Verärgerungsquote)
- Reduzierung von Gewährleistungsfällen (KPI: Gewährleistungsquote)
- Reduzierung von Garantiefällen (KPI: Garantiequote)

3.4.6.3 Kosten-Nutzen-Controlling

Im Rahmen des Kosten-Nutzen-Controllings werden die durch das Beschwerdemanagement entstehenden Kosten- und Nutzeneffekte abgeschätzt. Beim **Kostencontrolling** geht es um die Kosten, die bei der Beschwerdeannahme, -bearbeitung und -reaktion anfallen. Hinzu kommen noch die Kosten des indirekten Beschwerdemanagementprozesses. Dies sind die Kosten für die Beschwerdeauswertung und das Beschwerdemanagement-Controlling (Stauss 2006,

S. 758). Konkret handelt es sich um die folgenden Kostenbestandteile (Erlbeck 2004, S. 40):

- Gehälter der Mitarbeiter der Beschwerdeabteilung
- Stundensätze der entgegennehmenden und zuarbeitenden Stellen
- Stimulierungsmaßnahmen, insbesondere Kommunikationskosten
- Wiedergutmachungsleistungen gegenüber den Kunden
- Analysen zur Einführung bzw. zur Restrukturierung des Beschwerdemanagements
- Analysen im Rahmen des Beschwerdemanagement-Controllings

Das **Nutzencontrolling** geht der Frage nach, wie die Nutzendimensionen des Beschwerdemanagements quantifiziert werden können. Konkret handelt es sich dabei um die folgenden Nutzendimensionen (Stauss 2006, S. 758):

- Informationsnutzen
- Einstellungsnutzen
- Wiederkaufnutzen
- Kommunikationsnutzen

Werden die Kosten des Beschwerdemanagements den quantifizierten Nutzendimensionen gegenübergestellt, lässt sich zunächst die Wirtschaftlichkeit des Beschwerdemanagements bestimmen. Darüber hinaus kann auch ein Return on Complaint Management berechnet werden (Stauss 2006, S. 758).

Return on Complaint Management (RoCM)
Die der Kosten- und Erfolgsrechnung zugrunde liegenden Größen bilden die Basis für die Berechnung einer wichtigen Rentabilitätskennzahl des Beschwerdemanagements: des Return on Complaint Management. Diese Kennzahl wird berechnet, indem der erzielte Gewinn durch das „investierte Kapital" dividiert wird:

Return on Complaint Management = Gewinn des Beschwerdemanagements / Investitionen in das Beschwerdemanagement * 100

3.4.7 Beschwerdereporting

Die durch die Beschwerdeauswertung und das Beschwerdemanagement-Controlling gewonnenen Informationen und Erkenntnisse müssen den verantwortlichen unternehmensinternen Zielgruppen (z. B. der Marketingleitung oder der Geschäftsführung) übermittelt werden. Im Rahmen des Beschwerdereportings sind daher die folgenden Fragen zu beantworten (Stauss 2006, S. 758):

- Welchen internen Kundensegmenten (z. B. Forschung und Entwicklung, Produktionsleitung, Qualitätssicherung, Servicemanagement, (Online-)Marketingleitung, Public Relations usw.) sollen die Beschwerdeinformationen zur Verfügung gestellt werden?
- Welche Art der Auswertung (quantitativ und/ oder qualitativ) soll übermittelt werden?
- In welchen Zeitintervallen (z. B. wöchentlich, monatlich, quartalsweise) soll berichtet werden? Oder auf Anfrage?

3.4.8 Social-Media-Beschwerden

Durch die Entwicklung des Internets zu einem alltäglichen Kommunikationsmediums haben sich auch ganz neue Formen der Kundenkommunikation etabliert. Dabei hat für das Beschwerdemanagement die Kommunikation unter Kunden eine besondere Bedeutung (Internet-Kunde-zu-Kunde-Kommunikation). In sozialen Netzwerken wie Facebook oder Microblogs wie Twitter tauschen sich die Kunden über ihre Erfahrungen mit Produkten, Dienstleistungen und unternehmerischen Verhaltensweisen aus. Hierbei zeigt sich, dass neben positiven Erfahrungen vor allem Negativbeispiele diskutiert werden. Hinzu kommt noch die Bewertung von Produkten und Dienstleistungen auf speziellen Bewertungsportalen, Meinungsforen und Blogs („Watchdog Blogs"). Auf diese Entwicklungen reagieren viele (Online-) Anbieter dadurch, dass sie eigene Facebook- und Twitterseiten einrichten und auf Corporate Blogs den Dialog mit ihren Zielgruppen suchen. Als Nebenprodukt dieser Aktivitäten entstehen so weitere Portale für die Internet-Kunde-zu-Kunde-Kommunikation (Stauss und Seidel 2014, S. 539).

> **Beispiel**
> 2011 beschwerte sich ein Blogger bei O2 über Netzprobleme.
> Die Antwort des Telekommunikationsunternehmens: Es handele sich um einen Einzelfall. Das wollte der Blogger nicht auf sich sitzen lassen und schuf die folgende Website: www. wir-sind-einzelfall.de, auf der sich Tausende Betroffene meldeten. Daraufhin reagierte O2 und versprach, sein Netz weiter auszubauen (Sirin 2017, S. 76).

Sobald sich ein Onlineanbieter für eine Social-Media-Dialogstrategie entscheidet, hat dies erhebliche Auswirkungen auf das Beschwerdemanagement (Stauss und Seidel 2014, S. 553–557):

- Bezüglich der **Beschwerdestimulierung** ist davon auszugehen, dass mit jeder Social-Media-Plattform ein neues Dialogangebot bzw. ein neuer Beschwerdekanal entsteht und dass Beschwerdeaufkommen steigen wird. Da die Beschwerdebarrieren sinken, werden vermutlich auch viele kleinere Probleme an den Onlineanbieter herangetragen.
- Es ist empfehlenswert, ein eigenes Social-Media-Team für die **Beschwerdeannahme** zu bilden. Dazu sollten die Teammitglieder mit Foto und Namen auf den Social-Media-Plattformen vorgestellt werden. Dies schafft eine persönliche Atmosphäre und trägt dazu bei, dass sich die Onlinekunden direkt an einen konkreten Ansprechpartner wenden können.
- Die Erfassung der **Beschwerdeinformationen** muss mithilfe spezieller Social-Media-Monitoring-Programme umgesetzt werden. Nur so ist es möglich, alle relevanten Kundenäußerungen zu erfassen und nach Stimmungen oder demografischen Verteilungen zu analysieren.
- Auch bei der **Beschwerdebearbeitung** ist das Prinzip des Complaint Ownership anzuwenden. Der Social-Media-Complaint-Owner führt mit den sich beschwerenden Kunden

die Kommunikation. Außerdem verfolgt er die Kommunikation in den sozialen Medien zu dem speziellen Fall. Er ist für den Gesamtprozess der Beschwerdeannahme, -bearbeitung und -beantwortung verantwortlich.

- Für die **Beschwerdereaktion** muss eine professionelle Beantwortung beibehalten werden. Allerdings sollte der Sprachstil knapper und informeller ausfallen. Allerdings muss dabei beachtet werden, dass die Antworten im Social Web frei verfügbar sind. Aggressive und unfreundliche Antworten sind daher auf jeden Fall zu vermeiden.
- Unter **zeitlichen Gesichtspunkten** kommt einer sehr schnellen Reaktion (möglichst innerhalb weniger Stunden und das 24 Stunden am Tag) eine große Bedeutung zu.
- Die **Beschwerdeauswertung** sollte kanalspezifisch erfolgen. Außerdem ist es sinnvoll, die Beschwerdehäufigkeiten von klassischen Beschwerdekanälen mit den Häufigkeiten der Social-Media-Plattformen zu vergleichen.
- Bezüglich des **Beschwerdecontrollings** lassen sich insbesondere Änderungen des Aufgabencontrollings feststellen. Im Rahmen des subjektiven Aufgabencontrollings können alle Beschwerdeführer gebeten werden, ihre Beschwerdezufriedenheit auf Facebook und/oder Twitter zu äußern. Für das objektive Aufgabencontrolling sind spezielle objektive Qualitätsstandards (z. B. die Gesamtbearbeitungsdauer oder die Folgebeschwerdequote) zu definieren.
- Auch das **Beschwerdereporting** muss an die neuen Gegebenheiten angepasst werden. Für Social-Media-Beschwerden ist ein eigener Reportingprozess zu definieren. Die folgenden Informationen sind dabei, systematisch zu erfassen: die Ergebnisse des kontinuierlichen Social Media Monitorings, der Social-Media-Beschwerdeanalyse sowie der Problempriorisierung.
- Für die Beschwerdeinformationsnutzung ergeben sich ganz neue Möglichkeiten. Zunächst wird eine wesentlich größere Anzahl an Informationen zur Verfügung stehen. Außerdem enthalten die Dialoge zwischen den Kunden interessante Anregungen für Verbesserungsmaßnahmen.

▷ Insbesondere Anbieter von großen Onlineshops mit einem möglicherweise großen Beschwerdeaufkommen sollten in Erwägung ziehen, ob sie eine spezielle Beschwerdeseite in ihren Onlineshop integrieren. Dadurch könnten sie proaktiv einer negativen Internet-Mund-zu-Mund-Kommunikation zuvorkommen. In einem Forum zur Bearbeitung von Beschwerden könnten diese bearbeitet werden. Diese Beschwerdeseite muss dann jedoch intensiv betreut werden. Die dort gewonnenen Erkenntnisse könnten allerdings für interne Verbesserungsmaßnahmen genutzt werden. Der Onlineanbieter würde dadurch nach außen Transparenz und eine gelebte Kundenorientierung demonstrieren (Haas und Troschke von 2007, S. 130).

3.5 Kundenrückgewinnung

Wenn ich meine Kunden alle vier Wochen spreche, läuft das Geschäft gut. Sehe ich sie nur alle vier Monate, ist das schon bedenklich. Vergehen 14 Monate, bin ich sie womöglich los.
(unbekannt)

Für Unternehmen erweist sich die langfristige Sicherung bestehender und profitabler Kundenbeziehungen als zentrale Aufgabe. Dabei stehen gerade Onlineanbieter vor einer immer schwieriger zu bewältigenden Herausforderung (Seidl 2009, S. 5).

Der Vertrieb zahlreicher Onlineshops konzentriert sich auf die Gewinnung neuer Kunden und neuer Aufträge. Dabei wird der Vertrieb vom Controlling unterstützt. Im Vordergrund stehen die Bewertung von Potenzialen und die Expansion. Der Erhalt bestehender Kunden wird dabei häufig vernachlässigt. Das Thema „Was tun, wenn der Kunde nicht mehr kauft?" wird selten systematisch analysiert und angegangen. Dies ist durchaus verwunderlich, da heute Möglichkeiten bestehen, den Vertrieb dabei durch ausgereifte IT-Lösungen zu unterstützen, wahrscheinliche bzw. potenzielle Abwanderungen zu erkennen. Zum einen lassen sich Methoden des **Data Mining** nutzen. Aber auch **kundenspezifische Daten**, die mithilfe von Kundenkarten, Rabattsystemen oder Kundenclubs gewonnen werden, können dabei hilfreich sein (Preißner 2009, S. 167). Kunden, die im Laufe der Zeit inaktiv wurden, gilt es zu reaktivieren (Walter 2016, S. 165).

▷ Das **Kundenrückgewinnungsmanagement** (Customer Recovery Management) beinhaltet die Planung, Steuerung und Kontrolle aller Maßnahmen und Prozesse eines Unternehmens (Onlineanbieters) zur frühzeitigen Identifikation und Prävention von drohenden Kundenabwanderungen wie auch zur Rückgewinnung abgewanderter Kunden – stets unter Berücksichtigung von Profitabilitätsgesichtspunkten (Seidl 2009, S. 6)

Insbesondere Branchen, in denen die Anwerbung von Neukunden mit hohen Kosten verbunden ist, sollten sich aus wirtschaftlichen Gründen mit der Identifizierung von abwanderungswilligen Kunden beschäftigen. Neben dem Ablauf von Bindungsfristen können auch Abwerbungsversuche der Konkurrenz zu einer verstärkten Kundenabwanderung führen. Als besonders gefährdet gelten die folgenden Branchen (Preißner 2009, S. 167):

- Mobilfunkanbieter,
- Versicherungsgesellschaften (Fahrzeug- und andere Sachversicherungen),
- Gesetzliche Krankenversicherungen,
- Fahrzeughersteller und -werkstätten,
- Kreditinstitute,
- Zeitungs- und Zeitschriftenverlage,
- Energieversorger und
- Versandhäuser.

Anbieter aus diesen Branchen müssen Abwanderungs- bzw. Kündigungsgefahren frühzeitig erkennen. Nur so ist es möglich, dass sie frühzeitig gegensteuern können. Daher ist es erforderlich, Abwanderungsgründe zu identifizieren und kontinuierlich zu beobachten (Preißner 2009, S. 167).

3.5.1 Ziele des Kundenrückgew innungsmanagements

Das **Oberziel** der Kundenrückgewinnung besteht darin, ein Maximum an profitablen verlorenen Kunden zurückzugewinnen. Schüller (2007, S. 21–22) und Sieben (2002, S. 46–47) spalten dieses Oberziel in die folgenden **Unterziele** auf:

- Die Kundenfluktuation soll zukünftig dauerhaft eingedämmt werden.
- Zukünftige Erträge sollen ausgebaut bzw. auf dem bestehenden Niveau gesichert werden.
- Die hohen Kosten der Neukundenakquise zum Ersatz verlorener Kunden sollen minimiert werden.
- Das Image eines kundenfokussierten Unternehmens soll gefestigt werden.
- Negative Mund-zu-Mund-Kommunikation soll vermieden oder zumindest eingedämmt werden.
- Die der Abwanderung zugrunde liegenden Mängel und Probleme sollen behoben werden. Dadurch lassen sich daraus resultierende Fehlerkosten reduzieren.
- Durch das Kundenrückgewinnungsmanagement können wertvolle Informationen für die Verbesserung des Leistungsangebots gewonnen werden. Dadurch kann dieses kundenfreundlicher gestaltet werden.
- Die Abwanderung potenzieller Kündiger soll verhindert werden.
- Die Prävention von Kundenverlusten soll verbessert werden.
- Damit soll eine gute Basis für die „zweite Loyalität" rentabler Kunden gelegt werden.

3.5.2 Identifizierung der verlorenen Kunden

Zunächst muss geklärt werden, welche Kunden ab wann als verloren gelten. Anschließend sind die Abwanderungsgründe und eine Rückgewinnungswahrscheinlichkeit zu bestimmen. Die Identifikation von verlorenen Kunden gestaltet sich je nach Branche mehr oder minder kompliziert (Neu und Günter 2015, S. 31–32).

Innerhalb der verlorenen Kunden lassen sich verschiedene Kundentypen unterscheiden. Es gibt „leise" und „laute" Kündiger, „geräuschvolle" Reklamierer und heimliche Abwanderer. Einige Kunden fahren ihre Aktivitäten fast vollständig zurück. Einige verlängern ihre Verträge nicht. Darüber hinaus gibt es noch die vorübergehend oder dauerhaft abstinenten Kunden. Diese werden als „Schläfer" bezeichnet. Die Problematik der Identifizierung verlorener Kunden besteht darin, dass nicht alle Kunden ihre Entscheidung, einen Onlineanbieter zu verlassen, diesem dies durch eine mündliche oder schriftliche Kündigung mitteilen (Schüller 2007, S. 35).

Wer erfolgreich abwanderungswillige Kunden identifizieren will, sollte sich die folgenden **Leitfragen** stellen (Schüller 2007, S. 38–39; Schüller 2011c, S. 2):

- Wann hat der Kunde das letzte Mal gekauft?
- Wurde die übliche Bestellfrequenz deutlich unterschritten?
- War das Volumen der letzten Onlinebestellungen abnehmend?
- Ging die Zahl der Onlineeinkäufe zurück?
- Gab es Störungen in der Kundenbeziehung? Ging der Kunde auf Distanz? Oder war ihm plötzlich alles egal?
- Gab es verstärkte Reklamationen?
- Ließ die Zahlungsmoral nach?
- Sprach der Kunde in letzter Zeit öfter über Wettbewerber? Hatte er sehr genaue Kenntnisse über deren Produkte?
- Gab es negative Berichte in der Presse, auf die der Kunde aufmerksam gemacht hat?
- Gibt es im Markt Gerüchte über einen Lieferantenwechsel?

3.5.2.1 Leise Kunden

Kunden wandern in den seltensten Fällen von heute auf morgen ab. Häufig vollzieht sich die Abwanderung in Etappen. Kunden testen zunächst einen neuen Onlineanbieter. Dies kann zunächst nur ein Kleinauftrag oder ‑Probekauf sein. Sobald die ersten Einkaufserlebnisse positiv verlaufen sind, verschlechtert sich automatisch das Bild, das der Kunde vom bisherigen Onlineanbieter hat. Es kommt zu einer Mischung aus subjektiver Wahrnehmung und „schlechtem Gewissen". Der Kunde muss sich eine schlüssige Argumentation für den Onlineanbieterwechsel erarbeiten (Schüller 2007, S. 37).

Aufbauend auf der so erstellten Argumentation verändert sich sukzessive das Kundenverhalten. Der Kunde ist mit diesem und jenem unzufrieden. Es kommt zu diffusen Klagen über das Nachlassen der Qualität. Auch schlecht nachvollziehbare Mängelrügen können vorkommen (Schüller 2007, S. 38).

Sobald diese Anzeichen auftreten, sollte der Onlineanbieter seinem Kunden signalisieren, wie wichtig dieser für ihn ist. Die Klagen des Kunden müssen ernst genommen werden und der Onlineanbieter muss sich um jede Beanstandung kümmern. Dies ist gleichzeitig eine gute Gelegenheit, nach Schwachstellen im Unternehmen zu forschen. Was jetzt zählt, ist eine besondere Sorgfalt und persönliches Engagement bei der Abwicklung des nächsten Auftrags. Wenn es gelingt, die schwachen Signale bzw. „leisen" Töne richtig zu deuten, können gefährdete Kundenbeziehungen noch rechtzeitig stabilisiert werden. Dabei ist es hilfreich, die in der eigenen Branche üblichen Anzeichen zu beobachten und regelmäßig mit dem Verhalten der eigenen Kunden abzugleichen (Schüller 2007, S. 38).

3.5.2.2 Laute Kunden

Auch innerhalb der „lauten" Kunden können verschiedene Typen unterschieden werden (Schüller 2007, S. 40–41):

- die **Wutkündiger**, die aus einem Affekt heraus kündigen,
- die **Eiskalten**, die ohne Vorwarnung kündigen,
- die **Duldsamen**, die eine ganze Reihe von unglücklichen Ereignissen über sich haben ergehen lassen, bis es dann doch einmal zu viel war,
- die **Rationalen**, die etwas Besseres oder Billigeres gefunden haben und daher kündigen,
- die **Vorsichtskündiger**, die ihre Verträge bereits kurz nach dem Vertragsabschluss wieder kündigen, um keine Kündigungsfristen zu verpassen und

Tab. 3.1 Formulierungen aus der Verlierer- und Gewinnersprache (Quelle: Schüller 2007, S. 52)

Verlierersprache	Gewinnersprache
Das ist ein Riesenproblem!	Das ist eine Herausforderung, Frage, Aufgabe oder Anliegen.
Regen Sie sich bloß nicht so auf!	Ich kann verstehen, Ihnen nachfühlen, dass …
So schlimm ist das auch wieder nicht!	Ich kann mir gut vorstellen, dass Sie das ärgert.
Sie haben mich falsch verstanden!	Da habe ich mich unklar ausgedrückt.
Dafür bin ich nicht zuständig!	Ich kümmere mich sofort darum.
Das geht nicht! Völlig ausgeschlossen!	Ich werde mein Möglichstes tun.
Sie müssen … Sie dürfen auch nicht …	Ist Ihnen … recht? Kann ich … vorschlagen?
Sie irren sich! Das ist komplett falsch!	Da ist wohl leider ein Missverständnis passiert.
Ich versuche, Ihnen gerade zu erklären …	Mit anderen Worten …
Wie sich schon einmal sagte …	Wie gut, dass Sie noch einmal danach fragen!
Das kann ja einmal vorkommen!	Das tut mir leid. Bitte entschuldigen Sie!
Wir haben schon Schlimmeres überstanden!	Bitte, ich brauche da Ihre Hilfe.
Da kann ich Ihnen auch nicht helfen!	Das ist wichtig! Ich rufe sofort unseren Herrn …
Da hat mein Kollege etwas Falsches gesagt!	Ich hole Ihnen sofort die richtigen Informationen.
Das passiert bei uns ständig!	Weil …, ist das leider passiert.
Sie sind der Einzige/Erste, der das sagt!	Ich informiere mich sofort und rufe bis … zurück.
Die XX-Abteilung kriegt nie etwas auf die Reihe!	Ich kümmere mich persönlich darum.
Sie sind nicht der Einzige, der hier Schwierigkeiten hat …	Es tut mir leid, dass ausgerechnet Ihnen das passiert ist.

- die **Experimentierfreudigen** und die **Sprunghaften**, für die das Ausprobieren eines neuen Onlineshops ein Lustgewinn ist.

Unter einer **Reklamation** versteht man einen im Nachhinein geäußerten Kundenwunsch. Außerdem handelt es sich dabei um ein Warnsignal eines absprungbereiten Kunden. Schließlich denken viele Onlinekunden bei einer erlebten Unzufriedenheit schnell über einen Anbieterwechsel nach (Schüller 2007, S. 41). Daher gilt es bei der Bearbeitung von Reklamationen, mit der Sprache sehr achtsam umzugehen. In Tab. 3.1 sind Formulierungen aus der **Verlierer-** und **Gewinnersprache** aufgeführt, die als Anregung dienen sollen (Schüller 2007, S. 51–52).

3.5.3 Identifizierung der Verlustgründe

Es gibt vielschichtige Abwanderungsgründe. Sollte der konkrete Anlass im Verantwortungsbereich des Onlineanbieters (**unternehmensbezogene Abwanderungsgründe**) liegen, dann ergibt sich dadurch ein erster Anknüpfungspunkt für

Verbesserungen. Je nachdem, was vorgefallen ist, können eine Entschuldigung für den Fehler, eine Versicherung zur zukünftigen Vermeidung des Fehlers, ein Schadensersatz oder ein anderes sinnvolles Angebot einer Wiedergutmachung sinnvoll sein. Auch im Einflussbereich des Kunden (**kundenbezogene Abwanderungsgründe**) können Abwanderungsgründe zu finden sein. Dabei kann es sich beispielsweise um veränderte Lebens- oder Geschäftssituationen handeln. Daher ist zu klären, welche Produkte und Dienstleistungen für den Kunden noch infrage kommen, um die Geschäftsbeziehung zum Onlineanbieter aufrechtzuhalten. Um dies zu evaluieren, muss der Onlineanbieter Kontakt zum Kunden aufnehmen. Sollte jedoch der Abwanderungsgrund durch das Streben nach Abwechslung (**Variety Seeking**) bedingt sein, dann bleibt der Wiedergewinnungsversuch oft erfolglos (Preißner 2009, S. 184; Schüller 2011c, S. 1, 3; Seidl 2009, S. 17).

Kreuter (2012, S. 48–49) fasst die verschiedenen Abwanderungsgründe in drei **Kategorien** zusammen:

- **Pushed away:** Hier hat der Onlineanbieter den Kunden verärgert. Es wurde den Wünschen des Kunden nicht entsprochen und aus dieser Verärgerung wechselt er zum Wettbewerb.

- **Pulled away:** Der Wettbewerb hat dem Kunden ein besseres Angebot gemacht und ihn vom Onlineanbieter abgeworben (**wettbewerbsbezogene Abwanderungsgründe**).
- **Broken away:** Der Kunde nimmt nicht mehr am Marktgeschehen teil. Vielleicht hat er sein Geschäft aufgegeben, ist in Konkurs gegangen oder wurde von einem anderen Unternehmen übernommen.

3.5.3.1 Schriftliche Kundenbefragungen

Eine fundierte Abwanderungs- bzw. Kündigungsgrundanalyse ermöglicht die Selektion von Zielkunden sowie die Erarbeitung kunden(segment)spezifischer Rückgewinnungsmaßnahmen (Bruhn und Michalski 2001, S. 117; Büttgen 2003, S. 67 beide zitiert nach Seidl 2009, S. 17).

Die Vorteile der schriftlichen (Online-)Befragung bestehen darin, dass der Kunde sich Zeit für die Beantwortung nehmen und anonym antworten kann. Allerdings sind schriftliche (Online-)Befragungen mit einem nicht unerheblichen Konzeptionsaufwand verbunden. Je mehr Zeit die Konzeption der (Online-)Umfrage und Auswertung der Befragungsergebnisse in Anspruch nimmt, umso geringer wird die Chance, den Kunden zurückzugewinnen. Denn bei dem Versuch, Kunden zurückzugewinnen, zählt jeder Tag! Hinzu kommt, dass die Rücklaufquoten bei schriftlichen Befragungen sehr gering ausfallen. Daher darf der Fragebogen nicht zu lang sein. Es dürfen nur wirklich relevante Fragen gestellt werden. Der schriftliche Fragebogen sollte nicht länger als eine Seite sein bzw. nicht mehr als fünf Fragen beinhalten. Am Ende des (Online-)Fragebogens sollte Platz für individuelle Anmerkungen und Kommentare vorgesehen sein (Schüller 2007, S. 69–70).

Die folgenden **Fragen** bieten sich für eine schriftliche Befragung an (Schüller 2007, S. 70):

- Was ist der Hauptgrund, weshalb Sie uns verlassen haben?
- Was hat Sie bei uns besonders gestört?

- Was sollten wir schnellstmöglich ändern bzw. verbessern?
- Was gefiel Ihnen bei uns am besten?
- Wie würde für Sie eine perfekte Leistung aussehen?
- Welche Frage könnten wir Ihnen noch stellen?

Der Fragebogen sollte mit einer **Einleitung** beginnen, in der der Onlineanbieter dem abgewanderten Kunden erklärt, warum die Befragung durchgeführt wird und wie der Kunden helfen kann, das Angebot des Onlineshops zu verbessern (Schüller 2007, S. 70).

Beispiel

„Lieber Herr Suhr,

der Weggang eines so wertvollen Kunden, wie Sie es waren, zwingt uns zu der Überlegung: Was haben wir falsch gemacht? Was hätten wir besser machen können? Wie sähe für Sie eine perfekte Leistung aus? Besser spät als nie möchten wir Sie um Ihre Mithilfe bitten. Hierzu haben einen kurzen Fragebogen beigefügt" (Schüller 2007, S. 70).

3.5.3.2 Mündliche bzw. telefonische Kundenbefragungen

Die Abwanderung von Kunden ist stark emotionsgeladen. Es kommt daher nicht nur darauf an, was die Kunden sagen, sondern wie sie sich dabei verhalten. Mit einer schriftlichen (Online-)Befragung lassen sich diese Emotionen nur schwer oder gar nicht erheben. Mündliche oder telefonische Kundenbefragungen können dazu beitragen, den wahren Gründen auf die Spur zu kommen. Dabei helfen die gemachten Beobachtungen weiter. Allerdings ist es dazu erforderlich, auf gut geschulte Interviewer zurückzugreifen. Auch für persönliche oder telefonische Fragen lassen sich Leitfragen formulieren, die zur Strukturierung des Interviews genutzt werden können (Schüller 2007, S. 72–73):

- Was genau ist passiert?
- Worin war der Onlineanbieter schlecht? Gab es auch positive Aspekte?
- Was waren die wahren Gründe für den Wechsel?

- Was kann der Onlineanbieter beim nächsten Mal besser machen?
- Wie kann der Onlineanbieter den Kunden zurückgewinnen?

Es muss allerdings darauf hingewiesen werden, dass auch mündliche oder telefonische Befragungen Nachteile aufweisen. So kann es beispielsweise vorkommen, dass Kunden sich während des Interviews sozial angepasst verhalten und eher das antworten, was der Interviewer vermutlich hören will. Aber auch durch Bequemlichkeit können die Ergebnisse verfälscht werden. Nicht immer haben die Kunden Lust, sich differenziert mit den Fragen des Interviewers zu beschäftigen (Schüller 2007, S. 73).

3.5.4 Maßnahmen der Kundenrückgewinnung

Nachdem die abgewanderten Kunden identifiziert wurden und sich der Onlineshopbetreiber einen Überblick über die Abwanderungsgründe seiner Kunden verschafft hat, geht es jetzt darum, die lukrativen unter den verlorenen Kunden zu reaktivieren (Schüller 2007, S. 107).

Dabei muss es schnell gehen. Zunächst gilt es jedoch, die folgenden **Leitfragen** zu beantworten (Schüller 2007, S. 113):

- Welche Kunden sollen zurückgewonnen werden?
- Wer soll die verlorenen Kunden ansprechen?
- Was soll den verlorenen Kunden angeboten werden?
- Wann soll dies erfolgen?
- Wie viel Budget steht dafür zur Verfügung?
- Wie soll im Einzelnen vorgegangen werden?

3.5.4.1 ABC-Analyse

Da nicht für jeden Kunden eine Rückgewinnungsaktion sinnvoll ist, ist die Frage nach der Wichtigkeit des Kunden zu stellen. Insbesondere Kundenbeziehungen, die sich gerade so im Bereich positiver Deckungsbeiträge bewegen und wenig Verbesserungspotenzial erkennen lassen, rechtfertigen keine größeren Investitio-

nen in die Kundenrückgewinnung (Preißner 2009, S. 183).

Die ABC-Analyse zählt zu den einfachsten und am weitesten verbreiteten Methoden zur Klassifizierung von Kunden. Mithilfe der ABC-Analyse wird unter Verwendung konkreter Zahlen und Daten ermittelt, wie rentabel die jeweiligen Kunden für das Unternehmen sind. Durch diese Analyse wird das Onlinemarketingmanagement in die Lage versetzt, zu entscheiden, wie intensiv einzelne Kunden bzw. -gruppen betreut werden sollen. Die Einteilung in A-, B- oder C-Kunden erfolgt dabei nach dem Umsatz- oder Ertragsanteil des entsprechenden Kundensegments (Kappeller und Mittenhuber 2003, S. 1).

▸ Die **ABC-Analyse** stellt ein verallgemeinerbares, einfaches Verfahren der Kundenstrukturanalyse dar, bei dem eine Rangreihe aller Kunden des betrachteten Onlineanbieters nach ihrem Erfolgsbeitrag (z. B. Umsatz oder Deckungsbeitrag) gebildet wird, anschließend werden diese Beiträge kumuliert und in drei (ABC) oder vier (ABCD) Gruppen eingeteilt (Krafft 2001b, S. 1).

Das **Ziel** der ABC-Analyse besteht in der Darstellung der Erfolgskonzentration nach Kunden bzw. Kundensegmenten. Die Ergebnisse der ABC-Analyse liefern im Rahmen der Kundenanalyse wichtige Hinweise für das Kundenmanagement (Krafft 2001b, S. 1).

Als **Bezugsgröße** wird für die ABC-Analyse am häufigsten der Umsatz gewählt (Homburg und Daum 1997, S. 58). Die nach ihrem Umsatzanteil eingestuften Kunden werden dann folgendermaßen interpretiert (Kappeller und Mittenhuber 2003, S. 1; Pepels 1996, S. 495):

- A-Kunden erwirtschaften einen sehr hohen Umsatzanteil.
- B-Kunden stehen für einen mittleren Umsatzanteil.
- C-Kunden erwirtschaften nur einen sehr geringen Umsatzanteil.

Die Betrachtung verschiedener Anwendungsfälle lässt erkennen, dass ca. 20 Prozent der Kunden (A-Kunden) für ca. 80 Prozent des Umsatzes (Deckungsbeitrags oder Gewinns) verantwortlich sind und daher entsprechend intensiv betreut werden sollten (Pepels 1996, S. 495; Schneck 2007, S. 1). Auf die folgenden 30 Prozent der Kunden (B-Kunden) entfallen dann ca. 15 Prozent und auf die verbleibenden 50 Prozent der Kunden (C-Kunden) die übrigen 5 Prozent des Umsatzes (Homburg und Daum 1997, S. 59).

Die konkrete **Vorgehensweise** der ABC-Analyse lässt sich in die folgenden Schritte unterteilen (Pepels 1996, S. 495):

1. Für jeden Onlinekunden wird der prozentuale Umsatzanteil bestimmt. Als Werte kommen Umsatzzahlen aus der letzten Abrechnungsperiode oder Durchschnittswerte infrage.
2. Unter Berücksichtigung ihrer Umsatzbedeutung werden die Onlinekunden in absteigender Folge aufgelistet.
3. Auf der Ordinate eines Koordinatensystems bzw. einer Matrix werden die prozentualen Umsatzwerte kumuliert abgetragen. Wobei die Summe aller Umsätze 100 Prozent ergibt.
4. Auf der Abszisse werden die Onlinekunden kumuliert abgetragen. Dies geschieht in Abhängigkeit der Reihenfolge ihres Umsatzanteils. Begonnen wird mit dem Kunden mit dem größten Umsatzanteil. Darauf folgt der Kunde mit dem zweithöchsten Umsatzanteil usw. Auch die Summe aller Kunden muss wieder 100 Prozent ergeben.
5. Aus der Kombination des Umsatz- und Kundenanteils ergeben sich Schnittpunkte in der Matrix. Diese Schnittpunkte werden durch eine Linie (Konzentrationskurve) miteinander verbunden.

Basierend auf den Erkenntnissen der ABC-Analyse lässt sich beispielsweise die Wirtschaftlichkeit der C-Kunden überprüfen. Es muss analysiert werden, ob die Fortsetzung der Geschäftsbeziehung zu Onlinekunden aus der Gruppe C sinnvoll ist (Homburg und Daum 1997, S. 60).

Zur Beantwortung der Frage „Wie wichtig ist der Kunde?" kann die **ABC-Analyse** zur Anwendung kommen (Preißner 2009, S. 183–184):

- **A-Kunden:** Dazu zählen Kunden, die sehr umsatz- oder deckungsbeitragsstark sind. Diese müssen mit einem hohen Aufwand zurückgewonnen werden.
- **B-Kunden:** Diese Kunden sind zwar wichtig, aber nicht von zentraler Bedeutung. Der Onlineshopbetreiber muss genau abwägen, welchen aktuellen und strategischen Wert diese Kunden für ihn haben. Es muss daher auf eine wirtschaftlich vertretbare Rückgewinnungsaktion geachtet werden. Sie muss in einem sinnvollen Verhältnis zum erwarteten Ertragspotenzial stehen.
- **C-Kunden:** Bei diesen Kunden handelt es sich um quantitativ unbedeutende Kunden. Ein Ausfall einzelner C-Kunden führt zu keiner nennenswerten Veränderung des Unternehmensergebnisses. Langfristig könnten diese C-Kunden zu B-Kunden ausgebaut werden. Jedoch zeigt deren Abwanderung, dass ihre Bereitschaft dazu nicht sehr ausgeprägt ist. Maßnahmen zur Kundenrückgewinnung müssen auf ein Minimum reduziert werden. Sie können beispielsweise in einem einfachen telefonischen oder schriftlichen Kontakt bestehen.

▷ Bei der Einschätzung der Kunden sollte ermittelt werden, ob es evtl. „Trittbrettfahrer" gibt. Dies sind kleinere Kunden, die ganz bewusst abwandern, um sich durch Zugeständnisse zurückgewinnen zu lassen. Es ist daher zu prüfen, ob es bei den entsprechenden Kunden schon einmal zu einer Abwanderung kam und welche Rückgewinnungsleistungen in Anspruch genommen wurden (Preißner 2009, S. 184).

Für alle anderen rückgewinnungswürdigen Kunden sind je nach Abwanderungsgrund und Kundensituation individuelle und situationsadäquate Rückgewinnungsansprachen (z. B. persönlich, telefonisch oder schriftlich) vorzunehmen. Zudem müssen individuelle **Rückkehreranreize** geschaffen werden, die die Kunden zu einer Rückkehr zum Onlineshopbetreiber bewegen. Dies muss stets unter Beachtung von Wirtschaftlichkeitsgesichtspunkten geschehen (Seidl 2009, S. 17).

3.5.4.2 Immaterielle Anreize

In einigen Fällen reicht bereits ein gesteigertes Maß an Aufmerksamkeit (z. B. ein Geburtstagsgruß), um Kunden (wieder) für sich zu gewinnen. Ein einfühlsames Telefonat mit dem Kunden und den richtigen Argumenten führt manchmal schon zur Kundenrückgewinnung. Aber auch eine persönliche E-Mail oder ein persönlicher Kundenbrief können sehr hilfreich sein. Für die Führung des Telefonats bzw. das Verfassen dieser Schreiben kann sich der Onlineanbieter an den folgenden **Leitfragen** orientieren (Schüller 2007, S. 131–133; Schüller 2011b, S. 7):

- Wie gewinnt man das Vertrauen seines Gegenübers (z. B. mit dem Hinweis auf Testergebnisse der Stiftung Warentest)?
- Wie baut man nach der Kündigung des Kunden die Beziehungsebene neu auf (z. B. indem der Onlineanbieter den Kunden erneut herzlich willkommen heißt)?
- Wie geht man sensibel vor und stellt dennoch eine offene Gesprächsatmosphäre her, um die Gründe für die Kündigung zu erfahren (z. B. indem der Onlineanbieter aktiv zuhört und den Kunden erzählen lässt)?
- Wie macht man dem Kunden seinen individuellen Nutzen klar (z. B. indem das Schreiben aus Sicht des Kunden bzw. der Sie-Perspektive verfasst wird)?

Schüller (2007, S. 133, 2011c, S. 7) spricht in diesem Kontext auch von **emotionalen Türöffnern**, die die unterschiedlichsten Ansatzpunkte liefern. Konkret nennt sie die folgenden Ansatzpunkte:

- Es muss dem abgewanderten oder abwanderungswilligen Kunden verdeutlicht werden, dass er etwas Besonderes ist.
- Die Wichtigkeit der Zusammenarbeit muss herausgestellt werden.
- Zudem kann die Erinnerung an die lange und gute Zusammenarbeit hilfreich sein.
- Sofern es ein ganz besonders positives Erlebnis gab, kann auch daran erinnert werden.

3.5.4.3 Materielle Anreize

Reine Preisnachlässe werden häufig zur Kundenrückgewinnung angewandt. Allerdings sind sie nicht immer die attraktivste Möglichkeit. Vor allem muss bedacht werden, dass Kunden, die durch aggressive Preismaßnahmen zurückgewonnen wurden, häufig eine verkürzte zweite Loyalität aufweisen (Schüller 2007, S. 137).

Je nach Branche und Onlineanbieter ergeben sich andere **Rückgewinnungsangebote** (Schüller 2007, S. 136–137):

- Entschädigung für Verluste
- Kompensationsangebote
- Nachbesserungen
- (kostenlose) Zusatzleistungen
- Verbesserte Konditionen
- Schneller Umtausch
- Kostenlose Reparatur
- Ersatz- bzw. Gratislieferung
- Rückkehrprämie oder Willkommensgeschenke
- Preisnachlässe
- Comeback Specials
- Sonderrabatte oder Gutschriften und
- Bonuspunkte, Zugaben oder Gutscheine

Bei materiellen Anreizen kommt es darauf an, dass diese aus Sicht der Kunden als fair empfunden werden. Auch standardisierte Rückgewinnungsangebote haben nur wenig Aussicht auf Erfolg. Besser geeignet sind dagegen individuell mit dem Kunden abgestimmte Offerte. Idealerweise lässt der Onlineanbieter seinen Kunden die Wahl. Insbesondere bei der Frage: „Was haben Sie sich denn vorgestellt?" werden die meisten Beschwerdeführer ihre Maximalforderung zurückschrauben und sich kooperativ verhalten (Schüller 2007, S. 137).

3.5.4.4 (Re-)Aktivierungskampagnen

Die Gründe für eine mögliche Inaktivität oder Abwanderung der Kunden sind häufig durch ein verlorenes Vertrauen begründet. Es kann aber auch vorkommen, dass der Onlineshop einfach in Vergessenheit geriet und die Konkurrenz präsenter ist. Um Kunden zu (re)aktivieren oder zurückzugewinnen, schlägt Walter (2016, S. 177–178) daher die folgenden Kampagnen vor:

- **Trust-Kampagnen:** Dabei wird dem Kunden in einem Newsletter gezielt vor Augen geführt, dass er dem Onlineshop vertrauen kann. In diesen Kampagnen kann auf TÜV- oder andere Prüfsiegel (Trusted Shops) hingewiesen werden. Aber auch Zahlen wie der x-tausendste zufriedene Kunde oder das x-tausendste versendete Paket schaffen Vertrauen. Darüber können auch Testimonials als Fürsprecher des Onlineshops eingesetzt werden.
- **Reminder-Kampagnen:** Für diese Kampagnen sind Hinweise auf Neuheiten im Onlineshop sehr geeignet. Diese Trigger bzw. Betreffzeilen führen in der Mehrzahl der Fälle zu einer Öffnung des Newsletters. Damit ist der erste Schritt zurück zum aktiven Kunden getan. Die im Newsletter ausgespielten Angebote führen i. d. R. zu einem starken Klickanreiz.
- **Umfragen zur Reaktivierung:** Diese Kampagnenart kann sehr erfolgreich sein. Auch wenn man im ersten Moment nicht an eine Umfrage als Maßnahme der Kundenrückgewinnung denken mag. Durch eine kleine Umfrage (z. B. „Bewerten Sie uns mit nur 3 Klicks"), in der als Incentivierung ein 100-Euro-Gutschein verlost wird, kann das Engagement der Kunden wieder aktiviert werden.

3.5.5 Erfolgskontrolle und Optimierung der Kundenrückgewinnung

Das Kundenrückgewinnungsmanagement muss einen Beitrag zur Erreichung der ökonomischen und ideellen Unternehmensziele leisten. Dazu zählen sowohl Mehrumsätze durch zurückgewonnene Kunden als auch die Imageverbesserung des Onlineshopbetreibers (Schüller 2007, S. 176). Bei (Re-)Aktivierungskampagnen oder Kampagnen mit Incentivierung (z. B. durch Gutscheine) geht es in erster Linie um die Conver-

sion Rate. Mittelfristig ist jedoch auch die Entwicklung der konvertierten Kunden von Interesse (Walter 2016, S. 179).

▶ **Kundenrückgewinnung:** Ein Kunde kann dann als zurückgewonnen gelten, wenn er die Geschäftsbeziehung mit dem Onlineshopbetreiber wieder aufnimmt, indem er die Kündigung widerruft (explizit) oder innerhalb eines bestimmten bzw. definierten Zeitraums wieder zu einem üblicherweise zu erwartenden Kauf- bzw. Nutzungsverhalten zurückkehrt (implizit) (Sieben 2002).

Für die Bewertung der durchgeführten Rückgewinnungsprogramme können die folgenden **Kennzahlen** zur Anwendung kommen (Schüller 2007, S. 179–182; Schüller 2011a, S. 3–5):

- **Ursachenübersicht:** Mithilfe der Ursachenübersicht wird eine Prioritätenliste für anschließende Präventivmaßnahmen erarbeitet. Dazu werden in Berichten die Abwanderungs- bzw. Kündigungsgründe mengenmäßig erfasst und optisch aufbereitet. Zusätzlich werden die entgangenen Umsätze bzw. Deckungsbeiträge den jeweiligen Ursachen zugeordnet. Zusätzlich werden die Kosten für Fehlerbehebungen, Nachbesserungen, Ersatzlieferungen und Wiedergutmachungen erfasst.
- **Rückgewinnungsrate:** Zur Berechnung dieser Kennzahl werden die wiedergewonnen Kunden durch die Anzahl der kontaktierten Kunden dividiert.
- **Veränderung der Verweildauer:** Kunden werden in vielen Branchen erst im Laufe der Zeit immer wertvoller. Daher wird bei dieser Kennzahl die frühere durchschnittliche Verweildauer der Kunden im Verhältnis zur neuen durchschnittlichen Verweildauer betrachtet. Dabei kann eine weitere Differenzierung nach Branche, Alter, Geschlecht oder Berufsgruppe sinnvoll sein.
- **Veränderung der Kundenfluktuation:** Um -diese Kennzahl bestimmen zu können, ist es erforderlich, die Fluktuationsrate vor den Kundenrückgewinnungsmaßnahmen zu erfassen (Nullmessung). Diese Fluktuationsrate 1

wird mit der Fluktuationsrate 2 nach der Durchführung der Kundenrückgewinnungsmaßnahmen verglichen. Wenn beispielsweise ein Onlineanbieter jedes Jahr 25 Prozent seiner Kunden verliert, hat dies zur Folge, dass die Kunden im Durchschnitt vier Jahre bleiben. Im Umkehrschluss heißt dies, dass sich der komplette Kundenstamm alle vier Jahre erneuert. Auch diese Kennzahl lässt sich weiter nach Kundengruppen differenzieren.

• **Veränderung des Kundenwerts:** Zur Berechnung dieser Kennzahl wird der frühere Kundenwert ins Verhältnis zum zukünftigen Kundenwert gesetzt. Dabei wird noch weiter nach dem Lifetime Value und dem Recommendation Value (Referenzwert) differenziert. Zur Bestimmung des Lifetime Values werden die zukünftigen Erträge plus Kosteneinsparungen kumuliert. Der Recommendation Value gibt an, inwiefern es gelingt, durch Empfehlungen des Kunden neue Kunden zu gewinnen.

• **Rückgewinnungsgewinn (Return on Customer Recovery):** Dazu werden die Rückgewinnungskosten ins Verhältnis zum Rückgewinnungsertrag gesetzt. Es muss dabei beachtet werden, dass der Anteil der erfolgreichen Rückgewinnung die Fehlschläge mitfinanzieren muss. Neben dem zurückgewonnenen Umsatz sollten auch der Imagegewinn, die positive Mund-zu-Mund-Kommunikation und Lerngewinne berücksichtigt werden.

• **Nachkalkulation der Rückgewinnungskosten:** Hierbei geht es um die Bestimmung von Over- bzw. Underspendings. Dazu werden die budgetierten Rückgewinnungskosten zu tatsächlichen Kosten erfasst. Dabei geht es nicht darum, das angesetzte Budget exakt einzuhalten. Vielmehr sollte aus dem jeweiligen Budget das maximal mögliche Rückgewinnungsergebnis erzielt werden. Ist das geplante Budget dafür zu gering (Underspending), muss auf jeden Fall nachbudgetiert werden. Es kann auch vorkommen, dass die Ergebnisse der Kundenrückgewinnung besser ausfallen als die der Neukundengewinnung. Dann muss das Budget dafür entsprechend umgeschichtet werden.

• **Abwanderungsbewegungen:** Hierbei ist interessant, zu welchen Wettbewerbern die Kunden abgewandert sind, und welche Gründe bzw. Ursachen dafür verantwortlich sind. Zusätzlich wird erfasst, von welchen Wettbewerbern Kunden zurückgewonnen werden konnten. Dadurch lassen sich Umverteilungsströme abbilden und sehr nützliche Erkenntnisse gewinnen. Die Abwanderungsbewegungen stellen einen wichtigen Indikator für den Unternehmenserfolg dar (Seidl 2009, S. 30).

3.5.6 Prävention von Kundenabwanderungen

Durch die Rückgewinnung von Kunden bekommt der Onlineshopbetreiber gewissermaßen eine zweite Chance, diese Kunden in loyale Kunden umzuwandeln. Im Kern geht es darum, diese Loyalität zu verlängern und erneute Kundenverluste zu vermeiden. Es geht also um die „Immerwieder-Treue" des Kunden, die u. a. in einer positiven Mund-zu-Mund-Kommunikation zum Ausdruck kommt. Zudem steigert die Kundenloyalität die Wertschöpfung. Loyale Kunden kaufen öfter und mehr im Onlineshop ein und sind weniger preissensibel. Dies generiert kontinuierlich steigende Umsätze und senkt gleichzeitig die Kosten (Schüller 2007, S. 196–197; Schüller 2011b, S. 8). Unter Controllinggesichtspunkten ist es das Ziel, wirtschaftlich tragfähige Präventionskonzepte zu entwickeln (Seidl 2009, S. 13).

3.5.6.1 Kundenloyalität optimieren

Kundenloyalität kann heute als ein äußerst knappes Gut bezeichnet werden. Gerade für Onlineanbieter ist die Kundenloyalität sehr wertvoll. Ist doch die Konkurrenz nur einen Klick weit entfernt. Die Erzeugung von Kundenloyalität kann daher als eine der wichtigsten unternehmerischen Aufgaben der Zukunft bezeichnet werden. Es geht um die Erreichung einer Loyalitätsführerschaft. Dies gilt ganz besonders für Onlineanbieter in wettbewerbsintensiven Märkten. Durch die systematische Ausnutzung des vorhandenen Kundenpotenzials lassen sich zahlreiche Chancen zu kostengünstigem und nachhaltigem Wachstum realisieren. Onlineanbieter, die intelligente Angebote auf den Markt bringen, können ihre Kundenloyalität beträchtlich erhöhen und gleichzeitig die Fluktuationsrate ihrer Kunden deutlich senken (Schüller 2007, S. 197–198).

Loyalität ist gleichzusetzen mit einer freiwilligen Treue. Sie wird mit guten Gefühlen in Verbindung gebracht (Schüller 2007, S. 199):

- Achtsamkeit,
- Zuverlässigkeit,
- Vertrauen,
- Wertschätzung,
- Sympathie und
- Zuneigung.

Das besondere an der Loyalität ist, dass sie vom Kunden ausgeht und emotionsbehaftet ist. Doch eine Loyalitätsgarantie gibt es nicht. Onlineanbieter müssen sich die Loyalität ihrer Kunden immer wieder neu verdienen. Nur wem es gelingt, die Kundenerwartungen deutlich zu übertreffen, der bekommt Loyalität geschenkt. Heute wollen Kunden überrascht, verblüfft, begeistert, ja geradezu fasziniert werden. Durch ein tiefes Vertrauen der Kunden zum Onlineanbieter wird das Fundament für den Aufbau von Loyalität gelegt und ein wirksam vorbeugendes Mittel gegen Kundenschwund geschaffen (Schüller 2007, S. 199).

3.5.6.2 Kundenintegration

Früher wurden Kunden als König, Freund oder Partner bezeichnet. Heute ist der Kunde der „Boss"! Das Internet wird dabei als Schrittmacher gesehen. Insbesondere durch Web 2.0 Applikationen haben Kunden heute sehr weitreichende Möglichkeiten. Selbst Laien können auf einfachste Weise zu Gestaltern des virtuellen Raums werden. Das Internet wurde zum Mitmach-Web und verwandelt passive Konsumenten in aktive Produzenten, die auch als **Prosumenten** bezeichnet werden. Die Prosumenten werden zu Machern und bekommen damit Macht. Das heutige Verhältnis zu Kunden ist daher dialogisch geprägt und vor allem interaktiv. Onlineanbieter fragen und hören zu. Im Gegenzug senden die Kunden Botschaften und Wünsche. Sobald die Kunden an den Antworten Gefallen finden und ein gutes Gefühl haben, dann kaufen sie auch (Schüller 2007, S. 205–206).

Zukünftig wird es verstärkt darum gehen, Kunden zu involvieren, zu integrieren und zu aktiven Gestaltern zu machen. Dies kommt bereits heute bei den Kunden gut an. Sie drehen (Werbe-) Videos und laden diese auf Youtube hoch. Je mehr Onlineanbieter dazu bereit sind, die Prosumenten zu ermuntern oder sie zumindest gewähren zu lassen, desto positiver ist die Reaktion der Internetgemeinde. Der dadurch entstehende Output wandert als elektronische Mund-zu-Mund- bzw. Maus-zu-Maus-Kommunikation um die ganze Welt und macht aus Marken Kult. Erfolgsbeispiele zeigen, dass es darauf ankommt, den Konsumentengemeinschaften eine Plattform bzw. Community zu bieten, auf der ein reger Austausch stattfinden kann. Der dort generierte **User Generated Content** fördert den Austausch und Zusammenhalt innerhalb der Community. Durch die Vernetzung der Kunden entsteht so eine neue Art der „Sippe", die wiederum die Verbundenheit zur Marke fördert (Schüller 2007, S. 206–207).

Zahlreiche Unternehmen veranstalten heute Umfragen, um **Innovationen** zu kreieren. Dabei ist jede Spielart zur Einbindung der Kunden hilfreich (Schüller 2007, S. 207–208):

- Diskussionsforen im Internet,
- Kundenparlamente,
- Fokusgruppen und
- Corporate Blogs.

Ein so verstandenes **Consumer-to-Consumer-Marketing** eröffnet ganz neue Möglichkeiten, um mit den Kunden in einen Dialog einzutreten. Jeder Onlineanbieter kann auf seine Weise und für sein Leistungsspektrum Ansatzpunkte finden, um Kunden entscheiden zu lassen, welche Produkte und Dienstleistungen in Zukunft angeboten werden sollen (Schüller 2007, S. 208).

Es sind damit diejenigen Onlineanbieter im Vorteil, denen es gelingt, einen attraktiven Kundenstamm langfristig an sich zu binden und Abwanderungstendenzen frühzeitig zu erkennen (**Früherkennung**). Wenn es dann noch gelingt, diesen entgegenzuwirken (**Prävention**) und (potenzielle) Abwanderer zurückzugewinnen (**Kundenrückgewinnung**), dann ist die Basis für einen langfristigen Unternehmenserfolg gelegt (Seidl 2009, S. 30).

3.6   Kundenwert

Wer gewinnen will, muss täglich bereit sein, sich zu verbessern.
(Marcello Camerin)

Die große Bedeutung der Kundenzufriedenheit und -bindung für den Unternehmenserfolg eines Onlineanbieters wurde in den vorangegangenen Abschnitten dieses Kapitels ausführlich diskutiert. Dabei wurde der Begriff des Kunden zunächst pauschal verwendet. Da jedoch nicht jeder Kunde für einen Onlineanbieter gleich viel „wert" ist, soll im Folgenden aufgezeigt werden, wie eine Differenzierung nach einzelnen Kunden bzw. Kundengruppen erfolgen kann (Homburg und Schnurr 1998, S. 171).

3.6.1   Begriffsbestimmung

Eine differenzierte Analyse der Auftragsbestände, Kundenumsätze und Deckungsbeiträge zeigt vielen Onlineanbietern, dass häufig ein bedeutender Teil der Umsätze und Deckungsbeiträge durch wenige, gute Kunden bzw. Kundengruppen erwirtschaftet wird (Buser und Welte 2006, S. 62).

▶ Der **Kundenwert** ist ein spezifisches Maß für die ökonomische Gesamtbedeutung eines Kunden aus Anbietersicht, d. h. dessen direkte und indirekte Beiträge zur Erreichung von Anbieterzielen. In umfassender Begriffsverwendung beinhaltet der Kundenwert somit sämtliche monetären und nich monetären Einbußen, die bei Beendigung einer bestehenden Geschäftsbeziehung bzw. Nichtzustandekommen einer potenziellen Geschäftsbeziehung entstehen (Cornelsen 2001, S. 876).

Für einen Onlineanbieter sind insbesondere die **indirekt-monetären   Kundenwertpotenziale**

von Interesse. In diesem Kontext spricht Cornelsen (2001, S. 876–877) von Cross-Selling-, Referenz- und Informationspotenzial:

- **Cross-Selling-Potenzial:** Der Cross-Selling-Wert gibt an, inwieweit es dem Onlineanbieter gelingt, eine bestehende Geschäftsbeziehung zu einem Onlinekunden auf andere Produkte bzw. Produktgruppen auszuweiten. Wenn eine derartige Ausweitung gelingt, verbreitert sich dadurch die ökonomische Basis der Geschäftsbeziehung und steigert dadurch den jeweiligen Kundenwert.
- **Referenzpotenzial:** Onlinekunden sprechen i. d. R. über ihre Konsumerfahrungen mit dem jeweiligen Onlineanbieter mit Freunden und Bekannten oder tauschen sich in Social-Media-Portalen aus. Diese Mund-zu-Mund-Kommunikation führt zu Referenzen für den Onlineanbieter. Besonders interessant sind dabei Meinungsführer, die durch ihre Empfehlungen andere Onlinekunden in ihren Kaufentscheidungen beeinflussen. Diese als besonders vertrauenswürdig geltende Kommunikation verschafft gerade kleineren Nischenanbietern – abseits des traditionellen Massenmarketings – enorme Wachstumspotenziale.
- **Informationspotenzial:** Damit wird die Gesamtheit an innovativen und umsetzbaren Ideen erfasst, die ein Onlineanbieter von seinen Kunden erhält. Diese können sich auf die Verbesserung der Produkte und Dienstleistungen beziehen, aber auch Prozessverbesserungen sind von Interesse.

3.6.2   Ausgewählte Kundenwertanalysen

3.6.2.1 ABC-Analyse
Die ABC-Analyse wurde bereits im Abschn. 3.5.4.1 erläutert.

3.6.2.2 RFMR-Methode
Eines der bekanntesten Scoring-Modelle ist die **RFMR-Methode** (**Recency, Frequency, Mone-**

tary Ratio), die im Versandhandel sehr verbreitet ist und sich daher gut auf den eCommerce übertragen lässt. Bei diesem Verfahren werden drei verschiedene Variablen zueinander ins Verhältnis gesetzt (Homburg und Schnurr 1998, S. 179–180; Köhler 2003, S. 404–405; Lauer 1999c, S. 429–430; Pepels 2001, S. 64; Walter 2016, S. 115):

- **Recency:** Wann hat der Onlinekunde zuletzt gekauft?
- **Frequency:** Wie oft hat der Onlinekunde gekauft?
- **Monetary Ratio:** Welchen monetären Wert hat er dabei generiert?

▶ Die **RFMR-Methode** ist ein im Direkt- und Data-Base-Marketing häufig eingesetztes Kunden-Scoring-Verfahren. Die RFMR-Methode stellt ein Konzept der Kundenplanung innerhalb des Kundenmanagements dar. Ausgehend vom vergangenen Kundenverhalten wird ein Punktwert (Score) ermittelt, der den Grad der (In-)Aktivität von Kundenbeziehungen widerspiegelt (Krafft 2001c, S. 1495).

Die RFMR-Methode ist einfach und schnell von jedermann anzuwenden. Die Berechnung ist gut nachvollziehbar und gibt einen guten Überblick über die aktuelle Kundenstruktur. Man könnte auch sagen, über das Verhältnis von „guten" zu „schlechten" Kunden (Walter 2016, S. 115).

Wenn die RFMR-Methode auf das **Kaufverhalten von Onlinekunden** übertragen wird, zeigt sich das folgende Bild (Walter 2016, S. 115–116):

- **Recency:** Diese Variable beschreibt die Zeitspanne vom letzten Kauf. Erfasst wird beispielsweise aber auch die Zeitspanne seit dem letzten Besuch im Onlineshop oder der letzten E-Mail-Interaktion. Ausgedrückt wird sie in Tagen, Wochen oder Monaten. Dies hängt vorrangig vom Sortiment des Onlineshops ab. Dadurch wird die Aktivität eines Kunden erfasst und die Wiederkaufwahrscheinlichkeit geschätzt. Je kleiner der Recency-Wert ist, desto aktiver ist der Kunde und desto größer ist die Wiederkaufwahrscheinlichkeit.

- **Frequency:** Mit dieser Variable wird der gesamte Kundenlebenszyklus betrachtet. Es werden alle Käufe oder Interaktionen erfasst, die bis zum Betrachtungszeitpunkt stattgefunden haben. Dadurch wird ausgedrückt, wie häufig ein Kunde im Onlineshop bereits bestellt hat. Bei der Frequency handelt es sich daher um einen kumulierten Wert, der im Zeitablauf nur größer werden kann. Dies kann bei längeren Betrachtungszeiträumen zu Interpretationsproblemen führen. Daher wird die Frequency häufig pro Zeiteinheit, beispielsweise für ein Jahr, angegeben. Dann kann dieser Wert auch wieder sinken. Nämlich dann, wenn vom Onlinekunden im vergangenen Jahr weniger bestellt wurde.

- **Monetary Ratio:** Bei dieser Variable handelt es sich um den monetären Wert, den ein Kunde im Laufe des Kundenlebenszyklus geleistet hat. Genau wie bei der Frequency auch, handelt es sich um eine kumulierte Größe. Damit auch dieser Wert wieder sinken kann, wird als Betrachtungsperiode ebenfalls ein Geschäftsjahr gewählt. Als Bezugsgrößen kommen der Umsatz oder die Marge infrage. Empfehlenswert ist die Verwendung der Marge.

Je höher der RFMR-Wert ausfällt, desto wertvoller ist ein Kunde für den Onlineanbieter. Die Berechnung der RFMR-Werte lässt sich noch verfeinern. So kann zum einen die Bewertung aufgrund von Erfahrungswerten erfolgen. Zum anderen können noch zusätzliche Faktoren in das Modell aufgenommen werden. Zu denken ist dabei an den Wert der ersten Bestellung, die Sortimentsbereiche der Bestellungen, Verbundkäufe, die gewählte Zahlungsart oder die gezeigte Zahlungsmoral (Link und Hildebrandt 1993, S. 49, zitiert nach Homburg und Schnurr 1998, S. 180).

Basierend auf den Erkenntnissen der RFMR-Methode können die folgenden **Entscheidungen** getroffen werden (Lauer 1999c, S. 430):

- Onlinekunden, deren Wert eine bestimmte Schwelle unterschreitet, werden noch einmal aktiv betreut. Mithilfe von gezielten Werbemaßnahmen (z. B. Gutscheinen) wird versucht, sie zu reaktivieren.

- Die Betreuung von A-Kunden, die einen bestimmten Schwellenwert überschreiten, wird intensiviert.

3.6.2.3 Portfolio-Analyse

Die Portfolio-Analyse zählt zu den Instrumenten der strategischen Unternehmensführung. Ursprünglich wurde sie auf Absatzsegmente angewendet. In den letzten Jahren hat sie aber auch im Kundenmanagement eine weite Verbreitung gefunden. Es geht bei der Portfolio-Analyse darum, die knappen Marketingressourcen effizient auf einzelne Kundensegmente aufzuteilen (Homburg und Schnurr 1998, S. 180–183; Lauer 1999d, S. 234). Mithilfe der Portfolio-Analyse wird also entschieden, welche Kunden umworben und welche nicht weiter betreut werden sollen (Pirntke 2006, S. 84).

▶ Ein **Kundenportfolio** ist ein Ansatz der Kundenplanung innerhalb des Kundenmanagements. Ausgehend von individuellen Kunden-Scorings können bestehende und potenzielle Kunden in Portfolios dargestellt werden. Die Bewertung der Kunden erfolgt mithilfe der klassischen Portfolio-Analyse, wobei üblicherweise die Dimensionen Kundenattraktivität und Wettbewerbsposition Verwendung finden (Krafft 2001d, S. 871).

Zunächst gilt es, die **Attraktivität der Onlinekunden** zu bestimmen. Krafft (2001d, S. 871) und Lauer (1999d, S. 235) nennen dazu die folgenden Kriterien:

- Derzeitiges Bedarfsvolumen
- Erwartetes Wachstum des Bedarfsvolumens
- Preisbereitschaft
- Bonität und Zahlungsverhalten
- Ertragskraft bzw. Deckungsbeitragspotenzial
- Referenzwert
- Allgemeine Loyalität

Die **Lieferantenposition** des Onlineanbieters lässt sich nach Krafft (2001d, S. 871) und Lauer (1999d, S. 235) durch die folgenden Kriterien operationalisieren:

- Derzeitiger Lieferanteil beim Kunden
- Bisherige Länge der Geschäftsbeziehung

- Kundenzufriedenheit
- Der zur Zeit bei dem Kunden erzielte Deckungsbeitrag
- Der beim Kunden erzielte Umsatz

Die einzelnen Kriterien sind nach ihrer jeweiligen Bedeutung für den Onlineanbieter zu gewichten. Die Ergebnisse der Bewertung lassen sich in einem Kundenportfolio veranschaulichen (Lauer 1999d, S. 235):

Für jedes Feld des Kundenportfolios ergibt sich eine bestimmte Kundengruppe, die jeweils folgendermaßen zu interpretieren bzw. bearbeiten ist (Homburg und Daum 1997, S. 65; Lauer 1999d, S. 235):

- **Platinkunden bzw. Starkunden:** Diese Kunden sind zurzeit und zukünftig sehr attraktiv. Sie tragen wesentlich zum Erfolg des Onlineanbieters bei. Diese Kunden sollten intensiv betreut werden, um sie langfristig an den Onlineanbieter zu binden.
- **Goldkunden bzw. Fragezeichenkunden:** Diese Kunden bilden die zweitwichtigste Kategorie. Nach der statischen ABC-Analyse würden sie dagegen lediglich als C-Kunden eingestuft, da der erzielte Umsatz bzw. Deckungsbeitrag relativ gering ausfällt. Allerdings können sich Goldkunden im Laufe der Zeit zu Platinkunden entwickeln.
- **Silberkunden bzw. Ertragskunden:** Diese Kunden tragen noch viel zum Umsatz bzw. den Deckungsbeiträgen des Unternehmens bei. Da sie jedoch nur über eine geringe Attraktivität verfügen, sind Investitionen in diese Kundengruppe kritisch zu prüfen.
- **Bronzekunden bzw. Mitnahmekunden:** Diese Kunden sind relativ unbedeutend. Aufwendungen für die Kundenbindung können daher minimiert werden.

3.6.2.4 Customer Lifetime Value

Mithilfe des **Customer Lifetime Values (CLV)** soll ebenfalls eingeschätzt werden, welchen Wert die Kunden für den Onlineanbieter haben. Der CLV gehört zu den dynamischen Verfahren der Kundenstrukturanalyse. Ziel ist es, die gesamte „Lebenszeit" der Kundenbeziehung abzubilden (Homburg und Daum 1997; Homburg und

Schnurr 1998, S. 183, 96; Pepels 2001, S. 69; Walter 2016, S. 123).

▷ **Customer Lifetime Value (CLV):** Damit wird der potenzielle Wert der individuellen Kundenbeziehung über die ganze Dauer der Geschäftsbeziehung umschrieben. Dieser Wert ist kein statischer, sondern wird unter Berücksichtigung aktueller Einflussgrößen ständig neu berechnet (Buser und Welte 2006, S. 112).

Es lassen sich zwei verschiedene Arten des CLV unterscheiden (Walter 2016, S. 124):

• **Durchschnittlicher CLV:** Dieser CLV wird auf Basis von Durchschnittswerten berechnet. Die Datenbasis bilden alle Kunden. Damit erhält man einen Wert für die Ertragskraft eines Kundenlebens. Gleichzeitig dient dieser durchschnittliche CLV als Richtwert für die Beurteilung von Kundenakquise- und Kundenbindungsmaßnahmen. Es wird ersichtlich, was die Akquise eines Neukunden maximal kosten bzw. wie viel in Kundenbindungsmaßnahmen investiert werden darf. Für Kundengruppen mit einem hohen CLV steht damit ein höheres Budget für die Kundenakquise und -bindung zur Verfügung.
• **Individueller CLV:** Dieser CLV wird auf Basis des individuellen Kundenverhaltens eines jeden einzelnen Kunden berechnet. Dadurch lässt sich abschätzen, wie wertvoll jeder einzelne Kunde für den Onlineanbieter ist. Beispielsweise kann für einen Kunden mit einem hohen CLV mehr in Kundenrückgewinnungsmaßnahmen investiert werden. Auch im Beschwerdemanagement kann dieser CLV zur Anwendung kommen, insbesondere dann, wenn über die Höhe einer Wiedergutmachung zu entscheiden ist, die einem Beschwerdeführer gewährt werden soll. Die voraussichtliche Dauer der Geschäftsbeziehung basiert allerdings auf Schätzwerten. Hinzu kommen noch Schätzungen der erwarteten Einzahlungsströme des Kunden sowie Schätzungen der zukünftigen Auszahlungsströme bzw. Kosten, die für den Kunden aufgewendet werden müssen. Zusätzlich muss noch ein Kalkulationszinssatz

für die Abzinsung der Zukunftswerte geschätzt werden. Da die Berechnung des individuellen CLV somit sehr komplex ist und auf den genannten Schätzwerten beruht, ist er in der Praxis nur schwer bis gar nicht anwendbar.

Im Folgenden wird daher die Berechnung des durchschnittlichen CLV beschrieben, die auf weniger Schätzwerten beruht. Bei den verwendeten Daten handelt es sich um berechnete, vergangenheitsbasierte Durchschnittswerte (Walter 2016, S. 125–126):

• **t = durchschnittliche Customer Lifetime in Jahren:** Dieser Wert kann aus der Datenbasis des CRM-Systems beschafft werden.
• **e = durchschnittlicher Warenkorbwert pro Einkauf:** Der Warenkorbwert zählt i. d. R. zum Standardreporting und steht damit ebenfalls zur Verfügung. Je nachdem, wie dynamisch sich der Absatzmarkt des Onlineanbieters verhält, kann es sinnvoll sein, die Betrachtung auf das letzte Geschäftsjahr einzuschränken.
• **p = durchschnittliche Anzahl der Käufe pro Jahr:** Dieser Wert lässt sich ebenfalls aus der Kundendatenbank extrahieren.
• **m = durchschnittliche Profitmarge pro Bestellung in Prozent:** Hierbei ist zu beachten, dass Logistik- und sonstige Kosten bereits abgezogen sein müssen. Wird dies bei der Berechnung berücksichtigt, kann auch dieser Wert aus der Kundendatenbank übernommen werden.

Wenn alle Werte zusammengestellt sind, lässt sich der durchschnittliche CLV nach folgender Formel berechnen (Walter 2016, S. 126):

$$CLV = t * (e * p * m)$$

Damit erhält das Marketingmanagement des Onlineanbieters einen Richtwert. Dieser beinhaltet die vom Kunden erwarteten Einzahlungen. Werbekosten sind im eCommerce so gering, dass sie bei dieser Betrachtung vernachlässigt werden können. Die größte Unsicherheit ist mit der Dauer der Geschäftsbeziehung (t) verbunden. Daher ist es empfehlenswert, verschiedene Szenarien (Worst-, Best- und Average-Case-Szenario) durchzurechnen (Walter 2016, S. 125–126).

3.6.3 Maßnahmen zur Steigerung des Kundenwertes

Basierend auf den Erkenntnissen der Kundenwertbestimmung eröffnet sich dem Onlinemarketingmanagement ein breites Maßnahmenspektrum. Insgesamt lassen sich drei zentrale **Aufgabenbereiche** eines Kundenwertmanagements abgrenzen (Cornelsen 2001, S. 877–878):

- **Priorisierung:** Bei der Priorisierung geht es um eine Kundenklassifizierung, die aus den Ergebnissen der vorgestellten Methoden (z. B. ABC-Analysen, Kundenportfolios oder CLV) abgeleitet werden kann.
- **Diagnose und Schwachstellenanalyse:** Im Rahmen dieses Schrittes sollen Stärken und Schwächen in bestehenden Kundenbeziehungen identifiziert werden. Dadurch wird eine Transparenz des Kundenwerts erreicht.
- **Steuerung:** Basierend auf den Diagnoseergebnissen lassen sich bestehende Geschäftsbeziehungen unter besonderer Berücksichtigung des Kundenwerts gezielt steuern. Beispielsweise können Defizite, die im Kundenkontakt bestehen, durch entsprechende Maßnahmen kundenwertoptimal verändert werden. Im Ausnahmefall kann dies so weit gehen, dass Kunden mit einem niedrigen oder gar negativen Kundenwert nur noch eingeschränkt oder gar nicht mehr bedient werden.

Zusammenfassung

Zunächst erfolgte eine Einführung in das Kundenmanagement. Anschließend ging es um die Kundenakquise (Abschn. 3.1). Durch die Unternehmensleistungen müssen die gewonnenen Onlinekunden zufriedengestellt werden. Nur so lassen sich die positiven Auswirkungen der Kundenzufriedenheit nutzen und die negativen Auswirkungen der Unzufriedenheit vermeiden (Abschn. 3.2). Nur wenn es dem Onlineanbieter gelingt, die gewonnenen und zufriedenen Onlinekunden an seinen Onlineshop bzw. an sein Produkt- und Dienstleistungsangebot zu binden, ist ein langfristiger Unternehmenserfolg gesichert (Abschn. 3.3). Nicht alle Kunden sind mit der erbrachten Leistung zufrieden. Daher kommt einem proaktiven Beschwerdemanagement eine besondere Bedeutung zu (Abschn. 3.4). Bedingt durch einen verschärften internationalen Wettbewerb muss der Onlineanbieter ein verstärktes Interesse daran haben, verlorene Kunden zurückzugewinnen (Abschn. 3.5). Da nicht jede Kundenbeziehung profitabel ist, muss der Wert einer jeden Kundenbeziehung bestimmt werden. Profitable Kundenbeziehungen sind fortzuführen. Unprofitable Kundenbeziehungen sind dagegen zu beenden (Abschn. 3.6).

3.7 Übungsaufgaben und Lösungen

3.7.1 Übungsaufgaben

Aufgabe 1
Bitte grenzen Sie die Begriffe Suchmaschinenoptimierung (SEO) und Suchmaschinenwerbung (SEA) voneinander ab.

Aufgabe 2
Stellen Sie bitte die einzelnen Elemente des Affiliate Marketing grafisch dar.

Aufgabe 3
Bitte grenzen Sie die verschiedenen Targetingtechniken voneinander ab.

Aufgabe 4

Welche Vergleichsmaßstäbe werden im Rahmen des Confirmation-/Disconfirmation-Paradigmas unterschieden?

Aufgabe 5

Stellen Sie bitte die Ursachen und Wirkungen der Kunden(un)zufriedenheit grafisch dar.

Aufgabe 6

Erarbeiten Sie eine Checkliste für die Gestaltung eines Newsletters.

Aufgabe 7

Was versteht man unter Kundenbindungsmanagement und durch welche Merkmale lässt sich das Kundenbindungsmanagement kennzeichnen?

Aufgabe 8

Welche Kennzahlen können im Rahmen der Erfolgskontrolle des Kundenrückgewinnungsmanagements zur Anwendung kommen? Bitte setzen Sie sich kritisch mit den jeweiligen Kennzahlen auseinander.

Aufgabe 9

Bitte übertragen Sie die RFMR-Methode auf das Kaufverhalten von Onlinekunden.

Aufgabe 10

Bitte erläutern Sie die Formel des durchschnittlichen CLV.

3.7.2 Lösungen

Lösung zu Aufgabe 1

Bei der Suchmaschinenoptimierung (SEO) soll eine verbesserte Auffindbarkeit in den Suchergebnissen der Suchmaschinen gewährleistet werden. Mithilfe der Suchmaschinenwerbung (SEA) werden bezahlte Anzeigen geschaltet, die neben den *„organischen Suchergebnissen"* angezeigt werden.

- Die Suchmaschinenoptimierung (englisch: Search Engine Optimization (SEO)) ist eine Optimierung eines Internetauftritts mit dem Ziel, dass die Website des Onlineanbieters von den Suchmaschinen prominent gerankt wird (Brüne 2009, S. 239).
- Suchmaschinenwerbung (englisch: Search Engine Advertising (SEA)) bedeutet, dass der Onlineanbieter beim Suchmaschinenbetreiber (vorrangig ist hier Google) Werbung, die von den „organischen Suchergebnissen" getrennt angezeigt wird und für die er den Suchmaschinenbetreiber bezahlt, bucht (Prommy 2008, S. 12).

Lösung zu Aufgabe 2

Im Affiliate Marketing arbeitet der Werbekunde (Affiliate) mit einem Merchant zusammen. Der Merchant stellt die Onlinewerbemittel zur Verfügung. Der Affiliate stellt diese auf seiner Onlinepräsenz zur Verfügung. Sobald ein Kunde auf diese Onlinewerbemittel klickt, wird er zur Website des Merchants weitergeleitet. Löst er dort eine bestimmte Aktion aus (z. B. die Anmeldung zum Newsletter), zahlt der Merchant dem Affiliate eine Provision (Pay per Sale und Pay per Lead). Beim Pay per Click muss der Merchant bereits das Anklicken des Werbemittels durch eine Provision honorieren. Die einzelnen Bestandteile des Affiliate Marketing sind in Abb. 3.2 zusammengefasst.

Lösung zu Aufgabe 3

Um Kampagnen möglichst zielgruppengerecht auszuspielen, wurden verschiedene Targetingtechniken entwickelt:

- Contextual Targeting: Hierbei werden Werbemittel eingeblendet, die zum Inhalt der jeweiligen Website passen. Bei Besuchern von www.mobile.de kann davon ausgegangen werden, dass sie sich für Autos interessieren. Daher werden dort passende Werbemittel (z. B. Banner des ADAC) ausgespielt.

- Geografisches Targeting: Wenn sich der Onlineanbieter auf ein bestimmtes geografisches
  Gebiet (z. B. die DACH-Region) konzentrieren möchte, dann wird dies bei der Ausspielung der Werbemittel berücksichtigt.
- Behavioral Targeting: Bei dieser Targetingform werden die Interessen bzw. Affinitäten
  der Nutzer miteinbezogen. Ein Internutzer, der
  häufig auf Buchseiten surft, bekommt verstärkt
  Anzeigen von Onlinebuchshops ausgespielt.
  Dies erfolgt dann mittels Cookie-Tracking
  auch auf themenfremden Websites.
- Social Targeting: Das Social Targeting hat in der
  letzten Zeit stark an Bedeutung zugenommen.
  Nutzer pflegen in sozialen Netzwerken persönliche Daten ein, die von werbetreibenden Onlineanbietern genutzt werden können. So ist es
  beispielsweise bei Facebook möglich, Nutzer
  nach ihrem Wohnort, ihrem Alter, ihrem Familienstand oder ihren Interessen zu selektieren.

Lösung zu Aufgabe 4

Grundsätzlich lassen sich die folgenden Vergleichsstandards unterscheiden:

- Expected Performance: Dieser Vergleichsstandard basiert auf den bisherigen Erfahrungen der Onlinekunden. Dabei handelt es sich
  um Erfahrungen, die der Kunde mit gleichen
  oder vergleichbaren Produkten und/oder Onlineshops gesammelt hat.
- Desired Performance: Dies ist die Idealvorstellung des Kunden. Er wendet also den optimal möglichen Vergleichsstandard.
- Minimum Tolerable Performance: Hierbei handelt es sich um das Minimum, was der Kunde
  erwarten kann bzw. bereit ist, zu akzeptieren.
- Adequate Performance: Dieser Vergleichsstandard beschreibt das, was der Kunde als angemessen ansieht und mit angemessenem
  Aufwand erzielt werden kann.
- Product Type Norm: Hiermit wird ein als normal angesehener Vergleichsstandard angesetzt. Es wird vom Onlinekunden das Normale
  bzw. Übliche erwartet.

- Comparison Level: Der Kunde orientiert sich
  bei diesem Vergleichsmaßstab an dem, was
  andere Kunden erreicht bzw. bekommen haben. Dabei ist das Kosten-Nutzen-Verhältnis
  ausschlaggebend.

Lösung zu Aufgabe 5

Die Ursachen und Wirkungen der Kunden(un)
zufriedenheit sind sehr vielfältig. Auf der
Ursachenseite spielt die Beeinflussung der Erwartungshaltung der Kunden eine besondere
Bedeutung. Die Kundenerwartungen werden
beispielsweise durch die Kommunikationsmaß-
nahmen des Onlineanbieters beeinflusst. Aber
auch die Marketingmaßnahmen der (Online-)
Konkurrenten spielen eine Rolle. Auf der Wir-
kungsseite wird nach Wirkungen der Kundenzufriedenheit und der Kundenunzufriedenheit
unterschieden. Aus dem Zustand der Kundenzufriedenheit resultieren beispielsweise Cross-Selling, Kundenbindung und eine positive
Mund-zu-Mund-Kommunikation. Sollten die
Kunden dagegen unzufrieden sein, können sie
sich beim Onlineanbieter beschweren oder zur
Konkurrenz abwandern. Zu weiteren Ursachen
und Wirkungen vgl. Abb. 3.3.

Lösung zu Aufgabe 6

Bei der Konzeption und Erstellung eines Newsletters kann man sich an der folgenden Checkliste orientieren (Düweke und Rabsch 2012,
S. 153; Ploss 2002, S. 163–165):

- Ist die Empfängerliste vollständig und trifft
  sie auf die Zielgruppe zu?
- Sind die Empfängerdaten entsprechend segmentiert, damit der Newsletter besser ausgerichtet und personalisiert werden kann?
- Ist die Empfängerliste so überschaubar, dass
  der Onlineshopbetreiber den Versand selbst
  vornehmen kann, oder sollte er zum Versand
  des Newsletters an eine umfangreiche Empfängerliste einen Spezialdienstleister zu Hilfe
  nehmen?

- Wird den Interessanten des Newsletters das Double-Opt-in-Verfahren angeboten, bei dem sich der jeweilige Interessent für den Newsletter verifizieren muss?
- Hat der Onlineshopbetreiber eine für ihn passende Form des Mailings gewählt, z. B. Stand-alone- oder regelmäßige Mailings?
- Enthält der Newsletter einen Hinweis auf die jeweilige Ausgabe?
- Hat der Onlineshopbetreiber wirklich etwas zu sagen, das heißt, bietet er seinen Lesern tatsächlich interessante Inhalte im Newsletter?
- Welche Versandfrequenz und welcher Versandtag passen optimal zur Zielgruppe?
- Wird der Newsletter im Text- und im HTML-Format angeboten?
- Ist die Betreffzeile des Newsletters attraktiv formuliert, oder droht der Newsletter, in überfüllten Posteingängen zu versinken?
- Befindet sich im Newsletter ein Inhaltsverzeichnis mit Verlinkungen in den folgenden Content?
- Beinhaltet der Newsletter ein gesetzlich vorgeschriebenes Impressum und eine Möglichkeit zum Abbestellen?
- Gibt es einen Weiterempfehlen-Button im Newsletter?
- Werden wichtige Kennzahlen der Newsletterkampagne gemessen? Werden weitergehende Marketingmaßnahmen in Folgenewslettern daraufhin angepasst?

Lösung zu Aufgabe 7

Kundenbindungsmanagement lässt sich folgendermaßen definieren (Meyer und Oevermann 1995, S. 1344):

> Kundenbindungsmanagement beinhaltet die Konzeption, Planung, Durchführung und Kontrolle aller Aktivitäten eines Onlineanbieters, die dazu dienen, im Rahmen der Unternehmensziele positive Verhaltensweisen von Kunden bzw. Kundengruppen hervorzurufen sowie zielkonforme Kundenbeziehungen beizubehalten und auszubauen.

Bruhn (2003, S. 105) hebt aus dem aufgezeigten Begriffsverständnis der Kundenbindung und des Kundenbindungsmanagements die folgenden Merkmale hervor:

- Stammkundenorientierung: Im Mittelpunkt des Interesses steht die Gestaltung der Geschäftsprozesse mit den aktuellen Onlinekunden.
- Managementprozess: Kundenbindung wird als Managementprozess verstanden. In diesem müssen die Kundenbeziehungen systematisch analysiert, geplant, realisiert und kontrolliert werden.
- Langfristigkeit: Im Rahmen der Kundenbindung liegt der Fokus auf der langfristigen Gestaltung der Kundenbeziehungen bzw. Geschäftsbeziehungen.
- Geschäftsprozesse: Die Geschäftsbeziehungen sollen auf verschiedenen Ebenen ausgebaut werden. Dazu zählen der Wiederkauf, der Zusatzkauf (Cross-Buying) und die Weiterempfehlung.
- Zukunftsorientierung: Betrachtet wird der zukünftig zu erwartende Kundenwert (Customer Lifetime Value).

Lösung zu Aufgabe 8

Für die Bewertung der durchgeführten Rückgewinnungsprogramme können die folgenden Kennzahlen zur Anwendung kommen (Schüller 2007, S. 179–182; Schüller 2011a, S. 3–5):

- Ursachenübersicht: Mithilfe der Ursachenübersicht wird eine Prioritätenliste für anschließende Präventivmaßnahmen erarbeitet. Dazu werden in Berichten die Abwanderungs- bzw. Kündigungsgründe mengenmäßig erfasst und optisch aufbereitet. Zusätzlich werden die entgangenen Umsätze bzw. Deckungsbeiträge den jeweiligen Ursachen zugeordnet. Zusätzlich werden die Kosten für Fehlerbehebungen, Nachbesserungen, Ersatzlieferungen und Wiedergutmachungen erfasst.
- Rückgewinnungsrate: Zur Berechnung dieser Kennzahl werden die wiedergewonnen Kunden durch die Anzahl der kontaktierten Kunden dividiert.

- Veränderung der Verweildauer: Kunden werden in vielen Branchen erst im Laufe der Zeit immer wertvoller. Daher wird bei dieser Kennzahl die frühere durchschnittliche Verweildauer der Kunden im Verhältnis zur neuen durchschnittlichen Verweildauer betrachtet. Dabei kann eine weitere Differenzierung nach Branche, Alter, Geschlecht oder Berufsgruppe sinnvoll sein.
- Veränderung der Kundenfluktuation: Um diese Kennzahl bestimmen zu können, ist es erforderlich, die Fluktuationsrate vor den Kundenrückgewinnungsmaßnahmen zu erfassen (Nullmessung). Diese Fluktuationsrate 1 wird mit der Fluktuationsrate 2 nach der Durchführung der Kundenrückgewinnungsmaßnahmen verglichen. Wenn beispielsweise ein Onlineanbieter jedes Jahr 25 Prozent seiner Kunden verliert, hat dies zur Folge, dass die Kunden im Durchschnitt vier Jahre bleiben. Im Umkehrschluss heißt dies, dass sich der komplette Kundenstamm alle vier Jahre erneuert. Auch diese Kennzahl lässt sich weiter nach Kundengruppen differenzieren.
- Veränderung des Kundenwerts: Zur Berechnung dieser Kennzahl wird der frühere Kundenwert ins Verhältnis zum zukünftigen Kundenwert gesetzt. Dabei wird noch weiter nach dem Lifetime Value und dem Recommendation Value (Referenzwert) differenziert. Zur Bestimmung des Lifetime Values werden die zukünftigen Erträge plus Kosteneinsparungen kumuliert. Der Recommendation Value gibt an, inwiefern es gelingt, durch Empfehlungen des Kunden neue Kunden zu gewinnen.
- Rückgewinnungsgewinn (Return on Customer Recovery): Dazu werden die Rückgewinnungskosten ins Verhältnis zum Rückgewinnungsertrag gesetzt. Es muss dabei beachtet werden, dass der Anteil der erfolgreichen Rückgewinnung die Fehlschläge mitfinanzieren muss. Neben dem zurückgewonnenen Umsatz sollten auch der Imagegewinn, die positive Mund-zu-Mund-Kommunikation und Lerngewinne berücksichtigt werden.
- Nachkalkulation der Rückgewinnungskosten: Hierbei geht es um die Bestimmung von Over- bzw. Underspendings. Dazu werden die budgetierten Rückgewinnungskosten zu tatsächlichen Kosten erfasst. Dabei geht es nicht darum, das angesetzte Budget exakt einzuhalten. Vielmehr sollte aus dem jeweiligen Budget das maximal mögliche Rückgewinnungsergebnis erzielt werden. Ist das geplante Budget dafür zu gering (Underspending), muss auf jeden Fall nachbudgetiert werden. Es kann auch vorkommen, dass die Ergebnisse der Kundenrückgewinnung besser ausfallen als die der Neukundengewinnung. Dann muss das Budget dafür entsprechend umgeschichtet werden.
- Abwanderungsbewegungen: Hierbei ist interessant, zu welchen Wettbewerbern die Kunden abgewandert sind und welche Gründe bzw. Ursachen dafür verantwortlich sind. Zusätzlich wird erfasst, von welchen Wettbewerbern Kunden zurückgewonnen werden konnten. Dadurch lassen sich Umverteilungsströme abbilden und sehr nützliche Erkenntnisse gewinnen. Die Abwanderungsbewegungen stellen einen wichtigen Indikator für den Unternehmenserfolg dar (Seidl 2009, S. 30).

Lösung zu Aufgabe 9

Eines der bekanntesten Scoring-Modelle ist die RFM-Methode (Recency, Frequency, Monetary Ratio), die im Versandhandel sehr verbreitet ist und sich daher gut auf den eCommerce übertragen lässt. Bei diesem Verfahren werden drei verschiedene Variablen zueinander ins Verhältnis gesetzt:

- Recency: Wann hat der Onlinekunde zuletzt gekauft?
- Frequency: Wie oft hat der Onlinekunde gekauft?
- Monetary Ratio: Welchen monetären Wert hat er dabei generiert?

Wenn die RFMR-Methode auf das Kaufverhalten von Onlinekunden übertragen wird, zeigt sich das folgende Bild:

- Recency: Diese Variable beschreibt die Zeitspanne vom letzten Kauf. Erfasst wird beispielsweise aber auch die Zeitspanne seit dem letzten Besuch im Onlineshop oder der letzten E-Mail-Interaktion. Ausgedrückt wird sie in Tagen, Wochen oder Monaten. Dies hängt vorrangig vom Sortiment des Onlineshops ab. Dadurch wird die Aktivität eines Kunden erfasst und die Wiederkaufwahrscheinlichkeit geschätzt. Je kleiner der Recency-Wert ist, desto aktiver ist der Kunde und desto größer ist die Wiederkaufwahrscheinlichkeit.

- Frequency: Mit dieser Variablen wird der gesamte Kundenlebenszyklus betrachtet. Es werden alle Käufe oder Interaktionen erfasst, die bis zum Betrachtungszeitpunkt stattgefunden haben. Dadurch wird ausgedrückt, wie häufig ein Kunde im Onlineshop bereits bestellt hat. Bei der Frequency handelt es sich daher um einen kumulierten Wert, der im Zeitablauf nur größer werden kann. Dies kann bei längeren Betrachtungszeiträumen zu Interpretationsproblemen führen. Daher wird die Frequency häufig pro Zeiteinheit, beispielsweise für ein Jahr, angegeben. Dann kann dieser Wert auch wieder sinken. Nämlich dann, wenn vom Onlinekunden im vergangenen Jahr weniger bestellt wurde.
- Monetary Ratio: Bei dieser Variable handelt es sich um den monetären Wert, den ein Kunde im Laufe des Kundenlebenszyklus geleistet hat. Genau wie bei der Frequency auch, handelt es sich um eine kumulierte Größe. Damit auch dieser Wert wieder sinken kann, wird als Betrachtungsperiode ebenfalls ein Geschäftsjahr gewählt. Als Bezugsgrößen kommen der Umsatz oder die Marge infrage. Empfehlenswert ist die Verwendung der Marge.

Je höher der RFMR-Wert ausfällt, desto wertvoller ist ein Kunde für den Onlineanbieter.

Lösung zu Aufgabe 10
Bei den verwendeten Daten handelt es sich um berechnete, vergangenheitsbasierte Durchschnittswerte:

- t = durchschnittliche Customer Lifetime in Jahren: Dieser Wert kann aus der Datenbasis des CRM-Systems beschafft werden.
- e = durchschnittlicher Warenkorbwert pro Einkauf: Der Warenkorbwert zählt i. d. R. zum Standardreporting und steht damit ebenfalls zur Verfügung. Je nachdem, wie dynamisch

sich der Absatzmarkt des Onlineanbieters verhält, kann es sinnvoll sein, die Betrachtung auf das letzte Geschäftsjahr einzuschränken.
- p = durchschnittliche Anzahl der Käufe pro Jahr: Dieser Wert lässt sich ebenfalls aus der Kundendatenbank extrahieren.
- m = durchschnittliche Profitmarge pro Bestellung in Prozent: Hierbei ist zu beachten, dass Logistik- und sonstige Kosten bereits abgezogen sein müssen. Wird dies bei der Berechnung berücksichtigt, kann auch dieser Wert aus der Kundendatenbank übernommen werden.

Wenn alle Werte zusammengestellt sind, lässt sich der durchschnittliche CLV nach folgender Formel berechnen (Walter 2016, S. 126):

$$CLV = t * (e * p * m)$$

Literatur

Albers, S., Paul, C., & Runte, M. (1999). Virtuelle Communitys als Mittel des Absatzes. In O. Beisheim (Hrsg.), *Distribution im Aufbruch. Bestandsaufnahme und Perspektiven* (S. 955–966). München: Vahlen.
Alby, T. (2007). *Web 2.0. Konzepte, Anwendungen, Technologien*. München: Hanser.
Alpar, A., & Wojcik, D. (2012). *Das große Online-Marketing Praxisbuch. Alle wichtigen Aspekte & die besten Erfolgsstrategien*. Düsseldorf: DATA BECKER.
Ash, T., & Ginty, M. (2013). *Landing Pages. Optimieren, Testen, Conversions generieren* (2. Aufl.). Heidelberg: mitp.
Baier, M. (2001). Virtual Communitys – eierlegende Wollmilchsäue für das One-to-One-Marketing. In A. Hermanns & M. Sauter (Hrsg.), *Management-Handbuch Electronic Commerce: Grundlagen, Strategien, Praxisbeispiele* (2. Aufl., S. 245–263). München: Vahlen.
Bailom, F., Tschermernjak, D., Matzler, K., & Hinterhuber, H. H. (1998). Durch strikte Kundennähe die Abnehmer begeistern. *Harvard Business manager, 20*(1), 47–56.
Bartikowski, B. (2002). *Kundenzufriedenheit. Verfahren zur Messung der Indifferenz-zone*. Lohmar: Eul.
Bauer, M. (2000). *Kundenzufriedenheit in industriellen Geschäftsbeziehungen. Kritische Ereignisse, nichtlineare Zufriedenheitsbildung und Zufriedenheitsdynamik*. Wiesbaden: Deutscher Universitäts.
Beck, A. (2011). *Google AdWords* (3. Aufl.). Heidelberg: mitp.
Bernecker, M., & Beilharz, F. (2012a). *Online-marketing* (2. Aufl.). Köln: Johanna.

Bernecker, M., & Beilharz, F. (2012b). *Social Media Marketing. Strategien, Tipps und Tricks für die Praxis* (2. Aufl.). Köln: Johanna.

Beutin, N. (2001). Verfahren zur Messung der Kundenzufriedenheit im Überblick. In C. Homburg (Hrsg.), *Kundenzufriedenheit. Konzepte – Methoden – Erfahrungen* (4. Aufl., S. 87–122 [5. Aufl., S. 115–151]). Wiesbaden: Springer Gabler.

Bezold, T. (1996): Zur Messung der Dienstleistungsqualität. Eine theoretische und empirische Studie zur Methodenentwicklung unter besonderer Berücksichtigung des ereignisorientierten Ansatzes, Frankfurt a. M./Berlin/Bern: Peter Lang.

Brückner, M. (2005). *Beschwerdemanagement. Reklamationen als Chance nutzen, professionell reagieren, Kunden zufrieden stellen* (2. Aufl.). Frankfurt a. M.: Redline Wirtschaft.

Bruhn, M. (2001). *Qualitätsmanagement für Dienstleistungen. Grundlagen, Konzepte, Methoden* (3. Aufl.). Berlin/Heidelberg/New York: Springer.

Bruhn, M. (2003). *Kundenorientierung. Bausteine für ein exzellentes Customer Relationship Management (CRM)* (2. Aufl.). München: dtv.

Bruhn, M., & Georgi, D. (2000). Kundenerwartungen als Steuerungsgröße. Konzept, empirische Ergebnisse und Ansätze eines Erwartungsmanagements. *Marketing. ZFP*, 22(3), 185–196.

Bruhn, M., & Michalski, S. (2001). Rückgewinnungsmanagement – eine explorative Studie zum Stand des Rückgewinnungsmanagements bei Banken und Versicherungen. *Die Unternehmung*, 02/2001, S. 111–125. zitiert nach: Seidl, F. (2009). Customer Recovery Management und Controlling. Erfolgsmodellierung im Rahmen der Kundenabwanderungsfrüherkennung, -prävention und Kundenrückgewinnung. In J. Link & F. Seidl (Hrsg.), *Kundenabwanderung. Früherkennung, Prävention, Kundenrückgewinnung. Mit erfolgreichen Praxisbeispielen aus verschiedenen Branchen* (S. 3–34). Wiesbaden: Springer Gabler.

Brüne, K. (2009). *Lexikon E-Business. Online-Marketing – eCommerce – Internet-Prozessmanagement*. Frankfurt am Main: Deutscher Fachverlag.

Busch, B. G. (1998). *Aktive Kundenbindung. Vom klassischen Verkaufen zum Kundenerfolgsmanagement. Der „Verkäufer" als „Clienting Manager". Beziehungsmanagement und Clienting sichern langfristige Kundenbindung*. Berlin: Cornelsen.

Buser, T., & Welte, B. (2006). *Customer Relationship Management für die Praxis*. Zürich: Versus.

Buss, A. (2009). *Internet Marketing. Erfolg planen, gestalten, umsetzen*. München: Markt+Technik.

Büttgen, M. (2003). Recovery Management – systematische Kundenrückgewinnung und Abwanderungsprävention zur Sicherung des Unternehmenserfolgs. *Die Betriebswirtschaft*, 01/2003, S. 60–67. zitiert nach: Seidl, F. (2009). Customer Recovery Management und Controlling. Erfolgsmodellierung im Rahmen der Kundenabwanderungsfrüherkennung, -prävention und

Kundenrückgewinnung. In J. Link & F. Seidl (Hrsg.), *Kundenabwanderung. Früherkennung, Prävention, Kundenrückgewinnung. Mit erfolgreichen Praxisbeispielen aus verschiedenen Branchen* (S. 3–34). Wiesbaden: Springer Gabler.

Capek, T. (2001). Langfristige Kundenbindung durch Personalisierung. In P. Kreuz, A. Förster & B. B. Schlegelmilch (Hrsg.), *Customer Relationship Management im Internet. Grundlagen und Werkzeuge für Manager* (S. 81–86). Norderstedt: Books on Demand.

Chaffey, D., Mayer, R., Johnston, K., & Ellis-Chadwick, F. (2001). *Internet-Marketing*. München: Pearson Studium.

Charlesworth, A. (2010). *Die digitale Revolution. eCommerce, Webpräsenz, Onlinemarketing, Keyword-Advertising*. Offenbach: Gabal.

Cornelsen, J. (2001). Kundenwert. In H. Diller (Hrsg.), *Vahlens Großes Marketing Lexikon* (2. Aufl., S. 876–878). München: Beck/dtv/Vahlen.

Diller, H. (1995). *Kundenbindung als Zielvorgabe im Beziehungs-Marketing*, Arbeitspapier Nr. 40, Nürnberg: Lehrstuhl für Marketing an der Universität Erlangen-Nürnberg.

Diller, H. (2001). Bonus-Programme. In H. Diller (Hrsg.), *Vahlens Großes Marketing Lexikon* (2. Aufl., S. 186). München: Vahlen.

Diller, H. (2006). Kundenmanagement. In *Handelsblatt Wirtschaftslexikon. Das Wissen der Betriebswirtschaftslehre* (Bd. 06, S. 3343–3354). Stuttgart: Schäffer-Poeschel.

Diller, H., Haas, A., & Ivens, B. (2005). *Verkauf und Kundenmanagement. Eine prozessorientierte Konzeption*. Stuttgart. zitiert nach. Diller, H. (2006). Kundenmanagement. In *Handelsblatt Wirtschaftslexikon. Das Wissen der Betriebswirtschaftslehre* (Bd. 06, S. 3343–3354). Stuttgart: Schäffer-Poeschel.

Dobbelstein, T. (2001). Beschwerde- und Reklamationsmanagement. In L. Müller-Hagedorn (Hrsg.), *Kundenbindung im Handel* (2. Aufl., S. 289–320). Frankfurt am Main: Deutscher Fachverlag.

Düweke, E., & Rabsch, S. (2012). *Erfolgreiche Websites. SEO, SEM, Online-Marketing, Usability* (2. Aufl.). Bonn: Galileo Computing.

Ecker, P., Eidenberger, A., Feilmayr, M., Haider, A., Mitmansgruber, S., & Thürriedl, A. (2014). *Erste Hilfe fürs Online Marketing. Bei schwindenden Besucherzahlen lesen Sie die Packungsbeilage und fragen Sie Ihren eMagnetiker*. Bad Leonfelden: eMagnetix.

Emberger, W., & Kromer, R. (1999). *Treue Kunden wachsen nicht auf Bäumen. Strategien und Instrumente zur Kundenbindung*. Wien: WEKA.

Erlbeck, K. (2004). *Beschwerdemanagement. Wie aus unzufriedenen Kunden Stammkunden werden*. Göttingen: Business Village.

Fritz, W. (2001). *Internet-Marketing und Electronic Commerce. Grundlagen – Rahmenbedingungen – Instrumente. Mit Praxisbeispielen* (2. Aufl.). Wiesbaden: Springer Gabler.

Geisbüsch, H.-G. (1999a). Beschwerdemanagement. In R. Geml, H.-G. Geisbüsch & H. Lauer (Hrsg.), *Das kleine Marketing-Lexikon* (2. Aufl., S. 48–49). Düsseldorf: Wirtschaft und Finanzen.

Geisbüsch, H.-G. (1999b). Kundenzufriedenheit(smessung). In R. Geml, H.-G. Geisbüsch & H. Lauer (Hrsg.), *Das kleine Marketing-Lexikon* (2. Aufl., S. 238–239). Düsseldorf: Wirtschaft und Finanzen.

Giering, A. (2000). *Der Zusammenhang zwischen Kundenzufriedenheit und Kundenloyalität. Eine Untersuchung moderierender Effekte.* Wiesbaden: Deutscher Universitäts.

Gitomer, J. (2012). *Social Boom. Das Prinzip „Social Media".* München: Addison-Wesley.

Godau, M., & Ripanti, M. (2008). *Online-Communitys im Web 2.0. So funktionieren im Mitmachnetz Aufbau, Betrieb und Vermarktung.* Göttingen: Business Village.

Goderbauer-Marchner, G., & Büsching, T. (2015). *Socialmedia-content.* Konstanz/München: UVK/UVK/Lucius.

Grabs, A., & Bannour, K.-P. (2012). *Follow me! Erfolgreiches Social Media Marketing mit Facebook, Twitter und Co.* (2. Aufl.). Bonn: Galileo.

Haas, B., & Troschke von, B. (2007). *Beschwerdemanagement. Aus Beschwerden Verkaufserfolge machen.* Offenbach: Gabal.

Hagel, J., & Armstrong, A. G. (1997). Net Gain. Expanding markets through virtual Communitys. *The McKinsey Quarteley, 34*(1), 140–153.

Hansen, U., & Hennig-Thurau, T. (2001). Beschwerdemanagement. In H. Diller (Hrsg.), *Vahlens Großes Marketing Lexikon* (2. Aufl., S. 145–148). München: Beck/dtv/Vahlen.

Hein, A. (2007). *Web 2.0. Das müssen Sie wissen.* Planegg bei München: Haufe.

Hennig-Thurau, T. (2001). Kundenzufriedenheitsmessung. In H. Diller (Hrsg.), *Vahlens Großes Marketing Lexikon* (2. Aufl., S. 882–883). München: Beck/dtv/Vahlen.

Hennig-Thurau, T., & Hansen, U. (2001). Kundenzufriedenheit. In H. Diller (Hrsg.), *Vahlens Großes Marketing Lexikon* (2. Aufl., S. 878–882). München: Beck & dtv.

Herrmann, A. (1998). *Produktmanagement.* München: Vahlen.

Hilker, C. (2010). *Social Media für Unternehmer. Wie man Xing, Twitter, Youtube und Co. Erfolgreich im Business einsetzt.* Wien: Linde.

Hinterhuber, H. H., Handlbauer, G., & Matzler, K. (1997). *Kundenzufriedenheit durch Kernkompetenzen. Eigene Potentiale erkennen – entwickeln – umsetzen.* München & Wien: Hanser.

Hofert, S. (2001). *Geld verdienen mit dem eigenen Online-Shop. Die clevere Idee – die richtige Strategie – die erfolgreiche Vermarktung.* Frankfurt am Main: Eichborn.

Holland, H. (2016). *Dialogmarketing. Offline- und Online-Marketing, Mobile- und Social Media-Marketing* (4. Aufl.). München: Vahlen.

Homburg, C., & Daum, D. (1997). *Marktorientiertes Kostenmanagement. Kosteneffizienz und Kundennähe ver-binden.* Frankfurt am Main: Frankfurter Allgemeine Zeitung (Edition Blickbuch Wirtschaft.

Homburg, C., & Giering, A. (2000). Kundenzufriedenheit: Ein Garant für Kundenloyalität? *absatzwirtschaft, 43*(1-2), 82–91.

Homburg, C., & Rudolph, B. (1997). Theoretische Perspektiven zur Kunden-zufriedenheit. In H. Simon & C. Homburg (Hrsg.), *Kundenzufriedenheit. Konzepte – Methoden – Erfahrungen* (2. Aufl., S. 31–51). Wiesbaden: Springer Gabler.

Homburg, C., & Rudolph, B. (2001). Theoretische Perspektiven zur Kunden-zufriedenheit. In C. Homburg (Hrsg.), *Kundenzufriedenheit. Konzepte – Methoden – Erfahrungen* (4. Aufl., S. 33–55). Wiesbaden: Springer Gabler.

Homburg, C., & Schnurr, P. (1998). Kundenwert als Instrument der Wertorientierten Unternehmensführung. In M. Bruhn, M. Lusti, W. R. Müller, H. Schierenbeck & T. Studer (Hrsg.), *Wertorientierte Unternehmensführung. Perspektiven und Handlungsfelder für die Wertsteigerung von Unternehmen* (S. 169–189). Wiesbaden: Springer Gabler.

Homburg, C., & Stock, R. (2001). Theoretische Perspektiven zur Kundenzufriedenheit. In C. Homburg (Hrsg.), *Kundenzufriedenheit. Konzepte – Methoden – Erfahrungen* (4. Aufl., S. 17–50). Wiesbaden: Springer Gabler.

Homburg, C., & Stock, R. (2003). Theoretische Perspektiven der Kundenzufriedenheit. In C. Homburg (Hrsg.), *Kundenzufriedenheit. Konzepte, Methoden, Erfahrungen* (5. Aufl., S. 17–51). Wiesbaden: Springer Gabler.

Homburg, C., & Werner, H. (1998). Messung und Management von Kunden-zufriedenheit. *Marktforschung und Management, 42*(4), 131–135.

Jenner, T. (2002). Online Communitys und Markenführung im Internet. *WISU, 31*(6), 809–814.

Kaas, K. P., & Runow, H. (1984). Wie befriedigend sind die Ergebnisse der Forschung zur Verbraucherzufriedenheit? *Die Betriebswirtschaft, 44*(3), 451–460.

Kaiser, M.-O. (2002). *Erfolgsfaktor Kundenzufriedenheit. Dimensionen und Messmöglichkeiten.* Berlin: Erich Schmidt.

Kano, N., Seraku, N., Takahashi, F., & Tsuji, S. (1996). Attractive Quality and Must-Be Quality. In *The Best on Quality. Targets, Improvements, Systems, International Acadamy for Quality Book Series* (Bd. 7, S. 165–186). Milwaukee: ASQC Quality Press.

Kappeller, W., & Mittenhuber, R. (2003). *Management-Konzepte von A-Z. Bewährte Strategien für den Erfolg Ihres Untenehmens.* Wiesbaden: Springer Gabler.

Keßler, E., Rabsch, S., & Mandic, M. (2017). *Erfolgreiche Websites. SEO, SEM, Online-Marketing, Usability.* Bonn: Rheinwerk.

Kilian, T. (2009). *Der Igel-Faktor. Erfolgreiche Neukunden-Gewinnung im Internet. Webdesign, Suchmaschinen-Optimierung, Web 2.0.* Göttingen: Business Village.

Kleinaltenkamp, M. (2000). Blueprinting – Grundlage des Managements von Dienstleistungsunternehmen. In H. Woratschek (Hrsg.), *Neue Aspekte des Dienstleistungsmarketing: Konzepte für Forschung und Praxis* (S. 3–28). Wiesbaden: Springer Gabler.

Köhler, R. (2003). Kundenorientiertes Rechnungswesen als Voraussetzung des Kundenbindungsmanagements. In M. Bruhn & C. Homburg (Hrsg.), *Handbuch Kundenbindungsmanagement* (4. Aufl., S. 391–422). Wiesbaden: Springer Gabler.

Kollewe, T., & Keukert, M. (2014). *Praxiswissen eCommerce. Das Handbuch für den erfolgreichen Online-Shop. Für Shopbetreiber und Existenzgründer. Strategie, Planung, Umsetzung. Mit vielen Beispielszenarien.* Köln: O'Reilly.

Kollmann, T. (2009). *E-Business. Grundlagen elektronischer Geschäftsprozesse in der Net Economy* (3. Aufl.). Wiesbaden: Springer Gabler.

Korte, C. (1995). *Customer Satisfaction Measurement. Kundenzufriedenheitsmessung als Informationsgrundlage des Herstellermarketing am Beispiel der Automobilwirtschaft.* Frankfurt: Peter Lang.

Kotler, P., & Bliemel, F. (1995). *Marketing – Management* (8. Aufl.). Stuttgart: Schäffer-Poeschel.

Kracklauer, A., Mills, D., Mills, Q., & Seifert, D. (2002). Einführung: Das Konzept des Kundenmanagements als Ausgangspunkt für das Kooperative Kundenmanagement. In A. Kracklauer, D. Mills, Q. Mills & D. Seifert (Hrsg.), *Kooperatives Kundenmanagement. Wertschöpfungspartnerschaften als Basis erfolgreicher Kundenbindung* (S. 15–20). Wiesbaden: Springer Gabler.

Krafft, M. (2001a). Kundenmanagement. In H. Diller (Hrsg.), *Vahlens Großes Marketing Lexikon* (2. Aufl., S. 866–867). München: Beck/dtv/Vahlen.

Krafft, M. (2001b). ABC-Analyse. In H. Diller (Hrsg.), *Vahlens Großes Marketing Lexikon* (2. Aufl., S. 1). München: Beck/dtv/Vahlen.

Krafft, M. (2001c). RFM-Methode. In H. Diller (Hrsg.), *Vahlens Großes Marketing Lexikon* (2. Aufl., S. 1495–1496). München: Beck/dtv/Vahlen.

Krafft, M. (2001d). Kundenportfolio. In H. Diller (Hrsg.), *Vahlens Großes Marketing Lexikon* (2. Aufl., S. 871–872). München: Beck/dtv/Vahlen.

Krafft, M. (2002). *Kundenbindung und Kundenwert.* Heidelberg: Physica.

Kreuter, D. (2005). Internet-Werbung. In E.-N. Detroy (Hrsg.), *Das Powerbuch der Neukundengewinnung. Effektive und gewinnorientierte Kundenakquise per Brief, Telefon und Internet* (3. Aufl., S. 255–266). Frankfurt am Main: Redline Wirtschaft.

Kreuter, D. (2012). Kundenrückgewinnung. Oder Baby, come back …. *Noch erfolgreicher, 1,* 48–49.

Kreuz, P., Förster, A., & Schlegelmilch, B. B. (Hrsg.). (2001). *Customer Relationship Management im Internet. Grundlagen und Werkzeuge für Manager.* Norderstedt: Books on Demand.

Kühnert, E. (2001). Kunden belohnen durch Loyalitätsprogramme. In P. Kreuz, A. Förster & B. B. Schlegelmilch (Hrsg.), *Customer Relationship Management im Internet. Grundlagen und Werkzeuge für Manager* (S. 87–93). Norderstedt: Books on Demand.

Kuß, A., & Tomczak, T. (2000). *Käuferverhalten: Eine marketingorientierte Einführung* (2. Aufl.). Stuttgart: Lucius & Lucius.

Lauer, H. (1999a). Akquisitorisches Potential. In R. Geml, H.-G. Geisbüsch & H. Lauer (Hrsg.), *Das kleine Marketing-Lexikon* (2. Aufl., S. 22). Düsseldorf: Wirtschaft und Finanzen.

Lauer, H. (1999b). Kundenbindung. In R. Geml, H.-G. Geisbüsch & H. Lauer (Hrsg.), *Das kleine Marketing-Lexikon* (2. Aufl., S. 230–231). Düsseldorf: Wirtschaft und Finanzen.

Lauer, H. (1999c). RFMR-Methode. In R. Geml, H.-G. Geisbüsch & H. Lauer (Hrsg.), *Das kleine Marketing-Lexikon* (2. Aufl., S. 429–430). Düsseldorf: Finanzen und Wirtschaft.

Lauer, H. (1999d). Kunden-Portfolio. In R. Geml, H.-G. Geisbüsch & H. Lauer (Hrsg.), *Das kleine Marketing-Lexikon* (2. Aufl., S. 234–236). Düsseldorf: Finanzen und Wirtschaft.

Lindo, W. (2008). *Newsletter-Marketing. Das Praxisbuch. Kunden langfristig binden & mehr Umsatz generieren.* Poing: Franzis.

Lingenfelder, M., & Schneider, W. (1991). Die Kundenzufriedenheit. Bedeutung, Messkonzept und empirische Befunde. *Marketing. ZFP, 13*(2), 109–119.

Link, J., & Hildebrandt, V. (1993). *Database Marketing und Computer Aided Selling. Strategische Wettbewerbsvorteile durch neue informationstechnologische Systemkonzeptionen.* München. zitiert nach: Homburg, C. & Schnurr, P. (1998). Kundenwert als Instrument der Wertorientierten Unternehmensführung. In M. Bruhn, M. Lusti, W. R. Müller, H. Schierenbeck & T. Studer (Hrsg.), *Wertorientierte Unternehmensführung. Perspektiven und Handlungsfelder für die Wertsteigerung von Unternehmen* (S. 169–189). Wiesbaden: Springer Gabler.

Maaß, C. (2008). *E-business management.* Stuttgart: Lucius & Lucius.

Matzler, K. (1997). *Kundenzufriedenheit und Involvement.* Wiesbaden: Springer Gabler.

Matzler, K., Hinterhuber, H. H., & Handlbauer, G. (1997a). Erfolgspotential Kundenzufriedenheit (I). *WISU, 26*(7), 645–650.

Matzler, K., Hinterhuber, H. H., & Handlbauer, G. (1997b). Erfolgspotential Kundenzufriedenheit (II). *WISU, 26*(8-9), 733–739.

Meffert, H., & Bruhn, M. (1981). Beschwerdeverhalten und Zufriedenheit von Konsumenten. *Die Betriebswirtschaft, 41*(4), 597–613.

Meister, U., & Meister, H. (1998). *Kundenzufriedenheit im Dienstleistungsbereich* (2. Aufl.). München/Wien: Oldenbourg.

Meyer, A., & Oevermann, D. (1995). Kundenbindung. In B. Tietz, R. Köhler & J. Zentes (Hrsg.), *Handwörterbuch des Marketing* (2. Aufl., S. 1340–1351). Stuttgart: Schäffer-Poeschel.

Meyer, A., & Oevermann, D. (2006). Kundenbindung. In *Handelsblatt Wirtschaftslexikon, Das Wissen der Betriebswirtschaftslehre* (Bd. 6, S. 3334–3343). Stuttgart: Schäffer-Poeschel.

Moravek, M. (2015). *Das 1*1 der Internet-Akquise. Neue Kunden – mehr Umsatz.* Wien: Linde.

Mühling, J. (2009). *Targeting. Zielgruppen exakt online erreichen.* Baden-Baden: Nomos.

Nassif, T. (2001). *New Economy @ Internet. Die 1.000 neuen Begriffe und Trendwörter von A-Z.* München: Compact.

Neu, M., & Günter, J. (2015). *Erfolgreiche Kundenrückgewinnung. Verlorene Kunden identifizieren, halten und zurückgewinnen.* Wiesbaden: Springer Gabler.

Niewerth, B., & Thiele, H. (2014). *Praxishandbuch Kundenzufriedenheit. Grundlagen – Messverfahren – Managementinstrumente.* Berlin: Erich Schmidt.

Oliver, R. L. (1980). A cognitive model of the antecedents and consequences of satisfaction decisions. *Journal of Marketing Research, 17,* 460–469.

Oliver, R. L. (1997). *Satisfaction. A behavioral perspective on the consumer.* Boston/Burr Ridge u. a: Irwin McGraw-Hill.

Parasuraman, A., Zeithaml, V., & Berry, L. L. (1988). SERVQUAL: A multiple-item scale for measuring consumer perceptions of service quality. *Journal of Retailing, 64*(1), 12–40.

Pein, V. (2015). *Der Social Media Manager. Handbuch für Ausbildung und Beruf* (2. Aufl.). Rheinwerk: Bonn.

Pepels, W. (1996). *Lexikon des Marketing. Über 2500 grundlegende und aktuelle Begriffe für Studium und Beruf.* München: dtv.

Pepels, W. (2001). Darstellung und Bedeutung des Kundenlebenszeitwerts im Business to Business-Marketing. In S. Helmke & W. Dangelmaier (Hrsg.), *Effektives Customer Relationship Management. Instrumente, Einführungskonzepte, Organisation* (S. 49–84). Wiesbaden: Springer Gabler.

Pfeiffer, T., & Koch, B. (2011). *Social Media. Wie Sie mit Twitter, Facebook und Co. Ihren Kunden näher kommen.* München: Addison-Wesley.

Pirntke, G. (2006). *Expert Praxislexikon Marketing und Controlling.* Renningen: Expert.

Ploss, D. (2001). *Das Loyalitäts-Netzwerk. Wertschöpfung für eine neue Wirtschaft.* Bonn: Galileo.

Ploss, D. (2002). *Handbuch E-Mail-Marketing.* Bonn: Galileo.

Preißner, A. (2009). *Kundenmanagement leicht gemacht. Was die Kunden von Ihnen erwarten und wie Sie dies erfüllen.* München: Redline Wirtschaft.

Prommy, T. (2008). *Online Marketing im Ecommerce. Mehr Umsatz & mehr Gewinn für Ihren Shop.* Norderstedt: Books on Demand.

Quartapelle, A. Q., & Larsen, G. (1996). *Kundenzufriedenheit. Wie Kundentreue im Dienstleistungsbereich die Rentabilität steigert.* Berlin: Springer.

Raab, G., & Werner, N. (2009). *Customer relationship management* (3. Aufl.). Frankfurt am Main: Recht und Wirtschaft.

Reinhardt, W. (1999). *Electronic Commerce von A-Z. Neue Vertriebschancen im Internet.* Würzburg: Lexika.

Rengelshausen, O. (2000). *Online-Marketing in deutschen Unternehmen. Einsatz, Akzeptanz, Wirkungen.* Wiesbaden: Deutscher Universitätsverlag.

Roll, O. (1996). *Marketing im Internet. Neue Märkte erschließen.* München: tewi.

Runow, H. (1982). *Zur Theorie und Messung der Verbraucherzufriedenheit.* Frankfurt am Main: Barudio & Hess.

Sauerwein, E. (2000). *Das Kano-Modell der Kundenzufriedenheit. Reliabilität und Validität einer Methode zur Klassifizierung von Produkteigenschaften.* Wiesbaden: Deutscher Universitäts.

Scharf, A., & Schubert, B. (1997). *Marketing. Einführung in Theorie und Praxis* (2. Aufl.). Stuttgart: Schäffer–Poeschel.

Scharnbacher, K., & Kiefer, G. (1998). *Kundenzufriedenheit. Analyse – Meßbarkeit – Zertifizierung* (2. Aufl.). München: Oldenbourg.

Schildhauer, T. (2003). *Lexikon Electronic Business.* München/Wien: Oldenbourg.

Schneck, O. (2007). *Lexikon der Betriebswirtschaft. 3500 grundlegende und aktuelle Begriffe für Studium und Beruf* (7. Aufl.). München: dtv.

Schneider, W. (2000). *Kundenzufriedenheit. Strategie, Messung, Management.* Landsberg/Lech: Moderne Industrie.

Schögel, M., & Jazbec, M. (2003). Qualitätsmanagement im eCommerce – eine kunden- und prozessorientierte Betrachtung. In G. F. Kamiske (Hrsg.), *Qualitätsmanagement. Methoden, Praxisbeispiele, Hintergründe, Persönliches eBook,* S. 35.

Schögel, M., Birkhofer, B., & Tomczak, T. (1999). Einsatzmöglichkeiten des Electronic Commerce in der Distribution. In T. Tomczak, C. Belz, M. Schögel & B. Birkhofer (Hrsg.), *Alternative Vertriebswege – Factory Outlet Center, Convenience Stores, Direct Distribution, Multi Level Marketing, Electronic Commerce, Smart Shopping* (S. 288–308). St. Gallen: Thexis.

Schüller, A. M. (2007). *Come back! Wie Sie verlorene Kunden zurückgewinnen.* Zürich: Orell Füssli.

Schüller, A. M. (2011a). *Kennzahlen zur Kundenrückgewinnung. Wie Sie Kundenrückgewinnungserfolge messbar machen.* https://www.anneschueller.de/fachartikel.html. Zugegriffen am 03.11.2018.

Schüller, A. M. (2011b). *Kundenrückgewinnung in 5 Schritten.* https://www.anneschueller.de/fachartikel.html. Zugegriffen am 03.11.2018.

Schüller, A. M. (2011c). *Der 3. Weg zu neuen Kunden.* https://www.anneschueller.de/fachartikel.html. Zugegriffen am 03.11.2018.

Schütze, R. (1992). *Kundenzufriedenheit. After-Sales-Marketing auf industriellen Märkten*. Wiesbaden: Springer Gabler.

Schwarz, T. (2011). Grundlagen für die Praxis. In T. Schwarz (Hrsg.), *Leitfaden Online Marketing. Das Wissen der Branche. Online mehr Kunden gewinnen* (Bd. 2, S. 11–82). Waghäusel: marketing-Börse.

Schwarz, T. (2017). *Erfolgreiches Online-Marketing* (4. Aufl.). Freiburg/München/Stuttgart: Haufe.

Seidel, W. (1997). Bausteine des Beschwerdemanagementsystems – Der konzeptionelle Ansatz. In M. Stark (Hrsg.), *Beschwerdemanagement. Einstellungsänderung im Unternehmen* (S. 16–55). Stuttgart: Deutscher Sparkassen.

Seidl, F. (2009). Customer Recovery Management und Controlling. Erfolgsmodellierung im Rahmen der Kundenabwanderungsfrüherkennung, -prävention und Kundenrückgewinnung. In J. Link & F. Seidl (Hrsg.), *Kundenabwanderung. Früherkennung, Prävention, Kundenrückgewinnung. Mit erfolgreichen Praxisbeispielen aus verschiedenen Branchen* (S. 3–34). Wiesbaden: Springer Gabler.

Seybold, P. B. (1999). *Wie erfolgreiche Unternehmen im Internet Geschäfte machen*. München: Econ. *koenig.kunde.com*.

Shostak, G. L. (1982). How to Design a Service. *European Journal of Marketing, 16*(1), 49–63.

Sieben, F. G. (2002). *Rückgewinnung verlorener Kunden. Erfolgsfaktoren und Profitabilitätspotenziale*. Wiesbaden: Deutscher Universitäts.

Sirin, Z. (2017). *Die 5 Sterne Strategie. Exzellentes Beschwerdemanagement in Zeiten von Online-Bewertungen*. München: Redline.

Sonntag, M. (2001). *Untersuchungen zur Personalisierung, Johannes Kepler Universität Linz*. http://www.fim.unilinz.ac.at/Publications/Aussendung10.98/Personalisierung.htm. Zugegriffen am 01.01.2019, zitiert nach: Capek, T. (2001). Langfristige Kundenbindung durch Personalisierung. In P. Kreuz, A. Förster & B. B. Schlegelmilch (Hrsg.), *Customer Relationship Management im Internet. Grundlagen und Werkzeuge für Manager* (S. 81–86). Norderstedt: Books on Demand.

Staack, Y. (2004). *Kundenbindung im eBusiness. Eine kausalanalytische Unter-suchung der Determinanten, Dimensionen und Verhaltenskonsequenzen der Kundenbindung im Online-Shopping und Online-Brokerage*. Frankfurt a. M./Berlin/Bern: Peter Lang.

Stauss, B. (1989). Beschwerdepolitik als Instrument des Dienstleistungsmarketing. *Jahrbuch der Absatz- und Verbrauchsforschung, 35*(1), 41–62.

Stauss, B. (1995a). „Augenblicke der Wahrheit" in der Dienstleistungserstellung – Ihre Relevanz und ihre Messung mit Hilfe der Kontaktpunkt-Analyse. In M. Bruhn & B. Stauss (Hrsg.), *Dienstleistungsqualität. Konzepte – Methoden – Erfahrungen* (2. Aufl., S. 379–399). Wiesbaden: Springer Gabler.

Stauss, B. (1995b). Beschwerdemanagement. In B. Tietz, R. Köhler & J. Zentes (Hrsg.), *Handwörterbuch des*

Marketing (2. Aufl., S. 226–238). Stuttgart: Schäffer-Poeschel.

Stauss, B. (1999). Kundenzufriedenheit. *Marketing. ZFP, 21*(1), 5–24.

Stauss, B. (2000). Beschwerdemanagement als Instrument der Kundenbindung. In H. H. Hinterhuber & K. Matzler (Hrsg.), *Kundenorientierte Unternehmensführung: Kundenorientierung, Kundenzufriedenheit, Kundenbindung* (2. Aufl., S. 275–294). Wiesbaden: Springer Gabler.

Stauss, B. (2006). Beschwerdemanagement. In *Handelsblatt Wirtschafts-Lexikon. Das Wissen der Betriebswirtschaftslehre* (Bd. 2, S. 753–761). Stuttgart: Schäffer-Poeschel.

Stauss, B., & Hentschel, B. (1990). Verfahren der Problementdeckung und -analyse im Qualitätsmanagement von Dienstleistungsunternehmen. *Jahrbuch der Absatz- und Verbrauchsforschung, 36*(3), 232–259.

Stauss, B., & Hentschel, B. (1991). Dienstleistungsqualität. *WiSt, 20*(5), 238–244.

Stauss, B., & Seidel, W. (1998). *Beschwerdemanagement. Fehler vermeiden, Leistung verbessern, Kunden binden* (2. Aufl.). München/Wien: Hanser.

Stauss, B., & Seidel, W. (2014). *Beschwerdemanagement. Unzufriedene Kunden als profitable Zielgruppe* (5. Aufl.). München: Hanser.

Steuck, J. W. (1998). *Geschäftserfolg im Internet. Das Internet als elektronischer Marktplatz. Strategieentwicklung für die Nutzung des Internet. Geführte Internet-Touren*. Berlin: Cornelsen.

Stolpmann, M. (2001). *Online-Marketingmix. Kunden finden, Kunden binden im E-Business* (2. Aufl.). Bonn: Galileo.

Stuber, R. (2011). *Erfolgreiches Social Media Marketing mit Facebook – Twitter – Xing & Co* (4. Aufl.). Düsseldorf: Data Becker.

Töpfer, A. (1996). Kundenzufriedenheit: Die Brücke zwischen Kundenerwartung und Kundenbindung. In A. Töpfer (Hrsg.), *Kundenzufriedenheit messen und steigern* (S. 1–23). Neuwied/Kriftel/Berlin: Luchterhand.

Töpfer, A. (1999a). Die Analyseverfahren zur Messung der Kundenzufriedenheit und Kundenbindung. In A. Töpfer (Hrsg.), *Kundenzufriedenheit. Messen und steigern* (2. Aufl., S. 299–370). Neuwied/Kriftel: Luchterhand.

Töpfer, A. (1999b). Konzepte und Instrumente des Beschwerdemanagement. In A. Töpfer (Hrsg.), *Kundenzufriedenheit. Messen und steigern* (2. Aufl., S. 459–490). Neuwied/Kriftel: Luchterhand.

Walter, O. (2016). *CRM für Online-Shops. Make Big Data Small – Erfolgreiches Customer Relationship Management im eCommerce*. Heidelberg: mitp.

Ward, B. (2011). *Social Media Marketing. Strategie, Planung, Umsetzung*. Düsseldorf: Data Becker.

Weinberg, T. (2012). *Social Media Marketing. Strategien für Twitter, Facebook & Co*. (3. Aufl.). Köln: O'Reilly.

Wimmer, F. (1985). Beschwerdepolitik als Marketinginstrument. In U. Hansen & I. Schoenheit (Hrsg.),

Verbraucherabteilungen in privaten und öffentlichen Unternehmungen (S. 225–254). Frankfurt am Main, zitiert nach: Stauss, B., & Seidel, W. (2014). *Beschwerdemanagement. Unzufriedene Kunden als profitable Zielgruppe* (5. Aufl.). München: Hanser.

Zanger, C., & Griese, K. (2000). *Beziehungsmarketing mit jungen Zielgruppen. Grundlagen, Strategien, Praxisbeispiele*. München: Vahlen, zitiert nach: Kühnert, E. (2001). Kunden belohnen durch Loyalitäts-

programme. In P. Kreuz, A. Förster & B. B. Schlegelmilch (Hrsg.), *Customer Relationship Management im Internet. Grundlagen und Werkzeuge für Manager* (S. 87–93). Norderstedt: Books on Demand.

Zarrella, D. (2010). *Das Social Media Marketing Buch*. Köln: O'Reilly.

Zebisch, S. (2010). *Google AdWords. Punktgenau und zielgerecht werben. So nutzen Sie das größte Werbenetzwerk der Welt*. Göttingen: Business Village.

4

„Man kann viele Dinge kaufen, die unbezahlbar sind."
Marie von Ebner-Eschenbach

Lernziele

Nachdem Sie dieses Kapitel gelesen haben, können Sie …

1. die Vorteile des eCommerce aus Anbieter- und Kundensicht einschätzen.
2. eine geeignete Domainadresse für einen Onlineshop auswählen.
3. die wesentlichen Funktionen und Elemente einer Startseite eines Onlineshops benennen.
4. verschiedene Navigationskonzepte voneinander abgrenzen.
5. eine benutzerfreundliche Suche und die dazugehörige Trefferliste gestalten.
6. alle wesentlichen Elemente einer Produktdetailseite benennen und anordnen.
7. verschiedene Zahlungssysteme beurteilen.
8. die Bedeutung ergänzender Informationen einschätzen.
9. die Bedeutsamkeit des After Sales Service beurteilen und für die Gestaltung eines Onlineshops nutzen.
10. ein Onlinepresseportal aufbauen.
11. eine Landingpage gestalten.

4.1 Onlineshops

Der Großteil der im Internet verfügbaren Informationsangebote richtet sich an den Endverbraucher (**B2C = Business to Consumer**). Darüber hinaus gibt es auch Angebote, die sich an Unternehmen (**B2B = Business to Business**) oder an öffentliche Einrichtungen (**B2A = Business to Administration**) wenden (Baumann und Kistner 2000, S. 259). An zahlreichen Beispielen lässt sich verdeutlichen, wie eCommerce im B2C- und B2B-Bereich erfolgreich eingesetzt wird, um Umsatz und Gewinn nachhaltig zu steigern, neue Kunden zu gewinnen und die Kundenbindung zu erhöhen. Aber auch der Kundenservice und die Vertriebsprozesse lassen sich verbessern bzw. beschleunigen. In der Folge sinken sogar noch die Vertriebskosten (Groth 2008, S. 206). Damit zählt eCommerce zu unserem Wirtschaftsleben. Die Auswirkungen auf unsere Geschäftsbeziehungen und Gesellschaft sind deutlich spürbar (Ammann 2002, S. 40).

▶ **eCommerce** steht für alle Geschäftsprozesse und Transaktionen im Handel, die auf elektroni-

© Springer Fachmedien Wiesbaden GmbH, ein Teil von Springer Nature 2019
J.-F. Engelhardt, A. Magerhans, *eCommerce klipp & klar*, WiWi klipp & klar,
https://doi.org/10.1007/978-3-658-26504-5_4

schem Wege abgewickelt oder unterstützt werden und die miteinander über das Internet und/oder über firmeninterne Systeme vernetzt sind (Siebert 1999, S. 9).

Durch den eCommerce ergeben sich auf der Anbieter- und auf der Nachfragerseite zahlreiche Vorteile. Für (**Online-)Anbieter** ergeben sich beispielsweise die folgenden **Vorteile** (Baumann und Kistner 2000, S. 269; Heise 1996, S. 134; Schinzer et al. 2005, S. 8–13):

- Durch die globale Präsenz ergibt sich potenziell eine internationale Nachfrage. Somit können auch kleinere und mittlere Unternehmen am globalen Wettbewerb teilnehmen.
- Das Angebot ist aktuell. Dadurch verbessert sich die Wettbewerbsposition.
- Eine erhöhte Flexibilität, wodurch der Anbieter schneller auf Marktveränderungen reagieren kann.
- Durch die direkte Auftragserteilung verkürzen sich die Vertriebswege (Direktvertrieb).
- Eine Verringerung der Transaktionskosten hat evtl. größere Margen zur Folge.
- Durch einen 24/7-Vertrieb erhöht sich die Kundenbindung. Diese Tendenz wird durch eine individualisierte Ansprache und Angebotsunterbreitung sowie die interaktive Zusammenstellung individuell benötigter Produkte und Dienstleistungen noch verstärkt.
- Das Angebot lässt sich im Internet gut präsentieren.

Auf der **Kundenseite** sind mit dem eCommerce ebenfalls **Vorteile** verbunden (Baumann und Kistner 2000, S. 269; Heise 1996, S. 134; Wünschmann et al. 2008, S. 158):

- Das Bestellcenter bzw. der Onlineshop ist rund um die Uhr erreichbar (24/7-Prinzip). Dies ermöglicht eine schnelle Reaktion auf die jeweilige Bedarfssituation.
- Das Internet bietet umfangreiche Suchmöglichkeiten, wodurch sich die Informationsbreite und -tiefe erhöht.
- Kunden haben, bedingt durch ein internationales Warenangebot, globale Wahlmöglichkeiten.

- Angebote und Preise lassen sich im Internet gut vergleichen. Dies erhöht die Markttransparenz.
- Das Internetangebot ist aktuell. Kunden können immer die neuesten Produkte und Dienstleistungen auswählen.
- Das Sortiment in einem Onlineshop ist umfangreicher als bei einem stationären Händler.
- Die Preise sind oft günstiger als im stationären Handel.
- Kunden können ganz einfach und bequem von Zuhause aus bestellen.
- Der Einkauf in einem Onlineshop kann schnell und unkompliziert sowie zu geringeren Transaktionskosten abgewickelt werden (es entstehen beispielsweise keine Anfahrtswege/-kosten und keine Wartezeiten). Die Kunden können einkaufen, ohne das Haus zu verlassen.
- Unmittelbare Auslieferung der Leistungsangebote, wenn es sich um Informationsprodukte (z. B. Software oder E-Books) handelt.
- Onlineshopping entspricht dem aktuellen Trend im Käuferverhalten.
- Die Konkurrenzangebote sind im Internet immer nur einen Klick weit entfernt. Onlineshopbesucher können somit Preis und Leistung unmittelbar miteinander vergleichen.

Allerdings ergeben sich für die Kunden durch das Onlineshopping auch **Nachteile** (Wünschmann et al. 2008, S. 158):

- Es ist nicht (bzw. nur eingeschränkt) möglich, sich vor einer Kaufentscheidung durch einen Verkäufer persönlich beraten zu lassen und eine Einkaufsatmosphäre zu genießen, wie sie beispielsweise in erlebnisorientiert gestalteten Kaufhäusern herrscht.
- Da der Onlineshopbesucher das Produkt vor dem Kauf nicht an- bzw. ausprobieren kann, besteht für ihn ein höheres Kaufrisiko. Bei Nichtgefallen der Ware muss er diese wieder zurücksenden. Dadurch entstehen zusätzliche Transaktionskosten.
- Der Onlinekunde ist gezwungen, mehr oder weniger lange auf die Lieferung des bestellten Produkts zu warten. Dies schmälert die Nachkauffreude, die beispielsweise beim sofortigen Tragen der gekauften Kleidung entsteht.

• Die anfallenden Lieferkosten erhöhen wiederum die Transaktionskosten.

≫ Der **Onlineshop**, E-Shop oder auch Electronic Shop stellt das Einrichten eines elektronischen Verkaufskanals dar. Auf einer Website eines Unternehmens werden Güter in Form von Produkten bzw. Dienstleistungen angeboten, die der Kunde bestellen, bezahlen und sich an eine Lieferadresse zustellen lassen kann (Schildhauer 2003, S. 126).

Die **Funktionen** eines Onlineshops lassen sich in fünf Untergruppen aufteilen (Amor 2002, S. 142):

• **E-Marketing:** Produkte und Dienstleistungen werden beworben. Hinzu kommt nach das Bekanntmachen des Onlineshops durch Offline- und Onlinewerbung.
• **E-Merchandising:** Die Produkte und Dienstleistungen sowie ihre Vorteile werden im Onlineshop an verschiedenen Stellen beschrieben.
• **E-Transaction:** Damit ist die eigentliche Transaktion gemeint, das Verkaufen der Artikel vom Onlineshopbetreiber an die Onlinekunden.
• **E-Fulfillment:** Die bestellte Ware wird an den Kunden ausgeliefert. Dies kann digital (z. B. bei Software) oder physisch (z. B. bei Kleidung) geschehen.
• **E-Support:** Damit sind alle Kundendienstaufgaben um den Warenverkauf gemeint.

Vor der Umsetzung eines eigenen Onlineshops sollte sich der zukünftige Onlineshopbetreiber an anderen erfolgreichen und weniger erfolgreichen **Onlineshopkonzepten** orientieren (Lamprecht 2007, S. 188–189):

• Eine ansprechende Produktpräsentation zählt zu den wesentlichen Erfolgsfaktoren eines Onlineshops.
• Es ist besonders wichtig, das Vertrauen der Onlineshopbesucher zu gewinnen. Im stationären Handel kann sich der Besucher an der Lage des Geschäfts und der Ladenausstattung orientieren. Bei einem Onlineshop gestaltet sich das wesentlich schwieriger. Aber auch hier können vertrauensbildende Maßnahmen zum Einsatz kommen. Zu denken ist an verständlich formulierte Datenschutzbestimmungen und AGBs. Des Weiteren stärken Garantien, Zusatzleistungen und Zertifizierungen das Vertrauen in den Onlineshop.
• Das Angebot verschiedener Zahlungsmöglichkeiten ist ein weiterer Erfolgsfaktor. Der Onlineshopbetreiber sollte seinen Besuchern die Wahl des für sie optimalen Zahlungssystems überlassen. Es ist beispielsweise überlegenswert, ob er Stammkunden die Bezahlung per Rechnung anbietet.
• Das Einkaufen im Onlineshop sollte einfach und bequem möglich sein. Unnötige Hürden sind unbedingt zu vermeiden. Die Registrierung im Onlineshop sollte als Option, aber nicht als Verpflichtung angeboten werden. Die Abfrage von Kundendaten sollte sich auf diejenigen Daten beschränken, die ausschließlich für den Bestellprozess notwendig sind.
• Die Information über die Verfügbarkeit von Produkten und die (evtl.) anfallenden Versandkosten sollte möglichst früh erfolgen.
• Während des Bestellprozesses sollten Änderungen einfach möglich sein und durch visuelle Rückmeldungen dem Besucher angezeigt werden. Beispielsweise lassen sich in den Warenkorb verkleinerte Abbildungen der ausgewählten Artikel integrieren. Dadurch erfolgt eine visuelle Rückmeldung an den Besucher, der sich in seiner Produktauswahl bestätigt sieht.

≫ Unter **Onlineshopping** versteht man das Einkaufen von Waren und Dienstleistungen per Computer über das Internet bzw. World Wide Web oder Onlinedienste, z. B. in Onlineshops und virtuellen Warenhäusern. In Analogie zum Versandhandel gehen immer mehr Branchen dazu über, ihre Produkte und/oder Dienstleistungen nicht mehr ausschließlich über den Einzelhandel, sondern unter Nutzung moderner Informations- und Kommunikationssysteme (IKS, insbesondere des Internets) auch unmittelbar an die Endkunden zu vertreiben. Dieser kann nun völlig unabhängig von räumlichen Entfernungen und Ladenöffnungszeiten von zu Hause aus Produktinformationen abrufen und Einkäufe erledigen (Schumann 1997, S. 138–139; Seebohn 2001, S. 161).

> **Wichtige Kriterien für die Gestaltung**
>
> - Der Onlineshop wird in allen gängigen Browsern einwandfrei dargestellt.
> - Mobile Besucher können den Onlineshop problemlos besuchen.
> - Die Startseite führt den Onlineshopbesucher schnell an sein Ziel.
> - Die Navigation ist gut erkennbar und logisch strukturiert.
> - Die Gestaltung der Inhalte ist übersichtlich und logisch.
> - Der Inhalt ist umgeben von genügend Freiräumen, um den Onlineshop nicht überladen wirken zu lassen.
> - Die „Message" des Onlineshops ist offensichtlich – es handelt sich um einen Onlineshop!
> - Das Design ist optisch ansprechend, die Zielgruppe wurde bedacht.
> - Die Texte sind gut lesbar – auf die Schriftgröße, Farbkontraste und Zwischenüberschriften wurde geachtet.
> - Thematisch passende, ansprechende Bilder werden verwendet (Bernecker und Beilharz 2012, S. 85).

4.2   Domain

Bevor wir uns mit den Gestaltungsregeln für den Aufbau eines nutzerfreundlichen Onlineshops beschäftigen, werden wir zunächst die Wahl eines passenden Domainnamens thematisieren.

Produkte werden über Marken, Markensymbole und Markenzeichen identifizierbar. Durch die Marke erfolgt eine Differenzierung vom Wettbewerb. Als weitere Ziele können die Steigerung des Bekanntheitsgrades, Synergieeffekte zu anderen Unternehmensangeboten und die Verbesserung

des Images genannt werden. Seit 1984 übernimmt das im Internet eingeführte Domain Name System (DNS) diese Rolle. Zuvor wurden Internetrechner durch eine IP-Adresse angesprochen. Dabei handelt es sich um einen mehrstelligen Zahlencode. Da diese Zahlencodes nur für Informatiker geeignet sind und die meisten Menschen lieber mit Namen arbeiten, fand das DNS schnell eine große Akzeptanz. Jeder IP-Adresse wird durch das DNS ein weltweit einmaliger Name zugeordnet. Dadurch wird es ermöglicht, einen Internetrechner mit der IP-Adresse 333.401.123.13 auch als www. thalia.de anzusprechen. Erst durch die Domain wird es möglich, den Onlineshop leicht zu erreichen (Lamprecht 1996, S. 15–17, 2007, S. 28; Schott et al. 1997, S. 85; Siebert 1999, S. 45–47; Schwarz 2017, S. 73).

▷ Die **Domain** sollte erst registriert werden, wenn die Planung für den Onlineshop abgeschlossen ist. Das ist wichtig, da sich die Inhalte des Onlineshops in der Domianadresse widerspiegeln sollen. Das schafft Vertrauen bei den Besuchern und gibt Pluspunkte bei den Suchmaschinen. Zunächst ist also das Site-Konzept zu erstellen. Erst wenn der Onlineanbieter weiß, wie und was genau sein Onlineshop inhaltlich präsentieren soll, wird die Domain registriert. Die Domain sollte dann das Hauptkeyword des Onlineshops, also das Keyword der Startseite, beinhalten (Asen 2013, S. 58–59).

Wenn ein kompletter URL (Uniform Resource Locator) in die Adresszeile des Browsers eingegeben wird, sieht das im Allgemeinen folgendermaßen aus: https://www.domainname.tld. Daraus ergeben sich zwei wesentliche **Grundsatzentscheidungen**. Zunächst muss geklärt werden, wie der Domainname (Second Level Domain) lauten soll. Des Weiteren muss eine Entscheidung über die Top-Level-Domain (TLD) getroffen werden. Die Top-Level-Domain ist der letzte Teil der URL und kann aus zwei oder mehr Stellen bestehen. Aus ihr kann etwas über die Herkunft und den Inhalt der Website abgelesen werden. Dabei wird i. d. R. zwischen **generischen Top-Level-Domains** (z. B. .com, .info oder .net) und **länderspezifischen Top-Level-Domains**

(z. B. .de, .us, .at oder .eu) unterschieden. Die länderspezifischen Top-Level-Domains setzen sich immer aus zwei Buchstaben zusammen. Es gibt aber auch Top-Level-Domains für militärische Einrichtungen (.mil), Ausbildungseinrichtungen (.edu), nicht militärische Regierungsstellen (.gov) und Netzwerkressourcen (.net). Die am häufigsten verwendete Top-Level-Domain ist .com. Dies ist bedingt dadurch, dass die meisten amerikanischen Unternehmen diese Domain verwenden. Hinzu kommen viele internationale Websites, die ebenfalls .com als Top-Level-Domain verwenden (vgl. Bernecker und Beilharz 2012, S. 51; Fischler 2010, S. 87–88; Schott et al. 1997, S. 85). Seit 2013 gibt es weitere Endungen (z. B. .shop, .blog, .web oder .berlin), die als **Generic-Top-Level-Domains** bezeichnet werden (Keßler et al. 2017, S. 56).

▷ Die **Domain/Domainadresse** ist ein frei wählbarer Internetname eines ständig mit dem Netz verbundenen Servers und ein wichtiger Bestandteil der Webadresse (URL). Es muss kein physischer Rechner sein, auch ein gemieteter Teilbereich auf der Festplatte eines Netzrechners kann einen eigenen Domainnamen tragen (virtueller Server). Auch eine Privatperson kann eine eigene Domain beantragen, deren Webadresse lautet www.Name.de (Segert und Klinger 1998, S. 69).

Es ist empfehlenswert, mehr als eine Domain zu registrieren. Zunächst sollte der Unternehmensname angemeldet werden. Aber auch Markennamen und Produktbezeichnungen eignen sich für eine Registrierung. Als Erstes muss daher geklärt werden, ob die gewünschten Domains noch frei sind. Für .de-Domains kann dies unter www.denic.de erfolgen. Sollte eine der gewünschten Domains schon vergeben sein, kann man sich an den Besitzer wenden und über einen Kauf des Domainnamens verhandeln (Bernecker und Beilharz 2012, S. 52).

▷ Auf der Internetplattform www.sedo.com/de/ können sich interessierte Unternehmen und Privatleute über zum Verkauf stehende Domains informieren. Dies ist die größte europäische Handelsplattform für den Verkauf bzw.

Kauf von Domains. Dort handeln mehrere Hunderttausend angemeldete Mitglieder mit Domains (Bernecker und Beilharz 2012, S. 52).

Es gibt Domainnamen, die direkt aus einem Suchbegriff bestehen. Diese Domains werden als „generische Domainnamen" bezeichnet. Sie sind leicht zu merken und werden daher von den Internetnutzern häufig direkt in das Adressfeld des Browsers eingegeben (sogenannte **Type-ins**). Leider sind generische Domainnamen sehr schnell vergriffen. Der Vorteil generischer Domainnamen besteht darin, dass sie als dauerhafter Traffic-Lieferant fungieren. Daher ist es bei bereits vergebenen Domainnamen auf jeden Fall lohnenswert, über einen Kauf nachzudenken. Allerdings können damit erhebliche Kosten verbunden sein (Bernecker und Beilharz 2012, S. 52–53).

Sollten alle generischen Domainnamen bereits vergeben sein, kann auf **Zwei-Wort-Domains** zurückgegriffen werden. Dies ist insbesondere dann von Vorteil, wenn ein Produktname aus zwei Worten besteht. Dann sollte einmal eine Domain mit und einmal eine Domain ohne Bindestrich registriert werden. Allerdings sollten nicht mehr als drei bis vier Worte in einer Domain Verwendung finden (Bernecker und Beilharz 2012, S. 54). Ein sehr erfolgreiches aktuelles Beispiel für eine Mehrwortdomain ist www.wir-kaufen-dein-auto.de. Nach der Eingabe dieser Domain wechselt sie allerdings auf www.wirkaufendeinauto.de.

Wichtige Kriterien für die Wahl eines Domainnamens

- **Eindeutigkeit:** Um bei der Vielzahl der angemeldeten Domains peinliche Verwechslungen, die dem Ansehen des Unternehmens schaden könnten, zu vermeiden, sollte der Domainname eindeutig sein (z. B. www.tierhandlung-schmidt.de).
- **Synergien:** Bekannte Firmen- und Markennamen sollten wiederverwendet werden (z. B. www.kinderschokolade.de)

- **Kurz und prägnant:** Damit sich die Internetnutzer den Domainnamen besser merken können, sollte dieser kurz und prägnant sein (z. B. www.bmw.de).
- **Gegenstand/Ziel:** Eine weitere Möglichkeit für die Namensgebung besteht darin, den Unternehmensgegenstand bzw. das Ziel der Organisation durch die Domain zu erläutern (z. B. www.wir-kaufen-dein-auto.de).
- **Kampagnen:** Es können auch für einzelne Werbekampagnen Domainnamen verwendet werden (z. B. www.sommer-sale.de) (Schott et al. 1997, S. 88).

Sobald eine Domain für einen Onlineshop registriert ist, sollte diese auch beibehalten werden. Nur in gut begründeten Ausnahmefällen ist ein Domainwechsel empfehlenswert. Schließlich haben sich viele der Onlineshopbesucher bzw. -kunden die Domain gemerkt und als Bookmark in ihrem Browser abgespeichert. Durch einen Wechsel der Domain könnten daher viele Nutzer verloren gehen (vgl. Wenz und Hauser 2013, S. 45). Außerdem ist die Domain das Aushängeschild eines Onlineshopbetreibers im Internet. Dazu müssen Domainnamen bekannt gemacht werden, dies kann über Online- (z. B. Banner) und Offlinewerbemaßnahmen (z. B. Briefpapier und Visitenkarten) geschehen. Daher würde ein Domainwechsel zu erheblichen Kosten führen (Schott et al. 1997, S. 87; Keßler et al. 2017, S. 56).

- Ist der Unternehmensname unter den wichtigsten Top-Level-Domains registriert?
- Sind die Produktnamen unter den wichtigsten Top-Level-Domains registriert?
- Sind die eigenen Markennamen unter den wichtigsten Top-Level-Domains registriert?
- Wurden die Varianten mit Bindestrich geprüft und möglicherweise registriert?

- Wurden freie generische Domainnamen gesucht und möglicherweise registriert?
- Wurden Verkaufsangebote für interessante Domainnamen bei Domainbörsen geprüft?
- Sind mögliche alternative Schreibweisen oder „Vertipper" unter den wichtigsten Top-Level- Domains registriert? (Bernecker und Beilharz 2012, S. 57).

4.3   Startseite

Vor einigen Startseiten von Onlineshops sind sogenannte Introseiten geschaltet. Nach dem Aufrufen des Onlineshops werden zunächst Videos oder andere Animationen abgespielt. Das mag toll aussehen, doch viele Besucher fühlen sich von langen Intros gestört. Wer einen Onlineshop besucht, hat Interesse an den angebotenen Produkten und Dienstleistungen und möchte sich nicht erst lange mit einem vorgeschalteten Intro befassen. Dies gilt insbesondere für Stammkunden des Onlineshops. Sehr viele Flashintros werden daher erst gar nicht bis zum Ende angesehen, sondern durch die Aktivierung des „Skip Intro"-Buttons abgebrochen. Daher sollte der Onlineshopbetreiber auf eine Introseite verzichten und den Besucher gleich auf der Startseite des Onlineshops empfangen (Bernecker und Beilharz 2012, S. 61).

In jedem Onlineshop gibt es eine Startseite bzw. Homepage. Die Startseite wird angezeigt, nachdem der Besucher die Internetdomain (z. B. www.amazon.de) in den Browser eingegeben hat. Sie zählt zu den am häufigsten besuchten Seiten des Onlineshops. Die Startseite dient den Websitebesuchern als erster Anlaufpunkt zur Navigation im Onlineshop (Angeli und Kundler 2011, S. 591; Fischler 2010, S. 198). In nur ganz wenigen Augenblicken entscheiden die Besucher, ob sie auf dem Onlineshop bleiben oder diesen wieder verlassen wollen (Bernecker und Beilharz 2012, S. 62). Daher ist es wichtig, dass die Startseite den Besuchern bei der Orientierung hilft. Je mehr Orientierung sie bietet, desto besser (Buss 2009, S. 438; Schwarz 2011, S. 25). Wünschmann et al. (2008, S. 78) vergleichen

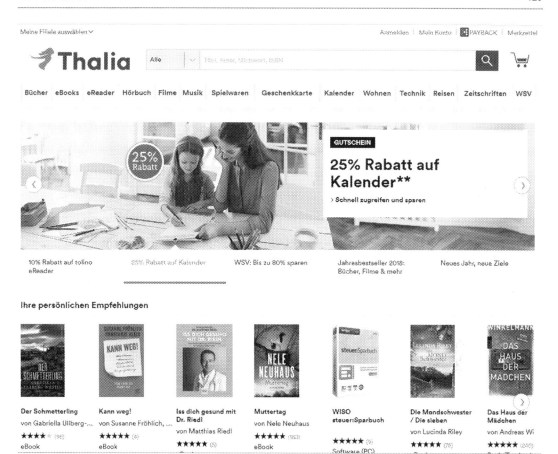

Abb. 4.1   Startseite von Thalia.de. (Quelle: www.thalia.de)

daher die Startseite eines Onlineshops mit dem Schaufenster eines stationären Einzelhändlers. Die Startseite muss, genau wie das Schaufenster, schnell das Interesse der Besucher wecken und eine erste Orientierung geben.

▷ Die **Startseite** bzw. **Homepage** ist die erste Seite, Titelseite oder Stammseite eines Internetangebots. Die Startseite bzw. Homepage wird aufgerufen, wenn unter Angabe des Domainnamens auf den Onlineshop zugegriffen wird. Von der Startseite wird i. d. R. auf weitere HTML-Dokumente (Hypertext Markup Language-Dokumente) oder Unterseiten des Onlineshops verlinkt (Krause 2000, S. 591; Schildhauer 2003, S. 142).

Die Startseite bzw. Hompage muss mehrere **Funktionen** gleichzeitig erfüllen. Die wichtigsten Aufgaben der Startseite sind (Jacobsen 2004, S. 189):

- Verraten, von wem die Website ist.
- Zeigen, was der Besucher hier tun/finden kann.
- Einen Überblick geben.
- Zugriff auf die wichtigsten Funktionen geben (Suche, Kontakt, Login …).
- Das Image transportieren.
- Neugier wecken.
- Auf Neuigkeiten hinweisen.

Dabei muss darauf geachtet werden, dass die wichtigsten Elemente an den prominentesten Stellen bzw. im sofort sichtbaren Bereich angeordnet werden. In Abb. 4.1 ist die Startseite von Thalia.de zu sehen.

Die Gestaltung der Startseite hängt stark vom Produktsortiment ab. Sie richtet sich an Erstbesucher und Wiederkehrer gleichermaßen und soll beiden Besuchertypen die Orientierung über das **Produkt-** und **Dienstleistungssortiment** ermög-

Abb. 4.2 Startseite von Hugendubel.de. (Quelle: www.hugendubel.de)

lichen. Dabei kommt es auf eine übersichtliche Anordnung der einzelnen Elemente und Informationen an. Ein Zuviel an Informationen kann dabei genauso schädlich sein wie eine wenig informative Startseite (Kollewe und Keukert 2014, S. 117–118).

Zusätzlich muss bedacht werden, ob es sich um **Besucher** handelt, die gezielt suchen, oder um Besucher, die sich inspirieren lassen wollen. Erstere werden die Suchfunktion und/oder die Navigation für ihre Produktsuche verwenden. Deshalb darf auf der Startseite eine Suchfunktion nicht fehlen. Die zweite Gruppe wird eher über großflächige, emotional gestaltete Pro-

duktabbildungen, die sogenannten Teaser, angesprochen und so in den Onlineshop einsteigen. Wichtig dabei ist, dass die Teaser neugierig machen und zum Stöbern einladen (Buss 2009, S. 439; Janson und Frankemölle 2009, S. 342–343). Die Abb. 4.2 veranschaulicht die Startseite von Hugendubel.de.

Gut ausgewählte **Fotos** (**Teaser**) übernehmen noch eine weitere Funktion. Sie zeigen dem Besucher, ob er in diesem Onlineshop die gewünschten Produkte finden wird. Sie dienen daher auch der ersten Orientierung im Onlineshop. Um diese Wirkung zu erzielen, muss es sich um professionelle Produktabbildungen handeln. Dies ist deshalb so wichtig, da die Besucher von der Qualität der Bilder Rückschlüsse auf die Produkt- und Dienstleistungsqualität ziehen. Darüber hinaus kann durch rollierende Teaser für Abwechslung gesorgt werden. Außerdem können die Besucher dadurch auf aktuelle Angebote, Aktionen und Produktneuheiten hingewiesen werden (Kollewe und Keukert 2014, S. 119–120). Die Gestaltung und Auswahl guter Teaser ist eine Kunst. Vergleichbar mit dem Formulieren guter Schlagzeilen. Sie sollen neugierig machen und den Besucher tiefer in den Onlineshop hineinziehen. Dabei ist jedoch darauf zu achten, dass sie zum Stil des Onlineshops passen. Wichtig dabei ist die Verwendung emotionaler Bilderwelten. Nur so ist es möglich, die Aufmerksamkeit der Besucher zu gewinnen und diese zum Anklicken der Teaser zu motivieren (Jacobsen 2004, S. 190).

Auf der Startseite oben links sollte sich ein Button befinden, über dessen Verlinkung die Besucher immer wieder zur Startseite zurückkehren können. Daher ist es zwingend erforderlich, dass dieser **Homebutton** auf jeder Unterseite des Onlineshops eingebunden wird. Allerdings ist gerade für unerfahrene Nutzer die Bezeichnung „Home" nicht zielführend. Der Button, über den die Besucher wieder zur Startseite gelangen, sollte daher „Startseite" heißen (Fischer 2009, S. 536).

Eine weitere Funktion der Startseite besteht darin, dem Besucher zu bestätigen, dass er sich auf einem Onlineshop befindet und er dort Produkte nicht nur ansehen, sondern auch kaufen kann. Vor dem Hintergrund schneller Klickgewohnheiten beim Surfen, kurzer Aufmerksamkeitsspannen der Besucher und einer vielfältigen Konkurrenz im Internet muss der Onlineshop schon auf den ersten Blick den richtigen Eindruck hinterlassen. Denn der durchschnittliche Onlineshopkunde verlässt einen Onlineshop schnell wieder, wenn er nicht das findet, was er sucht. Durch die Startseite muss sich der Onlineshop daher unmittelbar als Onlineshop zu erkennen geben. Zu den **Basiselementen** einer Startseite zählen (Kollewe und Keukert 2014, S. 124):

- Preisangaben,
- ein Symbol für den Warenkorb sowie
- Produktfotos.

Durch diese drei Basiselemente wird sichergestellt, dass der Besucher erkennt, dass er sich in einem Onlineshop befindet und er dort Produkte und Dienstleistungen kaufen kann (Kollewe und Keukert 2014, S. 125). Hierbei ist es ganz entscheidend, ob es sich um einen sehr bekannten Onlineshop (z. B. www.amazon.de) oder um einen noch relativ unbekannten Onlineshop handelt. Jeder Besucher von Amazon weiß, dass er dort Produkte einkaufen kann. Bei nicht so bekannten Onlineshops ist das nicht unbedingt zu erwarten. Daher müssen die Anbieter des Onlineshops sehr sorgfältig planen, wie sie dem Besucher zeigen, dass er im Onlineshop auch Produkte kaufen kann. In wenigen, aber dafür sehr aussagekräftigen Worten sollte beschrieben werden, dass sich der Besucher in einem Onlineshop befindet und welche Produkte er dort kaufen kann. Bei der Formulierung der Texte ist darauf zu achten, dass der Webtexter die Sprache der Zielgruppe spricht bzw. trifft (Jacobsen 2004, S. 192).

Auch das **Einsammeln von E-Mail-Adressen** gehört zu den Aufgaben der Startseite. Besucher, die den Onlineshop nach dem Besuch der Startseite wieder verlassen, werden wohl nicht so schnell wiederkommen. Sollte es jedoch gelingen, dass der Besucher seine E-Mail-Adresse hinterlässt (z. B. in einem Newsletteranmeldeformular), kann der Kontakt aufrechterhalten werden und der Onlineshopbetreiber hat die Chance, den Besucher zum regelmäßigen Wiederkehren einzuladen. Die Newsletteranmeldung sollte daher auf der Startseite eines jeden Onlineshops zu finden sein (Bernecker und Beilharz 2012, S. 62–63).

Zusammenfassend kann festgehalten werden, dass es für die Gestaltung der Startseite eines Onlineshops ein Grundgerüst gibt. Das Firmenlogo wird von den Besuchern oben links erwartet. Die Suche kann oben in der Mitte oder oben rechts angeordnet werden. Standardlinks (z. B. das Impressum) befinden sich am Fuß (dem sogenannten Footer) des Onlineshops. Dies ist der Quasistandard für Onlineshops, von dem nicht abgewichen werden sollte. Eine davon abweichende bzw. unkonventionelle Anordnung der einzelnen Elemente fordert von den Besuchern mehr Aufmerksamkeit und einen größeren Aufwand (vgl. Janson und Frankemölle 2009, S. 343).

4.4   Navigation

Die Navigationsleisten sind der wichtigste Typ an Navigationshilfen, die den Besuchern eines Online- shops angeboten werden können. Sie sind das Grundgerüst jeder Website und in jedem Online- shop zu finden. Dabei sollte die wichtigste Aus- wahlmöglichkeit immer als Erstes aufgeführt sein (Jacobsen 2004, S. 135; Keßler et al. 2017, S. 429; Müller-Grote 2001, S. 139–140). Durch die Navi- gation wird es den Besuchern ermöglicht, sich ge- zielt von der Startseite zu Unterseiten des Online- shops zu bewegen. Die Navigation richtet sich damit an Besucher, die gezielt nach Produkten und/ oder Dienstleistungen suchen. Daher kann die Na- vigation nur hilfreich sein, wenn sie dem Besucher dabei hilft, zu finden, was er gerade sucht (vgl. Fi- scher 2009, S. 545). Die Navigation bietet darüber hinaus die Möglichkeit, sich im Onlineshop zu ori- entieren und sich einen ersten Überblick über das Produkt- und Dienstleistungsangebot zu verschaf- fen (Kollewe und Keukert 2014, S. 113).

Die Navigation des Onlineshops ist ein wich- tiges Gestaltungselement, über das die Besucher tiefer in das Angebot einsteigen sollen. Sie sollte daher als Navigationsmöglichkeit erkennbar sein und einwandfrei funktionieren. Grundsätzlich lässt sich festhalten, dass das, was über die Navi- gationsleiste von den Besuchern nicht gefunden wird, auch nicht gekauft werden kann (Buss 2009, S. 425). Wenz und Hauser (2013, S. 201) und Bernecker und Beilharz (2012, S. 80) be- zeichnen daher die Navigation als das „Herz- stück" des Onlineshops.

▷ Die **Navigation** setzt ein User Interface (Be- nutzeroberfläche des Onlineshops) voraus, das die gezielte Auswahl von Inhalten und Darstellungen innerhalb einer Informationsarchitektur ermög- licht. Durch die Aktivierung von Schaltflächen (Buttons) werden modularisierte Inhalte (Text- seite, Grafik, Tondokument, Videoclip) aufgeru- fen, die untereinander verbunden sind. Jede neue Einheit kann dabei Wahlmöglichkeiten anbieten, die vorher nicht zu erkennen waren. Die Suchbewegung ist daher interaktiv (Schildhauer 2003, S. 220).

Das Ziel der Navigation im Onlineshop besteht darin, dem Besucher eine möglichst intuitive Be- dienung des Onlineshops zu ermöglichen, die ihn ohne Umwege zu den jeweils gewünschten Pro- dukten und/oder Dienstleistungen führt. Vor al- lem sollte die Navigation nicht erklärungsbedürf- tig sein (Fischer 2009, S. 546; Schildhauer 2003, S. 220).

Bereits bei der Benennung der Navigations- punkte ist darauf zu achten, dass diese von den Besuchern verstanden werden. Spezielle marken- abhängige Produktnamen sind i. d. R. nicht ge- eignet. Vielmehr suchen die Besucher des On- lineshops nach gängigen Begriffen (Buss 2009, S. 425).

Für die Erstellung einer nutzerfreundlichen Navigation ist es daher erforderlich, den Dialog mit den Nutzern des Onlineshops zu suchen. Ist dies nicht so ohne Weiteres möglich, sollte man sich in den Nutzer hineinversetzen. Die folgen- den Fragen können dabei hilfreich sein (Fischer 2009, S. 546):

- Was wissen die Nutzer schon vor dem Besuch des Onlineshops?
- Welche Begriffswelt benutzen sie wahrschein- lich?
- Was ist ihr Antrieb, etwas im Onlineshop an- zuklicken?

Bezüglich der Tiefe der Navigation ist darauf zu achten, dass nicht zu viele verschiedene Katego- rien verwendet werden. Außerdem erschwert ein Zuviel an Ober- und Unterkategorien die Naviga- tion für die Besucher. Gibt es zu viele Unterkate- gorien, erfordert dies viele Klicks und gleichzei- tig steigt die Gefahr, dass die Besucher die falsche Kategorie auswählen (Buss 2009, S. 427). Durch zu viele Auswahloptionen wird das Kurz- zeitgedächtnis der Besucher überfordert. Daher sollten auf jeder Navigationsebene nicht mehr als sieben verschiedene Kategorien angeboten wer- den. Andernfalls führt dies zur Verunsicherung der Besucher und evtl. sogar zum Abbruch des Besuchs (Fischer 2009, S. 547–548).

Die Navigation wird mit einem wachsenden Sortiment immer umfangreicher. Auch in Online- shops mit einem umfangreichen Sortiment sollen sich die Besucher zurechtfinden und orientieren. Erste Anhaltspunkte bieten die Onlineshops der Konkurrenz. Durch ein **Benchmarking** können gute Navigationskonzepte identifiziert und für die Gestaltung des eigenen Navigationskonzepts genutzt werden (Kollewe und Keukert 2014, S. 115). Außerdem ist es empfehlenswert, das Navigationskonzept mit ausgewählten Nutzern aus der Zielgruppe zu testen. Eine solche Usability-Studie ist zwar etwas aufwendig, der Informationsgewinn rechtfertigt dies jedoch (Bernecker und Beilharz 2012, S. 64).

Für die konkrete Umsetzung der Navigation in einem Onlineshop gibt es verschiedene Navigationskonzepte.

4.4.1 Horizontale Navigation

Bei der horizontalen Navigation kann mittlerweile von einem De-facto-Standard für den Einstieg in einen Onlineshop gesprochen werden. Dadurch lassen sich eine maximale Präsenz im Blickfeld des Betrachters mit einem minimalen Platzverbrauch vereinen. Besucher können sich mit einem Blick über das Leistungsspektrum des Onlineshops informieren. Analysiert man mehrere verschiedene Onlineshops, so fällt auf, dass sie verschieden viele Navigationspunkte in der horizontalen Navigationsleiste anbieten (Wenz und Hauser 2013, S. 202). Beispielsweise bietet Thalia.de 14 verschiedene Navigationspunkte an. Bei Hugendubel.de sind es dagegen nur 11 Navigationspunkte. In beiden Onlineshops werden damit deutlich mehr als sieben Navigationspunkte angeboten. Abb. 4.3 zeigt die horizontale Navigation von Thalia.de im oberen Seitenbereich.

Neben der Anzahl der Navigationspunkte nimmt auch die Umgebung einen erheblichen Einfluss auf die Wahrnehmung der Navigation. Die horizontale Navigationsleiste ist ein wesentliches Gestaltungselement des oberen Seitenkopfes. Dort befinden sich auch das Logo, die Suche, der Warenkorb und der Login- bzw. Registrierungsbutton (Wenz und Hauser 2013, S. 203). Bei Thalia.de befinden sich im oberen Seitenbereich noch der Filialfinder, ein PAYBACK-Button sowie ein Merkzettel. Auf Hugendubel.de wird ebenfalls ein Filialfinder angeboten. Zusätzlich kann sich der Besucher noch über die Kundenkarte von Hugendubel.de informieren, Service- bzw. Hilfethemen aufrufen und Produkte auf den Merkzettel legen. Damit wird deutlich, dass der Platz im oberen Seitenbereich der betrachteten Onlineshops vollständig ausgefüllt ist.

Ob der Link zur Startseite ebenfalls in der horizontalen Navigationsleiste integriert sein sollte, wird kontrovers diskutiert. Einige Onlineshops verlinken ausschließlich über das Logo auf die Startseite (z. B. www.thalia.de), andere bieten einen Startseite- bzw. Homebutton in der horizontalen Navigation an (z. B. www.hugendubel.de).

Insgesamt betrachtet, sind mit der horizontalen Navigation die folgenden **Vorteile** verbunden (Wenz und Hauser 2013, S. 204):

- Die horizontale Navigation ist übersichtlich und an einer zentralen Stelle im sofort sichtbaren Bereich angeordnet.
- Die horizontale Navigation benötigt nur relativ wenig Platz.

Als **Nachteile** nennen Wenz und Hauser (2013, S. 204) die folgenden Aspekte:

- Der Platz für die horizontale Navigation ist begrenzt.
- Mehrere Ebenen sind schlecht abbildbar.
- Längere Navigationspunktnamen sind nicht möglich.

Abb. 4.3 Horizontale Navigation bei Thalia.de (Quelle: www.thalia.de)

4.4.2   Vertikale Navigation

Die vertikale Navigation ist als Sekundärnavigation für die zweite, dritte und vierte Ebene sehr gebräuchlich. In Onlineshops erfolgt darüber die Produktauswahl. Alternativ können auch Filter in der vertikalen Navigation (Filternavigation) angeboten werden (z. B. www.mobile.de), mit denen die Besucher ihre Produktauswahl spezifizieren können. Ein Onlineshop, der die vertikale Navigation seit vielen Jahren erfolgreich einsetzt, ist Amazon.de (Keßler et al. 2017, S. 445; Wenz und Hauser 2013, S. 205). Ein Beispiel für eine vertikale Navigation findet sich in Abb. 4.4.

Die vertikale Navigation bietet die folgenden **Vorteile** (Wenz und Hauser 2013, S. 206):

- Die vertikale Navigation bietet maximalen Platz.
- Es sind in dieser Navigation mehrere Ebenen abbildbar.

Abb. 4.4   Vertikale Navigation bei Medimops.de

- Auch längere Navigationspunktnamen sind möglich.

Dagegen treten die folgenden **Nachteile** auf (Wenz und Hauser 2013, S. 206):

- Es ist kritisch, wenn bestimmte Navigationspunkte nur außerhalb des sofort sichtbaren Seitenbereichs sichtbar sind.
- Für das Ein- und Ausklappen sind z. T. viele Klicks notwendig.

4.4.3   Breadcrumb Navigation

Die Namensgebung der Breadcrumb Navigation geht auf das Märchen von Hänsel und Gretel zurück. Hänsel und Gretel haben auf ihrem Weg in den Wald Brotkrumen gestreut, um wieder zurückzufinden. Die Breadcrumb Navigation soll dem Besucher dabei helfen, wieder in übergeordnete bzw. bereits besuchte Kategorien zurückzufinden. Es wird davon ausgegangen, dass der Onlineshop ein Seitenbaum ist. Das bedeutet beispielsweise, dass unter einer Hauptkategorie eine Unterkategorie folgt und darunter wiederum ein Produkt oder eine Dienstleistung (Keßler et al. 2017, S. 434–436; Wenz und Hauser 2013, S. 210).

▷ Wörtlich übersetzt bedeutet der Begriff **Breadcrumb** „Brotkrumen". Eine Breadcrumb Navigation in einem Onlineshop gibt dem Besucher Aufschluss darüber, wo er sich gerade befindet und wie er dort hingekommen ist. Bei jedem Navigationspunkt, den der Besucher auf seinem Weg besucht hat, wird eine Brotkrume abgelegt und man kann durch Klick auf diese Brotkrume wieder zu den besuchten Seiten zurücknavigieren (Ecker et al. 2014, S. 9).

Mithilfe der Breadcrumb Navigation wird die interne Verlinkung des Onlineshops wesentlich verbessert. Es handelt sich dabei um eine kleine dynamische Navigationsleiste, die oberhalb des Contentbereichs angezeigt wird. Sie zeigt den Pfad an, den der Besucher von der Startseite aus bis zur aktuellen Unterseite zurückgelegt hat. In-

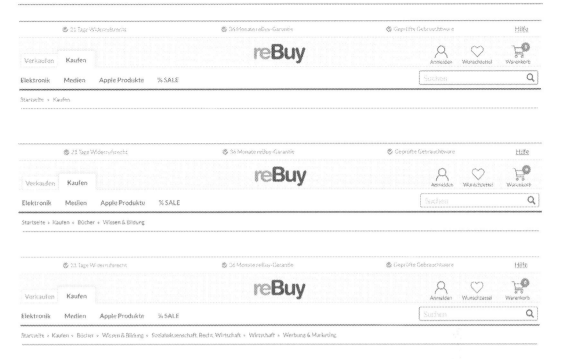

Abb. 4.5 Breadcrumb Navigation bei reBuy.de. (Quelle: www.rebuy.de)

nerhalb der Breadcrumb Navigation verlinken die einzelnen Navigationspunkte zu den einzelnen Unterseiten. Dadurch wird es dem Besucher ermöglicht, zu jedem beliebigen Punkt des Pfades zurückzuspringen. Insgesamt betrachtet, wird dadurch die Orientierung für die Besucher im Onlineshop wesentlich verbessert (Bernecker und Beilharz 2012, S. 65). Abb. 4.5 zeigt die verschiedenen Phasen einer Breadcrumb Navigation. Hier verdeutlicht am Beispiel Wirtschaftsliteratur.

Durch die Verwendung der Breadcrumb Navigation ergeben sich die folgenden **Vorteile** (Wenz und Hauser 2013, S. 211):

- Die Breadcrumb Navigation zeigt die Struktur des Onlineshops.
- Die Besucher können schnell in übergeordnete Kategorien wechseln.

Als **nachteilig** wird dagegen empfunden (vgl. Wenz und Hauser 2013, S. 210–211):

- Die Besucher müssen das hierarchische Abbild des Onlineshops im Kopf haben.

- Das Konzept der Breadcrumb Navigation ist nicht (mehr) allen Besuchern bekannt.
- Sie nimmt im wichtigen Seitenkopf (ein wenig) Platz weg.
- Die Klickraten bei Breadcrumb Navigationen sind seit Jahren rückläufig.

4.4.4 Megamenüs bzw. Dropdowns

Es ist nicht einfach, gleichzeitig eine einfache Navigation, einen kompakten Seitenkopf und zugleich „unendlich" viel Inhalt anzubieten. Wer diesen Spagat trotzdem meistern will, kann auf die sogenannten **Dropdownmenüs** oder auch **Megamenüs** zurückgreifen. Diese Navigationen werden über ein Rollover realisiert. Wenn der Besucher mit seiner Maus über einen Navigationspunkt fährt, klappen diese Menüs aus bzw. auf. Damit wird es möglich, ein Auswahlmenü anzuzeigen, das über die gesamte Breite des Onlineshops reicht. Daher wird diese Form der Navigation auch als Megamenü bezeichnet (Wenz und Hauser 2013, S. 207). Insbesondere die horizontale Navigation lässt sich mit Dropdownmenüs kombinieren. Dieses kombinierte Navigationskonzept wird beispielsweise von Thalia.de und Hugendubel.de eingesetzt. Abb. 4.6 zeigt das Megamenü von Hugendubel.de.

Innerhalb eines Dropdownmenüs bzw. Megamenüs lassen sich auch verschiedene Navigationsebenen abbilden. Allerdings muss es für den Besucher des Onlineshops übersichtlich bleiben. Nur wenn sich die Besucher zurechtfinden, ist dieser erhöhte Komplexitätsgrad gerechtfertigt. In einigen Megamenüs werden auch Bilder und Teaser eingesetzt (Wenz und Hauser 2013, S. 208). So erfährt der Besucher von Thalia.de beispielsweise etwas über das tolino Sommer-Special und Hugendubel.de spricht im Megamenü gleich noch eine Buchempfehlung aus.

Auch die Megamenüs bzw. die Dropdowns sind mit Vor- und Nachteilen verbunden. Diese seien im Folgenden kurz angesprochen. Als **Vorteile** sind zu nennen (Wenz und Hauser 2013, S. 208):

- Diese Form der Navigation bietet viel Platz.
- Sie zeigen transparent das gesamte inhaltliche Spektrum des Onlineshops.
- Ein Kategorienwechsel ist von Unterseite zu Unterseite einfach möglich.

Aus Sicht von Wenz und Hauser (2013, S. 208) müssen jedoch die folgenden **Nachteile** in Kauf genommen werden:

- Bei zu vielen Auswahloptionen werden diese Navigationen unübersichtlich.
- Die Interaktion mittels Rollover ist für mobile Endgeräte nicht geeignet. Die Alternativlösung über Klicks ist zu umständlich.

4.4.5   Visuelle Navigation

In den Megamenüs von Thalia.de und Hugendubel.de finden sich bereits Ansätze dieses Navigationskonzepts. Navigationspunkte werden dort durch plakative Bilder ersetzt bzw. ergänzt. Die visuelle Navigation hat in den sozialen Netzwerken ihren Ursprung und ist dort weit verbreitet. Der Übergang zum Einbinden von Teasern ist dabei fließend (Wenz und Hauser 2013, S. 208).

Tchibo verwendet eine visualisierte Navigation mit verschiedenen Fotomotiven, die in Abb. 4.7 zu sehen sind.

Als **Vorteile** dieses Navigationskonzepts ergeben sich nach Wenz und Hauser (2013, S. 209):

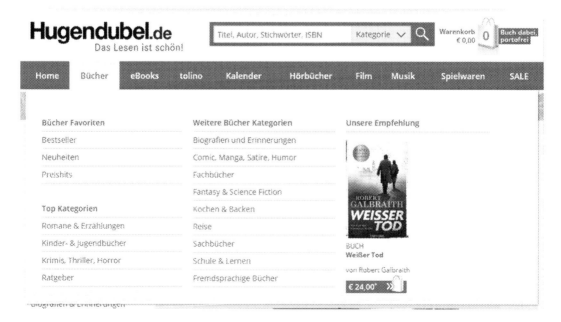

Abb. 4.6   Megamenü bei Hugendubel.de. (Quelle: www.hugendubel.de)

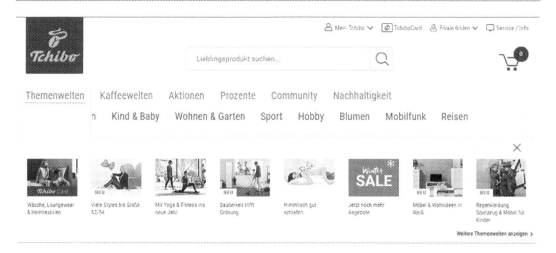

Abb. 4.7 Visuelle Navigation bei Tchibo.de. (Quelle: www.tchibo.de)

- Diese Navigation ist einfach und intuitiv zu bedienen.
- Sie wird oft als emotional sehr ansprechend empfunden.
- Durch dieses Navigationskonzept wird auf das Wesentliche fokussiert.

Nachteilig ist dagegen (Wenz und Hauser 2013, S. 209):

- Es gibt wenig Struktur und Orientierung für den Besucher.
- Starke Bilder lenken die Aufmerksamkeit auch stark auf bestimmte Themen.

4.4.6 Register- bzw. Reiternavigation

Die **Registernavigation** wird häufig als horizontale Navigation eingebunden. Dabei werden die einzelnen Navigationspunkte in sogenannten Tabs (Reiter) dargestellt. Visuell sitzen diese Tabs auf dem Inhaltsbereich des Onlineshops. Die einzelnen Tabs sind mit dem Inhaltsbereich verbunden. Durch einen Klick auf einen Tab gelangen die Besucher des Onlineshops in einen anderen Inhaltsbereich. Daher wird die Registernavigation meistens für die Inhaltsnavigation verwendet. Sie findet direkt im Inhaltsbereich statt. Die größte Herausforderung besteht darin,

die Registernavigation richtig zu positionieren und dem Besucher des Onlineshops zu signalisieren, dass er die Tabs anklicken kann (Keßler et al. 2017, S. 444–445; Wenz und Hauser 2013, S. 211).

Für die Registernavigation sprechen die folgenden Argumente (Wenz und Hauser 2013, 214):

- Die Verbindung von Inhalt und Navigationspunkt wird klar.
- Die Registernavigation ist sehr übersichtlich.

Gegen eine Registernavigation sprechen dagegen die folgenden Argumente (Wenz und Hauser 2013, S. 214):

- Durch die Verbindung mit dem Inhaltsbereich keine Usability-technisch „sichere" Position.
- Teilweise wird die Registernavigation sehr unterschiedlich eingesetzt. Dies erschwert die Orientierung für die Besucher.

4.4.7 Iconbasierte Navigation

In einer **iconbasierten Navigation** kommen symbolische Grafiken zur Anwendung. Zu den am häufigsten verwendeten und gebräuchlichsten Icons zählt das Warenkorbsymbol. Alternativ kann für den Warenkorb auch eine Einkaufstasche als Icon verwendet werden. Die Lupe für

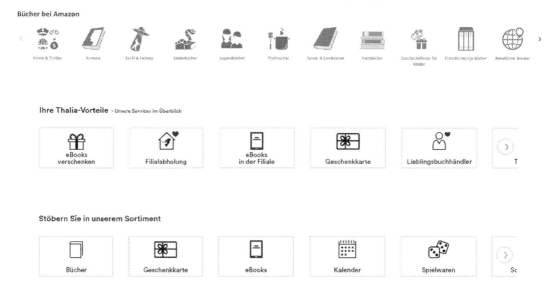

Abb. 4.8 Iconbasierte Navigation bei Amazon.de und Thalia.de. (Quelle: www.amazon.de und www.thalia.de)

die Suche und das Fragezeichen für Hilfe sind weitere sehr verbreitete Icons. Icons sehen ansprechend aus und benötigen nur wenig Platz. Allerdings sind den Besuchern eines Onlineshops nur wenige verschiedene Icons wirklich bekannt. Daraus ergibt sich, dass Icons, sofern sie verwendet werden sollen, in den meisten Fällen durch Text zu ergänzen sind (vgl. Wenz und Hauser 2013, S. 214).

Eine iconbasierte Navigation findet sich bei Amazon.de und Thalia.de (vgl. dazu Abb. 4.8).

Im letzten Drittel der Startseite von Thalia.de werden die Vorteile kommuniziert, die mit einem Einkauf auf Thalia.de verbunden sind. Ein Häuschen mit dem Thalia-Logo steht für die Filialabholung. Ein Geschenk mit einer Schleife für die Thalia-Geschenkkarte. Alle verwendeten Icons sind gut gewählt. Alle Icons werden jedoch noch durch ein bzw. zwei Stichworte erläutert.

Als **Vorteile** der iconbasierten Navigation werden die folgenden Aspekte genannt (Wenz und Hauser 2013, S. 214–215):

• Icons sehen gut aus und verbrauchen nur wenig Platz.
• Die iconbasierte Navigation ist übersichtlich.
• Dieses Navigationskonzept gilt als optisch ansprechend.

Nachteilig sind dagegen die folgenden Aspekte (Wenz und Hauser 2013, S. 215):

• Der Besucher muss die Bedeutung der Icons bereits kennen oder erst noch lernen.
• Dieses Navigationskonzept ist nur für wenige Navigationspunkte sinnvoll umsetzbar.
• Bei zu vielen Inhalten finden sich nicht immer aussagekräftige Icons.
• Die iconbasierte Navigation ist unflexibel gegenüber Änderungen.

4.4.8   Hilfs- bzw. Sekundärnavigation

Bei der Hilfs- bzw. Sekundärnavigation handelt es sich um ein sehr dezentes Navigationskonzept. Wie der Name schon sagt, taucht sie nur am Rande auf. Sie ist erforderlich, wird jedoch ganz bewusst in den Hintergrund gerückt. Dadurch soll eine Ablenkung der Besucher verhindert werden. Häufig werden Hilfs- und Sekundärnavigationen für „Kontakt", „Impressum", „Nutzerprofil" sowie „Hilfe" eingesetzt. Sie befindet sich entweder am oberen Seitenrand oder auch im Footer des Onlineshops.

Vorteilhaft an der Hilfsnavigation ist, dass sie zusätzlichen Platz für notwendige Punkte bietet.

Zudem erlaubt sie ein genaues Abstufen nach Wichtigkeit. **Allerdings** ist ihre Sichtbarkeit meist (absichtlich) gering (Wenz und Hauser 2013, S. 215):

4.4.9 Footer-Navigation

Der **Footer** befindet sich am unteren Seitenende eines Onlineshops. Der Footer hat in den letzten Jahren eine Aufwertung erfahren. Früher fand der Besucher dort lediglich den Link zum Impressum und evtl. einige Kontaktinformationen. Heute bieten viele Onlineshops im Footer umfangreiche Informationen an. Sie wollen den Besucher am Ende des Scrollvorgangs noch einmal umfassend informieren (Wenz und Hauser 2013, S. 215–216).

Interessierte Besucher können sich im Footer von Thalia einen Überblick über das Serviceangebot verschaffen (vgl. dazu Abb. 4.9).

Im Footer von Thalia.de kann der Besucher den Newsletter bestellen, sich über Social-Media-Portale informieren, auf denen Thalia vertreten ist und Kontakt zum Kundenservice aufnehmen. Darüber hinaus werden die Zahlungsmethoden genannt, die auf Thalia.de akzeptiert werden. Zudem findet der Besucher dort eine weitere Verlinkung zum PAYBACK-Bonusprogramm. Außerdem erfährt er etwas über die Auszeichnungen,

die Thalia in den letzten Jahren erhalten hat. Darunter gibt es weitere zahlreiche Links zu den Themen „Über Thalia", „Kundenservice" und „Rund um den Einkauf". Die Information, dass Thalia ein geprüfter Onlineshop ist, rundet den Footer ab.

Der größte **Vorteil** der Footer-Navigation besteht darin, dass sie zusätzlichen Platz bietet. Außerdem hat der Besucher des Onlineshops am unteren Seitenrand noch einmal eine Anlaufstelle. Dort ist meist die Hauptnavigation nicht mehr sichtbar. Dies verbessert die Usability des Onlineshops erheblich. Die Footer-Navigation ist häufig **nicht sehr auffallend** gestaltet, daher ist ihre Sichtbarkeit (absichtlich) eher gering (Wenz und Hauser 2013, S. 217).

4.4.10 Tagcloud

Die **Tagcloud** wurde erstmals in Weblogs eingesetzt. In Weblogs können Attribute für Artikel vergeben werden. Diese Attribute sind die sogenannten Tags. In einer Tagcloud werden dann diese Tags nach Wichtigkeit bzw. Häufigkeit sortiert dargestellt. Problematisch kann es sein, wenn auch Füllwörter wie beispielsweise „und" und „aus" zugelassen sind. Dies verzerrt die Tagcloud unnötig. Abhilfe kann dabei ein dyna-

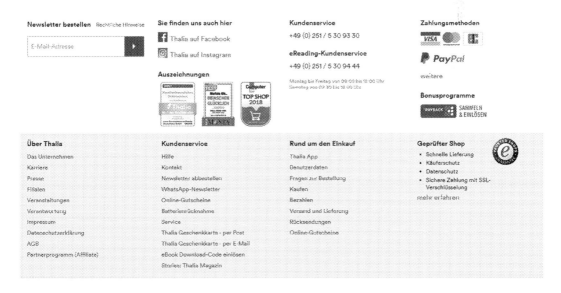

Abb. 4.9 Footer-Navigation bei Thalia.de. (Quelle: www.thalia.de)

Abb. 4.10   Tagcloud-Navigation bei IT-Visions.de. (Quelle: www.it-visions.de)

mischer Ausschluss derartiger Füllwörter bieten. Alternativ muss die Tagcloud manuell überprüft werden (Keßler et al. 2017, S. 446; Wenz und Hauser 2013, S. 217).

Die Firma IT-Visions hat auf ihrer Startseite eine Tagcloud-Navigation eingebunden, die in Abb. 4.10 zu sehen ist.

Die Tagcloud zählt zu den spannenden Präsentationsformen und benötigt relativ wenig Platz. Allerdings ist die Wichtigkeit bzw. Häufigkeit oft eine für den Nutzer uninteressante Information (Wenz und Hauser 2013, S. 218).

4.4.11 Selektions- bzw. Facettennavigation

Die einfachste Form der **Selektionsnavigation** besteht aus einigen Auswahllisten. Im Grunde genommen handelt es sich dabei um eine besondere Form eines Formulars. Als einfaches, aber sehr gelungenes Beispiel dient die Automobilsuche auf Mobile.de. Es ist auch möglich, bereits eine Auswahl verschiedener Produkte und/oder Dienstleistungen anzuzeigen. Über Filter wird diese Liste

dann nach und nach durch den Besucher des Onlineshops eingeschränkt. Da dabei die verschiedenen Facetten der Ergebnisse gefiltert werden, spricht man hierbei auch von einer Facettennavigation (Wenz und Hauser 2013, S. 218).

Da es sehr viele Angebote auf Mobile.de gibt, ist eine Selektions- bzw. Facettennavigation die richtige Wahl (vgl. dazu Abb. 4.11).

Als **Vorteile** der Selektionsnavigation werden die folgenden Aspekte genannt (Wenz und Hauser 2013, S. 219):

- Die Selektionsnavigation bildet komplexe Zusammenhänge ab.
- Sie kann auch viele Ergebnisse abbilden.

Dagegen werden die folgenden Aspekte als **nachteilig** empfunden (Wenz und Hauser 2013, S. 219):

- Um an das Ziel zu kommen, sind manchmal viele Klicks erforderlich.
- Bei der Selektionsnavigation handelt es sich um ein sehr anspruchsvolles Navigationskonzept.

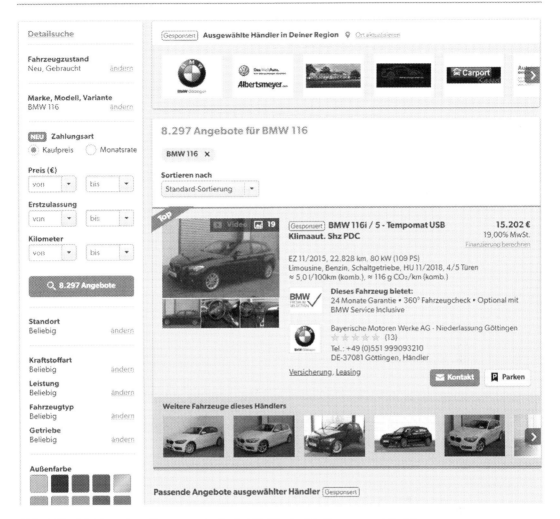

Abb. 4.11 Selektions- bzw. Facettennavigation bei Mobile.de. (Quelle: www.mobile.de)

4.5   Suche

Die **Suchfunktion** trägt wesentlich zum **Komfort** der Onlineshopbesucher bei. Sie hilft ihnen dabei, sich im Onlineshop zurechtzufinden. Sie sollte daher im sofort sichtbaren Bereich platziert sein. Die Suche sollte einfach zu bedienen und möglichst „clever" sein. Wird nur nach einem Wort (z. B. ein Produkt) gesucht, sollte auf der Ergebnisseite das gesuchte Produkt an erster Stelle stehen. Wird dagegen nach mehreren Worten gleichzeitig gesucht, sollten nur Treffer aufgelistet werden, die beide Suchbegriffe enthalten. Darüber hinaus sollte die Suche danach unterscheiden können, ob der Suchbegriff im Produkt-

namen enthalten ist oder im Beschreibungstext verwendet wird. Als Beispiel soll ein Onlineshop für Rasierer dienen. Die Eingabe „Braun 450" sollte in erster Linie dazu führen, dass Rasierer der „Marke Braun" in der Trefferliste aufgeführt werden. Erst am Ende der Trefferliste sollten dann „braune Produkte" erscheinen (Winkler 2008, S. 134).

Abb. 4.12 zeigt die Suchfelder auf Thalia.de und Hugendubel.de.

Mit der Suchfunktion richtet sich der Onlineshop an Besucher, die gezielt nach Produkten und/oder Dienstleistungen suchen. Üblicherweise wird dabei zwischen einer Produktsuche bzw. einfachen Suche und einer erweiterten Suche unterschieden. Es ist jedoch schwierig,

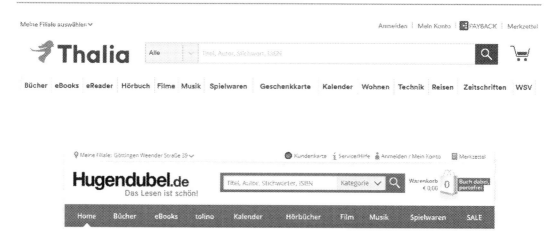

Abb. 4.12   Suche bei Thalia.de und Hugendubel.de (Quelle: www.thalia.de und www.hugendubel.de)

vorherzusagen, wie viele Besucher des Onlineshops gezielt suchen und wie viele über die Navigation tiefer in das Angebot einsteigen. Tatsache
ist aber, dass es beide Besuchertypen gibt. Sofern
die Besucher die Suche benutzen, kann von einem Dialog zwischen Besucher und Onlineshop
gesprochen werden. Der Besucher stellt eine
Frage und die Suche des Onlineshops gibt die
Antwort. Konkret bedeutet dies, dass auf die Eingabe eines bestimmten Suchbegriffs relevante
Suchtreffer ausgegeben werden müssen. Die
Qualität der Suchresultate ist ganz entscheidend
für die Zufriedenheit der Besucher. Anhand der
folgenden Fragestellungen sei dies verdeutlicht
(Wenz und Hauser 2013, S. 233):

- Werden alle relevanten Ergebnisse auch wirklich gefunden?
- Sind die Ergebnisse bei den meisten Suchergebnissen in einer logischen Reihenfolge?
- Sind die Ergebnisse für den Besucher transparent erfassbar?
- Ist erkennbar, warum das Ergebnis zum Suchbegriff passt (z. B. indem der Suchbegriff hervorgehoben wird)?
- Ist erkennbar, wie viele Treffer es gab, und erfährt der Besucher auch klar, wenn es keine
  Suchergebnisse gab?

Die Besucher eines Onlineshops suchen i. d. R.
nach ganz unterschiedlichen Dingen. An erster
Stelle stehen dabei sicherlich die Produkte und/
oder Dienstleistungen. Aber auch druckbare

Preislisten, Gebrauchsanweisungen, Informationen zu den Zahlungsmöglichkeiten oder Angaben zum Umtausch gehören dazu. Daher ist es
erforderlich, neben der einfachen Suche auch
eine erweiterte Suche anzubieten (Janson und
Frankemölle 2009, S. 344).

Die einfache Suche ist der voreingestellte
Standard. Sie besteht aus einem Sucheingabefeld
und einem Suchen-Button. In ihrer unmittelbaren
Nachbarschaft sollte sich jedoch auch ein Link
zur erweiterten Suche befinden. Nachdem der
Besucher des Onlineshops die erweiterte Suche
angeklickt hat, gelangt er auf eine Extraseite mit
weiteren Suchmöglichkeiten. Dies können Produktgruppen, Preisbereiche, Zusatzinformatio-
nen oder aber auch Dokumente sein. Für neue
Besucher bzw. Internetneulinge ist es empfehlenswert, auf dieser Suchseite Zusatzinformatio-
nen zu den Suchoptionen (z. B. UND-Ver-
knüpfungen) anzubieten (vgl. Janson und
Frankemölle 2009, S. 344).

Durch die Analyse der eingegebenen Suchbegriffe erhält der Onlineshopbetreiber einen guten
Überblick, wonach die Besucher in seinem Onlineshop gesucht haben. Insbesondere Besucher,
die anderweitig nicht fündig geworden sind, verwenden die interne Suche. Gewissermaßen als
letzte Chance, um doch noch die gewünschte Information zu finden. Es ist daher empfehlenswert, die eingegebenen Suchbegriffe wöchentlich
auszuwerten. Neben den eingegebenen Suchbe-
griffen ist auch das weitere Vorgehen der Besucher interessant (Buss 2009, S. 258–259):

- Wie haben die Besucher die Suchresultate genutzt?
- Auf welche Resultate wurde geklickt?
- Wurde auf der Trefferliste erneut die Suchfunktion genutzt?

Gerade Letzteres deutet auf schlechte Suchresultate hin. Dann haben die Besucher nicht das gefunden, was sie gesucht haben oder konnten relevante Treffer in der Ergebnisliste nicht als solche erkennen. Gut dagegen ist es, wenn die ersten drei bis fünf Suchresultate die höchste Klickrate aufweisen (Buss 2009, S. 259).

Außerdem sollte die Suchfunktion eine Fehlertoleranz aufweisen. Gemeint ist damit, dass sie auf Tipp- und Rechtschreibfehler reagiert und Treffervorschläge mit der korrekten Schreibweise anzeigt: *„Meinten Sie …?"* Darüber hinaus können die Besucher schon während der Eingabe der Suchbegriffe unterstützt werden. Bereits während der Besucher einen Begriff in die Suche eingibt, kann unterhalb des Suchfeldes eine Auflistung möglicher Treffer aufgelistet werden. Verändert der Besucher die Sucheingabe, kann er an der Veränderung der Trefferliste die Auswirkungen ablesen und seine Suche soweit verfeinern, bis eine Trefferanzahl erreicht ist, die ihn zufriedenstellt (Buss 2009, S. 439–440).

4.5.1 Trefferliste

Die Gestaltung der Ergebnisliste stellt eine große Herausforderung für den Onlineshopbetreiber dar und hat ganz zentrale Auswirkungen auf den Produktverkauf. Wenn sich viele Artikel in einer Produktkategorie befinden oder der Besucher eine sehr allgemeine Suchanfrage gestellt hat, ergeben sich lange **Trefferliste**n. Es bleibt dann nicht aus, dass die Trefferliste sehr umfangreich wird und der Besucher scrollen muss. Auch dann wollen die Besucher schnell vorankommen. Würde der Onlineshopbetreiber die Trefferliste generell auf eine bestimmte Zahl beschränken, wäre dies eine Bevormundung der Besucher. Besser ist es, wenn die Besucher die Trefferanzahl pro Seite selbst auswählen können (Lamprecht 2007, S. 68).

In Abb. 4.13 wird die Trefferliste in einer Listenansicht von Thalia.de veranschaulicht.

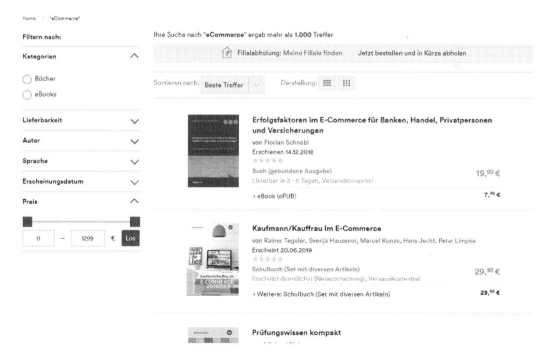

Abb. 4.13 Trefferliste bei Thalia.de Listenansicht. (Quelle: www.thalia.de)

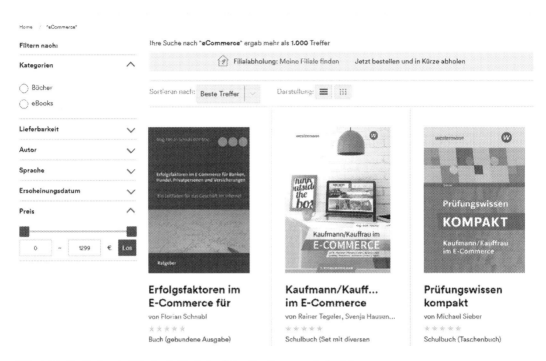

Abb. 4.14 Trefferliste bei Thalia.de Kachelansicht. (Quelle: www.thalia.de)

Abb. 4.14 zeigt ebenfalls die Trefferliste von Thalia.de. Dieses Mal jedoch in der Kachelansicht.

4.5.2 Kategorienseite

Auf der **Kategorienseite** können sich die Besucher des Onlineshops einen Überblick über die Produkte verschaffen, die in der ausgewählten Kategorie enthalten sind. Die Zusammenstellung der Produkte kann sich dabei an Warengruppen (z. B. Hosen, Jacken, Schuhe), an Unterkategorien (z. B. Jeanshosen, kurze Hosen, Anzughosen) oder an thematischen Zusammenstellungen (z. B. Outdoorbekleidung, festliche Bekleidung) orientieren. Die Kategorien und Unterkategorien werden über die Navigation festgelegt (Kollewe und Keukert 2014, S. 126).

In Abb. 4.15 ist eine Kategorienseite von Thalia.de verdeutlicht. Es handelt sich dabei um die Rubrik der E-Books.

Die wichtigste Aufgabe der Kategorienseite besteht darin, den Besuchern einen Überblick über das ausgewählte Sortiment zu geben. Als Gestaltungselemente kommen dabei thematisch passende Headerbilder und Kategorienüberschriften zum Einsatz. Zwischen der Überschrift und dem Headerbild können noch Werbeslogans eingebunden werden. Unter dem Headerbild beginnt dann die Auflistung der einzelnen Produkte. Wird ein Produkt pro Zeile angeboten, dann spricht man von einer Listenform. Werden dagegen mehrere Produkte pro Zeile präsentiert, nennt man diese Präsentationsform Matrix oder Galerieansicht. Mittlerweile bieten viele Onlineshops ihren Besuchern die Möglichkeit, zwischen den beiden Ansichtsformen frei zu wählen. Der Vorteil der Listenform besteht darin, dass sie wesentlich mehr Informationen enthalten kann. Dagegen eignet sich die Matrixdarstellung besonders gut für einen Überblick über den Inhalt der gewählten Kategorie. Bei sehr vielen Produkten innerhalb einer Kategorie kann die Kategorienseite schnell unübersichtlich wirken. In diesem Fall bietet es sich an, weitere Unterkategorien anzubieten. Alternativ können eine Sortier- und/oder Filtermöglichkeit hilfreich sein (Kollewe und Keukert 2014, S. 126–128).

Ihre persönlichen Empfehlungen

Der Schmetterling	Jeremias Voss und	Die Geheimnisse der	Kann weg!	iss dich gesund mit	Weihnachts
von Gabriella Ullberg-...	die Tote vom	Sommerfrauen	von Susanne Fröhlich, ...	Dr. Riedl	Sternenzaut
★★★★☆ (95)	von Ole Hansen	von Sissi Flegel	★★★★★ (4)	von Matthias Riedl	★★★★☆ (
eBook	★★★★☆ (24)	★★★★☆ (12)	eBook	★★★★★ (5)	eBook
11,⁹⁹ €	eBook	eBook	14,⁹⁹ €	eBook	0,⁰⁰ €
	5,⁹⁹ €	4,⁹⁹ €		23,⁹⁹ €	

eBook-Neuheiten

Wundbrand	Serotonin	Der Junge muss an	Sündengräber	Weißer Tod	Fröhlich fast
Cilla Börjlind	Michel Houellebecq	die frische Luft	Kristina Ohlsson	Robert Galbraith	Susanne Frö
☆☆☆☆☆	☆☆☆☆☆	Hape Kerkeling	☆☆☆☆☆	★★★★★ (8)	☆☆☆☆☆
eBook	eBook	★★★★★ (95)	eBook	eBook	eBook
12,⁹⁹ €	19,⁹⁹ €	eBook	15,⁹⁹ €	18,⁹⁹ €	14,⁹⁹ €
		9,⁹⁹ €			

Abb. 4.15   Kategorienseite bei Thalia.de. (Quelle: www.thalia.de)

4.5.3   Sortierfunktion

Die **Sortierung** kann nach ganz unterschiedlichen Kriterien erfolgen. Diese sind sehr stark vom angebotenen Sortiment und dessen Umfang abhängig. Kollewe und Keukert (2014, S. 128–129) nennen exemplarisch die folgenden Sortierkriterien:

- alphabetische Sortierung nach dem Produktnamen
- Produkttypennummer (z. B. BMW 316, 320, 335)
- Produktpreis
- Produktgröße (z. B. nach Größen von Bilderrahmen)
- Leistungsfähigkeit (z. B. nach kWh bei Staubsaugern oder Watt bei Bohrmaschinen)

- Beliebtheit der Produkte
- Produktbewertungen (z. B. vergebene Bewertungen bei Hotelzimmern)
- Relevanz

Zum einen kann die Beliebtheit der Produkte der tatsächlichen Beliebtheit (Anzahl der Aufrufe der Produktdetailseiten oder Verkaufszahlen) entsprechen. Alternativ kann der Onlineshopbetreiber auch ganz gezielt ausgewählte Produkte in der Sortierung nach vorn stellen. So wird es möglich, den Abverkauf bestimmter Produkte zu beschleunigen (Kollewe und Keukert 2014, S. 129).

▷ Es ist empfehlenswert, für alle Kategorienseiten eine Standardsortierung festzulegen, die immer beim Aufruf der jeweiligen Kategorie wirksam wird. So kann eine Verwirrung der Onlineshopbesucher vermieden werden (Kollewe und Keukert 2014, S. 129).

erst gar nicht angezeigt. Abschließend sei darauf hingewiesen, dass es eine einfache Möglichkeit geben muss, alle gesetzten Filter wieder zu deaktivieren (Kollewe und Keukert 2014, S. 130).

4.5.4   Filterung

Auf der Kategorienseite können auch Filter eingebunden werden. Diese verbessern die Orientierung der Besucher. So wird es möglich, dass die Onlineshopbesucher die Produktauswahl nach eigenen Vorstellungen einschränken können. Dies ist besonders bei sehr umfangreichen Kategorien empfehlenswert. Produkte, die den Filterkriterien nicht entsprechen, werden auch nicht angezeigt. Dadurch reduziert sich die Komplexität für die Besucher erheblich. Als Filterkriterien dienen dabei die Produktattribute, die den Produkten im Onlineshop zugeordnet sind (Kollewe und Keukert 2014, S. 129).

Als **Filter** kommen die im Folgenden genannten Kriterien infrage (Kollewe und Keukert 2014, S. 130):

- Produktpreis oder eine Preisspanne
- Hersteller
- Marke
- Produktfarbe
- Leistung (z. B. PS bei Autos)
- Größe (z. B. Kleidergrößen)
- Benutzerbewertungen (z. B. nach Sternen)
- Zubehör

Insbesondere die Kombination mehrerer Filterkriterien bietet einen großen Kundennutzen. So können die Besucher der Kategorienseite beispielsweise nach Marken innerhalb einer gewissen Preisspanne filtern. Allerdings sollte darauf geachtet werden, dass keine Produkte durch das Filterraster fallen. Es können ja schließlich nur diejenigen Produkte angezeigt werden, für die vorher die entsprechenden Filterkriterien festgelegt wurden. Filtert beispielsweise ein Kunde nach der Größe, dann können auch nur diejenigen Produkte angezeigt werden, für die Größenmaße in der Produktbeschreibung hinterlegt wurden. Produkte ohne Größenangaben würden dann

4.6   Produktdetailseite

Neben der Startseite sind **Produktdetailseiten** die am häufigsten besuchten Seiten eines Onlineshops. Insbesondere Besucher, die über eine Suchmaschine (z. B. www.google.de) auf das Angebot des Onlineshops gelangen, werden häufig direkt auf spezielle Produktdetailseiten geleitet. Aber auch Produktempfehlungen auf anderen Webseiten oder sozialen Plattformen sowie Affiliate-Links sorgen für Traffic auf Produktdetailseiten (Kollewe und Keukert 2014, S. 131).

Ein sehr gelungenes Beispiel für eine übersichtliche Produktdetailseite findet man bei Thalia.de (vgl. dazu Abb. 4.16).

Janson und Frankemölle (2009, S. 363) formulieren für eine Produktdetailseite die folgenden **Anforderungen**:

- Die Produktdetailseite sollte so einfach wie möglich gestaltet sein. Das zu verkaufende Produkt muss prominent herausgestellt werden. Ablenkende Elemente (z. B. Coupons oder Servicelinks) sind auf ein Minimum zu reduzieren.
- Im Mittelpunkt stehen umfassende Informationen zum Produkt. Der Besucher muss die wichtigsten Informationen (z. B. den Produktnamen und -preis) auf einen Blick erkennen. Diese Informationen gehören in den oberen Bereich der Produktdetailseite. Daneben werden weitere Detailinformationen (z. B. mehrfache Fotoansichten, verfügbare Größen, Farbvarianten) eingeblendet. Besonders wichtig ist, dass die Produktdetailseite übersichtlich aufgebaut ist.
- Die Produktpräsentation muss zum Angebot und zur Marke des Onlineshops passen. Hochwertige Ware muss auch hochwertig präsentiert werden (Präferenzstrategie). Bei Outletware stehen dagegen Rabattwerte und Slogans im Vordergrund (Discountstrategie).

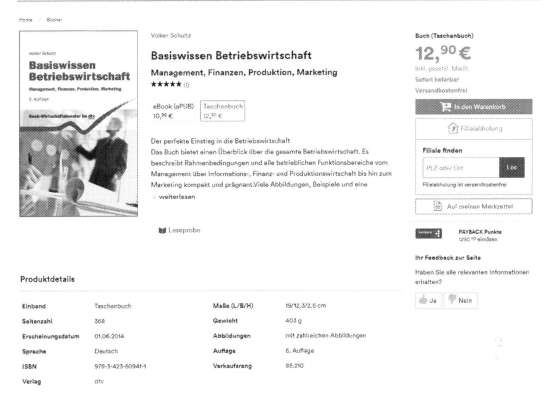

Abb. 4.16 Produktdetailseite bei Thalia.de. (Quelle: www.thalia.de)

• Die Produktdetailseite soll ein Gefühl für den Artikel vermitteln. Dies wird durch gute, beschreibende Titel und Texte erreicht. Zusätzlich liefern mehrere aussagekräftige Produktfotos einen Eindruck vom jeweiligen Artikel. Mittlerweile gehört eine XL-Ansicht, die durch einen Mausklick aktiviert wird, zum Standard in vielen Onlineshops.

Produktdetailseiten haben zwei Kernaufgaben. Zunächst müssen sie den Onlineshopbesucher ausführlich über das Produkt informieren und ihn dazu bewegen, das Produkt in den Warenkorb zu legen und letztendlich auch zu kaufen. Außerdem müssen alle Metadaten zum Kauf auf einen Blick erfasst werden. Dazu zählen die Informationen zu den Versandkosten, Lieferzeiten und -gebiete, Informationen zu den Zahlungsmöglichkeiten und dem Onlineshopbetreiber. Im Idealfall findet der Besucher alle erforderlichen Informationen auf der Produktdetailseite und muss diese vor dem Kauf nicht mehr verlassen (Kollewe und Keukert 2014, S. 132).

▷ Das Produkt sollte sachlich und nicht überschwänglich beschrieben werden. Dies würde unglaubwürdig wirken. Bilder veranschaulichen die Produktbeschreibungen und sind ein Muss. Auch Produktvarianten sollten beschrieben werden. Technische Spezifikationen sind aufzulisten. Dadurch lassen sich Detailfragen klären. Presseberichte, in denen das Produkt positiv beschrieben wird, können ebenfalls eingebunden werden. Letztendlich muss klar werden, warum der Kunde das Produkt kaufen sollte. Daher sind wichtige Eigenschaften und Vorteile hervorzuheben (Ludewig 1999, S. 141).

Nach Kollewe und Keukert (2014, S. 132) lässt sich eine Produktdetailseite idealtypisch in vier Bereiche einteilen:

• Produktfotos/-videos
• Produktdetails
• Buybox
• Weiterführende Produktinformationen

4.6.1   Produktfotos/-videos

Produktfotos sind ein wichtiges Gestaltungsele-
ment der Produktdetailseite. Nur in ganz wenigen
Ausnahmefällen (z. B. bei Versicherungen oder
Bahnfahrkarten) sind sie entbehrlich. Durch Pro-
duktfotos lassen sich die jeweiligen Produkte op-
timal darstellen. Als Standard gelten mittlerweile
Detailansichten, Zoomfunktion, Vorder- und
Rückansicht sowie Fotos von Farbvarianten
(Buss 2009, S. 429–439).

Idealerweise zeigen die Produktfotos die Artikel vor einem neutralen (weißen) Hintergrund und
aus mehreren Blickwinkeln. Um Vertrauen beim
Kunden zu schaffen, sollten Produktdetails per
Großaufnahme deutlich werden. Dies kann beispielsweise der Verschluss einer Halskette, die
Holzstruktur eines Möbelstücks oder das Marken-
logo einer teuren Skijacke sein. Dazu müssen die
Produktfotos gut ausgeleuchtet und scharf sein. Es
sollten allerdings auch nicht zu viele Bilder angeboten werden. Dies überfrachtet die Seite und erhöht die Ladezeiten. Es ist empfehlenswert, ein
Produktfoto im Großformat einzublenden und die
anderen Bilder als Vorschaubildchen bzw. Thumb-
nails anzubieten. Klickt der Besucher auf ein
Thumbnail, dann vergrößert sich dieses (Janson
und Frankemölle 2009, S. 364).

≫ **Bildrechte klären und Einverständnis einholen!** Bevor der Onlineshopbetreiber ein Fremd-
bild verwendet, muss er sich das Einverständnis
des Bildeigentümers einholen. Er darf nicht davon
ausgehen, dass er ja im Interesse des Herstellers
handelt, wenn er dessen Produkte oder Dienstleistungen verkauft. Auf jeden Fall sollte er sich
schriftlich eine Genehmigung einholen, damit
klar ist, für welche Zwecke er welche Produktfotos
verwenden darf. Nur so kann er kostspielige Abmahnungen und Schadensersatzforderungen
verhindern. Entsprechendes gilt für Produktvi-
deos (Janson und Frankemölle 2009, S. 367).

4.6.2   Produktdetails

Der Onlineshopbetreiber sollte sich genau überlegen, wie er seine Produkte und Dienstleistungen bezeichnet. Der **Produkttitel** wird an mehre-

ren Stellen im Onlineshop verwendet und ist
daher besonders wichtig (Kollewe und Keukert
2014, S. 138):

- Auf der Produktdetailseite neben dem Pro-
  duktfoto
- In der Titelzeile des Browserfensters
- In der Produktsuche
- Im Warenkorb
- Auf der Bestellbestätigungsseite
- In der Bestätigungs-E-Mail
- In der URL der Produktseite
- Zusammen mit vergleichbaren Produkten auf
  Kategorienseiten

Die **Produktbeschreibung** erfüllt mehrere wichtige Funktionen. Zum einen dient sie dem Kunden
zur Information. Er kann sich über das Produkt
oder die Dienstleistung informieren und (technische) Details nachlesen. Zum anderen beeinflusst
die Produktbeschreibung ganz maßgeblich die
Kaufentscheidung des Kunden. Außerdem hat die
Produktbeschreibung Auswirkungen auf die Suchmaschinenoptimierung. Daher muss auf unver-
wechselbare Angaben geachtet werden. Schließlich sind dies Parameter, nach denen der Kunde in
Suchmaschinen suchen könnte (Kollewe und
Keukert 2014, S. 139–141):

- Produktbeschreibung in Textform
- Auflistung der Produktvorteile
- Lieferumfang und Zubehör
- Modell- und Artikelnummer des Herstellers
- Artikelnummer im Onlineshop (wenn abwei-
  chend)
- EAN- oder ISB-Nummern
- Name des Designers
- Positive Artikelattribute (z. B. „wetterfest",
  „leicht aufzubauen", „UV-beständig", „aus
  nachhaltiger Produktion" etc.)
- Empfohlene Einsatzumgebung (z. B. „nicht
  draußen", Temperaturbereich und Ähnliches)
- Abmessungen
- Gewicht
- Technische Details (z. B. benötigte Batterien,
  Länge des Anschlusskabels, Geräuschpegel etc.)
- Pflegehinweise
- Form der gelieferten Bedienungsanleitung
  (gedruckt oder digital)

Für die Formulierung von Internettexten haben Bernecker und Beilharz (2012, S. 79) und Lamprecht (2007, S. 75) die folgenden **Empfehlungen** zusammengestellt:

- Texte sollten i. d. R. linksbündig geschrieben werden.
- Kurze sind besser lesbar als längere Zeilen. Daher sollten die verwendeten Sätze möglichst kurz sein. Sollten einmal mehrere Begriffe für die Bezeichnung eines Sachverhalts zur Verfügung stehen, sollte man sich immer für das kürzere Wort entscheiden.
- Es ist empfehlenswert, Texte durch Absätze und Aufzählungen zu gliedern.
- Bei längeren Texten sollte auf Absätze, Zwischenüberschriften, Zeilenumbrüche und Aufzählungen geachtet werden.
- Es ist empfehlenswert, eine klare, serifenlose Schriftart (z. B. Arial) zu verwenden.
- Passivkonstruktionen sollen vermieden werden. Besser ist eine einfache und aktive Sprache.
- Umschreibungen sind ebenfalls zu vermeiden. Besser man schreibt „Hamburg" als „das Tor zur Welt".
- Wichtige Sachverhalte gehören immer an den Anfang des Satzes.
- Man sollte immer nur einen Gedanken pro Absatz formulieren.
- Für die Verbindung von Sätzen eignen sich die Konjunktionen „aber", „weil" und „und".
- Verwendung einer gut lesbaren Schriftgröße mit ausreichend starkem Kontrast zur Hintergrundfarbe.

4.6.3 Buybox

Die **Buybox** ist ein ganz zentrales Element der Produktdetailseite. Sie hebt sich vom Rest der Seite optisch ab. Dies kann über eine eigene Farbgestaltung oder Trennstriche realisiert werden. In der Verkaufspsychologie wird der Buybox eine große Bedeutung zugesprochen. Bereits die Änderung der Schriftart und -größe sowie die Farbe des Buttons können sich stark auf die Conversion Rate auswirken (vgl. Kattau 2017, S. 68; Kollewe und Keukert 2014, S. 144–145).

In Abb. 4.17 sind die Buyboxen von Amazon.de, Hugendubel.de und Thalia.de gegenübergestellt.

Sie sollte daher die wichtigsten Bestandteile der Kaufentscheidung enthalten (Kollewe und Keukert 2014, S. 144–146):

Abb. 4.17 Buyboxen bei Amazon.de, Hugendubel.de und Thalia.de. (Quelle: www.amazon.de; www.hugendubel.de und www.thalia.de)

- Variantenauswahl (z. B. Farbe, Größe, Modell etc.)
- Verfügbarkeit, Lieferintervalle, Lieferzeitpunkt
- Menge
- Preis (Gesamtpreis + Versandkosten)
- Call-to-Action-Button (beispielsweise „In den Warenkorb legen")

4.6.4 Weiterführende Produktinformationen

Weiterführende Produktinformationen können tabellarisch oder in Aufklappboxen zur Verfügung gestellt werden. Dies kann auch in Frageform geschehen (Winkler 2008, S. 133–134):

- Was für ein Produkt ist das?
- Für wen ist das Produkt geeignet?
- Was mache ich damit?
- Was kann das Produkt?
- Wie groß ist es?
- Was wiegt es?
- Aus welchen Materialien besteht es?
- Wie ist es zu bedienen?
- Was sind die Vorteile gegenüber anderen ähnlichen Produkten?
- Gibt es das Produkt vielleicht auch noch in anderen Varianten?
- Gibt es Zusatzprodukte, oder benötigt der Besucher weitergehende Produkte, um es zu verwenden?
- Wie kann das Produkt gegebenenfalls mit anderen Dingen eingesetzt werden?
- Braucht der Besucher Vorkenntnisse, um es zu verwenden?
- Ist das Produkt TÜV-geprüft oder hat es andere wichtige Sicherheits- oder Umweltmerkmale?

Bei der Produktbeschreibung kommt es ganz besonders auf eine ehrliche Darstellung der Produktattribute an. Besucher möchten keine „Lobeshymnen" lesen und nach dem Produktkauf enttäuscht sein. Falls das Produkt kleinere Defizite hat, die aber durch andere Eigenschaften kompensiert werden, sollten diese genannt werden (Winkler 2008, S. 134).

▷ Falls die angebotenen Produkte und Dienstleistungen mit Test- und Gütesiegeln ausgezeichnet wurden, sollte diese Information unbedingt auf der Produktdetailseite eingebunden werden. Dabei sind die Richtlinien, die für die Werbung mit den jeweiligen Siegeln gelten, zu beachten. Die Gütesiegel sollten auch nur bei den ausgezeichneten Artikeln angezeigt werden. Werden dagegen auch nicht ausgezeichnete Artikel mit einem Gütesiegel beworben, kann dies bereits einen Wettbewerbsverstoß bedeuten. Gleiches gilt für veraltete Testergebnisse. Als Onlineshopbetreiber sollte man sich in diesem Zusammenhang auf jeden Fall rechtlichen Rat einholen (Kollewe und Keukert 2014, S. 158–159).

4.7   Warenkorb

Es kommt vor, dass Besucher Artikel einfach nur in den **Warenkorb** legen, um den Preis zu sehen. Es kann aber auch sein, dass sie auf diese Art und Weise einen „Wunschzettel" zusammenstellen und in den Onlineshops der Konkurrenz nach Vergleichsangeboten suchen (Ash et al. 2013, S. 269).

Der Warenkorb ist die Verbindung zwischen der Produktsuche bzw. -auswahl und dem Bezahlvorgang. Die wichtigste Funktion des Warenkorbs ist es, dem Kunden einen Überblick über die ausgewählten Produkte und/oder Dienstleistungen zu geben. Neben den ausgewählten Produkten spielen dabei die entstehenden Kosten (z. B. Verpackungs- und Versandgebühren) eine bedeutsame Rolle. Der Warenkorb sollte kompakt gestaltet sein und sich immer im Blickfeld des Kunden befinden (Buss 2009, S. 441; Tamm und Köhler 2003, S. 107).

▷ Der **virtuelle Warenkorb** sammelt Artikel, die der Kunde kaufen möchte und speichert sie client- oder serverseitig. Er sollte auf jeder Seite des Onlineshops eingebunden und immer gut sichtbar sein (Angeli und Kundler 2009, S. 228).

Nachdem ein Besucher ein Produkt in den Warenkorb gelegt hat, wird er entweder gleich in den Warenkorb weitergeleitet oder der Onlineshop signalisiert ihm, dass sich das Produkt jetzt im Warenkorb befindet. Am Warenkorb-Icon wird dann eine Zahl eingeblendet, die dem Besucher zeigt, wie viele Produkte bereits im Warenkorb liegen. Zudem wird häufig auch der Warenkorbwert am Warenkorb-Icon eingeblendet. Der Besucher weiß dadurch, wie viele Produkte im Warenkorb liegen und was sie zusammen kosten. Eine dritte Möglichkeit besteht im Einblenden eines Layers. Dieser Layer legt sich auf die Produktdetailseite und „fragt" den Besucher, nachdem er das Produkt in den Warenkorb gelegt hat, ob er weiter einkaufen oder direkt zum Warenkorb wechseln möchte. Entscheidet sich der Be-

sucher für das weitere Einkaufen im Onlineshop, ergeben sich vielfältige Cross-Selling-Potenziale (Kollewe und Keukert 2014, S. 161).

Abb. 4.18 zeigt den Warenkorb von Medimops.de.

Als unverzichtbar gelten die im Folgenden aufgelisteten **Bestandteile** (Buss 2009, S. 441–442; Tamm und Köhler 2003, S. 107):

- Gesamtzahl aller Artikel im Warenkorb
- Preise und Menge einzelner Produkte
- Gesamtsumme des Warenwerts
- Versandkosten
- Weitere Kosten, z. B. Geschenkverpackung

Abb. 4.18 Warenkorb bei Medimops.de. (Quelle: www.medimops.de)

- Gesamtsumme
- Lieferunternehmen
- Voraussichtliche Lieferzeit
- Druckfunktion
- Korrekturoptionen
- Löschoptionen

Als Analogie zum „Einkaufskorb" hat der Warenkorb eine Shopfunktionalität. Technisch handelt es sich dabei um eine temporäre Datenbank. Dort werden alle Angaben über die bisher ausgewählten Waren gespeichert (Tamm und Köhler 2003, S. 107).

Um den Warenkorb so übersichtlich wie möglich zu gestalten, sollte die Großansicht tabellarisch aufgebaut sein. Die Kunden können sich dann einen schnellen Überblick über die ausgewählten Artikel verschaffen. Gesetzlich vorgeschrieben sind eine Druckfunktion sowie Korrektur- und Löschoptionen. Diese dürfen daher keinesfalls fehlen (Buss 2009, S. 442).

Der Button, der vom Warenkorb zum Bezahlvorgang überleitet, sollte auffällig gestaltet und optisch hervorgehoben sein. Zu beachten ist, dass der Kunde deutlich darauf hingewiesen werden muss, wann sein Klick zu einem verbindlichen Kauf führt. Dieser Schritt wird als Sicherheitsabfrage bezeichnet und ist gesetzlich vorgeschrieben. Die Sicherheitsabfrage muss sich sehr deutlich vom Warenkorb unterscheiden. Zudem muss die Sicherheitsabfrage druckbar sein, alle ausgewählten Artikel, den Endpreis sowie die voraussichtliche Lieferzeit enthalten (Buss 2009, S. 442).

Auf alle ablenkenden Elemente (z. B. Teaser für andere Produkte) sollte im Warenkorb verzichtet werden. Es darf nichts angeboten werden, was den Kunden vom Bestellprozess wegführen könnte. Allerdings sollten die Kunden jederzeit die Gelegenheit haben, zurück zum Onlineshop zu gelangen. Eine entsprechende Schaltfläche bzw. ein entsprechender Button sollte daher gut sichtbar in den Warenkorb eingebunden sein. Andernfalls könnten die Kunden verärgert reagieren und im schlimmsten Fall den Bestellvorgang abbrechen und den Onlineshop verlassen (vgl. Buss 2009, S. 442–443). Schließlich kommt es häufig vor, dass Kunden vor der Bestellung noch einmal die Bestellanzahl verändern wollen. Über einen direkten Link vom ausgewählten Artikel zur Produktdetailseite haben die Kunden die Möglichkeit, vor der Bestellung noch fehlende Produktinformationen nachzulesen oder sich zu vergewissern, dass sie sich für das richtige Produkt entschieden haben (Groth 2008, S. 209).

Komfortable Warenkörbe bleiben auch nach einer Unterbrechung des Einkaufsvorgangs erhalten. Die Onlinekunden können ihren Einkauf im Onlineshop später fortsetzen, ohne die Produkte erneut auswählen zu müssen. Dafür ist allerdings eine Anmeldung im Onlineshop erforderlich (Tamm und Köhler 2003, S. 107).

4.8   Registrierung

In zahlreichen Onlineshops ist eine **Registrierung** erforderlich. Viele Onlinekunden empfinden diese Registrierung jedoch als lästig, schließlich wird der eigentliche Bestellprozess unterbrochen und kann erst nach erfolgreicher Registrierung abgeschlossen werden (Buss 2009, S. 432).

▷ Die **Registrierung** bezeichnet die persönliche Anmeldung eines Internetnutzers bei einem Internetseitenbetreiber oder Onlinedienst. Bei der Registrierung werden meist auch persönliche Daten des Nutzers, wie z. B. Adresse und Alter, abgefragt. Im Verlauf der Registrierung erhält der Nutzer seinen individuellen Benutzernamen und ein Passwort für spätere Anmeldevorgänge (Login) (Brüne 2009, S. 219).

Sollte für den Neukunden die Registrierung zu schwierig oder langwierig sein, besteht die Gefahr, dass er den Bestellprozess abbricht und einen gefüllten Warenkorb zurücklässt. Damit bleibt der Neukunde ein potenzieller Neukunde, der wahrscheinlich für immer verloren ist. Der Registrierungsprozess muss daher sehr sorgfältig gestaltet sein. Nur wenn die Registrierung einfach und benutzerfreundlich ist, wird aus dem Interessenten auch ein Neukunde (Buss 2009, S. 432).

Wer bei Medimops.de bestellen möchte, muss sich registrieren. Was er dabei eingeben bzw. angeben muss, zeigt Abb. 4.19.

Buss (2009, S. 432–435) hat dazu praktikable Handlungsempfehlungen zusammengestellt:

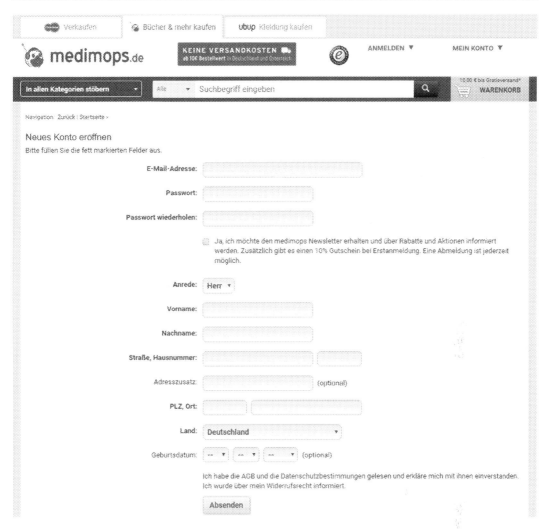

Abb. 4.19 Registrierung bei Medimops.de. (Quelle: www.medimops.de)

- **Wenig Erläuterungstext:** Es ist bekannt, dass Internetnutzer online nicht so gern lesen. Der Erläuterungstext auf der Registrierungsseite sollte daher so knapp wie möglich ausfallen.
- **Passwort und Username selbst wählen lassen:** Selbst gewählte Passwörter und Usernamen kann sich der Besucher besser merken. Nur für den Fall, dass der Kunde sein Passwort vergessen hat, wird ihm vom System ein automatisch generiertes Passwort per E-Mail zugeschickt, das er dann in ein eigenes Passwort umwandeln kann.
- **Unterstützung geben bei der Wahl des Passworts:** Neben dem Feld zur Eingabe des Passwortes sollte ersichtlich sein, wie sicher das gewählte Passwort ist. Dies kann mithilfe einer Sicherheitsampel realisiert werden. Rot bedeutet „unsicher", gelb bedeutet „mittlere Sicherheit" und Grün signalisiert dem Besucher, dass er sich für ein „sicheres" Passwort entschieden hat.
- **Unterstützung geben bei belegtem Usernamen:** In einem solchen Fall darf man den Besucher nicht allein lassen. Schließlich ist es sehr frustrierend, wenn man nach der zweiten Eingabe eines Usernamen erfährt, dass auch dieser bereits vergeben ist. Besser ist es, wenn das System anzeigt, welche Usernamen noch frei sind. Dies kann auch unter Berücksichtigung der bisherigen Eingaben geschehen.

- **Klare Beschriftung der Eingabefelder:** Die Feldtitel sollten klar bezeichnet sein. Pflichtfelder sollten als solche erkennbar sein.
- **So kompakt wie möglich:** Weniger ist mehr, auch bei der Registrierung in einem Onlineshop. Es ist zunächst völlig ausreichend, wenn der Besucher einen Benutzernamen wählt und ein Passwort vergibt, seine Adressinformationen hinterlässt und den AGBs zustimmt. Alle weiteren Abfragen verkomplizieren den Registrierungsprozess nur unnötig.
- **Formatunterstützung anbieten:** Der Onlineanbieter sollte dem Besucher konkret benennen, wie er die Eingaben erwartet (z. B. „Telefonnummern bitte ohne Leerzeichen eingeben")
- **Belohnung für Anmeldung in Aussicht stellen:** Jede Registrierung sollte sich lohnen, nicht nur für den Onlineanbieter, der neue Kunden gewinnt. Beispielsweise könnte er jede Anmeldung mit einem Einkaufsgutschein (z. B. 10 % oder 10 Euro) für den nächsten Einkauf belohnen.
- **Restriktionen so früh wie möglich nennen:** Schon zu Beginn der Registrierung sollte der Onlineanbieter auf mögliche Restriktionen (z. B. ein Mindestalter von 18 Jahren) hinweisen.
- **Klare Fehlermeldungen:** Für den Fall, dass Fehler auftreten, sollte eine konkrete Hilfestellung geboten werden: „Bitte geben Sie ein Passwort mit mindestens 8 Zeichen ein."
- **Registrierung nur für den Kauf:** Im Onlineshop sollten einige Interaktionen, beispielsweise das Hinterlassen von Kommentaren, auch ohne Registrierung möglich sein. Die Registrierung sollte ausschließlich für den Kauf notwendig sein.
- **Auf werbliche Texte verzichten:** Auf der Registrierungsseite sollte darauf verzichtet werden, den Onlineshop, den Onlineanbieter oder seine Produkte und Dienstleistungen zu loben. Der Besucher hat sich ohnehin schon für die angebotenen Leistungen entschieden.
- **Keine Links anbieten:** Es sollten keine Optionen für einen „Absprung" gegeben sein. Der Onlineanbieter sollte die Registrierungsseite möglichst schlicht gestalten und darauf verzichten, Möglichkeiten zum Verlassen dieser

Seite anzubieten.
- **Registrierung nur, wo notwendig:** Für kostenlose Angebote, wie beispielsweise Downloads von Freeware, sollte keine Registrierung notwendig sein.

4.9   Zahlungssysteme

Auch bei der Auswahl der angebotenen Zahlungsmöglichkeiten müssen die Wünsche der Onlineshopbesucher berücksichtigt werden. Wenn der Onlineshop den Besuchern zu wenige oder die falschen Zahlungssysteme bietet, besteht die Gefahr, dass ein Teil der Kundschaft noch vor der eigentlichen Bestellung verloren geht (vgl. Hofert 2001, S. 96). Grundsätzlich kann daher jedem Onlineshopbetreiber empfohlen werden, möglichst viele unterschiedliche Zahlungsmöglichkeiten anzubieten (Lindo 2009, S. 97). Zudem sollten sie die verschlüsselte Übertragung der Daten (z. B. bei der Kreditkartenzahlung) sowie die Bonitätsprüfung ermöglichen (Frühschütz 2001, S. 59).

4.9.1   Rechnung

Die Bezahlung per Rechnung gehört bei den Onlineshopkunden zu den beliebtesten Zahlungsmöglichkeiten. Die Sicherheit ist hierbei für den Kunden am größten. Der Kunde zahlt erst nach Erhalt der bestellten Ware und geht damit kein Risiko ein, die Ware evtl. nicht zu bekommen. Außerdem kann er bei Nichtgefallen der Ware diese zurückschicken. Weitere Geldtransaktionen für Rückbuchungen oder dergleichen sind nicht notwendig (Janson und Frankemölle 2009, S. 348; Ludewig 1999, S. 149–150; Stroborn et al. 2002, S. 39–40; Winkler 2008, S. 152).

Die Zahlung per Rechnung ist für Onlineshopbetreiber ein „zweischneidiges Schwert". Sie müssen zum einen damit rechnen, dass ein gewisser Anteil des Umsatzes entfällt, wenn Sie diese Zahlungsmöglichkeit nicht anbieten. Zum anderen ist die Zahlung auf Rechnung immer auch mit einem gewissen Anteil an Zahlungsausfällen verbunden (Lindo 2009, S. 97; Winkler 2008, S. 153).

Mit der Bezahlung auf Rechnung sind nach Lindo (2009, S. 98–99) die folgenden **Vorteile** verbunden:

- Es ist wohl die gängigste Form der Bezahlung. Jeder Onlineshopbesucher ist mit dieser Zahlungsmöglichkeit vertraut.
- Die Abwicklung ist einfach und klar definiert.
- Der Onlineshopkunde geht keinerlei Risiko ein. Erst nach Erhalt der Ware muss die Bezahlung per Überweisung erfolgen.
- Nachdem die Rechnung vorliegt, hat der Onlineshopkunde noch ein bestimmtes Zahlungsziel.
- Es entstehen keine zusätzlichen Bearbeitungsgebühren.
- Der Onlineshopbetreiber, der die Bezahlung per Rechnung ermöglicht, verzeichnet deutlich mehr Bestellungen.

Allerdings sind auch **Nachteile** in Kauf zu nehmen (Lindo 2009, S. 99):

- Der Onlineshopbetreiber geht ein hohes Risiko ein, wenn er seine Ware per Rechnung versendet.
- Es kommt bei der Bezahlung per Rechnung fast immer zu Zahlungsausfällen, da stets ein gewisser Anteil der Onlineshopkunden nicht bezahlen wird. Dies muss bei der Kalkulation der Produktpreise berücksichtigt werden.
- Es entstehen zusätzliche Kosten für das deutlich erhöhte Mahnwesen.

4.9.2   Überweisung/Vorkasse

Aus Sicht der Onlineshopbetreiber zählt die **Überweisung** bzw. **Vorauskasse** zu den beliebtesten Zahlungsmöglichkeiten, da sie sehr sicher ist. Der Onlineshopkunde erhält nach seiner Bestellung eine Zahlungsaufforderung. Danach überweist er den Rechnungsbetrag an den Onlineshopbetreiber. Nachdem das Geld auf dem Konto des Onlineshopbetreibers eingegangen ist, versendet dieser die Ware an den Kunden. Zah-

lungsausfälle werden so vermieden (Maaß 2008, S. 258–259; Winkler 2008, S. 152).

Als **Vorteile** der Vorkasse können genannt werden (vgl. Lindo 2009, S. 103):

- Die Bezahlung per Vorkasse ist im deutschsprachigen Raum sehr weit verbreitet und birgt keine technischen Probleme bei der Abwicklung.
- Der Onlineshopbetreiber geht kein Risiko ein. Es kommt zu keinem Zahlungsausfall. Das größte Risiko für ihn stellt eine nicht erfolgte Bezahlung dar.
- Es entstehen keine zusätzlichen Bearbeitungsgebühren.
- Die erfolgte Zahlung ist nach Zahlungseingang nicht stornierbar.
- Es ist kein Mahnwesen für den Onlineshopbetreiber notwendig, es ist nur eine Kontaktaufnahme erforderlich, wenn die Bezahlung nicht eingeht.

Bei der Bezahlung der Vorkasse ergeben sich die folgenden **Nachteile** (Lindo 2009, S. 103):

- Der Onlineshopbetreiber hat keinen Einfluss auf den Zeitpunkt der Bezahlung.
- Aufgrund der vom Kunden zu tätigenden Überweisung gibt es eine längere Lieferfrist.
- Der Kunde trägt das Risiko einer Überweisung, ohne vorher die Ware erhalten zu haben.

4.9.3   Nachnahme

Bei der Bezahlung per **Nachnahme** handelt es sich um eine Kombination aus Bezahlung und Auslieferung. Neben den bereits vorgestellten Zahlungsmöglichkeiten wird die Bezahlung per Nachnahme in vielen Onlineshops als zusätzliche Zahlungsmöglichkeit angeboten. Die Ware wird sofort nach erfolgter Bestellung von einem Paketdienst (z. B. DHL, UPS, Hermes) ausgeliefert. Allerdings wird die Ware erst gegen Bezahlung des Rechnungsbetrages an den Kunden übergeben. Als Zahlungsmöglichkeit ist die Bezahlung per Nachnahme wesentlich teurer als andere Zahlungsmöglichkeiten und auf bestimmte europäische Länder begrenzt. Außerdem erfolgt erst nach einer gewissen Frist die Gutschrift auf dem Konto des Onlineshopbetreibers (Lindo 2009, S. 103). Das Verfahren ist für den Kunden und den Onlineshopbetreiber gleichermaßen sicher, da es der klassischen Barzahlung gleichkommt. Allerdings ist es eher nur für kleinere Kaufsummen geeignet, da die Kunden nur selten größere Geldbeträge im Haus haben (Janson und Frankemölle 2009, S. 348; Ludewig 1999, S. 149; Stroborn et al. 2002, S. 35; Winkler 2008, S. 153).

Die **Vorteile** der Bezahlung per Nachnahme sind (Lindo 2009, S. 103):

- Der Kunde erhält die Ware sofort nach erfolgter Bezahlung.
- Die Ware wird bei Nichtantreffen des Kunden für einen begrenzten Zeitraum von dem Versender (z. B. UPS oder DHL) zwischengelagert.
- Die Ware kann vom Onlineshop sofort nach erfolgter Bestellung versandt werden.

Die **Nachteile** der Bezahlung per Nachnahme sind (Lindo 2009, S. 104):

- Bei Nichtabholung muss der Onlineshopbetreiber die Versandkosten tragen.
- Insgesamt fallen deutlich höhere Versandkosten an.
- Die Gutschrift des von der Post vereinnahmten Betrags kann bis zu 14 Tagen dauern.
- Schwierige und teure Abwicklung im europäischen Ausland.

Die Bezahlung per Nachnahme zählt im modernen Onlineshopping eher zu den antiquierten Zahlungsmethoden. Sie wird, obwohl sie mit wesentlich höheren Kosten verbunden ist, jedoch immer noch von vielen deutschsprachigen Kunden bevorzugt. Daher sollte ein Onlineshopbetreiber die Zahlungsmöglichkeit per Nachnahme auch weiterhin in Erwägung ziehen (Lindo 2009, S. 105).

4.9.4   Lastschrift

Bei der **Lastschrift** handelt es sich im Grunde genommen um eine Vorauskasse per Überwei-

sung. Allerdings mit dem Unterschied, dass die Zahlung nicht vom Kunden beauftragt, sondern vom Onlineshopbetreiber eingezogen wird. Für den Kunden entsteht kein Aufwand. Im Gegenzug kann der Onlineshopbetreiber eine vergleichsweise schnelle Zahlungsabwicklung durchführen. Trotzdem birgt das Lastschriftverfahren für den Onlineshopbetreiber ein Risiko. Denn der Kunde hat vonseiten seiner Bank die Möglichkeit, die Lastschrift nachträglich zu stornieren und das eingezogene Geld von der Bank wieder zurückbuchen zu lassen. Dadurch kann dem Onlineshopbetreiber ein nicht unerheblicher Schaden entstehen (Janson und Frankemölle 2009, S. 348; Ludewig 1999, S. 150; Maaß 2008, S. 259–260; Stroborn et al. 2002, S. 36; Winkler 2008, S. 152).

Als **Vorteile** der Lastschrift werden die folgenden Aspekte genannt (Lindo 2009, S. 101):

- Bei der Lastschrift handelt es sich um ein weitverbreitetes Zahlungssystem.
- Für den Onlineshopkunden ist es einfach zu handhaben (er muss lediglich seine Kontodaten übermitteln).
- Hohe Akzeptanz im deutschsprachigen Raum.
- Es entstehen keine zusätzlichen Bearbeitungsgebühren (allerdings erheben viele Banken mittlerweile bei Geschäftskonten Postengebühren pro Einzelbuchungsposten, was dann bei vielen kleinen Beträgen zu hohen monatlichen Beträgen führen kann).

Im Gegenzug dazu ergeben sich die folgenden **Nachteile** (Lindo 2009, S. 101):

- Hoher Bearbeitungsaufwand für den Onlineshopbetreiber.
- Hohe Betrugsgefahr, da auch nach Erhalt der Ware noch im Zeitraum von sechs Wochen die Lastschrift zurückgegeben werden kann (der Kunde kann ohne Angabe von Gründen der Einlösung der Lastschrift widersprechen).
- Eine Lastschrift wird im ersten Schritt eingelöst, auch wenn das Konto erloschen ist oder sich kein Geld auf dem Konto befindet. Dann erfolgt eine Rücklastschrift mit zusätzlichen Gebühren für den Onlineshopbetreiber.

- Bei Rückgabe einer Lastschrift entstehen zusätzliche Kosten, die die Bank für die Rückbuchung erhebt. Diese müssen dann vom Onlineshopbetreiber getragen werden.

4.9.5 Kreditkarte

Viele Onlineshops bieten mittlerweile die Bezahlung per **Kreditkarte** an. Bei Onlineshopkunden erfreut sich die Kreditkarte einer steigenden Beliebtheit. Das Bezahlen mit der Kreditkarte macht das Einkaufen angenehm und unkompliziert. Für Onlineshopbetreiber ist sie jedoch verhältnismäßig teuer und mit einem nicht unerheblichen Integrationsaufwand verbunden (Kollewe und Keukert 2014, S. 237; Lindo 2009, S. 120; Maaß 2008, S. 260–262; Peinl 2002, S. 121; Preißner 2001, S. 365–366; Schreiber 1998, S. 102–103).

Für die Kreditkarte sprechen ihre weite Verbreitung und mittlerweile große Akzeptanz bei den Kunden. Aus Sicht des Onlineshopbetreibers bergen die klassischen Zahlungsmöglichkeiten wie Rechnung, Nachnahme oder Lastschrift ein wesentlich höheres Risiko. Über alle Branchen hinweg gibt es bei der Kreditkarte nur minimale Rückbelastungen. Außerdem führt die Einführung der Kreditkartenzahlung in einem Onlineshop zu einer signifikanten Steigerung der Umsätze (Lindo 2009, S. 120; Winkler 2008, S. 153).

Und so funktioniert die Bezahlung per Kreditkarte: Der Kunde gibt im Onlineshop seine Kreditkartendaten ein. Dazu zählen der Kreditkarteninhaber (Vor- und Nachname), die Kreditkartennummer, das Ablaufdatum der Kreditkarte und der Sicherheitscode (CVC). Diese Daten werden vom Onlineshop an einen Payment Service Provider übermittelt und von diesem in Echtzeit auf Plausibilität geprüft. Danach erfolgt eine automatisierte Rückmeldung über die erfolgreiche Transaktion an den Onlineshop. Dadurch wird die Bestellung technisch abgeschlossen und die bestellte Ware kann direkt an den Kunden verschickt werden (Kollewe und Keukert 2014, S. 237).

Für die Kreditkarte als Zahlungsmöglichkeit sprechen die folgenden **Vorteile** (Kollewe und Keukert 2014, S. 237–238):

- Geringer manueller Aufwand aufseiten der Kunden und des Onlineshopbetreibers.
- Die Bezahlung läuft automatisiert ab.
- Auch Rückabwicklungen im Falle von Retouren können automatisiert abgewickelt werden.
- Geringes Risiko für den Kunden.
- Geringes Risiko für den Onlineshopbetreiber.
- Große Verbreitung.

Dagegen wirken sich die folgenden Aspekte **nachteilig** aus (Janson und Frankemölle 2009, S. 348; Kollewe und Keukert 2014, S. 238):

- Es entstehen für den Onlineshopbetreiber bei jeder Transaktion Kosten. Diese betragen im Durchschnitt 0,10–0,25 € pro Transaktion + 3–5 % Provision. Je nach Branche des Onlineshops kann die Provision zwischen 1–10 % schwanken.

4.9.6 PayPal

PayPal zählt zu den modernen Internetbezahlmöglichkeiten. In einigen Branchen hat PayPal den größten Marktanteil im Onlinehandel. Mittlerweile sind sogar schon Zahlungen im stationären Einzelhandel und auch mobil möglich. Zunächst benötigen der Kunde und der Onlineshopbetreiber ein PayPal-Konto. Damit der Käufer eine Transaktion durchführen kann, muss er sein PayPal-Konto aufladen. Dies kann per Überweisung oder Lastschrift erfolgen. Danach kann er den Kaufbetrag an den Onlineshopbetreiber senden. Dazu muss er dessen Nutzernamen und den Geldbetrag angeben. Es handelt sich damit um eine Überweisung von PayPal-Konto zu PayPal-Konto, vergleichbar mit einer Überweisung von Girokonto zu Girokonto. Allerdings sind die PayPal-Konten besser an das Medium Internet angepasst. Für jede Überweisung erhält PayPal eine Transaktionsgebühr (Janson und Frankemölle 2009, S. 349–350; Kollewe und Keukert 2014, S. 243; Winkler 2008, S. 153).

Und so funktioniert die Bezahlung mit PayPal während eines Onlinebestellprozesses: Der Kunde wird während des Bestellprozesses auf die PayPal-Bezahlseite weitergeleitet. Dort muss er seinen PayPal-Benutzernamen (verifizierte E-Mail-Adresse) und sein PayPal-Passwort eingeben. Nach der erfolgten Bezahlung wird der Kunde wieder auf die Seite des Onlineshops zurückgeleitet. Dort wird dann der Kauf abgeschlossen. Insbesondere für den Kunden ist die Bezahlung mit PayPal sehr bequem. Er muss sich keine IBAN und BIC merken. Kommt es zu einem Konflikt zwischen Kunde und Onlineshopbetreiber, kann der Kunde die Auszahlung des Betrages widerrufen (Kollewe und Keukert 2014, S. 243–244).

PayPal – Sicher und einfach bezahlen – so geht's
Einfach anmelden
Melden Sie sich kostenlos bei PayPal an und hinterlegen Sie einmalig Ihre Bankdaten. Bei jedem zukünftigen Einkauf mit PayPal benötigen Sie nur noch Ihre E-Mail-Adresse und Ihr Passwort. Somit brauchen Sie Ihre Finanzdaten bei den nächsten Einkäufen nicht mehr anzugeben.

Auf Nummer sicher gehen
Ihre Daten sind bei uns wie in einem Schließfach sicher hinterlegt. Darüber hinaus haben wir den kostenlosen PayPal-Käuferschutz eingerichtet: Sollte mal was schiefgehen, erhalten Sie Ihr Geld zurück.

Flexibel bleiben
Von A wie Alternate bis Z wie Zalando, mit PayPal können Sie in zahlreichen Onlineshops bezahlen – online und mobil. Und falls Sie Ihre Kreditkarte mit Bonusprogramm in Ihrem PayPal-Konto hinterlegen, sammeln Sie selbstverständlich weiterhin Ihre Punkte.
(Quelle: https://www.paypal.com/de/webapps/mpp/paypal-popup (Stand 1. September 2018))

Mit PayPal erschließen sich die folgenden **Vorteile** (Lindo 2009, S. 107–108):

- PayPal ist ein weltweit akzeptiertes Zahlungssystem.
- Es besteht ein Käuferschutz vom 1000 € bei Geschäften über eBay.
- PayPal ist perfekt an eBay angebunden.

- Es gibt eine gute technische Unterstützung für Onlineshopbetreiber.
- PayPal bietet einen kostenlosen Service für Käufer.
- Sofortige Verfügbarkeit des Geldes.
- Kooperation mit den wichtigsten Zahlungssystemen im europäischen Raum.
- Eine Anmeldung ist innerhalb von wenigen Minuten möglich.

Als **Nachteile** müssen die folgenden Aspekte genannt werden (Lindo 2009, S. 108):

- Es fallen höhere Gebühren für Transaktionen in andere Währungen an.
- Es besteht eine gewisse Abhängigkeit von eBay.

Es wird deutlich, dass die Vor- die Nachteile bei Weitem übersteigen. Daher kann es sich heute kaum ein Onlineshopbetreiber leisten, auf PayPal als Zahlungsmöglichkeit zu verzichten (Kollewe und Keukert 2014, S. 244). Die Akzeptanz von PayPal ist im deutschsprachigen Raum in den letzten Jahren immer weiter angestiegen. Im englischsprachigen Raum hat sich PayPal als Quasistandard bereits durchgesetzt. Zudem ist die Einbindung von PayPal in das Onlineshopsystem einfach möglich (Lindo 2009, S. 108).

4.9.7   Sofortüberweisung

Die Sofort GmbH wurde 2005 gegründet und hat ihren Sitz in München. Sie gehört seit 2014 zur Klarna Group. Die Sofort GmbH bietet Produkte und Dienstleistungen für den sicheren Erwerb physikalischer und digitaler Güter im Internet an. Dazu zählt auch die Zahlungsmöglichkeit „Sofort", die folgendermaßen funktioniert (vgl. www.sofort.de):
Zunächst wählt der Kunde das Land aus und bestimmt die Bank, die die Überweisung durchführen soll. Dazu ist es erforderlich, dass die BIC, BLZ oder der Name der Bank angegeben wird. Nach einem Login mit seinen Bankdaten befindet sich der Kunde im Loginbereich der sicheren Bezahlseite der Sofort GmbH. Die Informationen werden verschlüsselt an die Bank des Kunden übermittelt. Danach muss der Kunde

eine TAN eingeben. Der Onlineshopbetreiber erhält nach Abschluss der Überweisung eine Echtzeittransaktionsbestätigung. Dadurch wird es möglich, dass die bestellten Produkte sofort versendet werden können. Der Kunde bekommt eine Zusammenfassung seiner Überweisung oder eine Bestellbestätigung des Onlineshops.

Vorteilhaft an dieser Zahlungsmöglichkeit ist, dass der Kunde seine Bankdaten lediglich einmalig an die Sofort GmbH übermitteln muss. An den Onlineshopbetreiber werden diese Bankdaten nicht übermittelt. Es handelt sich um eine sehr schnelle Zahlungsmöglichkeit. Die Sofort GmbH ist TÜV-zertifiziert und verfügt über das Zertifikat „Geprüftes Zahlungssystem" des TÜV Saarland.

Beispiele

Thalia.de bietet verschiedene Zahlungsmöglichkeiten an. Im Einzelnen sind dies:

- Bankeinzug
- Per Kreditkarte
- Auf Rechnung
- Vorkasse
- Bezahlung in der Filiale bei Filialabholung
- Auslandsüberweisung (evtl. fallen dafür gesondert Gebühren an, darüber kann die Bank des Onlineshopkunden Auskunft geben)
- PayPal

Nach der Bezahlung wird dem Kunden ein Beleg als PDF-Dokument per E-Mail zugeschickt.

Bei **Hugendubel.de** werden die folgenden Zahlungsmöglichkeiten angeboten:

- Überweisung
- auf Rechnung
- Visa und Master Card
- American Express
- Barzahlung in der Filiale bei Filialabholung
- PayPal

Bei **Amazon.de** kann der Kunde die folgenden Zahlungsmöglichkeiten nutzen:

- Amazon.de Visa Karte
- per Kreditkarte
- auf Rechnung
- Bankeinzug
- Gutscheine

- der Amazon Currency Converter ermöglicht die Bezahlung in verschiedenen Währungen

Alle genannten Onlinebuchshops informieren bereits auf der Startseite über die angebotenen Zahlungsmöglichkeiten.

Quelle: www.thalia.de, www.hugendubel. de und www.amazon.de (Stand: 6. September 2018)

Grundsätzlich muss bedacht werden, dass die Auswahl der richtigen Zahlungsmöglichkeiten stark von der jeweiligen Zielgruppe abhängt. Sollten die Kunden im Onlineshop nicht das passende Bezahlverfahren vorfinden, wird dies zu vermehrten Kaufabbrüchen führen (Kollewe und Keukert 2014, S. 259).

4.10 Check-out

Im eCommerce stellen Bestellabbrüche ein ernstzunehmendes Problem dar. Weltweit verlieren Onlineanbieter dadurch jährlich Umsätze im mehrstelligen Milliardenbereich. Die Hauptursache ist in einem komplizierten, unübersichtlichen und zu langen **Bestellprozess** begründet. Der Onlineanbieter sollte den Bestellprozess daher so kurz, transparent und übersichtlich wie möglich gestalten (Fischer 2009, S. 616–617; Groth 2008, S. 209).

Im oberen Teil von Abb. 4.20 wird ersichtlich, welche Schritte ein Kunde von Medimops.de beim Check-out-Prozess durchlaufen muss.

Der Kunde hat geblättert, geprüft und ausgewählt. Jetzt liegen mehrere Produkte in seinem Warenkorb. Der Check-out-Prozess muss so gestaltet sein, dass er dem Kunden dabei behilflich ist, die Bestellung abzuschließen. Daher sollten alle überflüssigen Navigationselemente ausgeblendet werden. Dadurch werden alle möglichen Ablenkungs- und Ausweichquellen aus dem Blickfeld des Kunden verbannt. Eine Ausnahme bilden der Header und der Footer. Sie sind eine wichtige Orientierungshilfe für den Kunden und sollten auf allen Seiten des Onlineshops angeboten werden. Der Check-out-Prozess sollte möglichst transparent gestaltet sein. Je besser sich der

Abb. 4.20 Check-out bei Medimops.de. (Quelle: www.medimops.de)

Kunde informiert fühlt, desto seltener wird er den Bestellprozess abbrechen. Der Kunde muss daher über die folgenden Aspekte informiert sein (Janson und Frankemölle 2009, S. 345–346):

- Welche Zusatzkosten (insbesondere Versandkosten und Zubehör) fallen noch an?
- Welche Lieferzeiten sind einzuplanen?

Der Kunde möchte im Bestellprozess die absolute Kontrolle haben. Daher sollte der Onlineshop ihm signalisieren, wo er sich im Gesamtprozess gerade befindet. Zudem muss jederzeit klar sein, wie es weitergeht. Dies schafft Vertrauen und verhindert

Bestellabbrüche. Realisieren lässt sich dies über einen ständig eingeblendeten Warenkorb und eine übersichtlich gestaltete Fortschrittsanzeige. Ziel ist es, dass der Kunde die sich im Warenkorb befindenden Produkte und Dienstleistungen bestellt. Idealerweise werden dem Kunden kurz vor der eigentlichen Bestellung noch einmal alle bestellrelevanten Informationen angezeigt und er wird explizit gefragt, ob er diese Produkte zu den angegebenen Preisen und Versandkosten kaufen möchte (Groth 2008, S. 209).

Da die Onlinekunden bei jedem Klick auf einen Weiter-Button überlegen, ob sie weitereinkaufen sollen, sollte der Check-out-Prozess möglichst kurz, d. h. aus möglichst wenigen Seiten bestehen. Daher sollten auf jeder Seite des Bestellprozesses tunlichst viele Daten abgefragt werden. Jede eingesparte Seite reduziert die Anzahl der Kaufabbrüche (Fischer 2009, S. 617).

4.11 Bestätigungs-E-Mail

Nachdem der Kauf online abgeschlossen ist, erhält der Kunde vom Onlineshopbetreiber eine automatisch generierte **Bestätigungs-E-Mail**. In dieser E-Mail sind noch einmal alle Eckdaten der Bestellung zusammengefasst. Das ist besonders wichtig, da Kunden mittlerweile eine Bestätigungs-E-Mail zwingend erwarten. Andernfalls entsteht bei den Kunden der Eindruck, dass die Bestellung nicht funktioniert hat. Viele Kunden würden dann ein zweites Mal im selben Onlineshop bestellen. Oder, was noch schlimmer ist, zu einem anderen Onlineshop wechseln. Daher muss der Bestätigungs-E-Mail eine hohe Priorität eingeräumt werden (Kollewe und Keukert 2014, S. 194–195).

Die Bestätigungs-E-Mail enthält grundsätzlich die gleichen Informationen wie die Zusammenfassung auf der letzten Übersichtsseite vor dem Ende des Bestellprozesses. Dadurch bekommen die Kunden die Möglichkeit, noch einmal alles in Ruhe zu überprüfen. Im Bedarfsfall können sie sich umgehend mit dem Onlineshopbetreiber in Verbindung setzen und gegebenenfalls Änderungen mitteilen. Ein positiver Nebeneffekt der übersichtlichen Bestätigungs-E-Mail besteht darin, dass die Retourenquote sinkt (Kollewe und Keukert 2014, S. 195).

Zu den wichtigsten Inhalten einer Bestätigungs-E-Mail gehören die folgenden **Bestandteile** (Kollewe und Keukert 2014, S. 195):

- Auflistung aller Produkte mit allen wesentlichen Angaben (z. B. Farbe, Größe, Preis etc.)
- Produktfoto
- Liefer- und Rechnungsadresse
- Zahlungsart
- Widerrufsbelehrung
- Allgemeine Geschäftsbedingungen
- Anbieterkennzeichnung

Insbesondere die Widerrufsbelehrung, die Allgemeinen Geschäftsbedingungen und die Anbieterkennzeichnung sind gesetzlich vorgeschrieben und sollten daher keinesfalls fehlen.

Sollte einmal eine E-Mail an den jeweiligen Kunden nicht zustellbar sein, dann sollte sich der Onlineshopbetreiber auf einem anderen Weg (z. B. telefonisch) mit dem Kunden in Verbindung setzen. Die Gründe für eine nicht zustellbare E-Mail können in einem vollen E-Mail-Postfach beim Kunden oder der falschen Schreibweise der E-Mail bestehen. Aus der Nichtzustellbarkeitsnachricht des E-Mail-Providers ist ablesbar, um welche Art von Zustellungsproblem es sich handelt (Kollewe und Keukert 2014, S. 196).

4.12 Ergänzende Informationen

4.12.1 Allgemeine Geschäftsbedingungen (AGB)

Die **Allgemeinen Geschäftsbedingungen (AGB)** sind häufig am unteren Seitenbereich des Onlineshops eingebunden (so beispielsweise bei Hugendubel.de und Thalia.de). Damit die AGB von allen Besuchern auch verstanden werden, ist es besonders wichtig, dass sie klar und verständlich formuliert sind. Damit zeigt der Onlineshopbetreiber, dass er seine Besucher bzw. Kunden und deren Rechte ernst nimmt (Buss 2009, S. 446).

▷ **Allgemeine Geschäftsbedingungen (AGB)** sind nach § 1 AGB-Gesetz alle für eine Vielzahl von Verträgen vorformulierten Vertragsbedingungen, die eine Vertragspartei (der sog. Verwender) der anderen Partei (dem (Online-)Kunden) bei Vertragsabschluss stellt, d. h. einseitig auferlegt. Allgemeine Geschäftsbedingungen werden im Einzelfall auch spezieller bezeichnet, z. B. als Verkaufsbedingungen, als Lieferungs- und Zahlungsbedingungen, noch allgemeiner als allgemeine Vertragsbedingungen oder im Einkauf als allgemeine Einkaufsbedingungen (Bunte 2001, S. 42).

Lange, komplexe und sprachlich komplizierte Texte sind zu vermeiden. Insbesondere unverständlich formulierte AGB können das Misstrauen der Besucher wecken und im schlimmsten Fall zum Abbruch des Bestellvorgangs führen. Schließlich müssen laut BGB die Kunden den AGBs ausdrücklich zustimmen, bevor sie eine verbindliche Bestellung tätigen (Buss 2009, S. 447).

Außerdem ist vorgeschrieben, dass die AGB jeder Zeit zugänglich sein müssen. Daher sollte auf jeder Seite des Onlineshops ein Link eingebunden werden (z. B. im Footer), über den die Besucher die AGB aufrufen können (Buss 2009, S. 447).

4.12.2 Frequently Asked Questions-Liste (FAQ-Liste)

Die meisten Besucher eines Onlineshops sind auf der Suche nach Produktinformationen. Zum einen, weil sie ihre Produktkenntnisse verbessern wollen, oder weil sie einen konkreten Bedarf haben und einen (Online-)Kauf vorbereiten wollen. Je besser man die Fragen der Besucher vorausahnt und diese mit Informationen im Onlineshop beantwortet, umso besser. Dies steigert die Zufriedenheit mit dem Onlineshop als Informationsquelle und stärkt das Vertrauen der Besucher in den Onlineshop (Buss 2009, S. 59).

Viele Unternehmen haben daher bereits Listen erstellt, in denen sie **häufig gestellte Fragen** (Frequently Asked Questions (FAQ)) aufgelistet haben und diese ihren Besuchern zum Download oder direkt als Link zur Verfügung stellen. Interessierte Besucher des Onlineshops erhalten damit Antworten auf diese häufig gestellten Fragen (Costabiei 2004, S. 108).

Die Zusammenstellung der richtigen Fragen und Antworten stellt jeden Onlineshopbetreiber vor eine große Herausforderung. Zunächst kann in Form eines Brainstormings eine erste FAQ-Liste zusammengestellt werden. Zusätzlich können Kundenanfragen aus Kontaktformularen und E-Mail-Anfragen weitere Anregungen geben. Eine weitere sehr interessante Möglichkeit besteht darin, Blogs auszuwerten. Dort werden i. d. R. Fragen diskutiert, die die Kunden besonders bewegen. Kommen alle der drei genannten Möglichkeiten zur Anwendung, dann erhält der Onlineshopbetreiber eine umfassende FAQ-Liste. Mit einer breit aufgestellten FAQ-Liste kann sich der Online-

shopbetreiber Wettbewerbsvorteile gegenüber anderen Onlineshops verschaffen (Buss 2009, S. 59).

Wenn es sich um besonders komplexe und erklärungsbedürftige Produkte und/oder Dienstleistungen handeln sollte, dann ist es sinnvoll, auch Fallbeispiele in die FAQ-Liste zu integrieren. In den Fallbeispielen kann anschaulich dargelegt werden, wie ein Kunde mit den Produkten des Onlineshops ein Problem gelöst hat. Damit wird die FAQ-Liste zur Inspirationsquelle für andere Besucher und Kunden (Buss 2009, S. 59).

4.12.3 Impressum

Onlineanbieter, die sich im Internet gewerblich betätigen, sind gesetzlich dazu verpflichtet, ein **Impressum** zu veröffentlichen. Zuwiderhandlungen können juristische Folgen haben. Zudem kann der Onlineanbieter, der auf ein Impressum verzichtet oder sein Impressum nicht nach den gesetzlichen Vorgaben gestaltet, von seinen Konkurrenten abgemahnt werden (vgl. Fischler 2010, S. 215; Lamprecht 2007, S. 101). Das Impressum muss von jeder Seite des Onlineshops erreichbar und erkennbar sein. In vielen Onlineshops ist es daher im dauerhaft eingeblendeten Footer zu finden (vgl. Wünschmann et al. 2008, S. 165). Das Impressum übernimmt eine wichtige Funktion. Es zeigt dem Besucher, wer für die Inhalte des Onlineshops verantwortlich ist und wie er diese Person erreichen kann (Lamprecht 2002, S. 44).

▷ Beim **Impressum** handelt es sich um eine presserechtlich vorgeschriebene Website im Rahmen eines Internetauftritts. Das Impressum gibt beispielsweise Auskunft über das veröffentlichende Unternehmen, die vertretungsberechtigten Personen und die inhaltliche Verantwortlichkeit (Brüne 2009, S. 134).

Die folgenden **Bestandteile** sollten in einem Impressum enthalten sein (Fischler 2010, S. 215; Lamprecht 2007, S. 101–102):

• Name und Adresse des Onlineanbieters
• Wenn es sich bei dem Verantwortlichen um

eine juristische Person (z. B. GmbH, AG oder Verein) handelt, ist auch der Handlungsbevollmächtigte zu nennen. Dies wäre der Geschäftsführer der GmbH oder der Vorstand der AG oder des Vereins.

- Zudem ist die Angabe von Kontaktmöglichkeiten (Telefon- und Faxnummer sowie eine Kontakt-E-Mail-Adresse) verpflichtend.
- Eine Registernummer des Handels-, Genossenschafts- oder Vereinsregisters muss ebenfalls angegeben werden.
- Die Umsatzsteueridentifikationsnummer, sofern vorhanden, ist anzugeben.
- Sofern das Gewerbe eine Zulassung benötigt, sind der Name und der Link zur entsprechenden Aufsichtsbehörde einzutragen.

Das Impressum von Thalia.de

Impressum

Thalia.de ist ein Internetauftritt der Thalia Bücher GmbH

Kontakt:

Telefon: +49 (0)251/5 30 93 30 – Servicezeiten: Montag bis Freitag 9 bis 18 Uhr und Samstag 9:30 – 18 Uhr

Fax: +49 (0)1805/30 91 99 (0,14 Euro/Min. a. d. Festnetz; max. 0,42 Euro/Min. a d. Mobilfunknetzen)
E-Mail: info@thalia.de
Thalia Bücher GmbH – Standort Münster
An den Speichern 8
48157 Münster

Sitz der Gesellschaft:

Batheyer Str. 115-117, 58099 Hagen
    Geschäftsführer: Michael Busch (Vors.), Roland Kölbl, Ingo Kretzschmar, Klaus Ortner, Markus Steib
    Vorsitzender des Aufsichtsrats: Dr. Leif E. Goeritz
    Amtsgericht Hagen, HRB 9698, Ust.-Id.: DE 813 334 399
    (Quelle: www.thalia.de, Stand: 5. September 2018)

4.12.4 Sitemap

Die **Sitemap** ist ein besonderes Navigationskonzept, das sich als zusätzliche Navigationshilfe für die Besucher eines Onlineshops bewährt hat. Mithilfe der Sitemap erfolgt eine zusätzliche Visualisierung der Struktur der HTML-Seiten. Sie ist vergleichbar mit dem Index in einem Buch. Bei sehr umfangreichen Onlineshops stößt das Konzept der Sitemap jedoch an seine Grenzen. Dann ist es nicht mehr möglich, jedes einzelne Dokument aufzulisten. Dies ist jedoch auch gar nicht der Grundgedanke einer Sitemap. Mit ihr soll es dem Besucher ermöglicht werden, sich einen Überblick über die Struktur des Onlineshops zu verschaffen (Lamprecht 2007, S. 97).

▷ Die **Sitemap** ist eine übersichtlich gegliederte Auflistung aller Seiten, die zu einem Onlineshop gehören (Schildhauer 2003, S. 273).

Über einen Link im Footer sollten die Onlineshopbesucher jederzeit Zugriff auf die Sitemap haben (vgl. Ash et al. 2013, S. 254). Idealerweise wird durch die Sitemap das gesamte Angebot des Onlineshops abgebildet. Allerdings sollten die Besucher die Inhalte der Sitemap mit einem Blick erfassen können. Zudem sollte es mit nur einem Klick möglich sein, zum gewünschten Unterpunkt zu navigieren (vgl. Jacobsen 2004, S. 92; Lamprecht 2002, S. 47).
    Abb. 4.21 zeigt den oberen Teil der Sitemap von BMW.de

4.12.5 Gütesiegel

Es kann durchaus vorkommen, dass Besucher auf den Onlineshop kommen, die diesen noch nie vorher besucht oder von dem Angebot gehört haben. Zudem kann es sein, dass die Besucher gleich tiefer in das Angebot (z. B. auf einer Produktdetailseite) einsteigen und gar nicht wissen, wo sie sich befinden. Das wichtigste in dieser Situation ist, dass der Besucher **Vertrauen** zum Onlineshop fasst. Er könnte sich beispielsweise fragen, ob er auf einem seriösen Onlineshop gelandet ist, ob die Qualität des Angebots hält, was

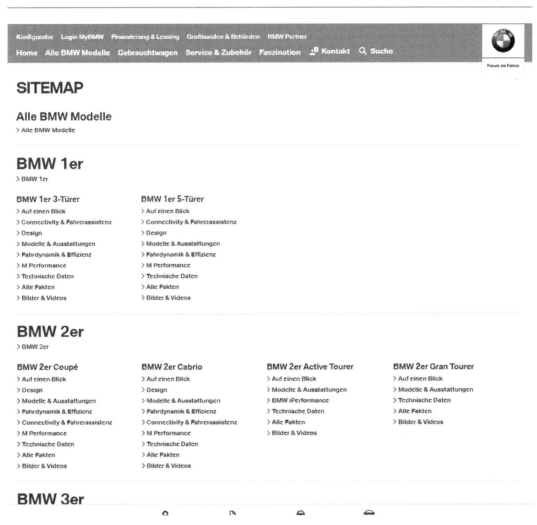

Abb. 4.21 Sitemap bei BMW.de. (Quelle: www.bmw.de)

sie verspricht, und ob die angegebenen Preise berechtigt sind. Aber auch die Frage nach der Datensicherheit könnte eine Rolle spielen (Düweke und Rabsch 2012, S. 696; Wenz und Hauser 2013, S. 239).

Alle vertrauensbildenden Marketingmaßnahmen müssen langfristig ausgerichtet und in die Onlinemarketingstrategie eingebettet sein. Durch die Einbindung von **Gütesiegeln** in den Onlineshop lassen sich die Kaufabbrüche signifikant senken (Angeli und Kundler 2009, S. 617–618).

▷ **Gütesiegel** werden von verschiedenen Institutionen (z. B. dem TÜV) angeboten. Sie sollen nicht nur die Umsetzung von Qualitätskriterien für Kunden transparent machen, sondern auch

Verfahren zur Umsetzung der Kriterien und zur Kontrolle anbieten. Jeder Herausgeber eines Gütesiegels hält seine Qualitätsanforderungen online zur Einsicht bereit und stellt sowohl die Beschwerde- als auch Überwachungsverfahren zur Einhaltung seiner Qualitätskriterien für das Gütesiegel bereit (Buss 2009, S. 448).

Die Vergabe eines Gütesiegels erfolgt nach strengen Qualitätskriterien. Nur wer den Test besteht, darf das jeweilige Gütesiegel auf seinem Onlineshop einbinden (Angeli und Kundler 2009, S. 618).

Gütesiegel von bekannten Anbietern (z. B. dem TÜV oder Trusted Shops) sind den Onlineshopbesuchern bekannt und können dabei helfen, Ängste abzubauen und Vertrauen zu schaffen.

Das Vertrauen, das die Besucher in diese Gütesiegel haben, kann somit auf das Angebot des Onlineshops übertragen werden. Der Onlineshopbetreiber signalisiert dadurch, dass er geprüft ist und sein Versprechen halten wird (Buss 2009, S. 385, S. 447).

Insbesondere auf das Gütesiegel von Trusted Shops (https://www.trustedshops.de) soll im Folgenden näher eingegangen werden. Auf der Website von Trusted Shops kann sich der Besucher einen Überblick über zertifizierte bzw. geprüfte Onlineshops verschaffen. In der Rubrik „Shops" stehen dafür eine Suchfunktion und eine Auflistung nach Branchen zur Verfügung. Trusted Shops wurde 1999 gegründet und mittlerweile arbeiten 300 Mitarbeiter für das Unternehmen. Trusted Shops soll dem Kunden ein gutes Gefühl beim Onlineshopping vermitteln. Dazu werden die Onlineshops auf die Trusted Shops-Qualitätskriterien getestet. Darunter fallen beispielsweise rechtliche Vorgaben, aber auch Anforderungen an die gebotene Servicequalität. Trusted Shops bietet darüber hinaus einen Käuferschutz an. Dadurch kann der Kunde sicher sein, dass sein Geld abgesichert ist. Auch für den Fall, dass es einmal zu Problemen bei der Bestellung oder der Rücksendung kommen sollte. Wenn der Kunde auf einem Onlineshop ein Trusted Shops-Logo sieht, kann er sicher sein, dass die folgenden Qualitätskriterien erfüllt werden (vgl. https://www.trustedshops.de/guetesiegel):

- **Datenschutz und Sicherheit:** Shops dürfen persönliche Daten nur erheben, nutzen und weitergeben, soweit dies gesetzlich erlaubt ist oder der Onlineshopkunde ausdrücklich seine Einwilligung erteilt hat.
- **Kosten und Preise:** Vor dem Absenden der Bestellung wird der Kunde über Produktpreise, Versandkosten und sonstige Zusatzkosten klar und verständlich informiert.
- **Zahlung:** Spätestens zu Beginn des Bestellprozesses werden dem Kunden all angebotenen Zahlungsarten genannt.
- **Lieferung:** Es wird dem Kunden die zu erwartende Lieferzeit oder das genaue Lieferdatum mitgeteilt.
- **Retouren:** Der Kunde wird über das Widerrufsrecht und etwaige Ausnahmen oder Be-

sonderheiten informiert. Außerdem wird das Widerrufsrecht nicht unzulässig oder zum Nachteil des Kunden eingeschränkt.
- **Kundenservice:** Der Kunde kann sich auf einen guten Kundenservice verlassen. Denn die Servicequalität von zertifizierten Shops wird dank der Trusted Shops-Qualitätsindikatoren dauerhaft transparent gehalten.

Auf mehr als 20.000 Onlineshops ist das **Trusted Shops-Gütesiegel** eingebunden. Sobald ein Onlineshopbesucher ein solches Gütesiegel sieht, kann er sicher sein, dass er in diesem Onlineshop sicher einkaufen kann. Es ist sogar möglich, gezielt nach zertifizierten Onlineshops zu suchen: Einmal über die Trusted Shops-Website und über eine Browser Extension für den Firefox- und den Chrome-Browser. Bereits in den Suchergebnissen ist dann erkennbar, welche Onlineshops das Trusted Shops-Gütesiegel tragen.

Durch den Käuferschutz stellt Trusted Shops sicher, dass die Kunden in zertifizierten Onlineshops sicher einkaufen können. Das Geld der Kunden ist gesichert, ganz egal, welche Zahlungsart sie gewählt haben. Als unabhängige Vertrauensmarke bietet Trusted Shops den Kunden automatisch bei jedem Einkauf in einem Onlineshop mit Trusted Shop-Gütesiegel einen umfassenden Käuferschutz an:

- Bei Nichtlieferung
- Bei Nichterstattung (z. B. nach Widerruf, Warenrücksendung und Transportverlust)
- Unabhängig von der gewählten Zahlungsart
- Automatisch bei jedem Kauf
- In jedem Onlineshop mit Trusted Shops-Gütesiegel

Allerdings ist dafür eine Mitgliedschaft erforderlich. Es werden drei verschiedene Pakete angeboten:

- **Trusted Shops Basic:** Alle Bestellungen auf einen Blick, Käuferschutz bis 100 € pro Einkauf, persönlicher Support, attraktive Gutscheine, kostenlose Anmeldung
- **Trusted Shops Plus:** Alle Bestellungen auf einen Blick, Käuferschutz bis 20.000 € pro Einkauf, persönlicher Support, attraktive Gutscheine, 9,90 €/Jahr

- **Trusted Shops Plus Identity:** Alle Bestellungen auf einen Blick, Käuferschutz bis 20.000 € pro Einkauf, persönlicher Support, attraktive Gutscheine, Identitätsschutz gegen den Missbrauch persönlicher Daten (inklusive Monitoring der hinterlegten Daten, umgehende Warnung bei Datenfund, Hilfe bei der Löschung und Sperrung, 24-Stunden-Hotline im Notfall)

Beispiel

Auch Thalia.de ist von Trusted Shops zertifiziert. Das Trusted Shops-Gütesiegel findet der Besucher im Footer von Thalia.de. Die erste Zertifizierung fand am 30.09.2008 statt und ist noch bis zum 29.09.2019 gültig. Damit wird sichergestellt, dass Thalia.de die Trusted Shops Qualitätskriterien erfüllt. Kunden können sich 30 Tage durch den Trusted Shops-Käuferschutz absichern. Bei Fragen zum Kundenservice können die Kunden sich an Thalia.de oder Trusted Shops wenden. Durch eine Unterschrift von Jean-Marc Noël, dem Geschäftsführer von Trusted Shops, wird die Gültigkeit des Siegels bestätigt.

Quelle: www.trustedshops.de (Stand: 6. September 2018)

Darüber hinaus lassen sich mit den folgenden **Gestaltungselementen** die (möglichen) Befürchtungen der Onlineshopbesucher abbauen (Düweke und Rabsch 2012, S. 696–697):

- Wer verbirgt sich hinter dem Angebot des Onlineshops? Empfehlenswert ist daher ein Link *„Über uns"*.
- Fotos der Geschäftsführung mit Unterschrift können Vertrauen schaffen.
- Für mögliche Nachfragen sollten die Kontaktdaten und die Servicetelefonnummer auf jeder Seite des Onlineshops stehen.
- Positive Aussagen Dritter (z. B. von Kunden) können die Glaubwürdigkeit steigern.
- Auszeichnungen (z. B. Platzierungen bei Awards) sind ein weiteres Indiz für Vertrauenswürdigkeit.

- Aber auch Testergebnisse, Hinweise auf Studienergebnisse (z. B. Stiftung Warentest) oder Artikel in Fachzeitschriften können hilfreich sein.

4.12.6 Kontaktmöglichkeiten

Für kommerzielle Onlineshops ist es besonders wichtig, dass Besucher des Onlineshops bzw. potenzielle Kunden leicht Kontakt aufnehmen können. Häufig wird jedoch lediglich ein Kontaktformular, das zudem noch in der Seitenstruktur versteckt ist, als einzige Kontaktmöglichkeit angeboten. Anstatt dessen sollte der Onlineshop den Besuchern möglichst **viele verschiedene Kontaktmöglichkeiten** eröffnen. Empfehlenswert sind ein Kontaktformular, das leicht auffindbar ist, auch eine Telefon- und Faxnummer, eine postalische Adresse und eine E-Mail-Adresse. Bedingt durch die Vorschriften des Teledienstgesetzes müssen diese Angaben ohnehin im Impressum erfolgen. Ideal ist es, wenn die Kontaktseite von jeder Unterseite des Onlineshops aufgerufen werden kann. Dazu bietet sich ein Link im Seitenkopf und/oder Footer des Onlineshops an. In einigen Onlineshops ist die Rubrik *„Kontakt"* sogar in die (horizontale) Navigation eingebunden. Besonders kundenorientierte Onlineshops bieten ihren Besuchern auch eine komfortable Rückrufmöglichkeit an. Zudem lässt sich durch eine kostenlose Servicenummer die Kundenorientierung unterstreichen. Durch vielfältige und kundenorientierte Kontaktmöglichkeiten kann sich der Onlineshop von seinen Wettbewerbern positiv abheben (Bernecker und Beilharz 2012, S. 66).

4.13   Auslieferung und Retouren

Unternehmen, die bereits seit Jahren erfolgreich einen Versandhandel betreiben, haben optimale Voraussetzungen, das Internet als neuen, ergänzenden Vertriebskanal zu nutzen (Ammann 2002, S. 66).

▷ Die **Marketinglogistik** umfasst alle betrieblichen Aktivitäten, die den räumlichen, zeitlichen und mengenmäßigen Transfer der Unternehmensprodukte von ihrer Fertigstellung (Ende des Produktionsprozesses) bis zu den Abnehmern betreffen (Delfmann und Arzt 2001, S. 993).

Kunden stellen heute hohe **Anforderungen** an die Logistik eines Onlineanbieters (Schwarze und Schwarze 2002, S. 252–253):

- Zuverlässige, kostengünstige und flexible Belieferung
- Verfügbarkeitsprüfung im Laufe des Bestellvorgangs
- Verfolgung des Bestellstatus
- Verfolgung der physischen Lieferung (sog. Tracking)
- Retourenmanagement
- Gewährleistung einer hohen Verfügbarkeit
- Gewährleistung der Lieferung

Die Wahl der richtigen Logistik ist eine typische **Make-or-Buy-Entscheidung**. Sofern der (Online-)Anbieter noch keine Erfahrungen mit der Logistik hat, gleichzeitig jedoch neue Kundengruppen ansprechen will, dann muss er kritisch prüfen, wie er die logistischen Aufgaben meistern kann, insbesondere dann, wenn neue geografische Absatzgebiete anvisiert werden. Die Logistikkosten sind genau durchzukalkulieren. Nur so ist es möglich, dass auch ein Gewinn erzielt wird. Wenn kleinere Mengen (z. B. eine Flasche Wein) angeboten werden sollen, dann hat das große Auswirkungen auf die Lagerhaltung (Ammann 2002, S. 66–67).

➤ Wenn große und schwere Produkte angeboten und verkauft werden, ist darauf zu achten, dass das Lager gut per LKW erreichbar ist. Verpackungslösungen für große, empfindliche oder außergewöhnlich geformte Artikeln sind entsprechend aufwendig und verursachen höhere Verpackungs- und Logistikkosten. Dies ist bei der Preiskalkulation zu berücksichtigen (Janson und Frankemölle 2009, S. 50).

➤ Als **Fernabsatzgeschäft** wird nach dem EU-Recht jeder zwischen einem Anbieter und einem Verbraucher geschlossene Vertrag bezeichnet, der im Rahmen eines für den Fernabsatz organisierten Vertriebs- bzw. Dienstleistungssystems des Anbieters geschlossen wird, wobei dieser für den Vertrag bis zu dessen Abschluss ausschließlich Fernkommunikationstechniken (FKT) verwendet. Zur FKT gehört dabei jedes Kommunikationsmittel, das ohne gleichzeitige körperliche Anwesenheit des Anbieters und des Verbrauchers für den Fernabsatz einer Dienstleistung zwischen diesen Parteien eingesetzt werden kann (Herrmann 2001, S. 472).

Im Fernabsatzgesetz ist ein **14-tägiges Rücktrittsrecht** geregelt. Dies soll einem verbesserten grenzübergreifenden Marktvergleich dienen (vgl. Herrmann 2001, S. 472). Damit haben Onlinekunden die Möglichkeit, die bestellte Ware bis zu 14 Tagen wieder zurückzuschicken.

> **Beispiel Widerrufsfrist**
> Eine Onlinekundin bestellt am 1. Januar 2019 im Internet eine Bluse und ein Kleid. Am 2. Januar 2019 erhält sie die Bestellbestätigung und die Widerrufsbelehrung per E-Mail. Da sich beim Versand der Artikel Probleme ergeben haben, erhält sie die Bluse am 5. Januar und das Kleid erst am 7. Januar 2019. Die Widerrufsfrist endet mit der Lieferung des letzten Teils der zusammengehörenden Bestellung. Dies ist der 21. Januar 2019 (Solmecke und Kocatepe 2016, S. 616).

➤ Die **Retrodistribution** stellt die Verteilung von Produkten entlang der Produktionsstufen entgegengesetzte Rückgabe durch den Kunden bzw. Rücknahme durch den Lieferanten dar. Dabei ist es unerheblich, welche (Teil-)Strecken des ursprünglichen Vertriebsweges zurückgelegt werden. Somit zählt die Rückgabe von Verpackungen, gebrauchten Bestandteilen von Produkten (z. B. Tonerkartuschen) oder den Produkten „als Ganzes" von Endverbrauchern an den Onlinehandel/Einzelhandel genauso zur Retrodistribution wie die Rückgabe/Rücknahme im Business-to-Business-Bereich. In jüngster Zeit wird das Angebot der Rücknahme von Verpackungen, Produktbestandteilen bzw. Produkten im eCommerce als innovativer Marketingaspekt im Zusammenhang mit produktbezogenen Serviceangeboten (Verkauf von „Problemlösungen") thematisiert (Weigert und Pepels 1999, S. 507).

4.14   After Sales Service

Serviceleistungen nehmen im eCommerce eine wichtige Rolle als strategischer Wettbewerbsfaktor ein. Der Service ist damit immer häufiger ein Instrument zur Wettbewerbsdifferenzierung und zur strategischen Marktprofilierung (Mann 1996, S. 157).

▶ Der **After Sales Service** umfasst als Teilbereich der Servicepolitik und des Nachkaufmarketings, jede Art von Zusatz-, Folge- oder Nebenleistungen, die nach erfolgtem Kauf zur Förderung der Hauptleistung eines Onlineanbieters angeboten werden. Die Ausgestaltung, d. h. die Kombination der Serviceleistungen nach Art, Anzahl und qualitativem Niveau (Serviceprofil) sowie deren Angebotsform als entgeltliche oder unentgeltliche Standard- oder Sonderleistung richtet sich nach den ökonomischen Zielen (u. a. Wiederkaufverhalten) und psychografischen Zielen (z. B. Serviceimage) der Servicepolitik (Jeschke 2001, S. 1170).

Mann (1996, S. 157–158) diskutiert die verschiedenen **Funktionen** des Service:

- **Informationsfunktion:** Damit soll eine Optimierung der Kundennähe erreicht werden. Dazu zählen das Sammeln und Weitergeben kunden- und produktrelevanter Daten. Die Informationssammlung zielt darauf ab, Informationen über den Servicebedarf der Kunden zusammenzustellen und grundsätzliche Informationen über Kundenbedürfnisse, aber auch über deren Erfahrungen mit Konkurrenzangeboten zu erheben.
- **Akquisitionsfunktion:** Hierzu zählen ebenfalls Informationen, die durch die Kundenbeteiligung erfasst werden. Diese können präferenzbildend und verhaltensrelevant sein. Hierzu gehören beispielsweise Beratungs- und Schulungsleistungen. Dadurch wird ein Zusatznutzen geschaffen und gleichzeitig eine Differenzierung gegenüber dem Wettbewerb erzielt.

Bedeutend ist, dass die angebotenen Serviceleistungen einen wichtigen und gegenüber den Wettbewerbsangeboten einen überlegenen Nutzen aufweisen.

- **Kunden-/Lieferantenbindungsfunktion:** Hierbei wird der Aufbau einer langfristigen Beziehung zu den Marktpartnern (Kunden und Lieferanten) angestrebt. Gerade in Bezug auf die Endkunden zielt der angebotene Service darauf ab, die Kundenzufriedenheit nachhaltig zu steigern und die Kundenbindung zu erhöhen.

Die folgenden **Vorteile** sind mit einem Onlineserviceangebot verbunden (Stolpmann 2001a, S. 95–97):

- **Geringere Kosten für den Kundendienst:** Der Onlineservice ist wesentlich kostengünstiger als eine telefonische Hotline. Pro Servicefall lassen sich Einsparungen in Höhe von 10 bis 45 Euro realisieren.
- **Schnellerer Kundendienst bedeutet mehr Zufriedenheit:** Wenn die Shopbesucher sich im Onlineshop selbst behelfen können, steigert das ihre Zufriedenheit. Sie finden schnellere Antworten auf ihre „brennenden" Fragen. Dadurch wird das Vertrauen in den jeweiligen Onlineshop gestärkt.
- **Stärkere Kundenbindung:** Nützliche Onlineshops haben die Chance, zum Mittelpunkt einer Community zu werden. Der Onlineshop wird gewissermaßen zu einem wichtigen Mitglied der Interessengemeinschaft.
- **Erhöhter Traffic:** Durch das Angebot nützlicher Informationen und Serviceangebote steigt die Bereitschaft der Besucher, den Onlineshop wieder zu besuchen.
- **Mehr Seitentreffer pro Besuch:** Wenn Besucher beim Surfen in einem Onlineshop auf umfangreiche und interessante Informationen stoßen, verbringen sie mehr Zeit im Onlineshop.
- **Reaktionsbereitschaft rund um die Uhr:** Eine effektive, automatisierte Onlineservicezentrale ersetzt einen Servicebereich im Dreischichtbetrieb und kann damit ganz erheblich zur Kostensenkung beitragen.
- **Entlastung des Personals:** Mitarbeiter werden von sich ständig wiederholenden Routi-

neaufgaben befreit und können sich intensiver der individuellen Kundenbetreuung widmen.

Beispiel Callback-Button

Im eCommerce lassen sich die Offline- und Onlinewelt miteinander verbinden. Eine ideale Möglichkeit ist der sog. Callback-Button. Durch das Anklicken dieses Buttons öffnet sich ein Onlineformular. In dieses Formular kann der Besucher seine Telefonnummer und eine Uhrzeit, zu der er zurückgerufen möchte, eintragen. Ein Mitarbeiter des Onlineanbieters wird sich dann zu der gewünschten Zeit mit dem Besucher in Verbindung setzen (Stolpmann 2001a, S. 177).

4.15 Online-Presseportal

Auch Journalisten, Investoren oder Analysten zählen zu den wichtigen Zielgruppen des Onlineshopbetreibers. Das Internet eröffnet dem Onlineshopbetreiber völlig neue Möglichkeiten der Public Relations (PR) bzw. Öffentlichkeitsarbeit. Mit der Online-PR wird der Aufbau und die Pflege von Bekanntheit, Vertrauen, Goodwill und Image sowie die Bindung der Besucher an den Onlineshop bezweckt (Müller und Kreis-Muzzulini 2005, S. 164).

Daher ist die richtige Online-PR für einen erfolgreichen Onlineshop unerlässlich. Tageszeitungen, Fachpresse sowie TV-Redaktionen und Radiostationen, aber auch Onlineredaktionen sind ständig auf der Suche nach wirklich interessanten Informationen und Neuigkeiten (Stolpmann 2001b, S. 129–130).

▷ **Online-PR** ist der Oberbegriff für alle PR-Maßnahmen im Internet. Eine Systematisierungsmöglichkeit stellt die Unterscheidung in Push- und Pull-Strategie dar: Bei der Push-Strategie geht die Initiative von der PR-treibenden Institution (hier dem Onlineshopbetreiber) aus, indem sie Informationen online verbreitet (z. B. über Newsletter, E-Mails oder virtuelle Pressemappen). Zusendungen dürfen aber auch im PR-Bereich nur auf ausdrückliche Erlaubnis (Permission) der Adressaten erfolgen, da sie sonst als verbotene Spam-E-Mails gelten. Bei der Pull-Strategie werden die Informationen von ex-

ternen Nachfragern (z. B. Kunden, Journalisten oder Investoren) online abgerufen (Rota und Fuchs 2007, S. 305).

Der Onlineshop sollte um ein **Onlinepresseportal** erweitert werden. Über einen Link *„Presse"* gelangen Journalisten, aber auch die interessierte Öffentlichkeit, an aktuelle und zurückliegende Pressemitteilungen. Die online gestellten Texte sollten in einer Form vorliegen, die eine einfache Weiterverarbeitung ermöglicht. Darüber hinaus sollten Fotos und Grafiken in einer reprofähigen Qualität zum Download angeboten werden (Stolpmann 2001b, S. 129–130).

Für die Online-PR haben Müller und Kreis-Muzzulini (2005, S. 164) den folgenden **Grundsatz** formuliert: Online-PR muss in ihrem visuellen und inhaltlichen Auftritt klar, kurz, prägnant und benutzerfreundlich das Spiegelbild der Corporate Identity eines Onlineshopbetreibers abgeben.

Der Onlineshopbetreiber sieht sich im Rahmen der Online-PR mit den folgenden **Herausforderungen** konfrontiert (Müller und Kreis-Muzzulini 2005, S. 165):

- PR im Internet geht weit über die Präsentation von Firmendaten und -informationen hinaus.
- Der hohe Aktualitätsanspruch erfordert kontinuierliche Betreuung und ständige Ergänzung mit News.
- Der aktive Dialog erfordert Engagement und Zeit.
- Online-PR beruht auf der Pull-Strategie und müssen vom Botschaftsempfänger selbst abgerufen, und den individuellen Bedürfnissen entsprechend genutzt werden können.
- Online-PR darf nie isoliert betrachtet und realisiert, sondern müssen mit flankierenden Maßnahmen gestützt und ins Gesamtkommunikationskonzept eingebettet werden.

Journalisten schätzen einen gut gemachten Onlinepressebereich. Insbesondere erkennen sie, dass sie … (Sauvant 2002, S. 47):

- die von ihnen benötigten Informationen schnell finden,
- ohne Umschweife Zugriff auf eine enorme Fülle von Informationen haben,

- die dort entdeckten Informationen sofort wei-
terverarbeiten können;
- auf Wunsch auch exklusive Informationen erhalten,
- nicht immer gleich beim Unternehmen anru-
fen müssen,
- auf den ersten Blick wissen, wer der geeignete
Ansprechpartner für sie ist – auch das wiederum ohne langwierige Telefonate,
- bequem und gezielt Daten aus dem Angebot
wählen können, ohne sich der sonst üblichen
Informationsflut von Broschüren und anderen
Printmaterialien auszusetzen, die oft erst langwierig studiert werden müssen.

≫ Es ist empfehlenswert, auch Links zu (un-
ternehmens-)kritischen Websites anzubieten. Denn Journalisten sind im Internet ohnehin in der Lage, sich jede beliebige Art
von Information zu beschaffen. Deshalb
macht sich etwas Mut an dieser Stelle bezahlt: Unternehmen, die Verknüpfungen zu
„heiklen" Websites setzen, dokumentieren
damit Diskussionsbereitschaft und steigern
in jedem Fall ihre Glaubwürdigkeit (Sauvant 2002, S. 54).

In einem Onlinepresseportal sind Journalisten
auf der Suche nach den folgenden **Informationen** (Büttner 2006, S. 203):

- Basisinformationen über den Onlineshop (Wer
ist wer im Unternehmen? Schreibweise von
Namen, gegebenenfalls Zweigniederlassun-
gen)
- Kontaktperson der Öffentlichkeitsarbeit, Name,
Telefon- und Faxnummer
- Veranstaltungstermine (z. B. Pressekonferen-
zen, Tag der offenen Tür etc.)
- Finanzberichte, finanzielle Situation, Umsatzzahlen, Mitarbeiterzahlen (nicht nur bei anzei-
gepflichtigen Unternehmen)
- Möglichkeit, Bilder und Illustrationen für einen Artikel herunterladen zu können

Die folgenden **Inhalte** gehören daher auf jeden
Fall in ein Onlinepresseportal (Iburg und Oplesch
2001, S. 113–125):

- Ansprechpartner mit Telefon-, Fax- und Mo-
bilnummer, E-Mail-Adresse
- sofort lesbare Pressemitteilungen und als
Download
- Callback-Funktion, denn auch bei einem umfangreichen Presseportal kann es sein, dass
die Journalisten noch Fragen haben, die nur
ein PR-Mitarbeiter beantworten kann
- Fotos zum Ansehen und in einer druckbaren
Qualität als Download, beispielsweise Por-
träts der Führungskräfte
- Audio- und Videomaterial zum Ansehen und
als Download, beispielsweise wichtige State-
ments der Führungskräfte, etwa auf einer
Pressekonferenz oder Tagung
- aktuelle Pressemitteilungen und ein Archiv
für ältere Pressemitteilungen – Journalisten kennen Archive und wissen diese zu
nutzen
- Geschäftsberichte, Quartalsberichte und andere Reports zum Download
- Onlinepressemappen zum Download
- Newsletterabonnementmöglichkeit
- ein Pressespiegel, gegebenenfalls mit Re-
produktionen von Presseartikeln (Wichtig:
Die Urheberrechte müssen beachtet werden.)
- Verlinkung auf online erschienene Artikel (es
besteht jedoch dadurch die Gefahr, dass der
Journalist oder Besucher den Onlineshop verlässt und nicht zurückkehrt)
- Firmenstandorte einschließlich der Ansprechpartner und Anfahrtsskizze (z. B. über https://
www.google.com/maps)
- Linksammlung zur Branchenfachpresse und
zu online verfügbaren Veröffentlichungen,
insbesondere unabhängige Informationen helfen Journalisten weiter
- Frequently Asked Questions

Über das Onlinepresseportal bieten sich dem Onlineshopbetreiber zahlreiche weitere **Maßnahmen der Online-PR** an (Müller und Kreis-Muzzulini 2005, S. 166):

- Elektronische Ausgabe von Zeitschriften
- Elektronische Zeitungs-, Radio- und TV-News
- Online-Sprach- und/oder Videokonferenzen

- Online-Datenbanken und -Bibliotheken
- Online-Ausbildung (Fernunterricht) in „Real Time" oder „on Demand"

⯈ Die Planung, Organisation und Umsetzung sollte konzeptionell angegangen werden. Das Onlinepresseportal ist aus Sicht der Onlineshopbesucher zu erstellen. Es sollte aktuell und unterhaltend, benutzerfreundlich, übersichtlich, nutzbringend sein und einen echten Mehrwert für Journalisten, Investoren und Besucher bieten. Es kommt auf eine CI-konforme Webgestaltung an. Die Sprache sollte klar, einfach und verständlich sein. Durch attraktives Bildmaterial lassen sich Emotionen wecken. Nützliche Links erhöhen die Benutzerfreundlichkeit. Das Onlinepresseportal sollte in das gesamte Kommunikationskonzept eingebunden werden. Eine stetige Betreuung, Pflege und Optimierung des Onlinepresseportals muss sichergestellt sein (Müller und Kreis-Muzzulini 2005, S. 167).

Als **Fazit** lässt sich festhalten, dass es im Rahmen der Online-PR auf internetgerechte Texte, Bilder, Grafiken, Videos und Animationen ankommt. Komplexe Zusammenhänge eines Unternehmens oder erklärungsbedürftiger Produkte lassen sich anschaulich darstellen. Der Besuch des Onlinepresseportals eines Onlineshops wird dann für die Kunden, Journalisten und Investoren zum Erlebnis. Durch die virtuellen Möglichkeiten können Produkte und Dienstleistungen benutzergerecht vorgestellt, Zusammenhänge erklärt oder Hintergrundwissen vermittelt werden. Der Fantasie sind hierbei keine Grenzen gesetzt (Müller und Kreis-Muzzulini 2005, S. 167–168).

4.16   Landingpage

Landingpages bzw. **Sprungseiten** werden eingesetzt, um spezielle Angebote und Themen auf einer Zielseite zu bewerben. Sie erscheinen, nachdem der Onlineshopbesucher auf ein Banner oder eine Google AdWords-Anzeige geklickt hat (Büttner 2007, S. 226). Landingpages

sind Werbeträger, die ein spezielles Angebot enthalten, das für eine bestimmte Zielgruppe konzipiert wurde. Die Gestaltung einer Landingpage ist eine Kunst. Der Onlineshopbetreiber muss die Bedürfnisse der Besucher erkennen und dafür eine Lösung anbieten. Wichtig ist, dass die Landingpage überzeugt, interessante Informationen bzw. Angebote enthält und einen echten Mehrwert für die Onlineshopbesucher bietet. Auf jedwede Ablenkung ist dabei zu verzichten. Vielmehr steht eine einfach auszuführende Interaktion (z. B. Bestellung eines Newsletters) im Fokus der Landingpage (Ecker et al. 2014, S. 68; Kattau 2017, S. 69; Schwarz 2017, S. 89–90).

⯈ Eine **Landingpage** ist eine beliebige Website, auf der Internetbesucher auf dem Weg zu einer wichtigen Aktion landen, von der der Onlineanbieter will, dass sie sie auf seinem Onlineshop ausführen. Die Landingpage kann Teil des Onlineshops sein. Sie kann aber auch eine eigenständige Seite sein, die gestaltet wurde, um Datenverkehr aus einer Onlinemarketingkampagne zu erhalten (Ash et al. 2013, S. 25).

Bei Landingpages kann es sich um vorhandene Seiten des Onlineshops oder um speziell konzipierte Kampagnensites handeln. Sinkt die Conversion Rate ab, könnte dies dafür sprechen, dass die Besucher von den Inhalten der Landingpage enttäuscht sind und sich somit anderen Teilen des Onlineshops zuwenden (Buss 2009, S. 354).

⯈ Die **Conversion Rate** ist die Umwandlungsrate von Besuchern eines Onlineshops zu tatsächlichen Käufern auf dem jeweiligen Onlineshop. Es genügt nicht, dass die Besucher lediglich die angebotenen Produkte im Internet betrachten. Der Kaufakt ist der entscheidende Vorgang für den Onlineshopbetreiber. Die Conversion Rate beträgt im Internet durchschnittlich zwei Prozent (Wirtz 2002, S. 40).

⯈ Unter **Conversion-Rate-Optimierung** werden alle Maßnahmen verstanden, die die

Conversion-Anzahl, den Wert je Conversion sowie den Erfolg bzw. Umsatz des Onlineanbieters positiv beeinflussen sollen (Kattau 2017, S. 68).

Landingpages sollten übersichtlich gestaltet sein. Geeignet sind große Überschriften. Die verwendeten Texte sollten kurz, knapp und prägnant sein. Damit der Kunde die Aktivität ausführen kann, muss ein Conversion-Element platziert werden. Zum einen hängt die Gestaltung der Landingpage von der jeweiligen Zielgruppe ab. Zum anderen kommt es auf die jeweilige Aktion bzw. Interaktion an, die von den Besuchern ausgeführt werden soll (Ecker et al. 2014, S. 68).

Ecker et al. (2014, S. 68–71) haben **Empfehlungen** für die Gestaltung einer Landingpage zusammengestellt:

- Wichtige Informationen (z. B. Überschriften und Preise) müssen den Besuchern ins Auge springen. Daher sollte man nicht zu viel Text verwenden. Besser sind Ankerpunkte und (Vorteils-)Aufzählungen.
- Die Überschriften müssen überzeugen. In einer kurzen und knackigen Beschreibung muss klar werden, worum es geht.
- Professionelle Bilder sollen Emotionen wecken und das Angebot widerspiegeln.
- Die Landingpage sollte nicht zu viele Informationen enthalten. Andernfalls wirkt sie schnell überladen. Dadurch fällt es den Besuchern schwerer, sich zu orientieren.
- Vertrauensbeweise, Auszeichnungen und Zertifikate sind für die Vertrauensbildung wichtig.
- Außerdem kann das Vertrauen der Besucher durch freundliche Gesichter gewonnen werden. Durch eine Unterschrift verleiht man der Landingpage eine persönliche Note.
- Die Landingpage sollte eine Beratungshotline und/oder einen Rückrufservice enthalten.
- Kundenbewertungen bzw. -meinungen unterstreichen die Seriosität der Landingpage.
- Vorteile und Garantien sollten klar und deutlich herausgearbeitet werden.
- Falls der Onlineshopbetreiber auch über eine stationäre Filiale verfügt, sollte der Standort auf einer Karte zur besseren Orientierung grafisch dargestellt sein.

- Dem Besucher muss gezeigt werden, was zu tun ist („Call-to-Action"). Grundsätzlich sollten nur wenige Optionen angeboten werden: „JETZT kostenlos registrieren!"
- Falls die Besucher der Aufforderung zur Handlung folgen, muss es sehr einfach möglich sein, mit dem Onlineshopbetreiber in Kontakt zu treten oder ein Produkt zu kaufen bzw. zu buchen.
- Der Onlineshopbetreiber muss den Besuchern einen Grund geben, jetzt zu handeln.
- In Formularen dürfen nur wirklich relevante Informationen abgefragt werden (z. B. bei einer Newsletteranmeldung nur die E-Mail-Adresse erfragen). Außerdem sollten Formulare einfach aufgebaut und optisch ansprechend gestaltet sein.
- Durch Gutscheine kann die Conversion Rate gesteigert werden (z. B. einen 20-%-Gutschein für eine Newsletteranmeldung).
- Der Besucher muss erkennen, dass er auf der Landingpage richtig ist und das Angebot zu ihm passt.

▶ Ein **Call-to-Action** ist ein Element aus der Werbung und soll zu einer bestimmten Handlung bzw. Aktion, wie beispielsweise den Besuch eines Onlineshops, zum Kauf eines Produktes oder zum Buchen eines Urlaubes, animieren. Beispiele können sein: „Jetzt klicken und informieren!" oder „Gleich hier buchen!" (Ecker et al. 2014, S. 9).

Zusammenfassung

Zunächst werden die Begriffe eCommerce und Online Shop abgegrenzt (Abschn. 4.1). Anschließend wird die Bedeutsamkeit einer gut gewählten Domainadresse herausgearbeitet (Abschn. 4.2). Danach erfolgen Ausführungen zur Gestaltung einer benutzerfreundlichen Startseite (Abschn. 4.3). Ein Schwerpunkt liegt auf der Diskussion verschiedener Navigationskonzepte (Abschn. 4.4). Die Suche und die dazugehörigen Trefferlisten sind Gegenstand von Abschn. 4.5. Ein weiterer Schwerpunkt liegt auf der Gestaltung einer übersichtlichen und informativen Produktdetailseite (Abschn. 4.6). Anschließend wird die Gestaltung des Warenkorbs (Abschn. 4.7) sowie die Umsetzung des Registrierungsprozesses (Abschn. 4.8) diskutiert. Den dritten Schwerpunkt haben wir auf die Vorstellung der verschiedenen Zahlungssysteme gelegt (Abschn. 4.9). Um Bestellabbrüche zu verhindern, ist ein kundenfreundlicher und gut strukturierter Check-out-Prozess erforderlich. Diesen lernen Sie in Abschn. 4.10 kennen. In Abschn. 4.11 lernen Sie die wichtige Bestätigungs-E-Mail kennen, bevor wir in Abschn. 4.12 zusätzliche Informationen thematisieren, die während des Onlinebestellprozesses eine wichtige Rolle spielen. Fragen der Logistik stehen im Mittelpunkt von Abschn. 4.13. Der Abschn. 4.14 ist dem sehr bedeutsamen After Sales Service gewidmet. Das Onlinepresseportal ist Gegenstand von Abschn. 4.15. Mit Ausführungen zu den Funktionen und zur Gestaltung einer Landingpage beschließen wir dieses Kapitel (Abschn. 4.16).

4.17   Übungsaufgaben und Lösungen

4.17.1 Übungsaufgaben

Aufgabe 1
Welche Kriterien sollten bei der Wahl eines Domainnamens beachtet werden?

Aufgabe 2
Welche Informationen muss der Onlineanbieter seinen Kunden im Warenkorb bieten? Worauf ist bei der Gestaltung des Warenkorbs besonders zu achten?

Aufgabe 3
Worauf ist bei der Gestaltung des Check-out-Prozesses besonders zu achten? Welche Gefahren drohen, wenn dieser Prozess nicht nutzergerecht umgesetzt wird?

Aufgabe 4
Welche Anforderungen stellen heutige Kunden an die Logistik eines Onlineanbieters?

Aufgabe 5
Was versteht man unter einer Landingpage? Welche Funktionen hat diese und wie sollte sie gestaltet sein?

4.17.2 Lösungen

Lösung zu Aufgabe 1
Die im Folgenden genannten Kriterien sind bei der Wahl eines Domainnamens zu beachten:

- Eindeutigkeit: Um bei der Vielzahl der angemeldeten Domains peinliche Verwechslungen, die dem Ansehen des Unternehmens schaden könnten, zu vermeiden, sollte der Domainname eindeutig sein (z. B. www.tierhandlung-schmidt.de).
- Synergien: Bekannte Firmen- und Markennamen sollten wiederverwendet werden (z. B. www.kinderschokolade.de)
- Kurz und prägnant: Damit sich die Internetnutzer den Domainnamen besser merken können, sollte dieser kurz und prägnant sein (z. B. www.bmw.de).
- Gegenstand/Ziel: Eine weitere Möglichkeit für die Namensgebung besteht darin, den Unternehmensgegenstand bzw. das Ziel der Organisation durch die Domain zu erläutern (z. B. www.wir-kaufen-dein-auto.de).
- Kampagnen: Es können auch für einzelne Werbekampagnen Domainnamen verwendet werden (z. B. www.sommer-sale.de).

Lösung zu Aufgabe 2
Als unverzichtbar gelten die im Folgenden aufgelisteten Bestandteile:

- Gesamtzahl aller Artikel im Warenkorb
- Preise und Menge einzelner Produkte
- Gesamtsumme des Warenwerts
- Versandkosten
- Weitere Kosten, z. B. Geschenkverpackung

- Gesamtsumme
- Lieferunternehmen
- Voraussichtliche Lieferzeit
- Druckfunktion
- Korrekturoptionen
- Löschoptionen

Lösung zu Aufgabe 3

Der Check-out-Prozess sollte möglichst transparent gestaltet sein. Je besser sich der Kunde informiert fühlt, desto seltener wird er den Bestellprozess abbrechen. Der Kunde muss daher über die folgenden Aspekte informiert sein:

- Welche Zusatzkosten (insbesondere Versandkosten und Zubehör) fallen noch an?
- Welche Lieferzeiten sind einzuplanen?

Der Kunde möchte im Bestellprozess die absolute Kontrolle haben. Daher sollte der Onlineshop ihm signalisieren, wo er sich im Gesamtprozess gerade befindet. Zudem muss jederzeit klar sein, wie es weitergeht. Dies schafft Vertrauen und verhindert Bestellabbrüche. Realisieren lässt sich dies über einen ständig eingeblendeten Warenkorb und eine übersichtlich gestaltete Fortschrittsanzeige. Ziel ist es, dass der Kunde die sich im Warenkorb befindenden Produkte und Dienstleistungen bestellt. Idealerweise werden dem Kunden kurz vor der eigentlichen Bestellung noch einmal alle bestellrelevanten Informationen angezeigt und er wird explizit gefragt, ob er diese Produkte zu den angegebenen Preisen und Versandkosten kaufen möchte.

Lösung zu Aufgabe 4

Kunden stellen heute hohe Anforderungen an die Logistik eines Onlineanbieters:

- Zuverlässige, kostengünstige und flexible Belieferung
- Verfügbarkeitsprüfung im Laufe des Bestellvorgangs
- Verfolgung des Bestellstatus
- Verfolgung der physischen Lieferung (sog. Tracking)
- Retourenmanagement

- Gewährleistung einer hohen Verfügbarkeit
- Gewährleistung der Lieferung

Lösung zu Aufgabe 5

Landingpages bzw. Sprungseiten werden eingesetzt, um spezielle Angebote und Themen auf einer Zielseite zu bewerben.

Eine Landingpage ist eine beliebige Website, auf der Internetbesucher auf dem Weg zu einer wichtigen Aktion landen, von der der Onlineanbieter will, dass sie sie auf seinem Onlineshop ausführen. Die Landingpage kann Teil des Onlineshops sein. Sie kann aber auch eine eigenständige Seite sein, die gestaltet wurde, um Datenverkehr aus einer Onlinemarketingkampagne zu erhalten (vgl. Ash et al. 2013, S. 25).

Die folgenden Empfehlungen sollten bei der Gestaltung einer Landingpage beachtet werden:

- Wichtige Informationen (z. B. Überschriften und Preise) müssen den Besuchern ins Auge springen. Daher sollte man nicht zu viel Text verwenden. Besser sind Ankerpunkte und (Vorteils-)Aufzählungen.
- Die Überschriften müssen überzeugen. In einer kurzen und knackigen Beschreibung muss klar werden, worum es geht.
- Professionelle Bilder sollen Emotionen wecken und das Angebot widerspiegeln.
- Die Landingpage sollte nicht zu viele Informationen enthalten. Andernfalls wirkt sie schnell überladen. Dadurch fällt es den Besuchern schwerer, sich zu orientieren.
- Vertrauensbeweise, Auszeichnungen und Zertifikate sind für die Vertrauensbildung wichtig.
- Außerdem kann das Vertrauen der Besucher durch freundliche Gesichter gewonnen werden. Durch eine Unterschrift verleiht man der Landingpage eine persönliche Note.
- Die Landingpage sollte eine Beratungshotline und/oder einen Rückrufservice enthalten.
- Kundenbewertungen bzw. -meinungen unterstreichen die Seriosität der Landingpage.
- Vorteile und Garantien sollten klar und deutlich herausgearbeitet werden.
- Falls der Onlineshopbetreiber auch über eine stationäre Filiale verfügt, sollte der Standort

auf einer Karte zur besseren Orientierung grafisch dargestellt sein.

- Dem Besucher muss gezeigt werden, was zu tun ist („Call to Action"). Grundsätzlich sollten nur wenige Optionen angeboten werden: „JETZT kostenlos registrieren!"
- Falls die Besucher der Aufforderung zur Handlung folgen, muss es sehr einfach möglich sein, mit dem Onlineshopbetreiber in Kontakt zu treten oder ein Produkt zu kaufen bzw. zu buchen.
- Der Onlineshopbetreiber muss den Besuchern einen Grund geben, jetzt zu handeln.
- In Formularen dürfen nur wirklich relevante Informationen abgefragt werden (z. B. bei einer Newsletteranmeldung nur die E-Mail-Adresse erfragen). Außerdem sollten Formulare einfach aufgebaut und optisch ansprechend gestaltet sein.
- Durch Gutscheine kann die Conversion Rate gesteigert werden (z. B. einen 20-%-Gutschein für eine Newsletteranmeldung).
- Der Besucher muss erkennen, dass er auf der Landingpage richtig ist und das Angebot zu ihm passt.

Literatur

Ammann, M. (2002). Elektronischer Handel. In H.-J. Bullinger, D. Thommen & M. Ammann (Hrsg.), E-Business in der Praxis. E-Business-Anwendungen auf den Punkt gebracht (S. 39–87). Kilchberg: SmartBooks.

Amor, D. (2002). Electronic commerce. In W. Pepels (Hrsg.), E-Business-Anwendungen in der Betriebswirtschaft (S. 141–155). Herne/Berlin: Neue Wirtschafts-Briefe (nwb).

Angeli, S., & Kundler, W. (2011). Der Online Shop. Handbuch für Existenzgründer. Businessplan, eShop-Systeme, Google-Marketing, Behörden, Online-Recht u. v. m. München: Markt + Technik.

Asen, D. (2013). Online-Marketing für Selbstständige. Wie Sie im Internet neue Kunden erreichen und Ihren Umsatz steigern. München: mitp.

Ash, T., Page, R., & Ginty, M. (2013). Landingpages. Optimieren, Testen, Conversions generieren (2. Aufl.). Heidelberg: mitp.

Baumann, M., & Kistner, A. C. (2000). e-Business. Erfolgreich in die digitale Zukunft (2. Aufl.). Böblingen: Computer & Literatur.

Bernecker, M., & Beilharz, F. (2012). Online-marketing (2. Aufl.). Köln: Johanna.

Brüne, K. (2009). Lexikon E-Business. Online-Marketing – eCommerce – Internet-Prozessmanagement. Frankfurt am Main: Deutscher Fachverlag.

Bunte, H.-J. (2001). Allgemeine Geschäftsbedingungen (AGB). In H. Diller (Hrsg.), Vahlens Großes Marketing Lexikon (2. Aufl., S. 42–43). München: Beck/dtv/Vahlen.

Buss, A. (2009). Internet Marketing. Erfolg planen, gestalten, umsetzen. München: Markt+Technik.

Büttner, K. (2006). 111 praktische Anleitungen für kleine und mittlere Unternehmen (Online-Marketing-Praxis, vol. 1). Lübeck: Karsten Büttner.

Büttner, K. (2007). Landeseiten im Online-Marketing. In T. Schwarz (Hrsg.), Leitfaden Online Marketing. Das kompakte Wissen der Branche (S. 226–240). Waghäusel: marketing-BÖRSE.

Costabiei, M. (2004). Marketingerfolg im Internet. Die Bedeutung des Internet als Instrument im Marketing. St. Lorenzen: nbv.

Delfmann, W., & Arzt, R. (2001). Marketing-Logistik (Distributionslogistik, Physische Distribution). In H. Diller (Hrsg.), Vahlens Großes Marketing Lexikon (2. Aufl., S. 993–1001). München: Beck/dtv/Vahlen.

Düweke, E., & Rabsch, S. (2012). Erfolgreiche Websites. SEO, SEM, Online-Marketing, Usability (2. Aufl.). Bonn: Galileo Computing.

Ecker, P., Eidenberger, A., Feilmayr, M., Haider, A., Mitmansgruber, S., & Thürriedl, A. (2014). Erste Hilfe fürs Online Marketing. Bei schwindenden Besucherzahlen lesen Sie die Packungsbeilage und fragen Sie Ihren eMagnetiker. Bad Leonfelden: eMagnetix.

Fischer, M. (2009). Website Boosting 2.0. Suchmaschinen-Optimierung, Usability, Online-Marketing. Heidelberg: mitp.

Fischler, J. (2010). Erfolgsrezept Internet. Einfach zu mehr Umsatz, Zeit und Freiheit. Heidelberg: bhv.

Frühschütz, J. (2001). eCommerce-Lexikon. Frankfurt am Main: Deutscher Fachverlag.

Groth, A. (2008). Die Gestaltung von Onlineshops. In T. Schwarz (Hrsg.), Leitfaden Online Marketing. Das kompakte Wissen der Branche (S. 206–211). Waghäusel: marketing-BÖRSE.

Heise, G. (1996). Online-distribution. In R. Hünerberg, G. Heise & A. Mann (Hrsg.), Handbuch Online Marketing. Wettbewerbsvorteile durch weltweite Datennetze (S. 131–155). Landsberg/Lech: Moderne Industrie.

Herrmann, H. (2001). Fernabsatz (FA). In H. Diller (Hrsg.), Vahlens Großes Marketing Lexikon (2. Aufl., S. 472). München: Beck/dtv/Vahlen.

Hofert, S. (2001). Geld verdienen mit dem eigenen Online-Shop. Die clevere Idee – die richtige Strategie – die erfolgreiche Vermarktung. Frankfurt a. M.: Eichborn.

Iburg, H., & Oplesch, A. (2001). Online-PR. Exakte Zielgruppenansprache, interaktive Kundenkontakte, innovative Kommunikationskonzepte. Landsberg/Lech: moderne industrie.

Jacobsen, J. (2004). Website-Konzeption. Erfolgreich Web- und Multimedia-Anwendungen entwickeln (2. Aufl.). München: Addison-Wesley.

Janson, S., & Frankemölle, G. (2009). *Der erfolgreiche Online-Shop. Existenzgründung mit dem eigenen Internetgeschäft!* Düsseldorf: DATA BECKER.

Jeschke, K. (2001). Nachkauf-Service (After-Sales-Service). In H. Diller (Hrsg.), *Vahlens Großes Marketing Lexikon* (2. Aufl., S. 1170). München: Beck/dtv/Vahlen.

Kattau, N. (2017). Conversion-Optimierung. In F. Beilharz & Expertenteam (Hrsg.), *Der Online Marketing Manager. Handbuch für die Praxis. Praxiswissen renommierter Profis. Vom E-Mail-Marketing bis zu Web Analytics. Best Practices für die tägliche Arbeit* (S. 65–101). Heidelberg: dpunkt.

Keßler, E., Rabsch, S., & Mandic, M. (2017). *Erfolgreiche Websites. SEO, SEM, Online-Marketing, Usability* (3. Aufl.). Bonn: Rheinwerk.

Kollewe, T., & Keukert, M. (2014). *Praxiswissen eCommerce. Das Handbuch für den erfolgreichen Online-Shop.* Köln: O'Reilly.

Krause, J. (2000). *eCommerce und Online-Marketing. Chancen, Risiken und Strategien* (2. Aufl.). München/Wien: Hanser.

Lamprecht, S. (1996). *Marketing im Internet. Chancen, Konzepte und Perspektiven im World Wide Web.* Freiburg i. Br.: haufe.

Lamprecht, S. (2002). *WebDesign-Handbuch. Websites programmieren und gestalten.* München/Wien: Hanser.

Lamprecht, S. (2007). *Firmenauftritt online. Schritt für Schritt ein eigenes Konzept erstellen. Firmenwebsites kostengünstig gestalten lassen. Mit Checklisten und Fallbeispielen.* Heidelberg: Redline.

Lindo, W. (2009). *Online-Shop auswählen, einrichten & betreiben. Das Praxisbuch.* Poing: Franzis.

Ludewig, C. (1999). *Existenzgründung im Internet. Auf- und Ausbau eines erfolgreichen Online-Shops.* Braunschweig/Wiesbaden: Springer Vieweg/Gabler.

Maaß, C. (2008). *E-Business Management.* Stuttgart: Lucius/Lucius.

Mann, A. (1996). Online-service. In R. Hünerberg, G. Heise & A. Mann (Hrsg.), *Handbuch Online Marketing. Wettbewerbsvorteile durch weltweite Datennetze* (S. 157–179). Landsberg/Lech: Moderne Industrie.

Müller, B., & Kreis-Muzzulini, A. (2005). *Public Relations für Kommunikations-, Marketing- und Werbeprofis.* Frauenfeld: Huber.

Müller-Grote, D. (2001). Webdesign – worauf zu achten ist. In D. Müller-Grote, F. Reydt & C. Schmid (Hrsg.), *eBusiness. Wie man's macht und was es kostet* (S. 136–150). Neuwied/Kriftel: Luchterhand.

Peinl, P. (2002). Elektronische Zahlungssysteme. In H. Dohmann, G. Fuchs & K. Khakzar (Hrsg.), *Die Praxis des E-Business. Technische, betriebswirtschaftliche und rechtliche Aspekte* (S. 111–157). Braunschweig/Wiesbaden: Springer Vieweg.

Preißner, A. (2001). *Marketing im E-Business. Online und Offline – der richtige Marketing-Mix.* München/Wien: Hanser.

Rota, F. P., & Fuchs, W. (2007). *Lexikon Public Relations. 500 Begriffe zu Öffentlichkeitsarbeit, Markt- und Unternehmenskommunikation.* München: dtv.

Sauvant, N. (2002). *Professionelle Online-PR. Die besten Strategien für Pressearbeit, Investor Relations, Interne Kommunikation, Krisen-PR.* Frankfurt/New York: Campus.

Schildhauer, T. (2003). *Lexikon Electronic Business.* München/Wien: Oldenbourg.

Schinzer, H., Thome, R., & Hepp, M. (2005). Electronic Commerce: Ertragsorientierte Integration und Automatisierung. In R. Thome, H. Schinzer & M. Hepp (Hrsg.), *Electronic Commerce und Electronic Business. Mehrwert durch Integration und Automation* (3. Aufl., S. 1–28). München: Vahlen.

Schott, B., Brinschwitz, T., & Nowara, F.-M. (1997). *Kunden gewinnen im Internet. Grundlagen, Techniken, Strategien.* Landsberg am Lech: mvg.

Schreiber, G. A. (1998). *Electronic Commerce. Business in digitalen Medien. Geschäftsmodelle, Strategien, Umsetzung.* Neuwied/Kriftel: Luchterhand.

Schumann, P. (1997). Electronic shopping. In P. Mertens, A. Back, J. Becker, W. König, H. Krallmann, B. Rieger, A.-W. Scheer, D. Seibt, P. Stahlknecht, H. Strunz, R. Thome & H. Wedekind (Hrsg.), *Lexikon der Wirtschaftsinformatik* (S. 138–139). Berlin: Springer.

Schwarz, T. (2011). Grundlagen für die Praxis. In T. Schwarz (Hrsg.), *Leitfaden Online Marketing. Das Wissen der Branche. Online mehr Kunden gewinnen* (Bd. 2, S. 13–82). Waghäusel: marketing-BÖRSE.

Schwarz, T. (2017). *Erfolgreiches Online-Marketing. Das Standardwerk* (4. Aufl.). Freiburg/München/Stuttgart: Haufe.

Schwarze, J., & Schwarze, S. (2002). *Electronic Commerce. Grundlagen und praktische Umsetzung.* Herne/Berlin: Neue Wirtschafts-Briefe (nwb).

Seebohn, J. (2001). *Gabler Kompakt-Lexikon Werbepraxis. 1.500 Begriffe nachschlagen, verstehen, anwenden.* Wiesbaden: Springer Gabler.

Segert, R., & Klinger, C. (1998). *Midas Online ABC.* Zürich: Midas.

Siebert, A. (1999). *eCommerce: Wettbewerbsvorteile per Mausklick.* Niedernhausen/Ts.: Falken.

Solmecke, C., & Kocatepe, S. (2016). *Recht im Online-Marketing. So schützen Sie sich vor Fallstricken und Abmahnungen.* Bonn: Rheinwerk.

Stolpmann, M. (2001a). *Service & Support im Internet. Intelligente Dienstleistungen – effizient zum Erfolg.* Bonn: Galileo.

Stolpmann, M. (2001b). *Online-Marketingmix. Kunden finden, Kunden binden im E-Business* (2. Aufl.). Bonn: Galileo.

Stroborn, K., Heitmann, A., & Frank, G. (2002). Internet-Zahlungssysteme in Deutschland: ein Überblick. In K.-H. Ketterer & K. Stroborn (Hrsg.), *Handbuch ePayment. Zahlungsverkehr im Internet: Systeme, Trends, Perspektiven* (S. 31–44). Köln: Deutscher Wirtschaftsdienst.

Tamm, G., & Köhler, T. R. (2003). *Konzepte in eCommerce-Anwendungen. Wissen, das sich auszahlt.* Berlin: SPC TEIA.

Weigert, M., & Pepels, W. (1999). *WiSo-Lexikon, Band I: Betriebswirtschaft, Statistik, Wirtschaftsrecht.* München/Wien: Oldenbourg.

Wenz, C., & Hauser, T. (2013). *Websites optimieren*. München: Addison-Wesley.

Winkler, J. (2008). *Websites pushen. Suchmaschinenoptimierung, Google AdSense und Affiliate-Marketing. Das Praxisbuch*. Poing: Franzis.

Wirtz, B. W. (2002). *Gabler Kompakt-Lexikon eBusiness. 2.000 Begriffe nachschlagen, verstehen, anwenden*. Wiesbaden: Springer Gabler.

Wünschmann, S., Schwarz, U., & Müller, S. (2008). *Webseiten-Gestaltung. Erfolgsfaktoren und Kontrolle*. Heidelberg: mitp.

Kundenfokus im eCommerce

„Get closer than ever to your customers. So close, in fact, that you tell them what they need well before they realize it themselves."

Steve Jobs

Lernziele

Nachdem Sie dieses Kapitel gelesen haben, können Sie …

1. Die Total Customer Experience definieren und die beiden zentralen Sichten der Customer Experience abgrenzen.
2. Die Customer Journey und Brand Experience erklären und die wesentlichen Dimensionen der beiden Konstrukte nennen.
3. Die Phasen einer Customer Journey sowie die Arten von Touchpoints abgrenzen.
4. Die Effekte, die aus einer Customer Experience resultieren, aufzeigen und modellieren.
5. Das Management der Customer Experience detaillieren. Sie verstehen, welche Erfolgsfaktoren dem Customer Experience Management zugrunde liegen, können ein Konzept ausgestalten und eine Operationalisierung des Konstrukts vornehmen.
6. Funktionen und Formen von Channeln beschreiben und die Entwicklung zum Omni-Channel-System skizzieren.
7. Den SoLoMo-Ansatz beschreiben und Beispiele nennen.
8. Erfolgsfaktoren im Omni-Channel-Management systematisieren und ausführen.
9. Die systemseitigen Anforderungen an ein Omni-Channel-Management skizzieren und die grundlegenden Prozesse und analytischen Anforderungen in einer Systemarchitektur allgemein beschreiben.
10. Eine Systematisierung für die aktuellen Themen in der Digitalisierung entwickeln und spezifische Herausforderungen aus diesen (technologischen) Entwicklungen erklären.
11. Eie Eigenschaften von Big Data erläutern und die Aufgaben und Abgrenzung von Analytics-Verfahren vornehmen.
12. Ausgewählte Analytics-Verfahren skizzieren und Anwendungsbereiche aufzeigen.

5.1 Der Kunde im digitalen Kosmos

Die Ausdehnung des digitalen Kosmos ist nicht ein temporäres Phänomen, nicht bloß ein Trend, sondern ein fundamentaler und nachhaltiger Treiber der Veränderung für ganze Branchen. Diese Veränderung führte bereits zur Digitalisierung des Handels, zum Aufbau digitaler Kanäle und des eCommerce insgesamt. Große Unsicherheit herrscht aber bei der Einschätzung der weiteren Veränderungsgeschwindigkeit sowie der Betroffenheit von Bereichen des eCommerce sowie einzelner Unternehmen. Wie wird der eCommerce den Handel verändern, wie wandeln sich Geschäftsmodelle, Marktanteile, Art und Weise der Wertschöpfung in kurz-, mittel-, und langfristiger Betrachtung?

© Springer Fachmedien Wiesbaden GmbH, ein Teil von Springer Nature 2019
J.-F. Engelhardt, A. Magerhans, *eCommerce klipp & klar*, WiWi klipp & klar,
https://doi.org/10.1007/978-3-658-26504-5_5

Mit Blick auf den Kunden können diese Fragestellungen beantwortet werden, denn der Kunde treibt die Entwicklung ganz wesentlich. Der Kunde fordert und nutzt neue Technologien, neue digitale Geschäftsmodelle und verändert die Qualität, Form und Inhalte der Beziehung zwischen den Marktteilnehmern. Er stellt damit immer neue Anforderungen an die Anbieter. Oder weitaus treffender: Er definiert und realisiert diese. Es ist somit Aufgabe des Unternehmens, die Bedürfnisse und **Anforderungen** des Kunden zu **verstehen**, die **Austauschprozesse anzupassen** und sämtliche **Leistungen am Kunden auszurichten**. Es geht darum, den Kunden im digitalen Kosmos in den Fokus aller unternehmerischen Aktivitäten zu stellen. Einen Kunden, der vielleicht im analogen Kosmos bekannt war. Der Kunde im digitalen Kosmos – den gab es bisher nicht.

Neu – in der Kundenbeziehung – ist:

- **Qualität der Beziehung:** Customer Experience ist hier der Terminus, der die Änderung in der Qualität der Beziehung zwischen Unternehmen und Kunden im eCommerce sicherlich am deutlichsten prägt. Nicht, dass Erlebnis und Erfahrung nicht bereits existent sind – aber das aktive Managen des Erlebnisses und der resultierenden Erfahrung sind in Anspruch und Qualität neu (Customer Experience Management).
- **Formen der Beziehung:** Ecosystem und Omni-Channel beschreiben, dass der digitale Kosmos weit größer ist als bekannt und trotzdem die Welten den gleichen Gesetzen folgen. Dies gilt es zu verstehen und zu nutzen, indem die Beziehung zwischen Kunde und eCommerce-Unternehmen ohne Einschränkung hinsichtlich Raum und Zeit durchgeführt und die soziale Interaktion möglichst intelligent vollzogen wird. Die Form der Beziehung muss sicherstellen, dass das Raum-Zeit-Kontinuum so durchschritten wird, dass keine Brüche feststellbar sind (Management der Omni-Channel und des Ecosystems).
- **Inhalte der Beziehung:** Den Inhalt einer Beziehung auf Daten zu reduzieren, widerstrebt dem Menschen des analogen Kosmos. Im digitalen Kosmos muss man sich hiermit anfreunden. Und wenn die Menge der gespeicherten Daten, die Geschwindigkeit der Verarbeitung und Intelligenz der Maschinen sich nicht nur linear verbessert, sondern exponentiell, dann ist dies neuartig. Man stelle sich ein Auto vor, dass man sicher mit ca. 2000 km/h führen könnte. Dies verändert nicht nur die herkömmliche Nutzung, sondern erschließt grundsätzliche neue Möglichkeiten. Es stellt sich die Frage, was wir voneinander wissen und welche Schlüsse leiten wir ab? Und wie verändern wir den Rahmen, in der sich die Beziehung zum Kunden vollzieht? (Management von Big Data & Analytics)

Abb. 5.1 zeigt die neuen Kundenbeziehungen und resultierende Managementaufgaben.

Qualität, Form und Inhalt der Beziehung von Kunden und Unternehmen des eCommerce sind nicht klar abgrenzbar. Die Bereiche sind interdependent, d. h. die Ausprägung von Determinanten zeigen Wechselwirkungen (siehe Abb. 5.1). Neu in Qualität, Form und Inhalt der Kundenbeziehung im eCommerce ist aber: Der **Kunde führt** konsequent. Er nutzt seine Autonomie im digitalen Kosmos – er agiert global, interagiert in Echtzeit und besitzt hohe Freiheitsgrade in der Wahl der Partner und Kanäle. Und der **Kunde ist** ein **flüchtiges Element** des digitalen Kosmos – seine Loyalität ist volatil, die Wechselbarrieren sind im eCommerce gering bis nicht existent und die Aufmerksamkeitsspanne sinkt rapide. Schließlich ist der Kunde anspruchsvoll. **Kunden suchen** das **Erlebnis** beim Kauf. Der Kauf eines Produktes allein ist nicht ausreichend. Vielmehr steht die Befriedigung des Bedürfnisses in seiner Gesamtheit im Vordergrund. Ist das Bedürfnis Mobilität, so ist nicht das Auto allein im Fokus der Entscheidung. Sämtliche hiermit verbundenen Themenwelten werden relevant in der Suche, Auswahl und Kaufentscheidung. Dies sind beispielsweise Themen der Umweltverträglichkeit (z. B. Verbrauch, Abgaswerte), sozialen Verantwortung (Gesetzeskonformität, ethische und philanthropische Verantwortung), Umgang mit Risiken (z. B. Versicherungen, Instandhaltung, Finanzierung) und schließlich der Vernetzung und Integration in das Ecosystem des Kunden. Letzteres heißt,

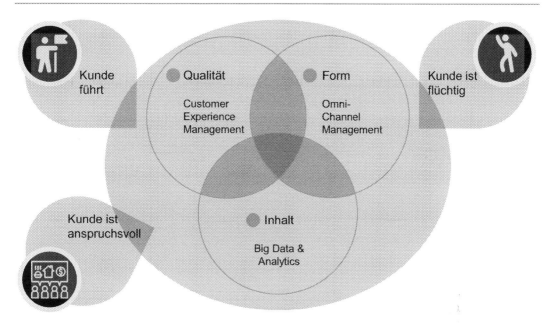

Abb. 5.1 Neue Kundenbeziehung und resultierende Managementaufgaben

Kompatibilität zu anderen Produkten (Schnittstellen zu Mobilfunkgerät, Smart Home, Ladesystemen etc.) und Leistungen (Navigation, Mediendienste (Spotify, Amazon Prime)) herzustellen. Bis hin zur Kompatibilität mit substitutiven Lösungen wie Carsharing und alternativen Mobilitätsdiensten, die immer bedeutsamer werden. Die Grenzen zwischen den Kanälen, zwischen Produkten und Leistungen eines eCommerce-Anbieters und auch die Grenzen zwischen mehreren eCommerce-Anbietern innerhalb eines Ecosystems sind in diesem Orchester nicht mehr klar zu ziehen und verschwimmen. Die Verbindung und Integration der Themen muss in einem umfassenden Erlebnis durch den eCommerce orchestriert werden. Der Anspruch des Kunden ist es schließlich, dass all dies in einem Erlebnis verfügbar ist. Nicht das einzelne Instrument, sondern die Harmonie und das (Klang-)Erlebnis des gesamten Orchesters begeistert.

5.2 Customer Experience

Customer Experience is the next competitive battleground. It's where business is going to be won or lost.
(Jerry Gregoire, DELL CIO)

Die Technologien, die Zugang zum und Handhabung des elektronischen Business ermöglichen, diffundieren immer umfassender in den Alltagskontext der Nutzer. Nahezu ohne räumliche, zeitliche oder nutzerspezifische Einschränkung ist der Zugang zum eCommerce möglich. Und dies im weitaus aktiveren, selbstbestimmten und auch individualisierten Maße, wie dies in der Vergangenheit realisiert wurde. „Mass Customization" in der Leistungs- und Serviceerbringung beschreibt dieses Phänomen (siehe Abb. 5.2) und skizziert den Einfluss und die Wirkungsrichtung des digitalen Kosmos auf Kunden und Handel.

Das Bereitstellen einer starken und prägnanten Customer Experience ist dabei heute eines der führenden Managementziele. Laut einer Umfrage von Accenture (2015 in Kooperation mit Forrester) bekam die Aussage „Verbesserung der Customer Experience" die meisten Top-1-Platzierungen (Lemon und Verhoef 2016). Für Unternehmen – insbesondere im eCommerce – wird es aber durch aktuelle Entwicklungen zunehmend schwieriger, Kontrolle über die Customer Experience der Kunden zu erlangen: Kunden erstellen selbst Informationen über eine Marke oder ein Produkt, veröffentlichen ihre Meinung und diskutieren ihre Erfahrungen. Der Kunde ist nicht

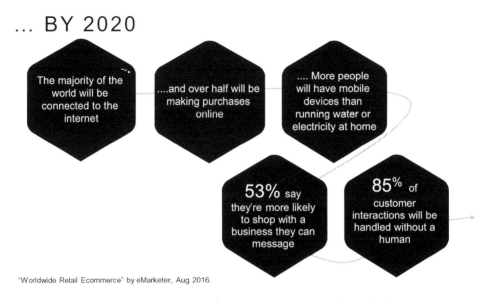

Abb. 5.2 Einfluss des digitalen Kosmos auf Kunden und Handel. (Quelle: eMarketer 2016)

mehr nur Käufer eines Produkts, er wird zum wichtigen Multiplikator für Marken und Produkte (Bruhn und Hadwich 2012). Die Erfahrung mit einer Marke wird durch diese soziale Interaktion maßgeblich geprägt. Für Unternehmen insgesamt, aber insbesondere im eCommerce ist es in den letzten Jahren zunehmend komplexer geworden, diese Erfahrungen und Erlebnisse der eigenen Kunden zu beeinflussen, zu managen und zu kontrollieren (Edelmann und Singer 2015).

Die **Customer Experience** wird durch zwei Konstrukte beeinflusst: Die **Customer Journey Experience** und die **Brand Experience**. Es wird davon ausgegangen, dass die Summe aus Customer Journey Experience auf der einen Seite und Brand Experience auf der anderen Seite das Gesamtkonstrukt **der Total Customer Experience** beschreibt (Jozic 2015). Das Total **Customer Experience Management** hat somit zum **Ziel**, sowohl die Journey des Kunden als auch seine Brand Experience aktiv zu beeinflussen. Dafür ist es unabdingbar, die Customer Journey der Kunden zu verstehen und ihr Touchpointverhalten zu definieren. Ein **Touchpoint** beschreibt dabei jeden verbalen oder nonverbalen Kontakt, den ein Kunde bewusst mit einer bestimmten Marke oder einem bestimmten Produkt in Verbindung bringt.

Touchpoints entstehen immer dann, wenn ein Kunde eine Marke über verschiedene Kanäle und einen längeren Zeithorizont hinweg „berührt". Eine **Serie von Touchpoints** wird zusammenfassend als Customer Journey bezeichnet. Die Customer Journey beinhaltet somit alle Aktivitäten und Events, die in Zusammenhang mit dem Kauf eines Produkts bzw. einer Dienstleistung aus Kundensicht stehen (Zomerdijk und Voss 2010).

Durch die Digitalisierung existieren zunehmend mehr Touchpoints. Die Nutzung der Toupoints ist – anders als in der Vergangenheit – keineswegs sequenziell. Die zeitliche Folge von Kontakten ist nicht in einem festen Ablauf fixiert (siehe Abb. 5.3). Durch die permanente Verfügbarkeit ist immer wieder ein Aufruf vorgelagerter, bereits genutzter Touchpoints möglich. Oder aber der Sprung zu im Prozess nachgelagerten Touchpoints kann vorgenommen werden. Beispielsweise hat Amazon seit Langem die Möglichkeit des „One-Click-Shoppings" realisiert, aber auch die dem Kauf vorgelagerte Suche nach Nutzungsberichten, Questions-and-Answers-Blogs oder Nutzerforen ist möglich und meist Teil der Journey. Die nicht sequenzielle Nutzung von Touchpoints wird zudem durch das steigende Angebot unterschiedlicher Kanäle verstärkt. Der dadurch ermöglichte parallele Besuch von unterschiedlichen

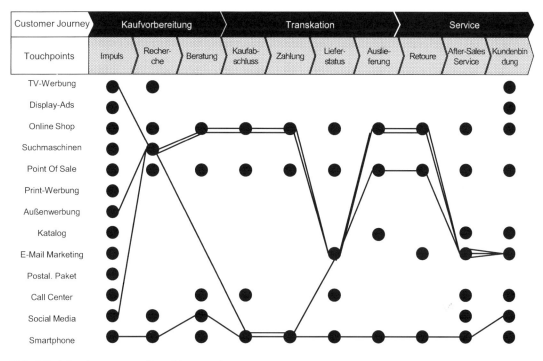

Abb. 5.3 It is a journey not a funnel (anymore)

Kanälen wird als „Channel Hopping" bezeichnet, also als Wechsel zwischen Online- und Offline-kanälen sowie als Wechsel innerhalb unterschiedlicher Online- und Offlinekanäle in der Customer Journey. So identifiziert beispielsweise Heinemann die vier Käufertypen: „Kanalwechsel", „Treue Onliner", „Treue Offliner" und „Kanalwechsler RoPo" (Heinemann und Gaiser 2013). Abbildung Abb. 5.4 zeigt die Käufertypologie nach Beschaffungskanälen angelehnt an Heinemann.

Die von Heinemann vorgelegte Käufertypologie aus dem Jahr 2015 ist eine der aktuellen Systematisierungen für den stationären und Onlinehandel. Diese Typologie ist in ihrer Reduktion durchaus bemerkenswert und spiegelt die Verschiebungen zwischen den aggregierten Kanalagglomerationen „Online" und „Offline" gut wider. Jedoch zeichnet sich ab, dass die rasante Entwicklung im Kaufverhalten und in dem Angebot von Onlinekanälen und -Touchpoints die Matrix schnell in ihrer Aussagekraft und Trennschärfe einschränkt. Grund ist, dass zum einen die „treuen Offliner" immer weniger werden. Zum anderen werden für Forschung und Praxis

die unterschiedlichen Kanäle sowie auch deren Systematisierung von immer größerem Interesse. Um die Customer Journey in ihrer Komplexität mit allen relevanten Touchpoints zu betrachten, ist eine Weiterentwicklung in den letzten Jahren notwendig geworden, da sich zum einen die Art der Offline- und/oder Onlinekanalnutzung grundlegend weiterentwickelt hat. Zum anderen ist durch eine steigende Anzahl von Touchpoints die Customer Journey komplexer geworden. Hieraus entstehen ganz neue eCommerce-Ansätze (Heinemann und Gaiser 2015). Es ist ein wesentliches Erkenntnisziel im eCommerce, zum einen die Touchpoint-Verhaltensmuster untereinander zu vergleichen und zu differenzieren. Zum anderen ist der Einfluss der Nutzertypen auf die Variablen Brand Experience und Customer Journey Experience zu analysieren und zu verstehen. Schließlich ist es von hohem Interesse, welche **Effekte** sich aus den Verhaltensmustern dieser Nutzertypen für die der Experience nachgelagerten Erfolgsfaktoren des eCommerce ableiten lassen. Zentral sind Erfolgsfaktoren wie Einstellung, **Zufriedenheit** und **Loyalität** schließlich das **Kaufverhalten** (im Sinne von Kaufwahrscheinlichkeiten,

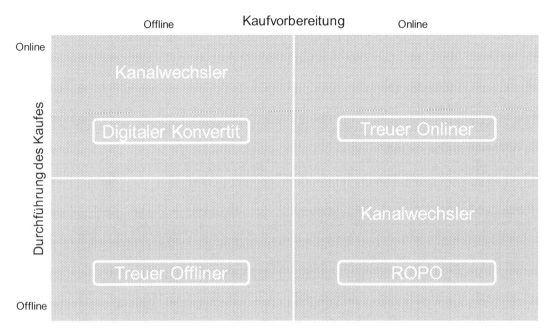

Abb. 5.4 Kundentypen nach Beschaffungskanälen. (Quelle: Heinemann und Gaiser 2015)

Share of Wallet und Wiederkauf) eines Kunden. Hieraus lassen sich praxisrelevante Handlungsempfehlungen ableiten. Durch das Wissen, welche Customer Journey (welcher Nutzergruppe) den stärksten, positiven Einfluss auf nachgelagerte Variablen hat, können Touchpoints zukünftig effektiver gestaltet und kombiniert werden.

5.2.1 Ursprünge der Customer Experience

Um das Verständnis für und die Charakteristika der Customer Experience zu schärfen, werden Themenfelder angerissen, die zur Auseinandersetzung mit der Customer Experience in der heutigen Diskussion geführt haben: Kundenzufriedenheit und Loyalität, Beziehungsmarketing, Customer-Relationship-Management (CRM) und Customer Engagement (siehe Abb. 5.5).

Die Konzeptualisierung von **Kundenzufriedenheit** begann in den 1970er-Jahren. Zunächst erfolgte die Messung als Unterschied zwischen der wahrgenommenen und der erwarteten Leistung. Dieser Unterschiedsbetrag konnte sowohl negativ als auch positiv ausfallen und wurde als

Beschreibung der Kundenzufriedenheit genutzt. Später wurden ausführlichere Messinstrumente entwickelt, die verschiedene Items und Einflussfaktoren validierten (z. B. Oliver 1980). Mehrere Studien haben in den letzten Jahren den positiven Zusammenhang zwischen Kundenzufriedenheit und Konsumentenverhalten bestätigt. Kundenzufriedenheit stellt demnach einen wichtigen Faktor für das Verständnis und die Messbarkeit von Customer Experience dar (Lemon und Verhoef 2016).

In den 1990er-Jahren lag der Fokus auf dem Aufbau und der Intensivierung von Kundenbeziehungen. Zunächst wurde das **Beziehungsmarketing** größtenteils im Business-to-Business-Bereich und im Zusammenhang mit dem Vertriebskanalmanagement untersucht. Später erlangte das Beziehungsmarketing auch in der Business-to-Consumer-Forschung starke Aufmerksamkeit. Hauptsächlich sind im Zusammenhang mit Beziehungsmarketing die Konstrukte Vertrauen, Engagement, Wechselkosten und Beziehungsqualität betrachtet worden. Im Rahmen der 1994 erstmals veröffentlichten „Commitment-Trust Theory of Relationship Marketing" identifizierten Morgan und Hunt Engagement und Vertrauen als Grundvoraussetzungen

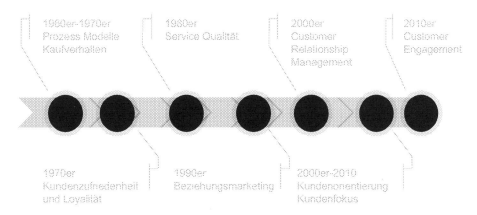

Abb. 5.5 Zeitstrahl Customer Experience. (Quelle: in Anlehnung an Lemon und Verhoef 2016)

für erfolgreiches Beziehungsmarketing (Morgan und Hunt 1994). Auch Wechselkosten spielen für das Beziehungsmarketing eine entscheidende Rolle. Es existieren grundsätzlich drei verschiedene Arten von Wechselkosten: Prozessuale Wechselkosten, die primär den Verlust von Zeit widerspiegeln. Finanzielle Wechselkosten, die den Verlust von finanziellen Mitteln beinhalten und beziehungsbezogene Wechselkosten, die den Verlust von Verbindungen und emotionale Verluste umfassen. Alle drei Wechselkosten haben signifikanten Einfluss auf die Wiederkaufabsicht von Konsumenten (Burnham et al. 2003). Basierend auf diesen Erkenntnissen sind lange Zeit insbesondere transaktionskostenbasierte Theorien als Erklärungsmodelle für das Beziehungsmarketing genutzt worden. Die jüngsten Erkenntnisse im Bereich des Beziehungsmarketings fokussieren nunmehr auf den emotionalen und psychischen Aspekt von Kundenbeziehungen. In diesem Zusammenhang werden Konstrukte wie Leidenschaft und Intimität untersucht (Bügel et al. 2011). Zusammenfassend lässt sich sagen, dass die Beziehungsmarketingtheorie das Verständnis von Kundenbeziehungen um einige wichtige Facetten ergänzt hat. Darüber hinaus zeigt sie auf, dass emotionale und psychische Aspekte eine wichtige Rolle im Bereich der Customer Experience spielen.

Thematisch dem Ansatz des Beziehungsmarketings folgend etablierte sich in den 2000er-Jahren der Forschungszweig zum **CRM**. Im Gegensatz zum bereits diskutierten Beziehungsmarketing, das langfristige Kundenbeziehungen als Ziel defi-

niert, fokussiert sich das CRM mehr auf die Optimierung der Kundenprofitabilität (Lemon und Verhoef 2016). Als Messinstrument der Kundenprofitabilität hat sich der Customer Lifetime Value etabliert (siehe Abb. 5.6). Der Customer Lifetime Value wird anhand der Zahlungsströme errechnet, die ein Kunde innerhalb seiner „Lebenszeit" (hier seiner Kundenbeziehung) mit einem bestimmten Unternehmen aufweist (Kumar und Pansari 2016). Es hat sich gezeigt, dass langfristige Kundenbeziehungen nicht zwangsläufig profitabler sind, da Kosten- und Einnahmestrukturen der Konsumenten sehr heterogen sein können. Für die Praxis implizierte dies, dass sowohl langfristige als auch kurzfristige Kundenbeziehungen profitabel sein können. Da beide Beziehungstypen gleichzeitig und nebeneinander bestehen können, müssen Unternehmen die Beziehungstypen identifizieren und mit geeigneten Marketingmaßnahmen zielgruppengerecht ansprechen (Reinartz und Kumar 2000). Ausgehend von dieser Erkenntnis steht die Frage im Mittelpunkt, wie Unternehmen die Akquise, Rückgewinnung und Bindung von Kunden so optimieren können, dass der Customer Lifetime Value steigt und damit der Unternehmenswert positiv beeinflusst wird. Neueste Ansätze beziehen dabei zur Errechnung des Customer Lifetime Values auch Investitionen in den Bereichen Qualität, Markenentwicklung und Kundenbeziehungen mit ein (Trust et al. 2000).

Zusammenfassend kann man festhalten, dass die CRM-Forschung wichtige Implikationen für die Customer Experience-Debatte liefert: Sie

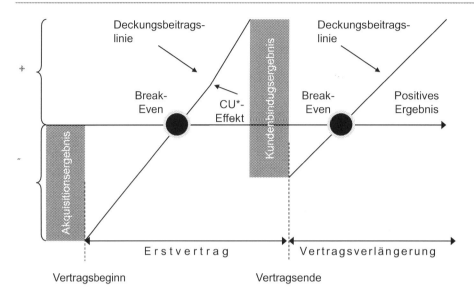

- Im **Akquisitionsergebnis** werden die Subscriber Acquisition Costs (SACs) zusammengefasst
- In der Vertragslaufzeit sollten die SACs durch Erträge eingespielt und ein positiver Deckungsbreitrag erwirtschaftet werden
- Die **Subscriber Retention Costs** dienen der Bindung des Kunden
- **Cross und Upselling**-Erträge (CU) beeinflussen das Ergebnis positiv

Abb. 5.6 Logik des Customer Lifetime Values

zeigt auf, dass die Nutzung und der Wertbeitrag des Kunden zusammenhängen.

Als letztes Konstrukt auf dem Weg zur Customer Experience-Forschung soll das **Customer Engagement** vorgestellt werden, welches ab ca. 2010 Einzug in die Diskussion auf Unternehmensebene fand. Durch die zunehmende Verbreitung von sozialen Netzwerken und digitalen Technologien hat sich das Verständnis entwickelt, dass Kunden auch dann einen Beitrag für das Unternehmen leisten können, wenn sie nicht direkt dessen Produkte erwerben. Beispielsweise, indem sie positiv über das Unternehmen in sozialen Medien sprechen, oder positives Feedback auf der Unternehmenswebsite hinterlassen. Aus dieser Erkenntnis entstand das Konzept des Customer Engagements (Gupta et al. 2018). Seitdem sind unterschiedlichste Definitionen für Customer Engagement entwickelt worden, die sich größtenteils auf Einstellungen, Verhalten und Wertgewinnung fokussieren (Lemon und Verhoef 2016). Das Konzept des sogenannten Customer Engagement Behaviors wird definiert als der verhaltensbezogene Ausdruck gegenüber einem Unternehmen beziehungsweise einem Produkt,

der über den Kauf hinausgeht und durch Motivation getrieben wird (van Doorn et al. 2010). Wichtiger Bestandteil der meisten aktuellen Definitionen ist zudem die Erkenntnis, dass Wertbeitrag durch Konsumenten sowohl durch direkten als auch indirekten Beitrag entstehen kann. So definieren Pansari und Kumar Customer Engagement als „the mechanics of a customer's value addition to the firm, either through direct or/ and indirect contribution" (Pansari und Kumar 2017, S. 23). Der direkte Beitrag wird durch den Kauf definiert, da dieser direkt das Unternehmensergebnis beeinflusst. Indirekter Beitrag entsteht hingegen durch die Weiterempfehlung, wobei der Kunde als sogenannter „Co-Creator" für das Unternehmen agiert (Pansari und Kumar 2017). Das Verständnis, dass der Beitrag des Kunden für ein Unternehmen weit über die Kaufdimension hinausgehen kann, ist eine wichtige Erkenntnis auf dem Weg zum Customer Experience Management.

Der Rückblick auf die Wurzeln der Customer Experience im Marketing hat einige wesentliche Implikationen aufgedeckt. Zum einen haben bisherige Erkenntnisse ein Fundament für die Idee gelegt, dass Customer Experience entlang eines Kaufprozesses (Purchase Journey) entsteht. Zum anderen zeigen bisherige Erkenntnisse die Bedeutsamkeit verschiedener Touchpoints und die zunehmende Komplexität in der Gestaltung und Kontrolle (Lemon und Verhoef 2016). Schließlich ist das Verständnis geschärft, dass Customer Experience sowohl eine funktionale, informationsverarbeitende als auch eine emotionale Komponente enthält.

5.2.2 Die Total Customer Experience

Was genau ist nun „Total Customer Experience" und wie wird diese im eCommerce handhabbar? Der Begriff „Experience" lässt sich ins Deutsche sowohl als Erfahrung als auch als Erlebnis übersetzen. Die beiden Begriffe sind ähnlich, können jedoch nicht synonym verwendet werden. Unter einem Erlebnis lassen sich die psychischen Vorgänge, die in Reaktion auf einen bestimmten Stimulus stattfinden, zusammenfassen. Dazu gehört das Denken, Fühlen und Empfinden. Die Erfahrung hingegen beschreibt die Reflektion und Verarbeitung eines Erlebnisses. Im deutschen Sprachgebrauch werden die beiden Begriffe Erfahrung und Erlebnis meist wertneutral verwendet. Die Customer Experience hingegen umfasst sowohl Erfahrungen und Erlebnisse, die meist mit Attributen in Verbindung gebracht werden, die herausragend und dem Wettbewerb überlegen sind (Jozic 2015). Der Begriff **Customer Experience** wird demnach verwendet, um die Summe von herausragenden Erlebnissen und Erfahrungen abzubilden, die im Hinblick auf eine Marke und die Nutzung der Touchpoints des Unternehmens durch den Konsumenten wahrgenommen werden.

Schon Mitte der 1950er-Jahre fokussierte sich Abbott auf das breitere Verständnis, dass „what people really desire are not products but satisfying experiences" (Abbott 1955, S. 40). Abbott differenziert dabei zwischen „basic want" und „derived want". Der fundamentale Wunsch nach einer Erfahrung bzw. einem Erlebnis wird als „basic want" beschrieben. Der dazugehörige Wunsch nach einem Produkt, welches diese Er-

fahrung bzw. dieses Erlebnis bereitstellen soll, wird als „derived want" beschrieben (Abbott 1955). Erstmals fand hier eine **Differenzierung** zwischen dem eigentlichen **Wunsch** bzw. dem Begehren nach einem Produkt und der **dahinterliegenden Erfahrung** bzw. dem einhergehenden Erlebnis statt. Daran anknüpfend wurde in den 1980er-Jahren die Wichtigkeit von emotionalen Aspekten und Erfahrungen im Rahmen eines Entscheidungsprozesses immer stärker akzentuiert. Darüber hinaus galt seitdem neben der Bildung von Kundenzufriedenheit auch das direkte Erlebnis als entscheidender Einflussfaktor auf die Kauf- und Wiederkaufabsicht (Holbrook und Hirschman 1982). Auch in der Marketingpraxis ist das Thema Customer Experience anschließend zunehmend in den Fokus gerückt. Pine und Gilmore konzeptualisieren die Idee der Experience in klarer Abgrenzung zu Produkten und Dienstleistungen. Sie unterstreichen den Gedanken, dass Konsumenten eine Experience kaufen, um eine Reihe von einprägsamen Momenten zu erleben, die durch ein Unternehmen bereitgestellt werden. Dies verbindet den Kunden mit dem Unternehmen auf eine sehr persönliche Weise (Pine und Gilmore 1998).

Dieses Verständnis von Customer Experience zeigt, dass Customer Experience zum einen mehrere **chronologische Prozessphasen** umfasst. Es berücksichtigt sowohl die Erfahrungen, die ein Kunde mit einer Marke über sämtliche verschiedene Touchpoints und über die Dauer der Kundenbeziehung hinweg macht. Zum anderen berücksichtigt es die **psychologischen Prozesse** des Kunden im eCommerce. Customer Experience ist in diesem Sinne multidimensional und identifiziert fünf verschiedene Dimensionen: sensorische (Sinn), affektive (Gefühl), kognitive (Denken), physische (Verhalten) und soziale (Nachempfinden) Experiences (Schmitt 1999). Die Customer Experience resultiert aus den individuellen Kontakten zwischen dem Unternehmen und dem Kunden, die an unterschiedlichen Punkten während der Kundenbeziehung entstehen. Diese Punkte werden Touchpoints genannt. Eine Customer Experience kann sich demnach erst durch die Reaktionen eines Kunden auf eine bestimme Marke bzw. ein Unternehmen an mehreren

Touchpoints entlang der Kundenbeziehung manifestieren. Zusammenfassend lässt sich Customer Experience definieren als Summe aller sensorischen, affektiven, kognitiven und physischen Reaktionen eines Kunden auf ein bestimmtes Unternehmen bzw. eine bestimmte Marke, die sich über den Zeitverlauf der Kundenbeziehung an unterschiedlichen Touchpoints manifestieren. Dieses Erlebnisverständnis ist in Abb. 5.7 in Anlehnung an das S-O-R-Paradigma (Stimulus-Organismus-Reaktion) mit Bezug zu Touchpoints und der Total Customer Experience modelliert.

Die **Total Customer Experience** setzt sich wie dargestellt aus **zwei verschiedenen Sichten** des Kunden zusammen: Aus der **Erfahrungssicht** und der **Erlebnissicht**. Die Erfahrungssicht wird durch die informationsverarbeitende Sicht beschrieben und wird im Folgenden als **Customer Journey Experience** bezeichnet und erläutert. Die Erlebnissicht hingegen beruht auf den unmittelbaren und spontanen Reaktionen, die im Folgenden im Rahmen der **Brand Experience** erläutert werden. Die Customer Journey Experience und Brand Experience bilden in Summe das Konstrukt der Total Customer Experience. Dies ist in Abb. 5.8 als „Total Customer Experience" visualisiert.

Das Fazit für den eCommerce zu den beiden Konstrukten der Customer Journey und Brand Experience ist: Durch die in den letzten Jahren rasant zunehmende Digitalisierung der Märkte und die damit einhergehende steigende Anzahl von potenziellen Touchpoints, insbesondere im Rahmen der Customer Journey des eCommerce, nimmt die Notwendigkeit für ein bewusstes und effektives Customer Journey Managements stark

zu. Während die Customer Journey Experience die wahrgenommene Wertigkeit der Gesamterfahrung über mehrere Touchpoints abdeckt, spricht die Brand Experience die werthaltigen Wahrnehmungen und Reaktionen an, die sich im unmittelbaren Erlebnis verschiedener Touchpoints manifestieren.

5.2.3   Customer Journey Experience

Apple, Amazon, BMW, IKEA und Nespresso sind einige der prominentesten Unternehmen, die bewusst „Customer Journey Experiences" − also die ganzheitlichen Gesamterfahrungen über mehrere Touchpoints im Zeitablauf (Produktnutzung, Callcenterkontakt, Werbung, Social-Media-Präsenz, Verkaufsumgebung etc.) − planen, designen und umsetzen (Berry et al. 2002; Day 2011; Verhoef et al. 2009). Nespresso zum Beispiel hat ein konsistentes, urbanes Markenkonzept für hochwertigen und komfortablen Kaffeegenuss erschaffen, vermittelt dieses Konzept konsistent über alle Touchpoints und stellt sicher, dass jeder Kunde eine für ihn passgenau erscheinende „Customer Journey" von der Vorkauf bis zur Nachkaufphase erfährt. Nespresso ist es gelungen, eine loyalitätsfördernde Customer Journey Experience umzusetzen. In Folge dieser Umsetzung kann Nespresso eine wichtige Nische im global stark umkämpften und weitestgehend gesättigten Kaffeemarkt besetzen. Solche Erfolgsgeschichten sowie die steigende Anzahl an potenziellen Touchpoints in zunehmend digitalisierten Märkten (Day 2011) sorgen dafür, dass das Thema Customer Journey Experience eine

Abb. 5.7 Vereinfachte Modellierung des Kundenerlebnisses nach dem S-O-R-Paradigma. (Quelle: in Anlehnung an Schnorbus 2016, S. 29)

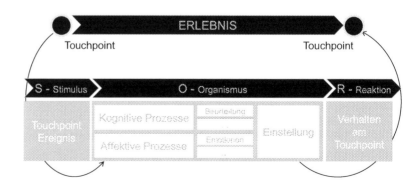

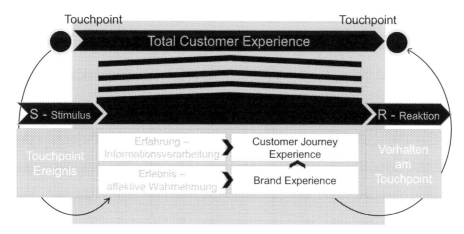

Abb. 5.8 Total Customer Experience

intensive Auseinandersetzung erfährt. Unternehmen des eCommerce investieren zunehmend, um ihre Customer Journey Experience zu kennen, zu optimieren und zu monitoren. Und auch die Forschung weist auf die Customer Journey Experience als ein neues und zentrales Marketingkonzept im 21. Jahrhundert hin und betont, dass der Wertbeitrag von neuen Ansätzen in der Gestaltung von Produkten und Leistungen wesentlich von der einhergehenden Customer Journey abhängt (Chandler und Lusch 2014; Day 2011).

Customer Journey Experience ist hinsichtlich der Bedeutung kaum mehr zu hinterfragen. Zentral ist es nun, das Konstrukt besser zu verstehen. Das Verständnis eröffnet die Möglichkeit, ein einheitliches Verständnis zu schaffen, Ansatzhebel zur Beeinflussung zu identifizieren, die Operationalisierung und Messbarkeit sicherzustellen und damit die Customer Journey Experience in die eCommerce- Unternehmen erfolgreich einzuführen. Die Arbeit von Jozic stellt hierzu einen wichtigen Meilenstein dar. Auf Basis seiner Untersuchungen ergeben sich **drei Dimensionen einer Customer Journey Experience** (Jozic 2015):

- **Thematischer Zusammenhang** von Touchpoints: Das Ausmaß, zu dem Kunden verschiedene Touchpoints als zusammenhängend im Sinne eines übergeordneten *Markenthemas* oder -versprechens wahrnehmen (z. B. Nespresso: urbanes System für komfortablen,

hochwertigen Kaffeegenuss; Apple: Einfachheit, Minimalismus, Form follows function).
- **Konsistenz von Touchpoints**: Das Ausmaß, zu dem Kunden verschiedene Touchpoints als *einheitlich* und *harmonisch* im Sinne der Markenpräsentation wahrnehmen (z. B. Designsprache, Kommunikationsinhalten, Interaktionsverhalten gegenüber dem Kunden, Prozess und Navigationslogik).
- **Kontextsensitivität** von Touchpoints: Das Ausmaß, zu dem Kunden verschiedene Touchpoints als *passgenau* für unterschiedliche Situationen, Kontexte und Vorlieben wahrnehmen (z. B. kontextsensitive Bereitstellung von Informationen, Möglichkeiten der Selbstindividualisierung, selbstbestimmte Flexibilität bei Terminen mit Außendienstmitarbeitern, Servicekomfort). Ebenfalls ist unter kontextsensitiv ist das Ausmaß zu verstehen, mit dem Kunden verschiedene Touchpoints als funktionell integriert mit möglichst *nahtlosen* Übergänge wahrnehmen (z. B. einheitlicher Blick auf Kundendaten im Verkaufsraum und im Callcenter um zu vermeiden, dass der Kunde sich wiederholt erklären muss; online bestellen – offline abholen; Onlineübersicht über das aktuelle Inventar etc.).

Customer Journey Experience beschreibt somit die wahrgenommene Wertigkeit (Valenz) der Gesamterfahrung mit einer Marke über verschiedene Touchpoints im Zeitablauf, die sich durch

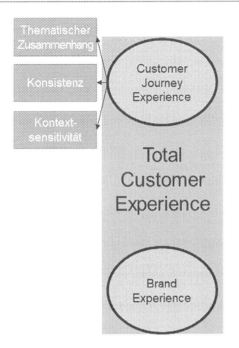

Abb. 5.9 Das Konstrukt der Customer Journey Experience und Dimensionen. (Quelle: Jozic 2015)

die Wahrnehmung thematisch zusammenhängender, konsistenter und kontextsensitiver Touchpoints manifestiert (siehe Abb. 5.9).

Die **Erfahrungssicht** wird durch Prozesse der **Informationsverarbeitung** geprägt. Die Informationsverarbeitung umfasst kognitive Prozesse als spezielle Formen der Informationsverarbeitung. Diese Verarbeitung befähigt uns, Informationen aufzunehmen, abzuspeichern und bei Bedarf wiederzugeben. Im Kontext der Customer Journey bedeutet dies, dass der Kunde die Erfahrungen im eCommerce bewusst wahrnimmt, reflektiert und durch einen Abgleich mit zuvor gemachten Erfahrungen bewertet, ob diese für ihn werthaltig sind. Der Kunde wird nach diesem Ansatz also als rational handelndes Individuum beschrieben. Alle Erfahrungen entlang der Customer Journey und an unterschiedlichen Touchpoints werden für ein bestimmtes Ziel durchlaufen: den Kauf eines Produkts bzw. einer Dienstleistung zu entscheiden und zu erreichen (Jozic 2015). Der Kunde entwickelt und nutzt Entscheidungsregeln, auf deren Grundlage er Informationen bewertet und so über einen möglichen Kauf bzw. Wiederkauf eines Produkts bzw. einer Dienstleistung entscheidet.

In den psychologischen Theorien der Informationsverarbeitung sind konkrete Theorien zu finden, die die drei Dimensionen begründen und erklären. Eine zentrale Theorie der Informationsverarbeitung ist die sogenannte **Theorie der Verarbeitungsflüssigkeit (Fluency Theory)**, die die Leichtigkeit, mit der Informationen verarbeitet werden, bezeichnet. Während sich diese Theorie ursprünglich auf den Effekt der wiederholten Darbietung von Werbung (Mere Exposure Effect) und dem damit einhergehenden Gefühl von Vertrautheit fokussierte (Schwarz 2004), beschreibt Verarbeitungsflüssigkeit in der heutigen Auslegung allgemeiner die Leichtigkeit und Mühelosigkeit fortlaufender kognitiver Operationen (Janiszewski und Meyvis 2001; Winkielman et al. 2011). Im Kontext der Customer Journey bezieht sich die Verarbeitungsflüssigkeit auf die Leichtigkeit, mit der mehrere aufeinanderfolgende Touchpoints entlang der Customer Journey verarbeitet werden. Die Flüssigkeit der Informationsverarbeitung hat dabei einen positiven Effekt auf die darauffolgende Bewertung des Touchpoints (Winkielman et al. 2011). Drei Arten von Verarbeitungsflüssigkeit deuten auf die einzelnen Dimensionen von Customer Journey Experience hin:

- konzeptbasierte (thematischer Zusammenhang),
- wahrnehmungsbasierte (Konsistenz) und
- interaktionsbasierte Verarbeitungsflüssigkeit (kontextsensitiv).

Die **konzeptbasierte Verarbeitungsflüssigkeit** bezeichnet die Leichtigkeit, mit der Informationen aus unterschiedlichen Quellen in eine semantisch kohärente Wissensstruktur integriert werden können. Sie bezieht sich also auf den kognitiven Prozess des Interpretierens mehrerer aufeinanderfolgender Touchpoints (Winkielman et al. 2011). Dies weist auf die Gültigkeit der Dimension „Thematischer Zusammenhang" von Touchpoints hin, also dem Ausmaß, zu dem Kunden verschiedene Touchpoints als zusammenhängend im

Sinne eines übergeordneten Markenthemas oder -versprechens wahrnehmen.

Die **wahrnehmungsbasierte Verarbeitungsflüssigkeit** bezeichnet die Leichtigkeit, mit der Informationen aus unterschiedlichen Quellen wiedererkannt, gespeichert und integriert werden. Sie bezieht sich also auf den kognitiven Prozess, miteinander zusammenhängende Touchpoints auch als solche zu erkennen (Winkielman et al. 2011). Dies weist auf die Gültigkeit der Dimension Konsistenz von Touchpoints hin, also dem Ausmaß, zu dem Kunden verschiedene Touchpoints als einheitlich und harmonisch im Sinne der Markenpräsentation wahrnehmen.

Die **interaktionsbasierte Verarbeitungsflüssigkeit** schließlich bezeichnet die Leichtigkeit, Informationen während begleitender Aktivitäten und Aufgaben zu verarbeiten und bezieht sich somit auf den kognitiven Prozess, Kontrolle über eine Situation zu haben und das wahrgenommene Risiko der Interaktion mit mehreren Touchpoints zu minimieren (Cassab und MacLachlan 2006). Diese Art der Verarbeitungsflüssigkeit weist auf die Gültigkeit der Dimension Kontextsensitivität von Touchpoints hin, also dem Ausmaß, zu dem Kunden verschiedene Touchpoints als passgenau für unterschiedliche Situationen, Kontexte und Vorlieben wahrnehmen.

Durch das Konstrukt Customer Journey Experience mit diesen drei Dimensionen wird die Erfahrungssicht der Total Customer Experience repräsentiert, erklärt und die Möglichkeiten der aktiven Beeinflussung aufgezeigt: Der thematische Zusammenhang von Touchpoints zeichnet sich dadurch aus, dass eine einheitliche Botschaft, ein einheitliches Versprechen und Markenbild über alle Touchpoints hinweg kommuniziert wird. Die Konsistenz von Touchpoints ist dann gegeben, wenn Kunden die Markenpräsentation (in Form von Sprache, Bildgestaltung, gestalterischen Elementen) als einheitlich wahrnehmen. Die Kontextsensitivität von Touchpoints wird dann erreicht, wenn Kunden das Angebot einer Marke als passgenau für die eigene Situation, die eigenen Bedürfnisse und Vorlieben empfinden (Jozic 2015).

5.2.4 Brand Experience

Die Erlebnissicht der Total Customer Journey kann durch den Ansatz der **Brand Experience** erklärt und von der Erfahrungssicht abgegrenzt werden. Brakus/Schmitt/Zarantonello konzeptualisieren Brand Experience als die **Summe** aus (sensorischen) **Eindrücken**, **Gefühlen** (affektiv), **Denken** (kognitiv) und (physischen) **Reaktionen**, die durch markenbasierte Stimuli bzw. Touchpoints ausgelöst werden. Diese zentralen Dimensionen der Brand Experience sind in der Abb. 5.10 dargestellt.

Die Brand Experience besitzt für den eCommerce eine hohe Relevanz, da eine Differenzierung meist nur noch über die emotionale Ebene erfolgen kann. Die kognitive Kaufentscheidung wird letztlich von Emotionen gesteuert und die Unternehmen stehen vor der Herausforderung, sich über eben diese zu differenzieren. Schmitt (1999, S. 22) empfiehlt den Unternehmen: „Dazzle their senses, touch their hearts, and stimulate their minds."

Das Markenerlebnis bzw. die Brand Experience wird oftmals als global betrachtet und um-

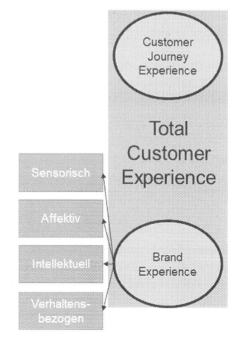

Abb. 5.10 Das Konstrukt der Brand Experience und Dimensionen. (Quelle: in Anlehnung an Jozic 2015)

fasst verschiedene Erlebnisarten. Es ist davon auszugehen, dass der Brand Experience alle spezifischen Stimuli zugrunde liegen, die der Kunde mit der Marke in Verbindung bringen kann. Diese Stimuli treten im Rahmen der Markenidentität, des Markendesigns, der Verpackung und der markenspezifischen Kommunikation auf (Brakus et al. 2009). Im weitesten Sinne zahlen somit das **Produkterlebnis**, das **Serviceerlebnis** und auch das **Shoppingerlebnis** unmittelbar auf die Brand Experience ein. Das **Produkterlebnis** ist in diesem Kontext der Teil der Customer Experience, der aus dem emotionalen Erlebnis mit dem Sachgut resultiert. Handelt es sich um einen Dienstleistungsanbieter, sind hiermit die Touchpoints entlang des Dienstleistungsprozesses subsumiert (Edvardsson et al. 2005, S. 151). Das **Serviceerlebnis** bezieht sich auf den Service, der allgemein als Umfeld eines Erlebnisses zu verstehen ist, und somit nicht den Kern einer Dienstleistung im engeren Sinne betrifft. Unter Serviceerlebnis fallen im weitesten Sinne die menschlichen Akteure, der Konsument sowie die Atmosphäre und die Leistungsfähigkeit des Erlebnisumfelds (Chang und Horng 2010, S. 2402). Das **Shoppingerlebnis** bezieht sich auf die Kontaktpunkte, die unmittelbar mit der Einkaufsaktivität zusammenhängen (Schwertfeger und Geigemüller 2012, S. 277). Typische kontrollierbare Determinanten sind hierbei das Sortiment, der Preis, Werbung, die Verkaufsraumgestaltung und Warenpräsentation sowie die Mitarbeiter. Allerdings wird das Shoppingerlebnis auch immer durch nicht kontrollierbare Determinanten wie andere Kunden oder Wettbewerbsaktivitäten beeinflusst. Der Begriff Point of Sale wird letztlich umgewandelt in einen Point of Experience. Beispiele hierfür sind die Starbucks-Filialen mit ihrer Wohnzimmeratmosphäre sowie das World of TUI Reisecenter mit Filmen, Musik, einer Reisebibliothek und einer virtuellen Brille als auch die Modegeschäfte von Abercrombie & Fitsch und Hollister oder Singapore Airlines mit ihrem abgestimmten Branding, den Uniformen, dem Parfum und vielem mehr. Bei einem durch Schmitt formulierten Vergleich der Formulierung bei Nike („Engage customers in superior performance") und Puma („Mix of sport, lifestyle and

fashion") wird deutlich, wie ein Erlebnisversprechen variieren kann (Schmitt 2003, S. 99–102).

Unter einem Erlebnis werden die hervorgerufenen Emotionen subsumiert (Schnorbus 2016, S. 3). Um die aus dem Erlebnis resultierenden Emotionen in der Erinnerung zu speichern, muss das Erlebnis in irgendeiner Weise beeindruckend sein. Das Erlebnis ist somit die „Bühne für eine Dienstleistung, die diese erinnerbar und einprägsam macht" (Brunner-Sperdin 2008, S. 30). Die Erinnerung und die damit einhergehende Einstellung zu einem Produkt, einer Dienstleistung und einer Marke sind wiederum entscheidend für das Wiederkauf- und Weiterempfehlungsverhalten. Um ein Ereignis aus Kundensicht in ein Erlebnis umzuwandeln, ist es neben der aktiven Kundeneinbindung essenziell, persönliche und interaktive Elemente zu inszenieren (Pine et al. 2000, S. 16–17). Als typische **Erlebnismotive** bieten sich Erotik, Anerkennung, Freiheit und Abenteuer, Natur und Gesundheit, Genuss, Lebensfreude oder Geselligkeit an (Boldt 2010, S. 79–81). Dies sind insofern die Hebel, die bei der Gestaltung einer Brand Experience zur Verfügung stehen. Bei der Gestaltung des Erlebnisses sollten auch die unterschiedlichen **Erlebniselemente** berücksichtigt werden. Während die sogenannten „Mechanics" die leblosen Elemente einer Leistung darstellen und das Umfeld gestalten, werden unter den „Humanics" alle Verhaltenselemente inklusive des menschlichen Erscheinungsbilds, der Sprache und weiterer Eigenschaften subsummiert. Von den „Mechanics" wie dem Aussehen, dem Geruch, den Geräuschen und der Oberfläche lassen sich noch die „Functionals" separieren, die die technische und Qualitätsdimension sowie das Prozessmanagement beinhalten. Die „Humanics" dagegen steuern die Beziehung des Kunden mit dem Unternehmen oder mit anderen Kunden (Pine et al. 2000, S. 85; Lieven und Tomczak 2012, S. 75–76).

Brand Experience kann schließlich von anderen Brand-Konstrukten differenziert werden: Brand Experience unterscheidet sich von Markeneinstellungen, da Einstellungen Bewertungen einer Marke sind, die auf einer eher intensiven, denkenden Auseinandersetzung beruhen. Brand Experience hingegen ist nicht nur die allgemeine

Beurteilung einer Marke, sondern beruht maßgeblich auf Gefühlen und Empfindungen, die durch die Konfrontation mit einem Markenstimulus ausgelöst werden. Eine klare Abgrenzung ergibt sich auch zu Konstrukten wie Markenengagement und Verbundenheit. Engagement wird durch die Werte, Wünsche und Interessen getrieben, die einen Kunden zum Kauf eines bestimmten Produkts bewegen. Brand Experience hingegen kann auch entstehen, wenn der Kunde keine direkte Kaufmotivation für eine bestimmte Marke oder ein bestimmtes Produkt aufweist (Schmitt et al. 2015).

Eine Brand Experience entsteht demnach durch die emotionalen, unmittelbaren Kundenerlebnisse mit einer Marke an verschiedenen, einzelnen Touchpoints. Im Gegensatz dazu beschreibt die Customer Journey Experience, wie zuvor herausgearbeitet, die kognitiven Erfahrungen der Kunden mit einer Marke entlang einer gesamten Journey. Das Verarbeiten von Erfahrungen wird somit durch das direkte, eher emotionale Erleben ergänzt. Im Unterschied zum rational handelnden Kunden im Rahmen der Theorie der Informationsverarbeitung sieht die Brand Experience den Kunden als fühlendes und unterbewusst handelndes Individuum. Zusammenfassend beschreibt die Brand Experience die unmittelbaren Kundenerlebnisse an verschiedenen Touchpoints, während Customer Journey Experience die vom Kunden verarbeitete und reflektierte Gesamterfahrung über mehrere Touchpoints beschreibt.

5.2.5 Phasen der Customer Journey

Die Customer Experience entsteht entlang der verschiedenen Touchpoints der Customer Journey. Im Folgenden werden die Sequenzen der Touchpoints einzelnen Phasen der Customer Journey zugeordnet, um die Entstehung von Customer Experience zu verdeutlichen. Customer Experience entsteht immer in einem dynamischen Prozess, in dem sowohl vorangegangene, aktuelle sowie zukünftige Experiences mit einfließen. Die Customer Journey bildet dabei den gesamten Prozess der Interaktion zwischen Kunden und Unternehmen oder mit den Touchpoints, die das Unternehmen zum Gegenstand haben, ab.

Obwohl die Entstehung von Customer Experience ein dynamischer Prozess ist und nicht abschließend in einem Prozessmodel standardisiert werden kann, hat es sich durchgesetzt, die Customer Journey grob in drei verschiedene Phasen einzuteilen (Lemon und Verhoef 2016; Schmitt 2003): der Vorkaufphase, Kaufphase und Nachkaufphase (siehe Abb. 5.11). Die Entstehung von

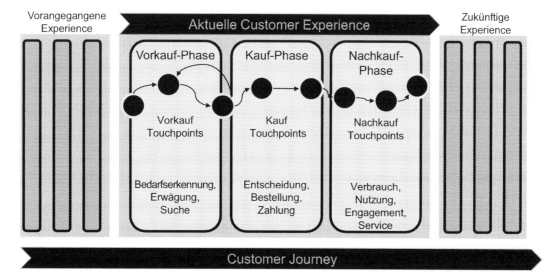

Abb. 5.11 Phasenmodell Customer Journey und Experience. (Quelle: in Anlehnung an Lemon und Verhoef 2016)

Customer Experience beginnt mit der **Vorkauf-phase**. In dieser Phase führt eine Bedarfserkennung dazu, dass der Konsument beginnt, sich zu informieren und verschiedene Alternativen in Erwägung zu ziehen. Die Erkennung eines Bedarfs kann durch diverse Faktoren ausgelöst werden: durch das Unterbewusstsein (z. B. bei Impulskäufen), durch interne Bedingungen (z. B. Hunger) oder externe Einflüsse (z. B. Werbung, Promotion). Der Umfang der Informationssuche ist ebenfalls sowohl von internen als auch von externen Einflüssen abhängig. Intern spielt beispielsweise der aktuelle Wissensstand, die Wichtigkeit des zu erwerbenden Produkts und das mit dem Kauf in Verbindung stehende, wahrgenommene Risiko eine Rolle. Als externe Einflüsse können beispielsweise der Preis, genutzte Marketingkanäle und Bekanntheit des zu erwerbenden Produkts in Betracht kommen.

Die zweite Phase, die **Kaufphase**, beinhaltet alle Interaktionen des Kunden mit dem Unternehmen und dessen Umgebung während des tatsächlichen Kaufprozesses. Diese Phase wird charakterisiert durch die endgültige Entscheidung für eine Alternative, die Bestellung bzw. den Kauf und die Bezahlung des Produkts. Auch wenn diese Phase im Hinblick auf die zeitliche Dimension den kleinsten Anteil an der Customer Journey hat, ist diese von hoher Relevanz. Der Einfluss unterschiedlicher Faktoren auf das tatsächliche Kaufverhalten innerhalb der Kaufphase ist intensiv untersucht worden. In der für den eCommerce sehr relevanten Einzelhandel- und Konsumgüterforschung lag der Schwerpunkt auf der Shopping Experience und dem resultierenden Einfluss auf das Kaufverhalten. In neueren Studien ist die Forschung zudem auf digitale Ökosysteme ausgedehnt worden.

Die dritte Phase ist die **Nachkaufphase**. Theoretisch gesehen würde die Nachkaufphase vom Kauf bis an das Lebensende des Konsumenten gehen. Praktisch betrachtet man jedoch einen eingeschränkteren Zeitraum und diejenigen Aspekte der Customer Experience, die direkt im Zusammenhang mit dem erworbenen Produkt bzw. dem nachfolgenden Service stehen (Lemon und Verhoef 2016). Die dritte Phase umfasst verschiedene Verhaltensmuster wie beispielsweise Gebrauch, Nutzung, Engagement und Service, aber auch Rückgabe oder Wiederkauf. In Zusammenhang mit der Nachkaufphase stehen bereits besprochene Konstrukte wie Engagement und Weiterempfehlung. Ein weiterer intensiv diskutierter Punkt ist der Zusammenhang von Loyalität und der Nachkaufphase.

Der Ansatz der Consumer Decision Journey geht davon aus, dass der Entscheidungsprozess ein vierstufiger Prozess ist, wobei auch hier die letzte Phase die Nachkaufphase ist (siehe Abb. 5.12). Diese Phase wird durch anhaltenden Kontakt mit dem Produkt bzw. dem Unternehmen charakterisiert. Im Rahmen dieses Kontakts baut der Konsument Erwartungen für seinen nächsten Entscheidungsprozess auf. Hier entscheidet sich, ob der Konsument entweder in einen sogenannten „Loyalty Loop" eintritt und im nächsten Entscheidungsprozess dieselbe Marke bzw. das gleiche Produkt wiederkauft oder der gesamte Entscheidungsprozess mit der ersten Phase erneut beginnt (Court et al. 2009). Es bleibt festzuhalten: Für die Entstehung von Customer Experience und die Beeinflussung nachgelagerter Variablen wie Loyalität hat die Nachkaufphase hohe Relevanz.

5.2.6   Arten von Touchpoints

Es gibt verschiedene Ansätze zur Unterteilung möglicher Touchpoints (siehe Tab. 5.1 für die verschiedenen Kategorisierungsmöglichkeiten).

Zur Kategorisierung von Touchpoints stehen unterschiedliche Möglichkeiten zur Verfügung. Die Unterteilung aus **Kundenperspektive** erfolgt analog den zuvor vorgestellten Phasen der Customer Journey. Influencing Touchpoints zu Beginn der Customer Journey sind während der Informationssuche und der Bedürfniserkenntnis relevant. Vorkauf-Touchpoints spielen im Rahmen der Entscheidungsvorbereitung eine wichtige Rolle. Kauf-Touchpoints dienen der finalen Entscheidung und müssen im Moment des Kaufs überzeugen. Nachkauf-Touchpoints sind während der Nutzung und des eventuellen Wiederkaufs relevant. Zum Ende der Customer Journey folgen erneut Influencing- Touchpoints, die im

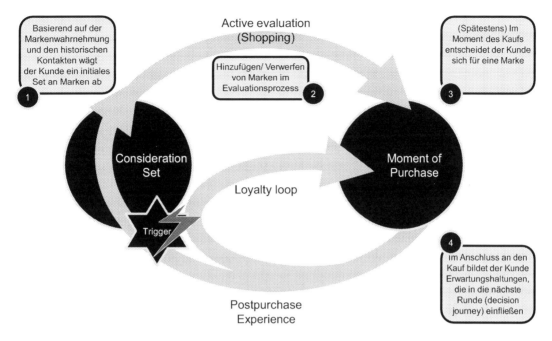

Abb. 5.12 Consumer Decision Journey. (Quelle: nach Court et al. 2009)

Tab. 5.1 Kategorisierung von Touchpoints (Quelle: in Anlehnung an Lemon und Verhoef 2016; Schüller 2016)

Kundenperspektive	Unternehmensperspektive	Inhaberschaftsperspektive
Influencing Touchpoints (Informationssuche)	Earned Touchpoints (Bewertungen, Presseberichte)	Markeneigene Touchpoints (Brand-owned Touchpoints)
Vorkauf-Touchpoints (Entscheidungsvorbereitung)	Paid Touchpoints (Anzeigen, Bannerwerbung)	Partner-Touchpoints (Partner-owned Touchpoints)
Kauf-Touchpoints (Entscheidung und Kauf)	Owned Touchpoints (Website, Unternehmensblog)	Kundeneigene Touchpoints (Customer-owned Touchpoints)
Nachkauf-Touchpoints (Nutzung, Wiederkauf)	Managed Touchpoints (Facebook, Twitter)	Soziale/externe/unabhängige Touchpoints
Influencing Touchpoints (Mundpropaganda)	Shared Touchpoints (Produkte, Inhalte)	

Rahmen von Mundpropaganda und der Weiterverbreitung eigener Erfahrungen von Bedeutung sind.

Aus **Unternehmenssicht** lassen sich Touchpoints nach dem sogenannten EPOMS-Model zusammenfassen (Schüller 2016). Earned Touchpoints sind diejenigen, die sich ein Unternehmen verdienen muss, beispielsweise in Form von positiven Bewertungen. Paid Touchpoints sind Kontaktpunkte, für die das Unternehmen bezahlt, wie beispielsweise Anzeigen- und TV-Werbung. Owned Touchpoints sind die Touchpoints, die das Unternehmen besitzt und daher am besten beeinflussen kann. Dazu gehören z. B. die eigene Website und der Newsletter. Managed Touchpoints werden vom Unternehmen über Drittanbieter gelenkt und gesteuert. Hierzu gehören Social-Media-Accounts oder Messestände. Die letzte Kategorie bilden die Shared Touchpoints, die ein Kunde mit anderen teilt. Dazu zählen zum Beispiel Produkte, Fachartikel oder Forenbeiträge (Schüller 2016).

Die Einteilung der verschiedenen Touchpoints nach der **Inhaberschaft**perspektive bietet den Vorteil, dass die Touchpoints danach eingeteilt werden, wer die Kontrolle über diese besitzt. Zur

Ableitung konkreter Handlungsempfehlungen innerhalb einzelner Touchpoints bietet sich die Inhaberschaft-Perspektive an (Schüller 2016). Markeneigene Touchpoints sind Interaktionen mit dem Kunden, die vom Unternehmen selbst kreiert und ausgestaltet werden und sich so unter voller Kontrolle des Unternehmens befinden. Unter diesem Begriff werden insbesondere alle markeneigenen Mediakanäle gebündelt: Dazu gehören beispielsweise Werbungen, Internetauftritte, Loyalitätsprogramme und alle Elemente des Marketingmixes, die vom Unternehmen selbst kontrollierbar sind. Die zweite Kategorie der Touchpoints stellen die Partner-Touchpoints dar. Partner-Touchpoints sind Interaktionen, die ein Kunde mit dem Unternehmen bzw. der Marke hat, die nicht vom Unternehmen selbst, sondern von seinen Partnern kontrolliert werden. Im Bereich der Körperpflegeindustrie können dies zum Beispiel Handelspartner wie Drogeriemärkte und Parfümerien sein. Die Linie zwischen markeneigenen und Partner-Touchpoints kann dabei nicht immer klar gezogen werden (Lemon und Verhoef 2016). Im Bereich der Körperpflegeindustrie gibt es beispielsweise vermehrt Promotionaktivitäten am Point of Sale. Point of Sale-Aktivitäten werden vom Industrieunternehmen initiiert und ausgestaltet und gemeinsam mit dem jeweiligen Handelspartner umgesetzt. Die genaue Durchführung liegt dann jedoch in der Hand der Handelspartner und außerhalb des Wirkungsbereichs des Unternehmens. Die Ausgestaltung vieler Touchpoints erfordert die Zusammenarbeit zwischen verschiedenen Unternehmen, die alle einen gewissen Einfluss auf den Touchpoint ausüben können. Die dritte Kategorie von Touchpoints liegt außerhalb der möglichen Einflussnahme von Unternehmen und Partnern: die kundeneigenen Touchpoints. Die Rolle, die dem Kunden selbst im Rahmen der Customer Journey zugewiesen wird, hat sich in den letzten Jahren stark verändert (Lemon und Verhoef 2016). Dies insbesondere durch die Erkenntnis, dass der Kunde über den Kauf hinaus einen Beitrag für das Unternehmen leisten kann. Hier sind zum Beispiel kundeneigene Blogs oder Videos gemeint, in denen neue Produkte getestet oder bewertet werden. Die letzte Kategorie umfasst die externen,

sozialen und unabhängigen Touchpoints. Die Betrachtung dieser Touchpoints spielt im Rahmen der Customer Experience eine extrem wichtige Rolle, da es häufig die externen und vom eCommerce-Unternehmen entkoppelten Faktoren sind, die die individuelle Customer Experience beeinflussen. Social-Media-Touchpoints haben aufgrund dieser steigenden Bedeutung in den letzten Jahren vermehrt Beachtung gefunden. So untersuchten De Vries/Gensler/Leeflang die Einflussfaktoren auf die Beliebtheit von Markenposts und das Reaktionsverhalten von Abonnenten der Markenseite. Damit konnten sie zeigen, dass Abonnenten insbesondere durch das Verhalten und die Kommentare anderer Abonnenten beeinflusst werden (De Vries et al. 2012). Darüber hinaus ist auch der Einfluss von Kundenrezensionen im Kaufprozess mehrfach untersucht worden. Es konnte gezeigt werden, dass Kundenrezensionen einen nachweislichen Einfluss auf den Abverkauf von Produkten haben und Interessenten Rezensionen meist mehr vertrauen als Statistiken (Chevalier und Mayzlin 2006).

5.2.7   Kundenloyalität als zentrale Effektgröße

Das Management der Customer Experience gewinnt in Unternehmen des eCommerce immens an Bedeutung. Das vorrangige Ziel hierbei ist der Erhalt langfristiger Kundenloyalität in den dynamischen, digitalen Märkten. Der zugrunde gelegte Wirkungszusammenhang ist einfach: Durch die Bereitstellung der außerordentlichen Customer Journey und Brand Experience (**S**timulus) wirken auf psychologischer Ebene Mechanismen (**O**rganismus), die dem Unternehmen eine vorteilhafte **R**eaktion des Kunden bescheren. Dieses **S-O-R** (Stimulus-Organismus-Response)-Paradigma beschreibt ein Wirkungsmodell, in dem die Beziehung zwischen dem Input in Form von erlebnisorientierten Maßnahmen, der internen, psychologischen Wirkung im Kopf des Kunden und den erfolgsorientierten Outputfaktoren dargestellt wird. Hierbei ist zu beachten, dass nicht das gestaltete Kundenerlebnis allein als Inputfaktor die Bewertung und somit die Zielerreichung beeinflusst. Vielmehr wird die Erlebnisbewertung durch verschiedene moderierende Faktoren beeinflusst: Das Wettbewerbs- und Technologieumfeld, der Kunde mit seinen Persönlichkeitsmerkmalen und Vorlieben, die in die Leistung integrierten Wechselbarrieren (Grohmann et al. 2013, S. 88–89), die Komplexität der Leistung, das emotionale Involvement der Kunden (Kleinaltenkamp 2013, S. 10–12), der Anbieter und die bisherige Geschäftsbeziehung (Homburg et al. 2013, S. 120).

Nimmt der Kunde die Maßnahmen bei einer Interaktion mit dem eCommerce-Unternehmen als positives und einzigartiges Kundenerlebnis wahr, entstehen im ersten Schritt psychologische Wirkungen im Kopf der Kunden (Bruhn und Hadwich 2012, S. 19). Während die meisten psychologischen Wirkungen synchron und/oder unmittelbar nach einer Leistungsinanspruchnahme entstehen, bezieht sich die Wirkung der **Loyalität** auf einen längerfristigen Zeitrahmen, der auf das **künftige Wiederkaufsverhalten** abzielt und somit eine **stabile Beziehung für die Zukunft** einleiten soll (Homburg und Bruhn 2013, S. 8–11). Als **Bindungsursachen** lässt sich zwischen der Verbundenheit und der Gebundenheit unterscheiden. Während der Kunde vertraglich, technologisch, funktional oder ökonomisch an die Marke gebunden ist, kann von keiner Bindung im eigentlichen Sinne gesprochen werden. Es geht vielmehr um die positive Einstellung und die emotionale freiwillige Verbundenheit, die eine Beziehung ausmachen sollten (Homburg und Bruhn 2013, S. 8–11). Die Bindung entsteht dabei durch kognitive und affektive Bindungskomponenten und manifestiert sich in der Einstellung gegenüber einer Marke. Diese Einstellung ist ein sogenannter Mediationsmechanismus, über die Customer Journey und Brand Experience die Kundenloyalität positiv beeinflussen (das „O" im S-O-R-Modell). Das bedeutet, Customer Journey und Brand Experience beeinflussen die Kundenloyalität nicht nur direkt, sondern auch indirekt über Markeneinstellungen. Diese Markeneinstellungen sind zweidimensional und beinhalten eine utilitaristische und eine hedonistische Dimension.

Die **utilitaristische Einstellung** gegenüber einer Marke beschreibt die Beurteilung der Marke nach ihrer Effektivität, Funktionalität, Notwendigkeit und Praktikabilität. Dagegen beschreibt die **hedonistische Einstellung** gegenüber einer Marke die Beurteilung der Marke danach, ob sie Freude, Spaß, Aufregung und Genuss ausstrahlt (Voss et al. 2003). Wie zuvor erläutert, basiert die Customer Journey Experience auf der eher kognitiven Informationsverarbeitung aller im Zeitablauf erfahrenen Touchpoints. Deshalb kann angenommen werden, dass die Customer Journey Experience eher utilitaristische statt hedonistische Markeneinstellungen beeinflusst. Ein eher geringerer Einfluss auf hedonistische Markeneinstellungen kann dadurch erklärt werden, dass die Flüssigkeit, mit der eine Customer Journey verarbeitet und reflektiert wird, auch einen unterbewussten Einfluss auf affektive Gefühle von Vertrautheit, Ästhetik und Harmonie ausübt (Janiszewski und Meyvis 2001).

Die Brand Experience basiert auf den eher affektiven, an sich werthaltigen Reaktionen im unmittelbaren Erlebnis verschiedener Touchpoints. Deshalb kann angenommen werden, dass die Brand Experience eher hedonistische statt utilitaristische Markeneinstellungen beeinflusst. Ein eher geringerer Einfluss auf utilitaristische Markeneinstellungen kann dadurch erklärt werden, dass die Inhalte einzelner Touchpoints zwar an sich nutzenstiftende Fantasien und anregende Gedanken auslösen, diese jedoch auch als Informationen genutzt werden, um das entsprechende Erlebnis in der Retroperspektive kognitiv zu verarbeiten und zu reflektieren (Brakus et al. 2009). Schließlich befasst sich die konative Komponente der Markeneinstellung mit Kaufabsichten sowie Weiterempfehlungsbereitschaft und schafft somit den Übergang zu den Verhaltenswirkungen im Rahmen der Loyalität. Die Customer Experience und resultierende Effekte sind in Abb. 5.13 zusammengefasst.

Während die psychologischen Wirkungen zunächst nur im Kopf der Konsumenten bestehen, zeigt die **Kundenloyalität direkte Verhaltenswirkungen** (Bruhn und Hadwich 2012, S. 19; Homburg und Bruhn 2013, S. 8–11): Die Kundenloyalität spiegelt das tatsächliche

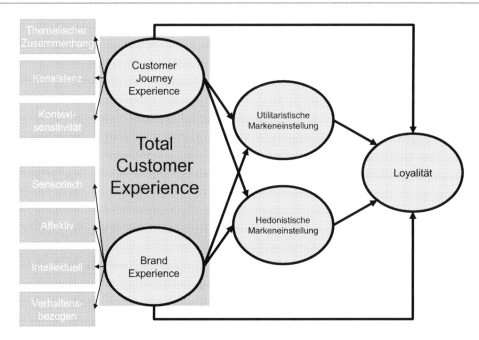

Abb. 5.13 Customer Experience und resultierende Effekte. (Quelle: in Anlehnung an Jozic 2015)

Wiederkaufs- und Weiterempfehlungsverhalten wider. Dies bedeutet einerseits, dass Kunden die Marke erneut kaufen, im Rahmen des Cross-Sellings weitere Produkte der Marke kaufen oder im Rahmen des Up-Sellings zu einer teureren Produktkategorie greifen. Zudem sind loyale Kunden Preiserhöhungen gegenüber tolerant (Esch 2008, S. 74). Andererseits sind diese Kunden Botschafter der Marke, da sie positiv über objektive Bestandteile oder die subjektiv wahrgenommene Anbieterleistung berichten. Dies unterstreicht den enorm hohen Einfluss auf den Unternehmenserfolg im eCommerce. Tab. 5.2 gibt auszugsweise einen Überblick an Forschungen, die den Zusammenhang zwischen Total Customer Experience und Loyalität untersucht haben.

Tab. 5.2 zeigt, dass ein positiver Zusammenhang der beiden Experience-Konstrukte empirisch nachgewiesen worden ist. Der positive Zusammenhang zwischen Brand Experience und Kundenloyalität ist zahlreicher untersucht worden. Customer Journey Experience ist bislang lediglich von Jozic 2015 und Engelhardt et al. als positiver Einflussfaktor auf Kundenloyalität belegt worden.

Das eCommerce-Unternehmen profitiert schließlich aufgrund der Loyalität von einer Optimierung der ökonomischen Unternehmenskennzahlen wie dem **monetären Unternehmensergebnis**, dem **Markenwert** oder dem **Kundenwert** (Bruhn und Hadwich 2012, S. 19): Der Gewinn eines Unternehmens kann entweder durch eine höhere Absatzmenge, durch einen höheren Deckungsbeitrag und somit Preis pro verkaufter Einheit oder durch sinkende Kosten gesteigert werden (Homburg und Bruhn 2013, S. 18). Durch loyale Kunden kann eine höhere Menge zu einem höheren Preis abgesetzt werden, was sich sowohl positiv auf den Marktanteil und den Share of Wallet als Anteil der Ausgaben in einer Produktkategorie beim eigenen Unternehmen, als auch auf den Deckungsbeitrag pro Einheit auswirkt. Hierbei sind die einzelnen Kennzahlen isoliert nur bedingt geeignet, sondern vielmehr integriert zu betrachten. So ist die reine Umsatzsteigerung immer auch im Kontext der Marktanteilsentwicklung zu betrachten, denn nur wenn das eigene Umsatzwachstum größer ausfällt als das im Gesamtmarkt, kann das Wachstum als Unternehmenserfolg gewertet werden. Allerdings

Tab. 5.2 Zusammenhang zwischen Customer Experience und Loyalität (Quelle: eigene Zusammenfassung, Daten entnommen aus Jozic 2015; Rajumesh 2014; Brakus et al. 2009)

Customer Journey Experience	
Engelhardt und Ziaja (2018) Engelhardt et al. (2018)	Customer Journey Experience hat einen positiven Einfluss auf Kundenloyalität. Utilitaristische und hedonistische Markeneinstellung mediieren die Effekte von Customer Journey Experience. Ein direkter Einfluss auf die Kaufwahrscheinlichkeit konnte nicht nachgewiesen werden – der Einfluss wurde über die Loyalität vermittelt
Jozic (2015)	Customer Journey Experience hat einen positiven Einfluss auf Kundenloyalität. Utilitaristische und hedonistische Markeneinstellung mediieren die Effekte von Customer Journey Experience.

Brand Experience	
Engelhardt und Ziaja (2018) Engelhardt et al. (2018)	Brand Experience hat einen positiven Einfluss auf Kundenloyalität. Utilitaristische und hedonistische Markeneinstellung mediieren die Effekte von Customer Journey Experience. Ein direkter Einfluss auf die Kaufwahrscheinlichkeit konnte nicht nachgewiesen werden – der Einfluss wurde über die Loyalität vermittelt
Cleff et al. (2018)	Alle Elemente der Online Brand Experience (sensorisch, affektiv, kognitiv, verhaltensbasiert, beziehungsbasiert) sowie der Hygienefaktor Verwendbarkeit haben einen positiven Einfluss auf Loyalität
Jozic (2015)	Brand Experience hat einen positiven Einfluss auf Loyalität-Markeneinstellung hat eine Mediatorrolle in der Beziehung zwischen Brand Experience und Brand Loyalität.
Rajumesh (2014)	Brand Experience hat einen positiven Einfluss auf Loyalität. Markeneinstellung hat eine Mediatorrolle in der Beziehung zwischen Brand Experience und Brand Loyalität.
Brakus et al. (2009)	Brand Experience hat zu gleichen Teilen direkten Einfluss und indirekten Einfluss (über Marken Persönlichkeit) auf Loyalität.

bleibt dann immer noch offen, ob dies primär der Kundenbindung oder der Neukundengewinnung zuzuschreiben ist. Zur Beantwortung dieser Frage hilft wiederum die Auswertung des Share of Wallets. Wenn dieser ansteigt, haben Kunden einen höheren Anteil ihrer Ausgaben für die Produktgruppe mit einem Unternehmen getätigt und die Wiederkaufs-, Cross- und Up-Selling-Maßnahmen waren erfolgreich. Bei der Analyse dieser Kennzahl auf Kundenebene sind diejenigen Kunden für das Unternehmen besonders wertvoll, die nicht nur einen hohen Share of Wallet haben, sondern auch einen hohen Gesamtumsatz mit dem Unternehmen generieren. Schließlich ist es deutlich günstiger, vorhandene Kunden zu binden, als Neukundenmaßnahmen durchzuführen, sodass Kostensenkungspotenziale realisiert werden können (Manning und Bodine 2012, S. 206). Hierbei spielen vor allem die geringeren Kundenbetreuungskosten eine wesentliche Rolle, wenn sich ein Unternehmen bewusst auf die wichtigsten Kunden fokussiert (Homburg und Bruhn 2013, S. 18). Zudem müssen gebundene Kunden im Vergleich zu Neukunden nicht durch kostenintensive reichweitenstarke Marketingmaßnahmen mit hohen Streuverlusten gewonnen, sondern können individuell und zielgerichtet und somit kostengünstiger angesprochen werden, beispielsweise durch bedürfnisorientierte Produktweiterentwicklungen, monetäre Anreize in Form von Bonussystemen oder Preisgarantien sowie einen kontinuierlichen bindungsfördernden Dialog (Homburg und Bruhn 2013, S. 20). Bei der Betrachtung von kundenbezogenen Erfolgskennzahlen und der damit einhergehenden Kundenpriorisierung für den Unternehmenserfolg ist entscheidend, dass nicht nur einmalige Effekte, sondern der gesamte Zeitverlauf berücksichtigt werden. Hierbei ist der Customer Lifetime Value als Wert eines Kunden über den gesamten Zeitraum der Kundenbeziehung wesentlich, da hierbei mehrere sowohl umsatz- als auch kostenbezogene Indikatoren miteinbezogen sowie Vergangenheits- und Zukunftsberechnungen kombiniert werden (Schmitt 2003, S. 208–210). Möglicherweise hat ein Kunde aus heutiger Sicht zwar ein besseres Verhältnis von Einnahmen und Ausgaben als ein anderer, befindet sich aber bereits am Ende des Kundenlebenszyklus. Der andere Kunde dagegen steht erst am Beginn der Kundenbeziehung und das

Unternehmen kann von ihm noch mehr zukünftige Einnahmen erwarten. Zukünftige Einnahmen und Ausgaben sind allerdings immer zu diskontieren, sodass ihr Einfluss auf den Customer Lifetime Value abnimmt, desto weiter sie in der Zukunft liegen.

5.2.8 Nutzertypologien auf Basis der Customer Journey

Eine zielgruppengerechte Ansprache und ein zielgruppengerechtes Management der Kundenbeziehung ist insbesondere für eCommerce-Unternehmen unabdingbar, um die eigenen Produkte für spezifische Zielgruppen zu kommunizieren, zu platzieren und zu vermarkten. Hierzu werden potenzielle und Bestandskunden in bezüglich ihres Verhaltens und ihrer Reaktionen intern homogene und untereinander heterogene Segmente aufgeteilt. Jedes der Segmente repräsentiert demnach (potenzielle) Kunden, die durch unterschiedliche Kriterien charakterisiert werden können. Im B2C-Bereich bieten sich dazu unterschiedliche Kriterien an. Dies sind: demografische-, entscheidungsbezogene-, psychografische-, soziografische-, typologische- und neuroökonomische Kriterien. Auf dieser Basis

können die kunden(-gruppen-)zentrierten Strategien und Maßnahmen bestmöglich ausgerichtet werden. Im klassischen Handel, aber auch im eCommerce ist diese Ausrichtung sicherlich nicht neu. Neu ist hingegen die Symbiose der segmentspezifischen Ansprache und Ausgestaltung der Kundenbeziehung mit der Customer Experience. Es stellt sich die Frage, welche Anforderungen an eine auf die Customer Experience aufbauende Segmentierung zu stellen ist, wie das Instrument der Segmentierung und einer darauf aufbauenden Typologisierung in der Customer Experience zu nutzen ist und schließlich, ob es hierzu konkrete Erkenntnisse gibt?

Wie ausgeführt, ist die Notwendigkeit zur Differenzierung der **Ansprache** und **Gestaltung** von **Kundenbeziehungen nach Zielgruppen** nicht neu. Die folgende Übersicht beispielhafter Segmentierungen zeigt, welche Ansätze bisher verfolgt wurden und welche Shoppertypen dabei identifiziert wurden. Tab. 5.3 gibt einen Überblick ausgewählter Studien.

Die Anfänge der Kundensegmentierung im Handel lassen sich auf Stone (1954) zurückführen. Er startete erstmals den Versuch, urbane Einkäuferinnen im Raum Chicago anhand ihrer sozialen Beziehungen zu den Einkaufsstätten bzw. dem Einkaufspersonal zu typologisieren. Er identi-

Tab. 5.3 Forschungsstand Nutzertypologien, beispielhafte Shoppingtypen

Autor	Jahr	Segmentierungskriterium	Stichprobe	Ergebnis
Stone	1954	Soziale Beziehungen zu den Einkaufsstätten bzw. dem Personal	Urbane Shopper; Hausfrauen im Raum Chicago	Vier Typen: Economic, Personalizing, Ethical, Apathetic
Moschis	1967	Shopping Orientation und Kommunikationsverhalten	Konsumenten der Körperpflege und Kosmetik	Sechs Typen: Special, Brand-Loyal, Store-Loyal, Problem-Solving, Psycho-Socialising, Name Conscious
Arnold/Reynolds	2003	Entertainment und Emotion: Hedonistische Motivationsaspekte	Sample of US-population	Fünf Typen: Minimalists, Gatherers, Providers, Enthusiasts, Traditionalists
McKinney	2004	Shopping Orientation in Bezug auf Internetshopping	Internetnutzer	Fünf Typen: Convenience, Store-preferred, Highly involved, Apathetic, Apprehensive
geometryglobal im Auftrag von Beiersdorf UK	2016	Körperpflege und Kosmetiknutzer in UK	Verhalten entlang der Customer Journey-Phasen	Sechs Typen: Disoriented Doris, Routine Ruth, Receptive Rene, Checking Charley, Bargaining Barbara, Comparing Chris

fizierte dabei vier verschiedene Shoppertypen, diese benannte er mit: Economic, Personalizing, Ethical und Apathetic Shopper (Stone 1954). Moschis untersuchte später die Shoppingorientierung und das Kommunikationsverhalten der Konsumenten von Kosmetikartikeln. Er identifizierte sechs verschiedene Shoppingtypen: Special, Brand-Loyal, Store-Loyal, Problem-Solving, Psycho-Socializing und Name-Conscious Shopper (Moschis 1976). Arnold und Reynolds (2003) berücksichtigten erstmals die Perspektiven Entertainment und Emotionen im Rahmen ihrer Segmentierung. Unter Einbeziehung unterschiedlicher hedonistischer Motivationsaspekte identifizierten sie die folgenden Shoppertypen: Minimalists, Gatherers, Providers, Enthusiasts und Traditionalists. Mit rasant fortschreitender Technologie ist das Internet für diverse Produktkategorien zu einem wesentlichen Absatzkanal geworden. Dieser Entwicklung widmete sich McKinney (2004), der Shoppingorientierung hinsichtlich des Internetshoppings als Segmentierungskriterium einsetzte. Dabei identifizierte er fünf verschiedene Shoppingtypen: Confident Convenience-oriented, Store preferred, Highly involved, apathetic and apprehensive Shopper.

Im Hinblick auf unterschiedliche Produkte, Branchen und Zielgruppen sind zahlreiche Kundensegmentierungen durchgeführt worden und unterschiedlichste Shoppertypen identifiziert worden. Die exemplarische Auswahl dieser Studien macht jedoch deutlich, dass sowohl Online- als auch Offlineshopperprofile entwickelt worden sind. Aber eben mehrheitlich isoliert nach Online- und Offlinesegmenten. Typologien, die das übergreifende Kaufverhalten entlang der Customer Journey (sowohl online als auch offline) betrachten, sind bisher wenig diskutiert worden. Dies wird der Realität nicht gerecht, da die Linien zwischen online und offline zunehmend verschwimmen und eine getrennte Betrachtung beider Kanäle kaum mehr möglich und sinnvoll ist. Auch die Berücksichtigung der immer stärker zunehmenden Anzahl verschiedener Touchpoints ist notwendig. Und wenn die Customer Experience ein derart zentrales Konstrukt ist, dann sollte es auch als Segmentierungskriterium genutzt werden. Es muss möglichst umfassend auf die Konst-

rukte der Customer Experience, d. h. Customer Journey und Brand Experience, als aktive Variablen zur Segmentierung zurückgegriffen werden. Die auf Basis einer solchen Journey-based Segmentierung abgeleiteten Nutzertypen können wesentlich zum Verständnis und der Gestaltung der Customer Experience beitragen. Eine Käufertypologie, die als Segmentierungskriterium lediglich das Multi-Channel-Verhalten betrachtet und/oder die kognitive sowie emotionale Dimension der Customer Experience nicht abbildet, kann den aktuellen Entwicklungen nicht standhalten. Es ist also notwendig, neue Nutzertypologien zu entwickeln, die das Touchpoint-Verhalten und Erlebnis differenzierter betrachten.

Solche Journey-based Segmentierungen sind methodisch bereits bei Engelhardt diskutiert (Engelhardt 2006). Aktuelle Nutzertypologien, die umfassend die oben beschriebenen Anforderungen abbilden, sind noch selten. Insofern kann nicht vor dem Hintergrund verschiedener Segmentierungen eine grundsätzliche Typologie ausgefällt und vorgestellt werden. Exemplarisch für eine „Journey-based" Kundensegmentierung wird hier daher auf eine einzelne Studie zurückgegriffen (Engelhardt und Ziaja 2018). In dieser exemplarischen Studie sind auf Basis der Usage von Touchpoints homogene Gruppen identifiziert und mit weiteren soziodemographischen und psychografischen Kriterien beschrieben worden. Es handelte sich um Customer Journeys, die die Auseinandersetzung mit den Produkten der Körperpflege und Kosmetik zum Gegenstand hatten. In Abb. 5.14 sind die identifizierten Cluster aufgeführt und beschrieben.

Auf Basis der Journey-based Segmentierung konnten die folgenden drei Shopperprofile identifiziert werden:

- die Enthusiastic Shopping Surfer,
- die Low Involvement Shopper sowie
- die Brand Lover

Die Gruppe der Enthusiastic Shopping Surfer umfasst mehrheitlich weibliche Shopper. Das Durchschnittsalter dieser Gruppe ist verhältnismäßig jung und beträgt 26 Jahre. Zusammenfassend lässt sich sagen, dass sich die Enthusiastic

Abb. 5.14 Clusterbeschreibung. (Quelle: Engelhardt und Ziaja 2018)

Shopping Youngsters durch die Nutzung einer Vielzahl unterschiedlicher Touchpoints auszeichnen. Besonders deutlich zeigt sich, dass die Kaufvorbereitung intensiv durch markeneigene Instagramseiten, Instagram allgemein, Blogs sowie markeneigene Youtubekanäle in diesem Cluster stark ausgeprägt ist. Diese Touchpoints eignen sich besonders gut zur Charakterisierung des Clusters. Die Enthusiastic Shopping Surfer können also durch ihre stark ausgeprägte Nutzung von unterschiedlichen Touchpoints (sowohl online als auch offline) und den starken Fokus auf soziale Medien wie Instagram, Blogs, Facebook und Youtube charakterisiert werden. Im Umkehrschluss sind die klassischen Touchpoints, wie zum Beispiel der stationäre Handel, sowohl zur Kaufvorbereitung als auch zum Kauf in dieser Gruppe eher unterrepräsentiert. Eine weitere Variable mit starker Ausprägung ist das Kaufverhalten des Variety Seeking. Das Variety Seeking beschreibt die Lust, neue Dinge zu erleben und innovative Produkte und Vertriebswege kennenzulernen. Es ist bezeichnend für die Gruppe der Enthusiastic Shopping Surfer.

Das zweite Cluster formen die Low Involvement Shopper. Im Durchschnitt sind die Nutzer in dieser Gruppe älter und etwa 33 Jahre alt. Anders als im vorhergehenden Cluster ist die Geschlechterverteilung beinahe ausgeglichen. Insgesamt wird dieses Cluster durch eine sehr zurückhaltende Touchpoint-Nutzung charakterisiert. Die meistgenutzten Touchpoints dieses Clusters, sowohl zur Kaufvorbereitung als auch zum Kauf, sind die klassischen Kanäle Fachmarkt und anderer stationärer Handel – viele Nutzer innerhalb dieser Gruppe kaufen die Produkte im Lebensmitteleinzelhandel. Die Nutzer in dieser Gruppe legen beim Shoppingverhalten besonderen Wert auf die Convenience. Die Ziele und Vorlieben dieser Shopper sind insbesondere Zeitersparnis, Bequemlichkeit und Mühelosigkeit sowie das allgemein funktionale und produktorientierte Interesse. Meist treten diese Shopper eher passiv auf und sind nicht auf der Suche nach Abwechslung oder Inspiration. Besonders hervorzuheben ist in diesem Zusammenhang die Erkenntnis, dass dieses Cluster zum einen die höchste Convenience-Orientierung aufweist, zum anderen aber hinsichtlich der Nutzung von Online-Touchpoints deutlich unterrepräsentiert ist. Insbesondere der Kauf über Amazon oder Markenwebsites wird von diesem Cluster kaum präferiert. Diese Ergebnisse zeigen, dass es bei denjenigen Shoppern, die besonderen Wert auf Zeitersparnis und Bequemlichkeit legen, nicht gelingt, sie für Online-Touchpoints jeglicher Art zu begeistern. Bei der Untersuchung stand der Markt für Körperpflege im Vordergrund und die Produkte des Körperpflege- und Kosmetikmarkts stellen für viele Nutzer Konsumgüter des täglichen Bedarfs dar, die beim Routineeinkauf im Lebensmitteleinzelhandel einfach „mitgenommen" werden. Hier zeigt sich, dass sowohl der Handel als auch produzierende Unternehmen Wege finden müssen, den Onlinekauf von Produkten des Commoditiy-Bereichs in Deutschland noch attraktiver und bequemer zu gestalten.

Das dritte Cluster bilden die Brand Lovers. Nutzer in diesem Cluster haben ebenfalls ein Durchschnittsalter von etwa 33 Jahren. Es befinden sich etwa ein Drittel männliche und dementsprechend zwei Drittel weibliche Kunden in diesem Cluster. Dieses Cluster zeichnet sich durch die überproportionale Nutzung von markeneigenen Touchpoints aus. Insbesondere die Marken Website und die stationären Touchpoints sind in dieser Gruppe im Vergleich zur Gesamtheit überrepräsentiert. Besonders auffällig für dieses Cluster ist die überproportionale Nutzung des Touchpoints Amazon sowohl für die Kaufvorbereitung als auch für den Kauf. Das Cluster 3 wird demnach maßgeblich durch die starke Nutzung markeneigener Touchpoints sowie die Nutzung von Amazon als Kaufkanal charakterisiert. Es lässt sich bereits erkennen, dass es insbesondere für Markenartikelhersteller von immenser Bedeutung ist, Amazon als Vertriebskanal zu nutzen, da die Amazonnutzer auch markenaffine Shopper zu sein scheinen. Ein weiteres Charakteristikum der Nutzer in Cluster 3 ist das Shoppingverhalten des Social Shoppings. Dieses Verhalten ist dadurch gekennzeichnet, dass der sozialen Interaktion während des Kaufprozesses eine hohe Bedeutung zugeschrieben wird. Dies beinhaltet nicht nur den sozialen Kontakt mit Verkaufspersonal und anderen Kunden, sondern auch die Möglichkeit, beim Einkaufen Zeit mit Freunden und der Familie zu verbringen. Besonders interessant ist in Cluster 3 die Kombination von Amazon als präferierte Kaufoption und dem Ansatz des Social Shoppings. Diese Kombination könnte darauf zurückzuführen sein, dass Amazon durch seine umfangreichen Kundenrezensionen einen sozialen Kontakt zwischen potenziellen Neukäufern und anderen Käufern des gleichen Produkts bzw. der gleichen Marke herstellt. Diese Verbindung sollte von Unternehmen, die über Amazon verfügbar sind, intensiver genutzt und gestaltet werden.

Zusammenfassend kann – vorbehaltlich der geringen Aussagekraft einer Studie – aus dieser Segmentierung folgende Erkenntnis zu den Nutzertypen entlang der Customer Experience Journey aufgestellt werden: Nicht überraschend gibt es einen Nutzertyp, der die Touchpoints intensiv nutzt und im Rahmen seiner Journey aktiv sucht.

Eine weitere Gruppe ist – anders als der sich im Flow treibenlassende Surfer zuvor – eher ein Seekertyp. Er nutzt wenige Touchpoints, sucht diese nicht aktiv, sondern „nimmt diese (und die Produkte) eher mit". Experience ist bei diesem Typ gegeben, wenn seine Suche convenient ist. Überraschend ist sicher der Brand Lovers. Dieser Nutzertyp ist stark an der Marke interessiert – nutzt aber unabhängige Plattformen zur Information und zum Kauf. Dies zeigt das starke Potenzial von digitalen Produkt (Amazon, eBay) und Servicemarktplätzen (Airbnb, Uber oder Delivery Hero). Stand bei diesen Marktplätzen in der bisherigen Diskussion das Risiko im Vordergrund, den direkten Kundenkontakt und den Kunden vermeintlich schneller an den Wettbewerb zu verlieren, so zeigt sich hier ein Vorteil dieser Plattformen für Markenanbieter. Dem Kunden wird ein neutraler Raum geboten, um sein Social Shopping auszuleben und die Markenwelt zu verstehen und zu erleben. Die Möglichkeiten, die sich aus diesen Nutzertypen zur Gestaltung der Customer Experience ableiten, werden im folgenden Abschnitt zum Customer Experience Management aufgegriffen.

5.3 Customer Experience Management

Während etablierte Firmen wie Apple, Google, Coca-Cola, Tesla und Nike mit CEM am Markt groß geworden sind, haben viele andere Unternehmen jedoch Schwierigkeiten mit dessen Implementierung (Jozic 2015, S. 122). So haben vor allem aufstrebende Start-ups das CEM in den letzten Jahren mit immer größerem Erfolg praktiziert. **Customer Experience Management** (CEM) ist eine Unternehmensstrategie, die das Management aller Berührungspunkte des Kunden mit dem Anbieter in den Mittelpunkt rückt (Jozic 2015). Das Customer Experience Management kann in **zwei Perspektiven** betrachtet werden: die **Anbieterperspektive** und die **Kundenperspektive**. In der ersten sind vorrangig die internen Abläufe zu gestalten – ohne dass es hier um den unmittelbaren Kontakt mit dem Kunden geht. Das Unternehmen muss eine bestimmte Customer

Experience für den Kunden ausarbeiten und sicherstellen, dass diese bereitgestellt wird. Für die Unternehmen des eCommerce sind hier die Themenkomplexe Kultur, Organisation, Prozesse und Fertigkeiten sowie der Umgang mit den verfügbaren Ressourcen die Themen. Die zweite Perspektive hat die Ausrichtung auf den Kunden, die Interaktion und Gestaltung der Touchpoints zum Gegenstand. Im eCommerce ist hiermit die Gestaltung der Experience als zentraler Wettbewerbsvorteil zu verstehen. Dies ist insofern eine Co-Creation- Perspektive, da die Customer Experience als Interaktion des Kunden mit anderen Individuen in einem weiteren Ökosystem gesehen wird (Lemon und Verhoef 2016).

Customer Experience Management möchte die Erlebnisqualität optimieren und zielt damit letztlich wie alle Managementansätze darauf ab, den monetären Unternehmenserfolg zu optimieren (Schnorbus 2016, S. 68; Manning und Bodine 2012, S. 22). Dennoch unterscheidet sich das Konzept von anderen Managementansätzen: Neben der reinen Bedürfnisbefriedigung zielt das Customer Experience Management verstärkt darauf ab, Menschen durch Emotionen zu beeinflussen und somit langfristig und positiv in der Gefühlswelt des Kunden verankert zu bleiben (Schnorbus 2016, S. 68). Darüber hinaus entsteht der Wert für den Kunden während der Inanspruchnahme der Leistung selbst und nicht nur im Nachhinein. Dabei bedient sich das Customer Experience Management des ganzheitlichen Customer-Journey-Ansatzes und zielt darauf ab, möglichst viele Kontaktpunkte als Ansatz für ein Kundenerlebnis zu schaffen (Löffler 2013, S. 879–880). Unter Customer Experience Management wird übergreifend der strategische Managementprozess aller Kundenerlebnisse mit einer Marke an sämtlichen Kundenkontaktpunkten   verstanden   (Schnorbus 2016, S. 27; Schmitt 2003, S. 17). Somit soll ein Unternehmen sämtliche Kontaktpunkte mit dem Kunden so gestalten, dass sie vom Kunden als einzigartig und außerordentlich wahrgenommen werden (Bruhn und Hadwich 2012, S. 23). Demnach definiert Mayer-Vorfelder das CEM als „Steuerung aller Kontaktpunkte vor, während und nach dem Kauf, sodass die dort stattfindenden Interaktionen ein positives Kundenerlebnis

prägen und sich so positiv auf Kundenzufriedenheit und -bindung auswirken (Mayer-Vorfelder 2012, S. 43)". Die umfassende und ganzheitliche Kontaktpunktbetrachtung unterscheidet den Managementansatz von rein ergebnisorientierten Betrachtungsweisen, bei denen isoliert Kontaktpunkte gesteuert und nach einem Erlebnis oder einem Teilerlebnis ergebnisorientierte Kennzahlen gemessen werden (Bruhn und Hadwich 2012, S. 10). Damit einher geht das „Value in Use-Prinzip", nach dem der Nutzen eines Produkts oder einer Dienstleistung mit Beginn des Konsums und der Nutzung generiert wird. Löffler definiert CEM als die Identifikation der aktiv gesteuerten Kundenkontaktpunkte, deren optimale Ausgestaltung sowie deren koordiniertes Zusammenspiel (Löffler 2013, S. 873–875). Nicht das Unternehmen, sondern der Kunde selbst bestimmt, was er alles situativ zu einem Gesamterlebnis zusammenfügt (Reckenfelderbäumer und Arnold 2012, S. 87–93). Aus diesem Grund ist entscheidend, dass das Kundenerlebnis ganzheitlich betrachtet wird, nahtlos gestaltet ist und in der Unternehmensorganisation das silobehaftete Bereichsdenken durch einen gemeinsamen Ansatz ersetzt wird.

CEM fokussiert sich auf die Kunde-Unternehmen-Interaktionen und muss daher neben freundlichem und geschultem Personal an allen Kontaktpunkten mit dem Kunden auf ein umfassendes Kundenwissen in Form von Kundenhistorie, Zielgruppe und Bedürfnissen zurückgreifen können. Darüber hinaus ist die Leistung selbst mit Faktoren wie der Marke mit ihrem Markenimage, der Qualität und dem Preis sowie Kontextfaktoren wie der situative Umstand der Kontaktsituation und das wirtschaftliche Umfeld des Kunden für die Erlebnisgestaltung entscheidend (Bruhn und Hadwich 2012, S. 16–18). Aber auch andere Kunden sind entscheidend für das Kundenerlebnis, da auch Kunde-zu-Kunde-Beziehungen das Kundenerlebnis positiv beeinflussen können. Insbesondere die Weiterempfehlung durch andere Kunden und Erfahrungen mit dem Wettbewerb bestimmen schließlich die Erwartungshaltung und somit die Beurteilung des Erlebnisses. Durch die Nennung der Einflussfaktoren wird bereits deutlich, dass nicht mehr die Leistung allein entscheidet,

sondern vielmehr eine Differenzierung außerhalb des Leistungskerns erreicht werden soll
(Reckenfelderbäumer und Arnold 2012, S. 87–93).
Die Fokussierung auf das CEM geht mit dem
wirtschaftlichen Wert eines Erlebnisses einher.
Während Produkte und Dienstleistungen kein
Differenzierungspotenzial mehr aufweisen, ist
das Erlebnis zentraler Bestandteil des Angebots
geworden (Angelis und Pinheiro de Lima 2011,
S. 85–86). Im Gegensatz zu Produkten und
Dienstleistungen kann die emotionale Aktivierung als explizites Ziel definiert werden, da
persönliche Relevanz und Erinnerungswürdig-
keit den Erfolg eines Erlebnisses aus Kundensicht bestimmen (Angelis und Pinheiro de Lima
2011, S. 85–86).

5.3.1   Erfolgsfaktoren für das CEM

Als **Erfolgsfaktoren** für das CEM spielen die
Dimensionen der Customer Journey Experience
eine große Rolle. Zu diesen ist hier ein – sicherlich nicht erschöpfender – Katalog an Faktoren
aufgeführt, die den Erfolg letztlich positiv beeinflussen können. Neben den Dimensionen der
Customer Journey spielt die Erlebniskomponente
eine wesentliche Rolle: Alle genannten Faktoren
führen insgesamt nur zum Erfolg, wenn an jedem
Touchpoint eben dieser Faktor im Sinne eines Erlebnisses wahrgenommen wird.

- Thematischer Zusammenhang
  - (Marken-)Werte leben
  - Ehrlich und authentisch
- Konsistenz
  - Vertrauen/Verlässlichkeit/Authentizität
  - Kanal- und interaktionsübergreifende Ver-
    knüpfung (Multi-Channel)
  - Convenient (unkompliziert, bequem, ver-
    lässlich)
- Kontextsensitivität
  - Personalisierung
  - Flexibilität
  - Integration in die Leistungserstellung

Thematischer Zusammenhang: Das Unternehmen muss seine Werte leben und dabei dem
Kunden gegenüber fair und verlässlich sein.

Dazu gehört auch, negative Botschaften nicht zu
verschweigen, um dem Kunden gegenüber immer ehrlich zu sein. Dabei bildet die Marke mit
ihrer Identität und ihren Werten die übergreifende Klammer für eine zusammenhängende Erlebnisgestaltung. Außerdem ist die Authentizität
zu unterstreichen, mit der eine emotionale Reaktion erreicht wird, wobei die fehlerfreie und
konsistente Leistungserbringung als Voraussetzung dafür ebenfalls relevant ist (Schnorbus
2016, S. 62).

Konsistenz: Darüber hinaus ist es für ein erfolgreiches Kundenerlebnis unerlässlich, über
alle Kontaktpunkte und die verschiedenen Interaktionen mit dem Anbieter hinweg konsistent zu
agieren. Dies bedeutet, sowohl Vertrauen zu
schaffen, indem Erwartungen und Versprochenes
erfüllt werden, als auch eine mühelose Kommunikation zu ermöglichen, bei der Verfügbarkeiten
sichergestellt sind und den Ansprechpartnern alle
notwendigen Informationen vorliegen. Der Kon-
sistenzbegriff spielt insbesondere im digitalen
Zeitalter eine entscheidende Rolle, da auf allen
Geräten und Plattformen dieselben Informationen und Leistungen zur Verfügung stehen müssen (Schnorbus 2016, S. 62). Dieser Multi-Chan-
nel-Ansatz muss neben der kanalübergreifenden
Konsistenz auch sicherstellen, dass der Kunde an
allen Kontaktpunkten der Customer Journey
leicht die für ihn zu diesem Zeitpunkt relevanten
Informationen vorfinden kann (Manning und Bodine 2012, S. 215). Schließlich sollte es leicht
und unkompliziert nutzbar sein, als bequem
wahrgenommen werden, verlässlich – sprich fehlerfrei und verfügbar – sein und die funktionalen
Versprechungen einhalten (Schnorbus 2016,
S. 62). Eine Voraussetzung für ein erfolgreiches
konsistentes Kundenerlebnis ist, dass die unterschiedlichen Unternehmensbereiche maximal
vernetzt und abgestimmt agieren.

Kontextsensitivität: Die Personalisierung beinhaltet die angepasste Informationsbereitstellung
an den Kontaktpunkten anhand der Nutzerbedürf-
nisse, des Orts, der Zeit und des gekauften Produkts (Reckenfelderbäumer und Arnold 2012,
S. 97). Durch diese Personalisierung werden aus
Kundensicht einzigartige Erlebnisse geschaffen.
Dabei können verschiedene Individualisierungs-
formen angewendet werden. Die kooperative

Strategie fokussiert sich auf die gemeinsame und somit maßgeschneiderte Leistungsdefinition mit dem Kunden im Sinne der coproduzierten Erfahrungen, während bei der adaptiven Strategie Produkte so gestaltet werden, dass der Kunde sie selbst verändern kann. Bei der kosmetischen Individualisierung ist das Produkt an sich standardisiert, wird aber unterschiedlich präsentiert. Schließlich kann das Unternehmen die Leistungen auch unmerklich individualisieren, indem Kundenpräferenzen analysiert werden (Pine et al. 2000, S. 132–140). Darüber hinaus sollte das Erlebnis nachhaltig wirken und sich in der Erinnerung verankern, indem es als persönlich relevant erachtet wird und Vergnügen bereitet. Zudem gilt es, Interdependenzen zu schaffen, um den Nachfrager in den Leistungserstellungsprozess mit einzubinden.

5.3.2 Customer Experience Management als Managementkonzept

Was haben die Marken Singapore Airlines, Starbucks, Amazon und Federal Express gemeinsam? Sie alle stehen stellvertretend für ein erfolgreiches CEM (Schmitt 2003, S. 4). Um das

CEM erfolgreich im Unternehmen zu implementieren, ist es sinnvoll, einem definierten Managementprozess zu folgen. Ein solcher Managementprozess muss wie beschrieben zwei Perspektiven vereinnahmen: Die **Anbieter- und die Kundenperspektive**. Das heißt, die **internen Abläufe** des Anbieters müssen in eine **Kultur** der Customer Experience (Organisation, Prozesse), die **strategischen Richtungsvorgaben** und **Fertigkeiten** eingebettet werden, die die Interaktion an den Touchpoints als Experience ermöglicht. Die internen Abläufe definieren den Prozess des Customer Experience Managements. Dieser Prozess besteht in der Regel aus **vier Phasen**: Einer **Analyse**-, einer **Planungs**- und einer **Umsetzungsphase** sowie abschließend einer Phase der **Erfolgskontrolle** (Schnorbus 2016). Der hieraus entstehende Prozess ist im Falle des CEM ein iterativer Prozess: Eine Abfolge von klar strukturierten Phasen wird definiert, diese Abfolge vollzieht sich in aber in iterativen Schleifen. Diese Iteration erlaubt es, die Customer Experience früh zu prototypisieren und gewonnene Einsichten werden wiederholt rekapituliert. Abb. 5.15 verdeutlicht den iterativen Prozess im Managementkonzept zur Customer Experience.

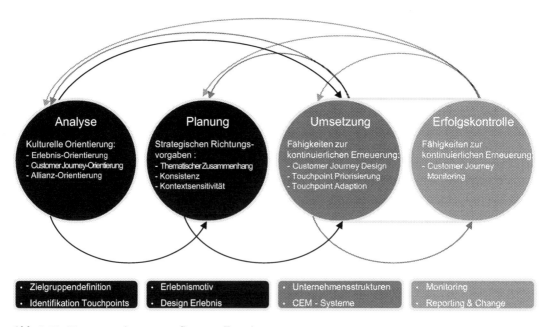

Abb. 5.15 Managementkonzept zur Customer Experience

In der folgenden Beschreibung des CEM werden beide Perspektiven so zugeordnet, dass die Analysephase die kulturelle Orientierung, die Planungsphase die strategische Richtungsvorgabe, die Umsetzung und Erfolgskontrolle schließlich die Fähigkeiten zur kontinuierlichen Verbesserung und Erneuerung von Customer Experience umfasst. Dieses Managementkonzept des Customer Experience Managements ist übergreifend dem Ziel gewidmet, langfristige Kundenloyalität in dynamischen Märkten aufzubauen und zu erhalten.

5.3.2.1 Analyse
Kulturelle Orientierung auf Customer Experience
Da die kulturelle Orientierung auf die Customer Experience grundlegend für alle nachfolgenden Phasen ist, sind diese Inhalte der Analysephase zugeordnet. Die kulturelle Orientierung setzt sich wie folgt zusammen (vgl. Jozic 2015; Schnorbus 2016):

- Erlebnisorientierung
- Customer Journey-Orientierung
- Allianzorientierung

Erlebnisorientierung: Diese kulturelle Ausrichtung beinhaltet die Betonung herausragender Kundenerlebnisse, welche die Entstehung von Wiederkaufabsichten und positivem Word-of-Mouth fördern sollen. Es muss ein Verständnis dafür entwickelt werden, dass neben kognitiven und affektiven auch sensorische, relationale und verhaltenswirksame Kundenreaktionen Teil eines herausragenden Kundenerlebnisses sind. Das übergeordnete Ziel des Unternehmens ist es demnach, an verschiedenen Touchpoints herausragende Kundenerlebnisse zu kreieren, die dem Kunden langfristig in Erinnerung bleiben sollen (Pine und Gilmore 1998). In den Unternehmen zeigt sich diese kulturelle Orientierung häufig in der Überzeugung des Topmanagements, dass das Streben nach erlebnisorientierten Touchpoints der profitorientierten Ratio vorzuziehen ist. Demnach muss trotz der Schwierigkeit der direkten Erfolgsmessung, an aufwendig und sensorisch anspruchsvoll gestalteten Touchpoints festgehalten

werden und die Gestaltung herausragender Kundenerlebnisse in physischen und virtuellen Verkaufsumgebungen oberste Priorität haben.

Customer Journey-Orientierung: Diese Orientierung beinhaltet, dass Unternehmen Customer Journeys als hauptsächliches Bezugsobjekt marktbezogener Entscheidungen etablieren. Customer Journeys beziehen sich auf die Gesamterfahrung des (potenziellen) Kunden von der Vorkauf- bis zur Nachkaufphase. Im Rahmen der Geschäftsentwicklung stehen demnach nicht mehr einzelne Touchpoints, wie Produkte oder Services im Vordergrund, sondern deren Verbund in zielgruppenspezifischen Customer Journeys. Während bislang auf die „klassische" Marktpräsenz mit den Kernthemen Produkte, Dienstleistung, und Kommunikation fokussiert wurde, ist die Vorstellung der Customer Journey universeller und beschreibt, was tatsächlich aus Kundensicht im Zeitablauf passiert (Zomerdijk und Voss 2010). Ein wesentlicher Vorteil solch einer Customer Journey-Orientierung liegt in der Möglichkeit, alle Touchpoints in Abhängigkeit zueinander zu planen und somit wichtige Moments-of-Truth zu verbessern. In Unternehmen zeigt sich diese Orientierung häufig in der Schulung von stereotypischen Customer Journeys, um allen Entscheidungsebenen die gleiche Denkhaltung gegenüber marktbezogenen Entscheidungen zu vermitteln.

Allianzorientierung: Die Allianzorientierung beinhaltet, dass Unternehmen eine Offenheit und Akzeptanz gegenüber unternehmensübergreifenden Kooperationen entwickeln, um so Touchpoints verschiedener Unternehmen im Umfeld entsprechender Zielgruppen miteinander zu integrieren. Solche unternehmensübergreifenden Customer Journeys werden in der jüngeren theoretischen Marketingforschung als „Value Constellation Proposition" bezeichnet (Chandler und Lusch 2014). Diese kulturelle Orientierung steht somit in einem Widerspruch zur Wettbewerbsorientierung innerhalb des Marktorientierungskonzepts. Im Gegensatz zum Credo, langfristige Wettbewerbsvorteile durch die bestmögliche Abgrenzung zu (potenziellen) Wettbewerbern zu erzielen, betont CEM, dass in dynamischen Märkten Wettbewerbsvorteile durch den Aufbau bestmöglicher Marktnetzwerke entstehen. Beispiele für solche Customer Journey-basierten Kooperationen sind Airlines, die beispielsweise mit Taxiunternehmen kooperieren, um den Übergang vom Check-out zur Taxifahrt zu erleichtern; Anbieter von Sportbekleidung kooperieren mit Technologiekonzernen (Beispiel Apple Watch Nike+), um Systeme zu entwickeln, die den Trainingsfortschritt durch integrierte Sensoren effektiver dokumentieren; und Energieunternehmen stimmen sich mit anderen Dienstleistern ab, um bürokratische Hürden im Rahmen eines Umzugs zu erleichtern.

Was gilt es in der Analysephase konkret zu tun? Zunächst gilt es im Rahmen der Analyse, die Zielgruppe zu bestimmen, die Kontaktpunkte als sogenannte „Momente der Wahrheit" zu identifizieren und das aktuelle Kundenerlebnis zu messen (Bruhn und Hadwich 2012, S. 26). In diesem Zusammenhang haben Schmitt und Mangold die Kundenerlebnisanalyse entwickelt (Schmitt und Mangold 2004, S. 59–69): Die Analyse startet mit der Bestimmung der Zielgruppe, die über rein soziodemographische Merkmale hinausgeht und die Kunden insbesondere nach ihrer tatsächlichen Nutzung im Rahmen der Journey clustert. Darüber hinaus gilt es das Umfeld des Erlebnisses, sprich den soziokulturellen Kontext, herauszuarbeiten. Dafür sind sowohl das Markenimage als auch die Produktkategorie, das Nutzerverhalten und die -gewohnheiten sowie typische Konsumsituationen relevant (Schmitt 2003, S. 56–62). Schließlich muss das aktuelle Erlebnis an allen Kundenkontaktpunkten evaluiert werden. Hierzu sollten Fragen beantwortet werden, die darauf abzielen, was die Kunden konkret tun und welches Bedürfnis geweckt wird, wo die Kunden sich im Rahmen einer kanalübergreifenden Betrachtung aufhalten und wer die Kaufentscheidung zu welchem Zeitpunkt trifft. Hierzu sollten Kundenmeinungen aus möglichst vielen Quellen analysiert und durch eigene Beobachtungen und Mitarbeiterbefragungen ergänzt werden, um die wesentlichen „Pain Points" und „Delighters" in der Customer Journey herauszufiltern (Manning und Bodine 2012, S. 63–72).

5.3.2.2 Planung

Da die strategische Richtungsvorgabe sich vornehmlich mit der Verknüpfung der Ziele, also dem „Was" und der mittelfristigen Strategie, dem „Wie", beschäftigt, sind diese Inhalte der Planungsphase zugeordnet. Die strategischen Richtungsvorgaben setzten sich wie folgt zusammen (vgl. Jozic 2015; Schnorbus 2016):

- Thematischer Zusammenhang
- Konsistenz
- Kontextsensitivität

Thematischer Zusammenhang von Touchpoints: Diese Dimension der Customer Experience beinhaltet die (erste) strategische Richtungsvorgabe zum Design von Customer Experience. Sie besagt, dass Unternehmen ihre Kernangebote um thematisch verwandte Touchpoints erweitern sollen. Eine solche thematisch zusammenhängende Customer Journey soll es Kunden ermöglichen, einen gewissen Lifestyle oder ein Interesse mithilfe mehrerer Touchpoints ganzheitlich auszuleben. Während viele eCommerce-Anbieter beispielsweise mit hohen Rücksendequoten kämpfen, entwickeln andere Unternehmen das Markenthema „Ankleiden", das darauf abzielt, ganze Outfits zu vertreiben. Entlang dieses Themas baut das Unternehmen Touchpoints wie Podcasts zur Stylingberatung, Modenewsletter und Onlinekonfiguratoren auf. In ähnlicher Weise hat ein Energieunternehmen das Markenthema „nachhaltige Versorgung" ausgerufen und zusätzliche Touchpoints, wie beispielsweise einen Blog für neue Technologien, einen Onlineshop für umweltfreundliches Haushaltszubehör und einen Onlinerechner zum Energiesparen eingeführt. Der thematische Zusammenhang ganzheitlicher Customer Journeys erstreckt sich erkennbar vom Vorkauf bis zur Nachkaufphase.

Konsistenz von Touchpoints: Eine weitere wichtige strategische Richtungsvorgabe von CEM ist die Betonung der Corporate Identity über einzelne Touchpoints hinweg. Die strategische Richtungsvorgabe zur Konsistenz von Touchpoints beinhaltet demnach, dass Unternehmen Wert darauf legen, entlang der gesamten

Customer Journey alle Corporate Identity-Elemente bestmöglich aufeinander abzustimmen. Die konsistent zu integrierenden Bereiche der Corporate Identity, der integrierten Markenkommunikation und des Multi-Channel-Managements zeigen folgende Handlungsfelder auf: 1) Designsprache, 2) Interaktionsverhalten, 3) Kommunikationsverhalten und 4) Prozess und Navigationslogik. Die bisherige Forschung belegt die Relevanz solcher Konsistenzfacetten für Kundenloyalität und Marktperformance (Simões et al. 2005).

Kontextsensitivität von Touchpoints. Die Kontextsensitivität von Touchpoints beinhaltet, dass einzelne Touchpoints hinsichtlich ihrer potenziellen Eigenschaften und der jeweiligen Umstände und individuellen Bedürfnisse des Kunden optimiert bzw. angepasst werden. Der „Chief Experience Officer" eines Onlinehändlers beschreibt beispielsweise die Kontextsensitivität des Onlineshops wie folgt (Jozic 2015): We have customers who wish to directly submit their customer ID for reordering products. But we also have new customers who enjoy browsing through our shop. In the ideal case, prospective and current customers should be provided different touchpoints. How can we realize this? Well, our strategic projects are all about creating use-case specific landing pages, different paths to purchases, and advertisements highly customized to individual browsing behavior.

Kontextsensitive Touchpoints ermöglichen:

1. Steigerung des relevanten Informationsgehalts, beispielsweise durch das Erlauben von markenübergreifenden Produktvergleichen auf eCommerce-Seiten;
2. Steigerung der Komfortabilität und Flexibilität, beispielsweise durch das Anbieten von Kinderbetreuungen in Kaufhäusern oder der Möglichkeit, Termine mit Außendienstmitarbeitern selbstständig bestimmen zu können, und
3. Steigerung der Personalisierungsmöglichkeiten in Echtzeit, wie etwa durch datenbasierte Hinweise eines Versicherungsanbieters, dass nach einem erfolgten Umzug die Hausratsversicherung aktualisiert werden sollte.

In gleicher Weise können Airlines beispielsweise erkennen, dass der Kunde sich nach der Buchung von Flügen meist auch mit Visaangelegenheiten auseinandersetzt und als Resultat dieser Erkenntnis entsprechende Informationen direkt bereitstellen. Die Kontextsensitivität von Touchpoints fasst somit verwandte Begrifflichkeiten wie (Mass) Customization, personalisierte Kundeninteraktionen, Value Co-Creation und Convenience in einer Oberkategorie zusammen. Vor dem Hintergrund einer steigenden Anzahl an neuen Touchpoints ist auf die funktionale Integration von Touchpoints zu achten. Dies insbesondere, um nahtlose Kundenprozesse über physische und virtuelle Grenzen hinweg zu ermöglichen. Beispiele für solche neuen Touchpoints sind mobile Endgeräte, interaktive Computerterminals, Social-Media-Plattformen, Pop-up-Stores und Marktplätze im Internet. Folgende Integrationsaufgaben sind zu gestalten:

1. Die datenbasierte Integration von Touchpoints, sodass der Kunde sich beispielsweise nicht wiederholt legitimieren muss, wenn er nach Erstkontakt im Callcenter ein Anliegen im Einzelhandel weiterführt;
2. die funktionale Integration von Touchpoints, um dem Kunden beispielsweise einen erneuten Login zu ersparen oder ihm zu ermöglichen, Produkte online zu bestellen, aber offline abzuholen oder zu reklamieren und
3. die inhaltliche Integration von Touchpoints, wie zum Beispiel die Einsehbarkeit der Produktverfügbarkeit des Einzelhandels in Echtzeit auf eCommerce-Plattformen.

Was gilt es in der Planungsphase konkret zu tun? Im Rahmen der Planungsphase ist festzulegen, welche Unternehmensziele erreicht werden sollen, welches strategische Erlebnismotiv unter welchem Leitwert inszeniert werden soll und wie das Design der Touchpointerlebnisse operativ umgesetzt werden kann. Übergreifendes Ziel des CEMs ist es, ähnlich der funktionalen Überlegenheit in Form eines USPs (Unique Selling Proposition) eine erlebnisbezogene Überlegenheit gegenüber dem Wettbewerb in Form eines ESPs (Experience Selling Paradigm) zu schaffen und die Marke emotional und in einheitlicher Weise beim Kunden aufzuladen. Die darunterfallenden Einzelziele sollten marken- und interaktionsbezogen formuliert sein. Die Ziele gelten als Referenzpunkte für die Erfolgskontrolle und müssen daher mit einem strategischen Erlebnismotiv und passenden konkreten Maßnahmen entwickelt und implementiert werden (Schnorbus 2016, S. 65). Das strategische Erlebnismotiv gibt die Positionierung der Marke wieder und sollte somit zur übergreifenden Unternehmensstrategie passen und die Erfüllung der Markenwerte fördern. Die Markenwerte gelten hierbei als Versprechen darüber, was der Kunde bei jeder Interaktion mit der Marke erwarten kann. Die Gedanken hierzu münden in einen sogenannten Experiential Value Promise, der neben dem funktionalen Nutzen das angestrebte Erlebnis beschreibt. Bei einem durch Schmitt formulierten Vergleich der Formulierung bei Nike („Engage customers in superior performance") und Puma („Mix of sport, lifestyle and fashion") wird deutlich, wie ein Erlebnisversprechen variieren kann. Das strategische Erlebnismotiv muss abschließend durch konkrete operative Maßnahmen mit Leben gefüllt werden. Ziel ist es, Anforderungen für den Stil und den Inhalt an allen Kontaktpunkten zu definieren, um ein konstantes, einheitliches und zum Kontext passendes Kundenerlebnis sicherzustellen. Bei der Planung des Erlebnisdesigns ist entscheidend, dass multisensuale Elemente integriert, sowohl Mitarbeiter-Kunde- als auch Kunde-Kunde-Interaktionen abgebildet und neben funktionalen auch emotionale Treiber berücksichtigt werden (Bruhn und Hadwich 2012, S. 26; Mayer-Vorfelder 2012, S. 252–261). Zudem geht diese Planungsphase mit der Identifikation von Zusammenhängen zwischen Mitarbeitern, Prozessen und Technologien im Unternehmen sowie der Definition von Anforderungen für neue Projekte einher (Manning und Bodine 2012, S. 63–72).

5.3.2.3 Umsetzung und Erfolgskontrolle

Da die Komposition der unternehmerischen Fähigkeiten maßgeblich in der Umsetzung erfolgt, sind diese Inhalte auch der Umsetzungsphase und Erfolgskontrolle zugeordnet. Die Fähigkeiten zur kontinuierlichen Erneuerung von Customer Experience setzten sich wie folgt zusammen (vgl. Jozic 2015; Schnorbus 2016):

- Customer Journey Design
- Touchpoint-Priorisierung
- Customer Journey Monitoring
- Touchpoint Adaption

Customer Journey Design: Unternehmen müssen potenzielle Customer Journeys auf Basis der strategischen Richtungsvorgaben aus Sicht der Kunden planen und designen. Diese unternehmerische Fähigkeit dient somit der Steuerung aller pozentieller Touchpoints und folglich verschiedener Unternehmensabteilungen wie der Produktentwicklung, dem Vertriebsmanagement, der Kommunikation und dem Beschwerdemanagement (siehe auch Day 2011; Vorhies und Morgan 2005). Es werden Journeys geplant, indem Anforderungen zum Aufbau neuer oder zur Anpassung bestehender Touchpoints an weitere operative Abteilungen oder Verantwortungsbereiche weitergegeben werden. Eine Customer Journey-Orientierung verlangt demzufolge, dass dem Marketing als koordinierende Einheit im Unternehmen eine exponierte und exekutive Rolle zukommen sollte.

Touchpoint-Priorisierung: Die unternehmerische Fähigkeit der Touchpoint-Priorisierung beinhaltet die kontinuierliche Implementierung und Anpassung einzelner Touchpoints und somit die kontinuierliche Re(allokation) vorhandener finanzieller, technischer und Human-Ressourcen innerhalb eines Unternehmens. Diese Allokation muss die strategischen Richtungsvorgaben von CEM berücksichtigen und erlaubt, einzelne Touchpoints zu implementieren oder anzupassen, ohne dabei strategische Entscheidungsfindungsprozesse wiederholt zu durchlaufen. Die Richtungsvorgaben geben auf strategischer Ebene vor, wie einzelne Touchpoints umgesetzt werden sollen, überlassen die operative Verantwortung jedoch den einzelnen Abteilungen oder Verantwortungsbereichen. Um diese Unabhängigkeit der Implementierung oder Anpassung einzelner Touchpoints mit den Vorgaben des Customer

Journey Designs abzustimmen, greift diese unternehmerische Fähigkeit auf ein datenbasiertes Schema zur Priorisierung einzelner Touchpoints innerhalb einer Planungsperiode zurück. Herangezogene Daten hierfür können beispielsweise Performance-Indikatoren, der relative Vergleich von Kosten und Kundenwertschätzung einzelner Touchpoints, Markt- und Technologiereports, Trendstudien oder aktuelle Branchenbenchmarks sein.

Customer Journey Monitoring: Die Abteilungen mit operativer Verantwortung, die nach den Vorgaben der Touchpoint-Priorisierung, Touchpoints tatsächlich implementieren, anpassen und pflegen, haben in der Regel auch die Aufgabe, an der Kundenschnittstelle Performance Indikatoren zu erheben. Dies kann im Sinne eines „Erlebnisaudits" passieren. In diesem Zusammenhang ist der Umfang und die Genauigkeit von Performance-Systemen im Zeitalter von Big Data zu betonen. Die zugrunde liegende Customer Journey-Orientierung stellt in diesem Fall ein Schema dar, wie Unternehmen große Mengen an Kundendaten systematisieren und abbilden können. Unternehmen setzen hierzu im Idealfall interdisziplinäre Teams ein, welche die oben genannten Prozesse verantworten. Manche Unternehmen haben zudem begonnen, diesen Prozess mithilfe moderner technischer Systeme zu unterstützen. Unternehmerische Realität ist jedoch, dass das Customer Journey Monitoring zumeist noch manuell erfolgt, beispielsweise durch die Erstellung von Whiteboards, die eine Customer Journey abbilden oder durch die Pflege von Datenbanken, die Touchpoint-basierte Indikatoren zusammentragen.

Touchpoint Adaption: Diese unternehmerische Fähigkeit beschreibt die proaktive und kontinuierliche Interpretation der Daten des Customer Journey Monitorings, die Anreicherung dieser Daten sowie darauf aufbauend die Entwicklung und Verbreitung von Vorschlägen für neue Touchpoint(s) (Journeys). Im Vergleich zu den üblichen reaktiven, das heißt vom Management veranlasster Marktforschung (Day 2011), stellt diese unternehmerische Fähigkeit eine Art Design Labor dar, das, ausgestattet mit eigenen Ressourcen, kontinuierliche Veränderungsprozesse im Unternehmen vorantreibt. An dieser Stelle wird offensichtlich, dass der gesamte Prozess iterativ und prototypisch zu sehen und zu leben ist. Die meisten Unternehmen legen bei der Touchpoint Adaption Wert auf qualitative Kundendaten wie Erkenntnisse aus Kundenbeobachtungen (Hui et al. 2013), Kundenstimmen aus Online Reviews und tiefenpsychologische Befragungen. In Unternehmen, die das CEM bereits weit entwickelt haben, beispielsweise in der Telekommunikations-, Finanz-, und Versicherungsbranche, lässt sich ein Trend zu Kundenwerkstätten oder Beraterräten feststellen. Die erhobenen Kundenerkenntnisse helfen Unternehmen dabei, die Kontexte und Umstände einzelner Touchpoints besser auszuleuchten und dadurch so kundenorientiert wie möglich entsprechende Vorschläge zu kreieren und zu verbreiten. Vorschläge für die Entwicklung oder Anpassung einzelner Touchpoints werden an die Touchpoint-Priorisierung weitergegeben, um kurzfristig unterhalb strategischer Entscheidungsfindungsprozesse Anpassungen und Verbesserungen einzelner Touchpoints vorzunehmen. Vorschläge für innovative Customer Journeys oder radikal neue Touchpoints hingegen müssen für deren effektive Implementierung prinzipiell mit dem bestehenden Marktportfolio abgestimmt werden.

Was gilt es in der Phase der Umsetzung und Erfolgskontrolle konkret zu tun? Zunächst sind die Unternehmensstrukturen dahingehend anzupassen, dass das CEM im Vorstand und als Abteilung etabliert wird. Die kundenorientierte Ausrichtung der Unternehmensorganisation ist der Schlüssel für ein erfolgreiches CEM. Customer Experience muss möglichst effektiv in den Unternehmensstrukturen verankert werden, beispielsweise durch einen Chief Customer Officer oder einen Chief Experience Officer (Manning und Bodine 2012, S. 186). Damit einher gehen die kundenorientierte Finanzplanung sowie der Ressourceneinsatz (Schmitt und Mangold 2004, S. 43–46). Voraussetzung für das weitere Mitarbeiter-Empowerment ist ein analytisches Customer Experience Management-System, das die Kundenerlebnisse auswertbar macht sowie die Kundendaten zentral abspeichert und den Kontaktpunkten bedarfsorientiert zur Verfügung stellt. Entscheidend hierbei ist, dass ein kontaktpunktübergreifender Ansatz umgesetzt wird. Schließlich müssen die Kontaktpunkte anhand der Planungsvorgaben erlebnisorientiert umgestaltet werden. Zusammenfassend verdeutlicht der Vergleich mit einem Theater von Pine et al. (2000, S. 165–166, 214) dieses Zusammenspiel: Während die Dramaturgie des Erlebnisses mit der Strategie durch die Geschäftsführung vorgegeben wird, entwickelt die Managementebene das Manuskript in Form von Prozessen für jeden Mitarbeiter. Die Mitarbeiter agieren als Darsteller und handeln analog ihrer Rolle, die sie im Theater annehmen. Das Publikum wird schließlich durch die Kunden repräsentiert, die sämtliche Erlebnisse bei der Inanspruchnahme des Angebots wahrnehmen.

Im Rahmen der Erfolgskontrolle gilt es schließlich, das Kundenerlebnis in Form eines Kundenbarometers stetig zu analysieren. Dabei ist es wichtig, dass mehrere Dimensionen abgefragt werden, die Interdependenzen zu verschiedenen Wirkungsgrößen ermittelt werden und ein periodischer Vergleich ermöglicht wird (Bruhn und Hadwich 2012, S. 26). Diese Kennzahlen werden übersichtlich für das Management in einem Kundendashboard zusammengefasst. Das Kundendashboard sollte so aufgebaut sein, dass pro Kundenkontaktpunkt mehrere Dimensionen analog der jeweils relevanten Treiber ermittelt werden und eine abschließende Kontaktpunktbewertung entsteht. Hierbei sollten alle Wirkungsstufen integriert werden, das bedeutet sowohl operative Kennzahlen wie die Länge, Schnelligkeit oder Fehlerquote der Interaktion, die Wahrnehmung beim Kunden und der daraus entste-

hende Unternehmenserfolg (Manning und Bodine 2012, S. 63–72). Oftmals ist es nicht möglich, die Kennzahlen direkt zu messen. Vielmehr gilt es, standardisierte Kundenbefragungen zu entwickeln, bei denen die latenten Variablen über Indikatoren abgefragt werden. In diesem Zusammenhang ist auch die Entwicklung einer Fehlerkultur zu nennen, da zwar die einzelnen Fehler oftmals als eher unbedeutend eingestuft werden, deren Summe allerdings erheblich sein kann und daher eine interaktions- und kanalübergreifende Transparenz nötig ist. Eine Übersicht zur Operationalisierung und Messung zentraler Konstrukte wird im folgenden Abschnitt (Abschn. 5.3.3) gegeben.

5.3.2.4 Exkurs zur Umsetzungsphase auf Basis der Nutzertypologien
Als exemplarische Detailierung des Customer Journey Design werden hier aufbauend auf der zuvor dargestellten Nutzertypologie ausgewählte Handlungsempfehlungen zur Verbesserung der Customer Experience vorgestellt. Dies ist keineswegs umfassend und greift lediglich ausgewählte Designvorschläge in der Umsetzungsphase auf. Es werden hierzu einzelne Touchpoints der typischen Journeys herausgegriffen, die es neu zu priorisieren und zu adaptieren gilt. Konkret werden vier Handlungsfelder herausgegriffen, die wesentlich für die Nutzertypen waren und innerhalb dieser Felder werden Handlungsempfehlungen abgeleitet. Abb. 5.16 gibt einen Überblick über die identifizierten Handlungsfelder.

Das **erste Handlungsfeld** bildet der Touchpoint Amazon. Es hat sich gezeigt, dass die Brand Lover vorrangig diejenigen sind, die Amazon als Kaufkanal nutzen. Diese markenaf-

Abb. 5.16 Exemplarische Handlungsempfehlungen auf Basis der Nutzertypen

fine Zielgruppe, die gleichzeitig auch Amazon-käufer sind, sollte das Unternehmen aktiv ansprechen, indem das Potenzial von Amazon noch besser genutzt wird. Grundsätzlich gilt es, dafür die Listung der eigenen Produkte auf Amazon zu erreichen und zusätzlich für eine professionelle und ansprechende Produktpräsentation zu sorgen. Die Kunden sollten jederzeit in der Lage sein, alle Produkte, die sie über Offlinekanäle finden können, auch auf Amazon zu erwerben. Nur so ist es für das Unternehmen möglich, Amazon als alternativen Vertriebskanal zu etablieren. Neben diesen „Hygienefaktoren" sollten neue Wege gefunden werden, um über den Kanal Amazon noch mehr auf die Bedürfnisse des Social Shoppings einzugehen. So könnten zum Beispiel im Rahmen der Produktinformationen Hyperlinks eingebaut werden, die auf Blogs oder Youtube-Channel von Produkttestern verweisen. Über diesen Weg nutzt man die eigenen Kunden als „Co-Creator" der Marke und stellt zudem einen direkten Kontakt zwischen den unterschiedlichen Nutzern der eigenen Marke her. Zusätzlich bietet Amazon für Unternehmen die Möglichkeit, die Kunden langfristig an die eigene Marke zu binden. Diese Kundenbindung erfolgt über eine automatische Nachbestellung der zuvor erworbenen Produkte per Knopfdruck: den Amazon-Dash-Button (siehe Abb. 5.17). Der per WLAN verbundene Amazon-Dash-Button ist an ein bestimmtes Produkt gekoppelt, welches dann per Knopfdruck nachbestellt wird. Dash-Buttons werden bereits von einigen Marken wie Persil, NIVEA und Pampers genutzt. Für Unternehmen ist dies eine attraktive Möglichkeit, Nachkäufe zu generieren. Dennoch bleibt abzuwarten, wie und in welcher Form der Dash-Button in Zukunft verfügbar sein wird, da die Verbraucherzentrale NRW aktuell einen Rechtsstreit bezüglich des Amazon-Dash-Buttons führt (Verbraucherzentrale Bundesverband, 2018).

Jeder dritte Käufer des K+K-Markts gibt an, seine Einkäufe in Zukunft online abwickeln zu wollen (KPMG 2016). Diese Entwicklung wird die Bedeutung von Amazon für Industrieunternehmen maßgeblich erhöhen. Eine frühzeitige Strategie zur Nutzung und Gestaltung dieses Touchpoints ist folglich unabdingbar.

Abb. 5.17 Amazon-Dash-Button. (Quelle: Amazon.de)

Das **zweite Handlungsfeld** bezieht sich auf die effektive Steuerung markeneigener Touchpoints zur Steigerung der Brand Experience. Es gibt einen signifikanten, positiv gerichteten Zusammenhang zwischen der Nutzung markeneigener Touchpoints und der Brand Experience sowie der Kundenloyalität. Für Unternehmen ist es daher von immenser Bedeutung, markeneigene Touchpoints so effizient wie möglich zu gestalten, um die vom Kunden wahrgenommene Brand Experience zu steigern. Als Ansatzpunkte zur Gestaltung der Brand Experience Touchpoints sind folgende vier Optionen berücksichtigt: sensorisch, affektiv, verhaltensbezogen und intellektuell. Die sensorische Option setzt voraus, dass Touchpoints so gestaltet werden, dass sie die Sinne und Empfindungen der Nutzer ansprechen. Dies kann bei Offlinekanälen insbesondere über Testerprodukte am POS geschehen. Aber auch Duftterminals stellen gute Möglichkeiten bereit, die sensorische Ansprache zu verbessern. Die affektive Option zielt darauf ab, dass über die Touchpoints bestimmte Emotionen und Gefühle transportiert werden. Das Erzeugen von Emotionen erfolgt durch die Corporate Identity und konkret über Bewegtbild, Markensprache, Markenbilder, Produkte und Tonality. Die verhaltensbezogene Option strebt an, die Aktivität der Nutzer über einen Touchpoint zu stimulieren. Dies kann zum Beispiel dadurch gelingen, dass Szenarien der Produktnutzung aktiv über die Touchpoints kommuniziert werden. So kann beispielsweise im Rahmen einer Deodorantkampagne auf die Nutzung in verschiedenen Stresssituationen hingewiesen werden. Die intellektuelle Option kann meist über edukative Touchpoints angeregt werden. So kann eine Marke über die eigene Website und eigene Social-Media-Kanäle auch Themen wie die Nachhaltigkeit der Verpackungsmaterialien oder die Wirkungsweise einzelner Inhaltsstoffe thematisieren. Neben der Verbesserung der markeneigenen Touchpoints anhand der vier Optionen von Brand Experience ist in diesem Handlungsfeld noch ein zweiter Faktor von großer Bedeutung, der zuvor als Allianzorientierung beschrieben wurde. Da die Grenze zwischen markeneigenen und Partner-Touchpoints meist sehr unklar ist bzw. auch oft verschwimmt, sollten Unternehmen auf die Partner-Touchpoints noch stärkeren Einfluss nehmen. Dies funktioniert durch eine intensive und strategische Kooperation zwischen Industrie und Handel. Industrieunternehmen sind dann in der Lage, auch in Verkaufsräumen von Drittanbietern (sowohl online als auch offline) die eigenen Produkte bestmöglich zu platzieren und zu bewerben. So können gemeinsame Ladenkonzepte und In-Store-Aktivierungsmaßnahmen entwickelt werden. Darüber hinaus kann gemeinsamer Content über die Social-Media-Kanäle beider Unternehmen gespielt werden. Letztendlich ist es sogar bei externen, sozialen und unabhängigen Touchpoints für Unternehmen möglich, Einfluss auf diese auszuüben. Studien haben belegt, dass Konsumenten insbesondere von den Posts und vom Verhalten anderer beeinflusst werden (De Vries et al. 2012). Diese Erkenntnis kann genutzt werden, indem Unternehmen die Zusammenarbeit mit Influencern forcieren und Bloggerevents veranstalten, um die eigenen Produkte und die eigene Marke ins Gespräch zu bringen.

Das zweite Handlungsfeld hat auf der einen Seite exemplarische Empfehlungen aufgezeigt, um markeneigene Touchpoints noch effektiver zu gestalten. Auf der anderen Seite hat es gezeigt, das Unternehmen auch andere Touchpoints stark beeinflussen und für die eigene Marke nutzen können.

Das **dritte Handlungsfeld** bezieht sich auf den Touchpoint-Instagram. Die Ergebnisse haben die hohe Relevanz von Instagram als Medium zur Kaufvorbereitung, insbesondere im Cluster der Enthusiastic Shopping Youngsters, deutlich gemacht. Um das Potenzial dieses Kanals in Zukunft noch besser ausschöpfen zu können, sollte Instagram als Touchpoint nicht nur im Rahmen der Informationssuche und Kaufvorbereitung von Nutzern verwendet werden, sondern auch direkt zum Kauf. Die direkte Shoppingoption hat Instagram im März 2018 in Deutschland ausgerollt. Seitdem ist es für Unternehmen möglich, ihre Produkte auf Posts mit einem Preis zu versehen und eine direkte Weiterleitung zum Onlineshop zu veranlassen. Die Option wird in Deutschland bereits von vielen Marken genutzt, so zum Beispiel von Reebok oder Kapten & Son. Eine exemplarische Darstellung zur Instagram-Kaufoption ist in Abb. 5.18 zu finden.

Der Wechsel des Touchpoints zwischen Kaufvorbereitung und Kauf bedeutet immer, dass die Customer Journey für einen Moment unterbrochen wird, wobei durch diesen Bruch die Gefahr besteht, dass der Kunde die Customer Journey nicht wieder aufnimmt. Die Nutzung der Kaufoption mindert dieses Risiko. Ein Nutzer, der sich zur Informationssuche auf Instagram befindet und seine Kaufentscheidung trifft, kann ohne Kanal- oder Touchpointwechsel und somit ohne Risiko der Unterbrechung, direkt über den gleichen Kanal auch seinen Kauf abwickeln. Derzeit nutzen noch wenige Unternehmen im Bereich der Körperpflege und -kosmetik die Kaufoption. Instagram ist aber aktuell ein bedeutender Kanal und daher sollten zukünftig alle Potenziale dieses Touchpoints durch Unternehmen ausgeschöpft werden.

Das **vierte Handlungsfeld** bezieht sich auf den Convenience Faktor beim Onlinekauf von K+K. Die Ergebnisse haben gezeigt, dass die Kunden, welche einen starken Fokus auf Convenience

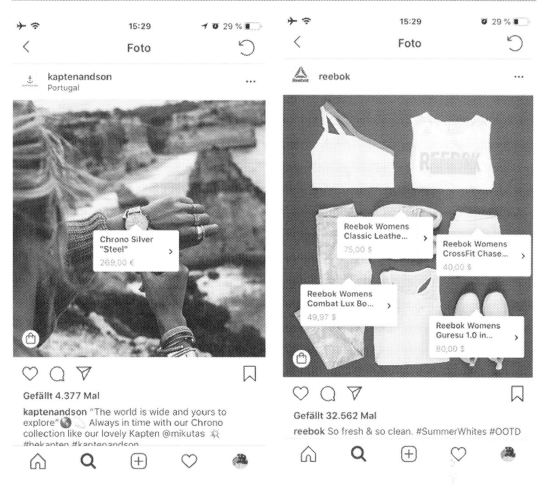

Abb. 5.18   Instagram-Kaufoption. (Quelle: Instagram)

legen, gleichzeitig diejenigen sind, die am wenigsten Online-Touchpoints zum Kauf nutzen. Die Erkenntnis legt nahe, dass es der Onlinehandel im K+K-Markt aktuell nicht schafft, die Bedürfnisse dieser Kunden zu befriedigen. Neben den offensichtlichen Grundanforderungen (breites Sortiment, keine/günstige (Rück-)Versandkosten, kurze Lieferzeiten etc.) der Konsumenten sollten zusätzlich neue Strategien gefunden werden, um die Convenience des Onlineshoppings zu erhöhen. Eine Möglichkeit könnte die Verknüpfung von K+K-Produkten mit Produkten anderer Branchen unter einem gemeinsamen Themendach sein. Ein Beispiel dazu ist die Zusammenarbeit von C&A und NIVEA zur Sommermodekollektion 2018. Unter dem gemeinsamen Themendach „Zusammen für länger schöne

Bademode" sind die NIVEA Sonnenpflege Produkte auf Displays in den C&A-Filialen verkauft worden. Die Abb. 5.19 zeigt ein Kommunikationsbeispiel für das Themendach der beiden Marken.

Analog zu diesem Beispiel aus dem stationären Handel könnten auch Onlinethemendächer entwickelt werden. So lassen sich K+K-Produkte häufig in Verbindung mit Produkten aus Branchen, die bereits eine deutlich höhere Akzeptanz im Onlinevertriebskanal haben, bringen. Der Vorteil wäre hier, dass K+K-Produkte zusätzlich bzw. ergänzend im Warenkorb landen. Eine strategische Zusammenarbeit mit Industrieunternehmen anderer Branchen stellt für den K+K-Markt einen wichtigen Baustein dar, um Online-Touchpoints zukünftig als Kaufoptionen zu etablieren.

Abb. 5.19   Themendach als Allianzoption. (Quelle: Beiersdorf AG)

Basierend auf diesen exemplarischen Gestaltungen einzelner Touchpoints oder einer ganzen Journey ist erkennbar, dass Customer Experience-Unternehmen die Möglichkeit zur Innovation und Differenzierung auf einem sonst bereits stark gesättigten Markt bieten. Die Abb. 5.20 liefert abschließend die exemplarische Illustration einer Customer Experience-Ergebnisvisualisierung.

5.3.3   Operationalisierung und Messung der Customer Experience

Um die Customer Experience aktiv zu managen, müssen die Konstrukte greifbar gemacht werden. Zentrale Fragestellung ist, wie Customer Experience zu messen ist. „If You Can't Measure It, You Can't Manage It" – diesem Leitsatz folgend, sind die vorab vorgestellten Konstrukte als Bausteine der Customer Experience zu detaillieren. Nicht zuletzt muss es geleistet werden, erstens die Konstrukte verständlich zu machen (**Was**) und zweitens die Konstrukte zu operationalisieren (**Wie**). Der erste Punkt ist im aktuellen Stand

der Diskussion bedeutsam. Customer Experience und auch Customer Journey Experience sind von hoher Bedeutung. Die intensive Auseinandersetzung in Forschung, aber insbesondere auch in der Praxis zeigen, dass die Customer Experience ein zentraler Erfolgsfaktor ist. Leider ist die Customer Experience dabei – bislang – in der Diskussion wenig transparent und es besteht kaum Einigkeit, was genau in dieser Experience aktiv zu managen und zu messen ist. Die dargestellte Total Customer Experience mit den Komponenten der Customer Journey- und Brand Experience sind nun konkrete Handlungsfelder. Auf Basis dieser beiden Bausteine kann die Experience aktiv gestaltet werden. Und die Mechanik der Experience ist anschaulich geworden: Es gibt Instrumente, um auf die Total Customer Experience einzuwirken. Hier kann zukünftig konkretisiert werden, wie und inwieweit ein Instrument die Journey oder eher die Brand Experience beeinflusst. Und die Effekte der Total Customer Experience auf nicht finanzielle – insbesondere Loyalität – und finanzielle Größen (Kauf, Share of Wallet, Wiederkauf) sind trennbar und abgegrenzt. Die genaue Bestimmung der (Total)

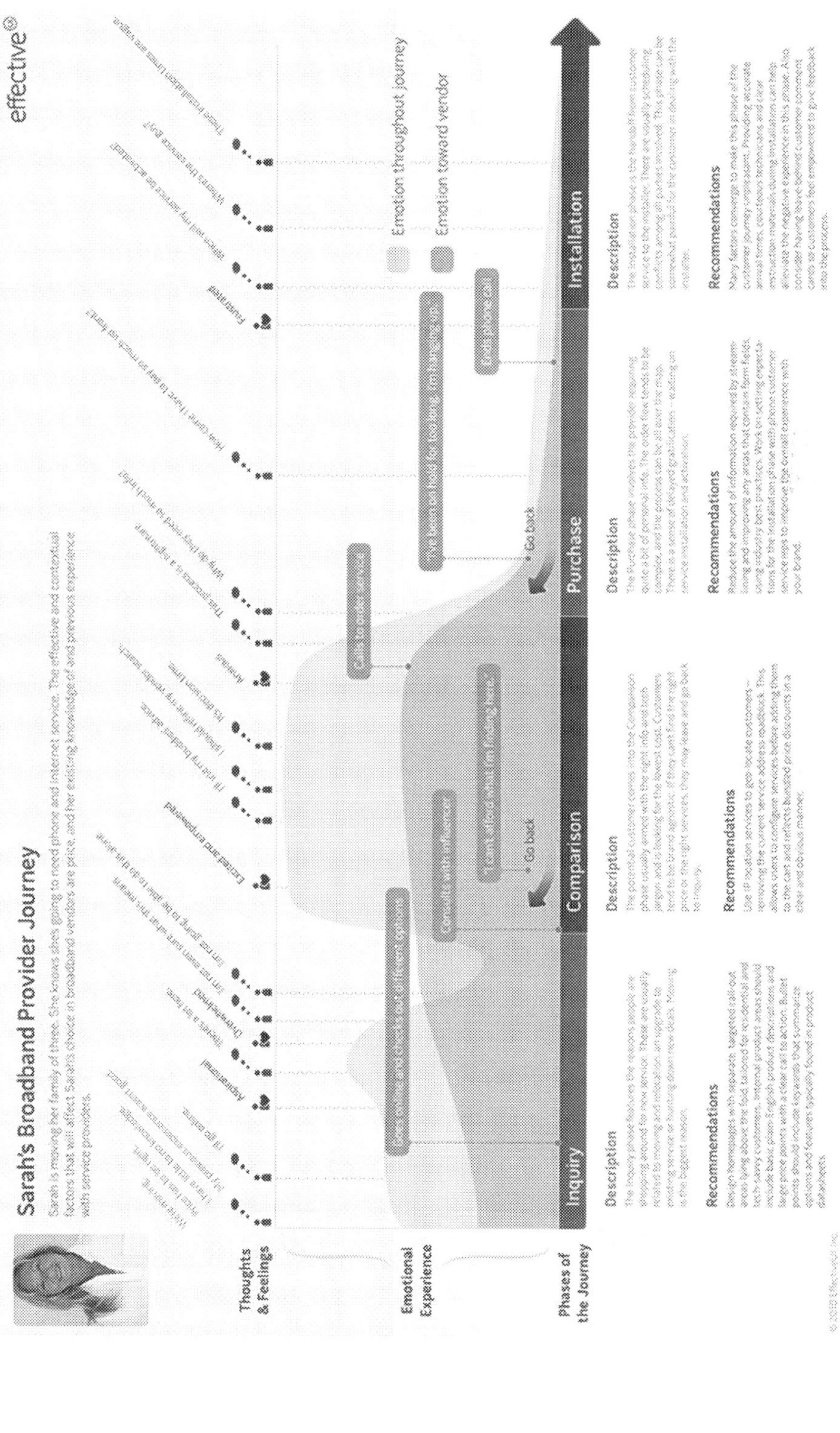

Abb. 5.20 Exemplarische Illustration einer Customer Experience-Ergebnisvisualisierung (Quelle: EffectiveUI, Inc)

Customer Experience durch Auseinanderlegung und Erklärung seiner Komponenten, Inhalte und wiederum der Einflussfaktoren und Effekte der Komponenten macht das Management erst möglich. Damit ist der zweite Punkt unmittelbar nachvollziehbar: Wenn das „Was" geklärt ist, ist das „Wie" zu nennen. Wie kann das, was die Customer Experience ist, mit beobachtbaren Sachverhalten bestimmt werden? Es ist sicherzustellen, dass eine eindeutige Beziehung zwischen Customer Experience und dem konkreten, beobachteten Sachverhalt besteht – also dem beobachteten Erleben und Erfahren einer Customer Journey und der spezifischen Brand zu der Customer Experience. Die Verwendung der direkt beobachtbaren Phänomene des Erlebens und Erfahrens muss immer gleich und einheitlich dem Konstrukt der Customer Experience zugeordnet werden können. Diese Zuordnung wird Operationalisierung genannt. Die Operationalisierung der Customer Experience ist notwendig, um greifbare Handlungsempfehlungen für Unternehmen ableiten zu können. Idealerweise gäbe es ein Messinstrument, um die Customer Experience in jeder Phase (Vorkauf-, Kauf- und Nachkaufphase) und an jedem Touchpoint messen zu können. Der aktuelle Forschungsstand hingegen ist noch undifferenzierter und kann bisher lediglich die Messung unterschiedlicher Teilbereiche der Customer Experience abdecken (Jozic 2015).

Klaus und Maklan (2011) entwickelten ein Messinstrument für die Total Customer Experience, den sogenannten EXQ: The Customer Experience Quality Scale. Nach diesem gibt es vier Facetten, die sich auf die Customer Experience-Qualität auswirken: Peace of Mind, Outcome Focus, Moments of Truth und Product Experience. Die Dimension Peace of Mind umfasst dabei die wahrgenommene Expertise und Servicequalität während der gesamten Customer Journey. Die Dimension Outcome Focus reflektiert die Zielorientierung einzelner Touchpoints im Zuge der Customer Journey. Moments of Truth betrachtet die Flexibilität und Serviceorientierung in unvorhergesehenen und meist komplizierten Phasen der Customer Journey. Der Teilaspekt Product Experience geht auf die Dynamiken des Entscheidungsprozesses im Rah-

men der Customer Journey ein. Klaus und Maklan konnten durch diesen Ansatz ein valides Messmodel für die Customer Experience-Qualität präsentieren und zugleich den positiven Zusammenhang zwischen EXQ und nachgelagerten Variablen wie Loyalität, Word of Mouth und Kundenzufriedenheit belegen (Klaus und Maklan 2011).

Im Rahmen dieser Ausführungen wird das vorgeschlagene Messinstrument der Customer Experience von Jozic (2015), welches Total Customer Experience als Summe aus Brand Experience und Customer Journey Experience definiert, vorgestellt. Ein bereits untersuchter Teilbereich ist die Entwicklung eines Messinstruments für Brand Experience durch Brakus et al. (2009). Die Brand Experience wird in dem Model von Jozic thematisiert, im Model von Klaus/ Maklan spielt sie eine untergeordnete Rolle.

Das Konstrukt Customer Experience ist von Jozic konzeptualisiert worden (Jozic 2015). Er zeigte, dass Customer Journey Experience durch die drei Dimensionen, thematischer Zusammenhang von Touchpoints, Kontextsensitivität von Touchpoints und Konsistenz von Touchpoints beschrieben werden kann. In der Abb. 5.21 ist die Messung der Customer Experience und nachgelagerter Effekte aufgezeigt. Zur Beschreibung der einzelnen Faktoren und Reliabilitäten wird auf die Arbeit von Jozic 2015 verwiesen.

Eine Operationalisierung der Brand Experience erfolgte durch Brakus/Schmitt/Zarantonello, die ein Messinstrument mit vier verschiedenen Dimensionen entwickelt haben. Die herausgearbeiteten Dimensionen sind sensorisch, affektiv, verhaltensbezogen und intellektuell (Brakus et al. 2009). Auch hier ist zur besseren Übersicht die Itemanzahl reduziert worden. Es wurde je ein Item pro Dimension illustriert, das Messinstrument hingegen bietet pro Dimension mehrere Items an.

Die utilitaristische und hedonistische Markeneinstellung kann mit einer Skala gemessen werden, die von Voss, Spangenberg und Grohmann 2003 entwickelt worden ist. Dieses Messinstrument besteht aus fünf Adjektivpaaren zur Messung der utilitaristischen Markeneinstellung (nicht effektiv und effektiv; nicht funktional und

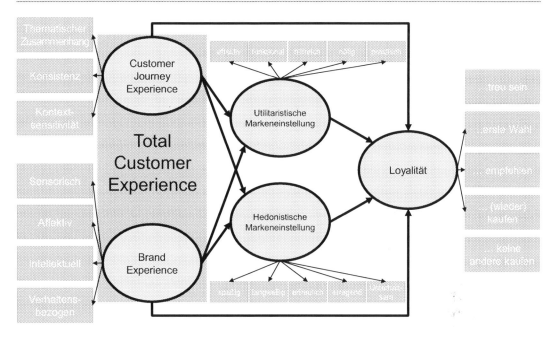

Abb. 5.21 Messung der Customer Experience und Effekte. (Quelle: in Anlehnung an Jozic 2015)

funktional; nicht hilfreich und hilfreich; nicht nötig und nötig; nicht praktisch und praktisch) und aus fünf Adjektivpaaren, die sich auf die Messung der hedonistischen Markeneinstellung (nicht spaßig und spaßig; langweilig und aufregend; nicht erfreulich und erfreulich; abstoßend und erregend; nicht unterhaltsam und unterhaltsam) beziehen (Voss et al. 2003).

Das Konstrukt Kundenloyalität kann mit einer Standardskala gemessen werden, die bereits im Jahr 2001 von You/Donthu entwickelt wurde. Das – reduzierte – Items Set ist „In Zukunft würde ich dieser Marke treu sein", „Diese Marke würde in Zukunft meine erste Wahl sein", „Ich würde diese Marke einem Freund empfehlen", „Ich würde diese Marke (wieder-)kaufen" und „Wenn diese Marke verfügbar ist, würde ich keine anderen Marken kaufen" (You und Donthu 2001).

Manager können das hier vorgestellte Messinstrument nutzen, um entsprechende Customer Experience-Investitionen valide zu bewerten, zu monitoren und in Relation zu Wettbewerbern und dem zeitlichen Ablauf zu benchmarken. Das Messinstrument ist kurz, einfach zu handhaben und in den unterschiedlichsten B2C-Märkten an-

wendbar. Die Messung von Customer Experience sollte aber noch intensiver vorangetrieben werden. Es stellt sich beispielsweise die Frage, wie Customer Experience entlang unterschiedlicher Touchpoints gemessen werden kann und ob gegebenenfalls unterschiedliche Messverfahren an unterschiedlichen Touchpoints vorteilhaft sind.

5.4 Omni-Channel

> Das Internet ist wie eine Welle: Entweder man lernt, auf ihr zu schwimmen, oder man geht unter. (Bill Gates)

Die Customer Experience zeigt die Entwicklung auf, die sich an der Schnittstelle der eCommerce-Unternehmen und der Kunden vollzieht. Die Qualität, Form und der Inhalt der Kundenbeziehung im eCommerce verändert sich spürbar und rasant. Und um den Führungsanspruch und der Autonomie des Kunden, seiner hohen Wechselbereitschaft und -möglichkeiten sowie auch den Erlebnisansprüchen des Kunden zu genügen, sind die Kanäle als zentrale Schnittstelle anzupassen. Die aktuelle Dynamik an diesen Schnittstellen resultiert demnach aus den Veränderungen in den Kundenbeziehungen und dem kontinuier-lichen Anstieg in der Nutzung moderner Infor-mations-und Kommunikationstechnologien. Eta-blierte Handelsunternehmen und auch neue Marktteilnehmer im eCommerce versuchen, die Möglichkeiten des „E-Business" in ihr Verkaufs-umfeld zu integrieren und Konsumenten auf eine multipotionale Weise zu erreichen (Heinemann 2013, S. 7). Die Veränderung in der Kanalgestal-tung ist insofern ganz wesentlich als Resultat ei-nes aktiven Customer Experience Managements zu verstehen.

Die zunehmende Integration von Kundenwis-sen, die Verschmelzung von Touchpoints und die Vernetzung aller Zugangspunkte treiben die bis-herige, aktuelle und zukünftige **Kanalentwick-lung**. Abb. 5.22 zeigt, dass die Kanalentwicklung als Evolution zu begreifen ist.

Die Integration digitaler, aber auch nicht digi-taler Vertriebskanäle sowie deren parallele Nut-zung wird als **Multi-Channel-Management** be-zeichnet. Multi-Channel bedeutet: Mindestens zwei Kanäle werden angeboten, wobei ein On-linekanal existieren muss, um dem Anspruch des Multi-Channel in seiner engeren Begriffsfassung gerecht zu werden. Charakteristisch ist, dass die Channel in diesem Stadium eher unkoordiniert

eingesetzt sind. Das heißt, die eCommerce-Un-ternehmen vertreiben ein Produktportfolio über ihre Online- und Offlinekanäle, die Nutzung der Kanäle erfolgt aber eher nicht kontextabhängig und nutzerspezifisch und das eCommerce-Unter-nehmen kann die Integration auch nicht aktiv steuern. Cross-Channel bedeutet: Integration der Kanäle durch den Einsatz kanalübergreifender Leistungen. Meist wird hier gefordert, dass min-destens ein mobiler Kanal angeboten wird. Die Abstimmung und Harmonisierung der verschie-denen Kanäle erfolgt mit dem Ziel, ein kanal-übergreifendes und simultanes Einkaufserlebnis zu realisieren. **Omni-Channel** schließlich be-deutet: Es wird die volle Echtzeitintegration der Online-, Offline- und Mobile-Kanäle vorausgesetzt. Es existiert ein Cross-Channel-Management in seiner ausgeprägtesten Form. Der sozialen, loka-len und mobilen Vernetzung entlang des Kauf-prozesses wird eine zentrale Rolle beigemessen (SoLoMo-Ansatz -> = social/local/mobile). Die Nutzung der Kanäle erfolgt nicht mehr nur se-quenziell, sondern multioptional sowie persona-lisiert (Touchpoint-Ansatz) und die Interaktion ist simultan in Echtzeit. Dies bedeutet, dass die Informationsbereitstellung in allen Kanälen identisch ist, ebenso wie die Preise und die Ein-

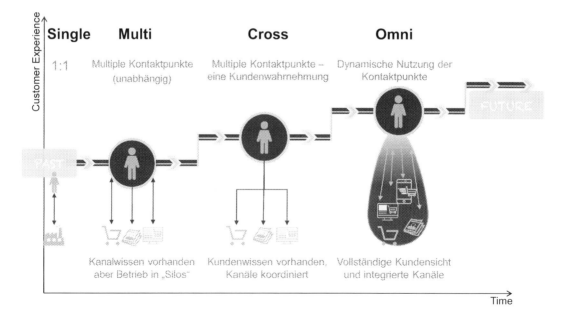

Abb. 5.22 Die Channel-Evolution

fachheit des Kaufprozesses. eCommerce-Unternehmen, die sich durch eine Vielzahl möglicher Kunden-Touchpoints, einen hohen Anteil des Onlinegeschäfts am Umsatz und eine stark integrierte Customer Journey auszeichnen, die an jedem Ort, zu jedem Zeitpunkt sämtliches Wissen zum Kunden bereithalten und aktiv sein individuelles, kontextbezogenes Kundenerlebnis gestalten, können sich in dem Bereich des Omni-Channels verorten (vgl. Kassun 2015, S. 15–20).

Zusammenfassend ist festzuhalten, dass durch die Evolution die Distanz zwischen dem Kunden und dem eCommerce-Unternehmen verringert, wenn nicht sogar beseitigt ist. Somit sind auch die bisherigen Grenzen von Raum, Zeit und Verfügbarkeit aufgehoben (Esch und Knörle 2016, S. 124). Der Wandel hin zu einem Einkaufserlebnis, in dem der Kunde zu jeder Zeit auf Produkte und Leistungen mittels jedes belieben Absatzkanals zugreifen kann, hat den Begriff des Omni-Channel-Retailings geprägt.

5.4.1 Funktion und Formen von Channels

Um Omni-Channel zu verstehen, ist die Auseinandersetzung mit den **Funktionen eines Channels** ein guter Ansatzpunkt. Der Channel stellt den Weg von der Produktion der Produkte und Leistungen hin zum Kunden dar. In diesen Kanälen positioniert sich der Handel, in den explizit digitalen Kanälen der eCommerce. Der Begriff Channel wird meist synonym mit Absatzkanal, Absatzweg, Vertriebsweg, Distributionsweg, Distributionskanal und einigen weiteren Begriffen verwendet. Schögel definiert den Channel bzw. Absatzkanal wie folgt: „Absatzkanäle sind die Gesamtheit aller Güter-, Geld- und Informationsströme zwischen Hersteller und Konsumenten. Sie konstituieren sich durch die Organisationen und Akteure, die somit am Prozess beteiligt sind, um ein Produkt oder eine Dienstleistung zur Verwendung oder zum Verbrauch verfügbar zu machen. Die Übernahme der Ströme durch die Organisation und Akteure stellen wertschöpfende Aktivitäten dar, sodass Absatzkanäle auch als

Wertketten betrachtet werden können" (Schögel 2012, S. 37). Der Channel ist prinzipiell als System zu verstehen, das absatzwirtschaftliche Aktivitäten möglichst effizient löst, um einen optimalen Fluss von Sachgütern und Dienstleistungen zu gewähren. Aus Kundensicht stellt der Channel die Unternehmensleistung in den Vordergrund, die durch die Verfügbarkeit der Produkte, kurze Lieferzeiten, Kundenansprache oder anderen Parametern determiniert wird. Der Kanal als Instrument der physischen und nicht physischen „Marketingflows" kann durch die bestehenden Ströme zwischen Hersteller, Distributor und Kunden dargestellt werden. Abb. 5.23 fasst die Mehrzahl aller Flüsse eines Channels zusammen.

Diese Channel können grob in Offline- und Onlinekanäle unterteilt werden. Die Channel also, die ohne das Internet und jene, die nur mittels Internet genutzt werden können. Als Offline-Channel werden die traditionellen Absatzkanäle bezeichnet. Dies sind sowohl die klassischen stationären Geschäfte als auch die Bestellung über den gedruckten Katalog (Heinemann 2009, S. 48). Im stationären Channel ist der direkte Kontakt zwischen Kunden und Anbieter meist die Regel. Dabei ist festzustellen, dass die Grenzen zwischen Offline- und Online-Channeln keinesfalls klar zu ziehen sind, da, wie in Abbildung Abb. 5.23 dargestellt, eine Vielzahl an Flüssen existieren, die in Teilen sowohl offline als auch online „fließen" bzw. durchgeführt werden können. So ist in nahezu jedem Channel die Zahlung mit elektronischen Transaktionssystemen die Regel. Konstituierend für „offline" ist daher die Differenzierung nach Art der Bestellung: Bei offline kann die Bestellung ohne digitales Medium und nicht via Internet erfolgen. Bei online muss die Bestellung via digitales Medium und Internet erfolgen. Als die wohl am häufigsten auftretenden **Formen der klassischen Offline-Channel** können unterschieden werden:

- **Herstellerlagerung mit Direktlieferung**: Das Produkt wird direkt vom Hersteller am Händler (der die Bestellung entgegennimmt und die Lieferanfrage initiiert) vorbei an den Endkunden geliefert. Diese Option wird auch als Streckengeschäft (Streckenhandel oder

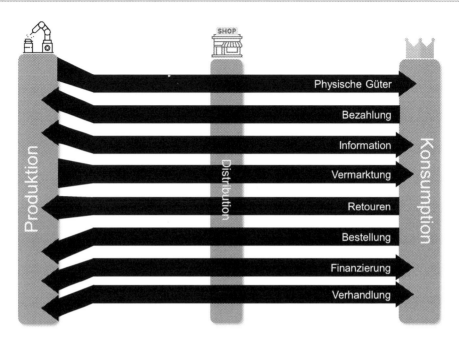

Abb. 5.23 Flüsse innerhalb eines Channels. (Quelle: in Anlehnung an Bowersox und Morash 1989, S. 58)

engl. Dropshipping) bezeichnet (Chopra und Meindl 2014, S. 87). Die Touchpoints des Kunden finden in diesem Channel mit dem Hersteller und Händler statt.

- **Zwischenschaltung eines Distributionszentrums vom Händler/Logistiker**: Hierbei werden die Bestellungen zunächst zum Distributionszentrum des Händlers/Logistikers geliefert, zwischengelagert, zu den individuellen Lieferungen zusammengefasst und dann gebündelt ausgeliefert. Anders als bei einer reinen Direktlieferung, wo jedes Produkt des Auftrags direkt vom Hersteller an den Endkunden versandt wird, werden bei der Transportbündelung Teile des Auftrags zusammengeführt, die von verschiedenen Bezugsquellen stammen, sodass der Kunde nur eine einzige Lieferung erhält (Chopra und Meindl 2014, S. 89). Die Touchpoints des Kunden finden in diesem Channel mit dem Hersteller und je nach Ausgestaltung mit dem Händler und/oder Logistiker statt.
- **Lieferung über einen Großhändler**: Großhändler stellen die Verbindung zwischen dem Hersteller und dem Einzelhandel dar. Der Großhändler kauft die Herstellerleistung in großen

Mengen und liefert diese an den Kunden. Häufig wird die Lieferung über Third-Party- Distributionsservices sichergestellt: Bei dieser Art der Distribution werden Dienstleister zwischengeschaltet, die sich auf die Distribution spezialisiert haben (Chopra und Meindl 2014, S. 91). Die Touchpoints des Kunden finden in diesem Channel eigentlich nur mit dem Händler statt (ggf. mit dem Third-Party-Dienstleister).

- **Lagerung beim Einzelhändler und Abholung durch den Kunden**. Bei dieser Option, die häufig als die traditionellste Art des Vertriebs angesehen wird, findet die Lagerung vor Ort beim (Einzel-)Händler statt. Der Kunde geht in den Laden und holt die Leistung dann dort ab (Chopra und Meindl 2014, S. 97). Die Touchpoints des Kunden finden in diesem Channel ausschließlich mit dem Einzelhändler statt.
- **Lagerung beim Hersteller/Zwischenhändler und Abholung durch den Kunden** (an fixen Abholstellen). Der Bestand wird im Lager des Herstellers oder Zwischenhändlers gelagert, aber die Kunden platzieren ihre Aufträge online oder per Telefon und holen dann ihre Ware an vorgegebenen Stationen ab (Chopra und Meindl 2014, S. 95).

- **Bestellung über den gedruckten Katalog**: Dieser Absatzkanal zeichnet sich dadurch aus, dass der Kunde einen Katalog nach Hause geschickt bekommt. Die Bestellung der Güter wird direkt über den Katalog abgewickelt, indem beispielsweise ein dem Katalog beigefügter Bestellschein ausgefüllt und von dem Konsumenten in die Post gegeben wird. Daraufhin werden die Bestellungen vom Hersteller oder dessen Dienstleister in Pakete kommissioniert und durch den „Parcel Carrier" zum Konsumenten nach Hause geliefert (Rushton et al. 2007, S. 60). Dieser Kanal agiert nach dem Distanzprinzip, welches bedeutet, dass der Händler und der Kunde nicht physisch in Kontakt treten, sondern durch Medien kommunizieren (Heinemann 2011, S. 21). Die Hersteller haben dadurch die Möglichkeit, direkt mit dem Konsumenten ins Geschäft zu kommen und dabei den Handel auszuschließen (Schögel 2012, S. 72). Die Touchpoints des Kunden finden in diesem Channel ausschließlich mit dem Hersteller statt.

Sowohl bei den Formen, in denen die Leistungen geliefert werden, als auch in den Abholvarianten wird, wie erwähnt, der reine Offlinecharakter zunehmend aufgebrochen. Albertsons ist ein Beispiel für ein Unternehmen, das mehrere Optionen für die Aufgabe von Bestellungen bietet. Albertsons nutzt seine Standorte zum Teil als Supermarkt und zum Teil als Auftragsabwicklungszentrum. Die Kunden können in den Laden gehen oder online bestellen. W. W. Grainger ist ein B2B-Beispiel: Die Kunden können online, telefonisch oder persönlich bestellen und ihre Bestellung dann in einer der Verkaufsstellen von W. W. Grainger abholen. Weitere Beispiele sind 7dream.com und real drive. Hier können die Kunden ihre Onlinebestellungen in einer bestimmten Filiale abholen. Um sich gegenüber den stark zunehmenden eCommerce-Unternehmen positionieren zu können, werden viele Händler mit gutem stationärem Filialnetz zu Abholstellen/-zentren. Beispiel: Ein Onlinehändler führt eine Bestellung über Seven-Eleven aus, das heißt, die Ware wird zu den entsprechenden Ver-

kaufsstellen geschickt. Durch die Funktion als Verkaufsstelle für Onlinebestellungen kann Seven-Eleven die Auslastung der bestehenden logistischen Einrichtungen verbessern.

Der Online-Channel ist ähnlich zu der Bestellung über den Katalog. Die über das Internet bestellten Produkte werden mittels Paketen zu dem Kunden nach Hause geliefert. Bei digitalen Produkten wie Musik, Software oder Filmen kann die Lieferung darüber hinaus direkt auf den Computer des Kunden erfolgen (Rushton et al. 2007, S. 60). Für die weitere Betrachtung sind die **Formen von Online-Channels** relevant, die aus Sicht des Nutzers einen wohl eigenen Nutzungskontext darstellen. Als die aus Nutzersicht wohl am deutlichsten diskriminierenden Formen sind die Nutzung des Internets im Kontext mit stationären Endgeräten als „stationärer Online-Channel", über die „Mobile Channel", die „Social Channel" und im Nutzungskontext mit sogenannten „Location-based Services" zu unterscheiden:

- **Stationäre Online-Channel**: Der Nutzungskontext bei privaten, stationären Endgeräten ist ortsabhängig, aber zeitunabhängig. Im Vordergrund stehen das Informieren, Vergleichen und Abrufen von Informationen. In diesem Nutzungskontext ist der Anspruch, dass der Point of Information (POI) auch gleichzeitig der Point of Sale (POS) ist, am stärksten. Stand im Offline-Channel die Anbieterauswahl zeitlich vor der konkreten Produktauswahl, so ist nun eine parallele und simultane Auswahl von Anbieter und Produkt möglich und der Kauf kann unmittelbar erfolgen. Die Touchpoints des Kunden finden in diesem Channel ausschließlich mit dem (jeweiligen) Hersteller statt.
- **Mobile Channel** sind orts- und zeitunabhängig: Die Touchpoints des Kunden finden in diesem Channel ausschließlich mit dem Hersteller statt. Die wichtigsten Unterformen im Mobile Channel sind:
  - Mobile-Shopping-Webseite: Der Kunde greift über sein mobiles Endgerät auf die mobile Webseite zu. Vorteil hierbei ist, dass das eCommerce-Unternehmen für den Betrieb der Webseite verantwortlich ist und

somit direkten Einfluss auf die Customer Experience und direkten Zugriff auf die Nutzerdaten hat (Heinemann 2012, S. 8).

– Mobile-Shopping-Apps: Eine App bzw. Applikation muss aktiv durch den Nutzer installiert werden, ist betriebssystemabhängig und kann kostenpflichtig verfügbar gemacht werden. Applikationen lassen sich meist schneller nutzen als mobile Webseiten, da sie meist auf eine Aufgabe oder Funktion zugeschnitten sind (Heinemann 2012, S. 8–9).

– QR-Scan-Retail: Durch die im Smartphone verbaute Kamera können QR-Codes gescannt und Produkte über einen virtuellen Store angeboten und eingekauft werden. Diese Art des Mobile Shoppings ermöglicht es dem Kunden, erweiterte Informationen zu den Produkten einzusehen und diese direkt nach Hause liefern zu lassen. Für den Handel bietet der QR-Scan den Vorteil, dass Produkte nicht physisch vorgehalten werden müssen, das heißt, keine Regale gefüllt, ggf. nicht einmal ein (realer) Laden existieren muss (Heinemann und Gaiser 2016, S. 89).

• **Social Channel** sind orts- und zeitunabhängig. Die Touchpoints des Kunden finden in diesem Channel ausschließlich mit dem Betreiber der sozialen Plattform statt – dies sind nur in Ausnahmen die Hersteller oder Händler. Die sozialen Kanäle sind kein klassischer Distributionskanal, über den Produkte vertrieben werden, sondern originär ein Informationskanal. Trotzdem nehmen auch die Bestrebungen erkennbar zu, die Customer Journey nicht aufzubrechen und den Kauf direkt auf dem Social Channel durchzuführen. Die wichtigsten Unterformen sind:

– **Blogs:** Ein Blog stellt eine Website dar, auf der Texte für Internetnutzer oder einen bestimmten Leserkreis veröffentlicht werden. Blogs dienen der Informationswieder und -weitergabe und werden sowohl von Unternehmen, als auch unabhängigen Autoren genutzt (Ceyp und Scupin 2013, S. 23–28).

– **Videoportale:** Videoportale stellen Videos bereit, die von einem Nutzer betrachtet oder auch hochgeladen werden können. Youtube ist das mit Abstand bekannteste Portal, das mittlerweile mehr als eine Milliarde Videos im Bestand hat. Videoportale bieten einem eCommerce-Unternehmen die Möglichkeit, Produkte auf jedem smarten Endgerät weltweit zu präsentieren (Ceyp und Scupin 2013, S. 70).

– **Foren:** In Foren können Kunden ihre Erfahrungen oder Probleme mit einem bestimmten Produkt oder einer Dienstleistung veröffentlichen und sich hierzu auszutauschen. eCommerce-Unternehmen haben über Foren die Möglichkeit, auf eventuelle Fragen zu den Produkten einzugehen, Informationen zum Ge- und Verbrauch zu finden und auch typische Probleme zu erkennen (Ceyp und Scupin 2013, S. 89–90).

– **Communitys:** Zu den Communitys zählen Netzwerke wie Facebook, Instagram, LinkedIn, XING, Google+, Snapchat und weitere Plattformen. Über diese Communitys können eCommerce-Unternehmen eigene Auftritte zu ihrem Unternehmen, den Marken und Lösungen erstellen. Eine sehr einfache Verknüpfung der eigenen Webseite mit den sozialen Communitys stellt die Einbindung eines „Gefällt mir"- oder „Teilen"-Buttons auf dem Community-Auftritt dar. Mithilfe des Buttons können die Nutzer dann Beiträge auf ihrem persönlichen Profil vermerken, wodurch andere Nutzer der Community auf die Beiträge aufmerksam werden. Die bekannteste Plattform ist nach wie vor Facebook und die zum Facebookkonzern gehörende Community Instagram (Ceyp und Scupin 2013, S. 92–95).

• **Location-based Services** sind standortbezogene Dienste, die ortsabhängig und zeitunabhängig sind. Die Touchpoints des Kunden finden in diesem Channel mit dem Hersteller statt. Externe Dienstleister sind häufig in den Service integriert, treten aber als Touchpoint in den Hintergrund. Die wichtigsten Unterformen sind:

– **Lokale Suche:** Typische Use Cases sind die Suche nach Filialen oder auch die Verfügbarkeit von Produkten in unmittelbarer Nähe des Nutzers (Haug 2013, S. 36).

- **Indoor-Navigation:** Kunden können durch die Indoor-Navigation direkt zum gewünschten Produkt geführt werden.
- **Mobile Kundenadressierung:** Hiermit sind personalisierte Angebote in Form von Gutscheinen, Rabatten oder anderen Angeboten zusammengefasst, die dem Kunden – bei Einwilligung – auf sein Smartphone übermittelt werden (Haug 2013, S. 40).
- **Locationbasiertes Advertising:** Der Kunde erhält ortsbasierte und personalisierte Webeanzeigen (Haug 2013, S. 41).
- **Location-based Netzwerke:** Diese Art des Local Commerce ermöglicht es dem Nutzer, in den sozialen Netzwerken seinen Standort mitzuteilen. Meist kann zusätzlich zum Standort auch ein Kommentar, eine Bewertung oder Fotos ergänzt werden (Haug 2013, S. 42).

5.4.2 Vom Multi- über Cross- zum Omni-Channel-System

Die Aufzählung zeigt, dass es eine Vielzahl an verschiedenen Formen und Ausprägungen von Channeln gibt. Unternehmen mit einem **Single Channel**-System existieren kaum oder nicht. Die **Multi-Channel**-Systeme sind State of the Art. Es ist naheliegend, einen Online-Channel – in diesem Fall durch „Electronic- und/oder Mobile Commerce" (kurz: eCommerce und M-Commerce) – als zusätzlichen Vertriebsweg neben einem traditionellen Absatzkanal zu etablieren. Reine Versandhändler, die neben dem Onlinekanal Bestellungen per Katalog zulassen, können aber nicht als Multi-Channel-Händler bezeichnet werden, da diese lediglich einen zusammengefügten Distanzhandelskanal benutzen (auch hybrider Internethandel genannt, Heinemann 2013, S. 9). Werden mindestens zwei parallele Channel vom Kunden als Alternativen wahrgenommen, so ist ein Multi-Channel-System gegeben. Durch Multi-Channel-Systeme können Synergie- und Umsatzpotenziale erzielt werden, indem zusätzliche Zielgruppen über den jeweils verfügbaren oder präferierten Channel erreicht, angesprochen und mit einer nutzeradäquaten Experience bearbeitet werden können (Heinemann 2008, S. 189). Dieses Multi-Channel-System wird qua definitionem jedoch eher unkoordiniert eingesetzt, da die channelspezifischen Leistungen nicht als einheitliche Marke von den Konsumenten wahrgenommen werden (Emrich 2008, S. 12). Abb. 5.24 fasst diese – und die folgenden – Überlegungen zu den Charakteristika und Mehrwerten von Channel-Systemen zusammen. Die Funktionen und Prozesse zwischen den implementierten Kanälen eines Multi-Channel-Händlers werden getrennt gesteuert, das heißt, channelübergreifende Verknüpfungen der informativen,

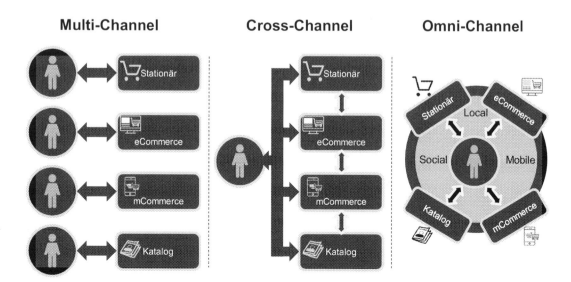

Abb. 5.24 Multi-/Cross- und Omni-Channeling. (Quelle: in Anlehnung an Schwerdt 2013, o.S)

kommunikativen und transaktionsbasierten Prozesse sowie eine einheitliche Preis- und Markenge-
staltung werden vernachlässigt. Die resultierenden
Abweichungen in den Such, Preis- oder Kaufbedin-
gungen und After Sales Services könnten damit zur
Verwirrung des Kunden führen. Die negativen Erfahrungen während des Einkaufprozesses in einem
Kanal können auf andere Kanäle des Unternehmens
übertragen werden, führen nicht oder zu abnehmender Loyalität und letztlich zu wirtschaftlichen
Effekten, die die Synergie- und Umsatzpotenziale
abschwächen oder gar aufheben.

Diese Nachteile können durch das sogenannte
Cross-Channeling, das heißt die vollständige Integration der Channel und dem Einsatz von kanalübergreifenden Leistungen, reduziert werden.
Das Cross-Channel-Management bezeichnet dabei „alle Aktivitäten eines Multi-Channel-Händlers, die auf die Abstimmung, Harmonisierung
und/oder Integration der verschiedenen Kanäle
abgestimmt sind" (Heinemann 2013, S. 10). Vorrangiges Ziel ist es, dass für den Kunden ein
channelübergreifendes Einkaufserlebnis realisierbar wird. Nach Heinemann ist diese Strategie
als die nächste Evolutionsstufe der Distributions-
strukturen zu verstehen (Heinemann 2011, S. 16).
Aufgrund der veränderten Kundenbeziehungen
und der Etablierung digitaler Absatzkanäle entspricht diese Ausrichtung dem Anspruch der
Kunden, die Leistungen nicht über einzelne
Channel zu erwerben, sondern mehrere Wahlmöglichkeiten in den Kaufprozess miteinzubeziehen. Das Cross-Channeling kann auch als
„Channel-Hopping" beschrieben werden, bei
dem die Kunden innerhalb ihres Kaufprozesses
sequenziell zwischen den verschiedenen Channeln wechseln (Heinemann 2008, S. 8). Beispielsweise tritt ein Unternehmen über Social
Channel mit dem Kunden in Kontakt, der Kunde
tätigt über mobile Touchpoints einen Preisver-
gleich und kauft das Produkt letztendlich im stationären Einzelhandel. Die Abholung im Laden
bei einer Onlinebestellung wird immer stärker
ausgebaut und insbesondere von den im stationären Handel verwurzelten Unternehmen getrieben. Man spricht in diesem Zusammenhang über
Click & Collect oder über In-Store Pickup. Auch
beim Cross-Channel-Retailing bleiben die Ka-

näle selbst aber technisch und organisatorisch getrennt und die Integration vollzieht sich nicht simultan. Eine Echtzeitintegration ist insofern auf
dieser Stufe noch nicht existent.

Durch die vermehrte Nutzung von Smartphones im Kaufprozess werden die Vertriebs-
und Kommunikationskanäle des Handels vom
Kunden verbunden, wodurch ihre Nutzung nicht
mehr nur sequenziell, sondern multioptional erfolgt (vgl. Heinemann 2013, S. 20). Wenn die
multipotionalen Touchpoints in jedem Kanal simultan Informationen austauschen, dann wird
dieses Verhalten als **Omni- Channeling** bezeichnet. Der Kunde hat die Möglichkeit, an jedem Ort
zu jeder Zeit über alle Kanäle in einen Kaufent-
scheidungsprozess einzusteigen.

Als weitere Ausprägungen und zukünftige
Ausrichtungen des Omni-Channeling sind der

- Social Commerce,
- der Everywhere- und No-Line-Commerce und
- das Eco-Channel-System

zu nennen.

Social Commerce: Als wichtigen Aspekt gilt
es im Omni-Chanelling den sozialen Commerce
zu betonen. Kunden haben den Wunsch, ihre Einkaufserlebnisse in ihrem sozialen Umfeld zu
teilen, die Erfahrungen und Einschätzungen des
Freundeskreises miteinzubeziehen und sich
Anregungen von ihnen zu holen. Dadurch haben
soziale Netzwerke wie Facebook in der Kommu-
nikations- und Vertriebspolitik des Handels eine
wichtige Funktion eingenommen. Das hiermit
einhergehende Social Commerce nimmt eine immer stärkere Rolle im Omni-Chanelling ein.

Everywhere- und No-Line-Commerce: Mit
Everywhere-Commerce wird ebenfalls eine Han-
delsform bezeichnet, die mit dem Omni-Channe-
ling-Ansatz in Verbindung steht bzw. diesen ergänzt. Everywhere- Commerce fokussiert sich
darauf, den Handel an jedem Ort und zu jeder
Zeit erlebbar zu machen. Dabei wird nicht explizit von Channeln gesprochen, sondern von
Touchpoints, die den Kunden angeboten werden.
Das Ziel ist es, dem Kunden einen touchpointübergreifenden thematischen Zusammenhang
und Konsistenz zu bieten, sodass er über alle

Touchpoints das gleiche Angebot erhält, ohne dass im Kaufprozess Informations- und Qualitätseinbußen auftreten (Himmelreich et al. 2013, S. 3). Everywhere Commerce wird daher auch als Multi-Touchpoint-Strategie verstanden (Himmelreich et al. 2013, S. 3). Folgende Elemente dienen als Enabler für einen touchpointübergreifenden Kaufprozess: soziale Elemente, um Vertrauen beim Kunden gegenüber der kommerziellen Kommunikation in der Situation des Informationsflusses aufzubauen, Location-based Services zur Integration stationärer Einkaufserlebnisse in den digitalen Einkaufsprozess, und Mobile Payment. Letzteres soll einen reibungslosen und unkomplizierten Bezahlprozess über alle Touchpoints hinweg sicherstellen. Ähnliches gilt auch für den No-Line-Handel: Durch die zunehmende Dominanz der mobilen Endgeräte, höheren Bandbreiten und besseren Analytics-Lösungen wird der Smartphonenutzung eine besondere Rolle beigemessen. Die kundenspezifische Nutzung des Smartphones erlaubt es eCommerce-Unternehmen, die Angebote lebensstilgerecht und im Sinne der Customer Experience an die individuellen Einkaufsgewohnheiten der Kunden anzupassen. Auf diese Weise können Handelsunternehmen von den Synergien profitieren, die sich aus der sozialen, lokalen und mobilen Vernetzung ergeben (Heinemann 2013, S. 22). Auf diese Weise trägt das Smartphone zum ganzheitlichen Channeling bei, da es als verbindendes Element zwischen den Offline- und Online-Channeln agiert und so die Kommunikation von der Werbebotschaft bis hin zur Transaktion vernetzt. Beispielsweise kann durch den aufgedruckten QR-Code ein bestimmter Artikel vom Kunden mittels Scan via Smartphone direkt in den Warenkorb im Mobile-Shop gelegt und gekauft werden. Dies wird auch als Virtual Shopping bezeichnet. So schaffen Smartphones eine Konnektivität zwischen Virtualität und Realität, die insbesondere durch Location-based Services (LBS) und mobiler und sozialer Vernetzung den stationären Handel in die digitale Wertschöpfungskette integriert (Himmelreich et al. 2013, S. 2). Mobile Payment-Lösungen tragen ebenfalls zur Integration bei, da der Kaufprozess zunehmend digital und ohne Brüche an nahezu je-

dem Touchpoint vollzogen werden kann. Dabei wird ein vollständig integriertes Payment-Ökosystem angestrebt, das kanalübergreifend einen orts- und zeitunabhängigen Kaufabschluss mit Mehrwertleistungen ermöglicht.

Interessanterweise ist das viel diskutierte **Ecosystem** noch nicht in die Überlegungen zum Ausbau von Channels aufgenommen worden. Weder in der Literatur, geschweige denn in der Praxis ist die Überlegung zu finden, den Kunden eine unternehmensübergreifende Plattform von Touchpoints zu bieten. Diese bedürfnisorientierte und experiencezentrierte Ausgestaltung eines Eco-Channels wäre gegeben, wenn im Zuge eines Kaufes in einem Channel gleichzeitig Verbundlösungen angeboten und erhältlich wären. Beim Kauf einer Digitalkamera beispielsweise könnten zum Cross- und Up-Selling gleichzeitig Bildbearbeitungsprogramme, digitaler Cloudspace oder Fotopapier zum Druck angeboten werden. Auch wenn dies keine Produkte des Herstellers sind oder diese nicht Teil des Händlersortiments sind. Hier könnte die Ausrichtung auf die Experience des Kunden die Loyalität zum Channel und den Touchpoints des Anbieters steigern, das Wissen um den Kunden deutlich verbessern und die Netzeffekte für alle involvierten Player im Ecosystem positiv beeinflussen. Dies wäre eine äußerst konsequente Weiterentwicklung des Omni-Channelings, die aber aufseiten der beteiligten Unternehmen ein massives Umdenken erfordert.

5.4.3 Der SoLoMo (Social-Local-Mobile)-Ansatz

Zusammengefasst lässt sich feststellen, dass Kunden nicht mehr nach den Kanälen unterscheiden, sondern in Abhängigkeit von ihren persönlichen Präferenzen und dem situativen Kontext Touchpoints aufsuchen und nutzen. Sowohl das Omni-Channeling als auch der Social- und Everywhere-Commerce als vertiefende Aspekte sind verknüpft mit einer Lokalisierungsfunktion, dem mobilen Internet und dem Zugriff auf soziale Netzwerke. Diese Funktionen, auch als SoLoMo (social, local, mobile) abgekürzt, bieten für den Kunden Mehrwerte. So ließe sich z. B. im stationären Handel ein Produkt „taggen" (markieren), um direkt auf Facebook die Meinung seiner Freunde dazu einzuholen, auf Instagram Nutzungssituationen zu vertiefen und aus dem Social Network heraus den Kauf zu vollziehen.

Der SoLoMo-Ansatz verfolgt nach Gatautis und Medziausiene (2014) folgende kundenorientierte Zielsetzungen:

- **Social:** Steht für das Bedürfnis nach Austausch mit anderen Nutzern, Freunden oder Leuten, die an demselben Thema, Unternehmen oder Produkten und Services interessiert sind. Ziel ist es, Vertrauen beim Kunden zu erzeugen.
- **Local:** Betont das Bedürfnis nach ortsabhängigen Informationen und Transparenz in der Beschaffung von Produkten und Services. Neben technologiegebundenen Services wie Sendungsverfolgungen ist das Ziel, den Kunden am Point of Interest auf lokale Angebote hinzuweisen, um neue oder aber Cross- und Up-Selling-Transaktionen anzustoßen.
- **Mobile:** Steht für die Einbindung von mobilen Technologien während des Kaufprozesses, um zu jeder Zeit und am jeden Ort Produkte

erwerben zu können. Zentral ist hierbei, einen nahtlosen und unkomplizierten Bezahlprozess über alle Touchpoints hinweg zu ermöglichen (Gatautis und Medziausiene 2014, S. 1238).

Beispiele aus dem Bereich des SoLoMo-Ansatzes

Der Dienst „Chosen by Me" wird durch das Unternehmen Asda in ausgewählten Social-Media-Channeln bereitgestellt (siehe Abb. 5.25). Ziel ist es, dass Besucher ihre favorisierten Artikel anderen Kunden durch die Platzierung eines Kommentars oder einer Bilddatei empfehlen. Darüber hinaus werden besonders häufig diskutierte Artikel auf der unternehmenseigenen Homepage vorgestellt und eine Auswahl der Nutzerkommentare aus den sozialen Medien beigefügt. Die besonders intensiv und positiv diskutieren Artikel werden dann mit der Aufschrift „Chosen by You" in Sortiment der stationären Filialen platziert (Kassun 2015, S. 55).

Ein weiteres Beispiel für Social Commerce ist der Ansatz „Share & Earn" von Tesco (siehe Abb. 5.26). Kunden können über den Webshop sowie einer Smartphoneapplikation Artikel über

Social Commerce

Abb. 5.25 Social Commerce „Chosen by Me/You". (Quelle: ASDA)

Social Commerce

Abb. 5.26 Social Commerce „Share & Earn". (Quelle: Tesco)

ihre persönlichen Profile in ihrem sozialen Netzwerk teilen. Erwerben Freunde oder Bekannte die geteilten Artikel, werden dem „Influencer" und den Erwerbern selbst Extratreuepunkte auf der unternehmenseigenen Treuekarte gutgeschrieben. Diese können für zukünftige Einkäufe bei Tesco genutzt werden (Kassun 2015, S. 55).

Ein sehr prominentes Beispiel für einen gelungenen Location-based Service ist „Hijack". Dieser Geofencing Service wurde von Meat Pack realisiert. Meat Pack ist nach eigenen Aussagen der „trendiest shoe store in Guatemala". Auf Basis einer Trackingtechnologie erhielten Kunden zeitgleich mit dem Betreten eines Shops des Wettbewerbs (z. B. Nike) ein Discountangebot bei Meat Pack (siehe Abb. 5.27). Der Discount war dergestalt, dass ein Countdown – Start bei 99 % – sekundenbasiert rückwärts zählte, bis der Meat Pack Store betreten wurde. Je schneller der Kunde im Store erschien, desto höher fiel der Discount aus (Kassun 2015, S. 55).

Ein Beispiel für einen mobilen Service in Verbindung mit Location-based Service ist „Emmas Enkel": Idee ist es, ein Supermarktvollangebot auf kompakter Größe anzubieten. Realisiert wurde dies über QR-Codes & Same Day Delivery. Zu Beginn der Geschäftstätigkeit von Emmas Enkel wurden in der Einkaufsstätte nahezu keine Lebensmittel angeboten. Kunden bekamen statt Obst, Gemüse und Tiefkühlkost nur Produktbilder mit QR-Codes angezeigt. Auf einer Monitorwand wurde das Warenangebot angezeigt, gekauft wurde per QR-Code-Scan über das Smartphone. Insgesamt umfasste – trotz kleinster Verkaufsfläche – das Sortimentsangebot rund 3500 Produkte. Die bestellte Ware wurde per Same Day Delivery noch am selben Tag ausgeliefert (Kassun 2015, S. 55). Das Start-up ist mittlerweile vollständig von der Metro-Gruppe übernommen und ist aktuell ausschließlich auf Onlinebestellungen ausgerichtet.

Das QR-Shopping ist außerhalb Deutschlands deutlich stärker verbreitet. In Südkorea sind U-Bahnstationen mittlerweile übliche Orte des QR-Scan-Retails (siehe Abb. 5.28). Zunehmend wird auch in Deutschland in Form von virtuellen Stores die physische Lücke zwischen der Online- und Offlinewelt auf lokaler Ebene geschlossen.

Auf Basis der Beispiele zur sozialen, lokalen oder mobilen Vernetzung ist erkennbar, dass dem Kunden ein Mehrwert in Form eines geeigneten Einkaufserlebnisses geschaffen wird. Welche Erfolgsfaktoren bei der Gestaltung des Omni-Channel-Systems zu berücksichtigen sind, wird im Folgenden aufgezeigt.

Location based Service

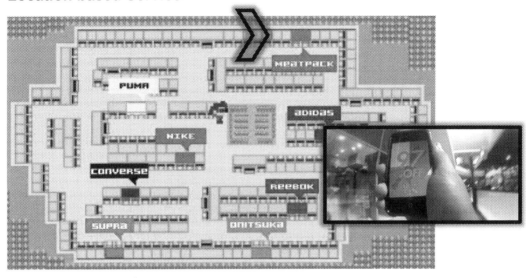

Abb. 5.27   Location-based Service „Hijack". (Quelle: Meat Pack)

Mobile QR-Shopping

Abb. 5.28   Mobile Commerce „QR-Shopping". (Quelle: Vodafone)

5.4.4   Erfolgsfaktoren für Omni-Channel-Systeme

Die Anforderung an das Omni-Channel-System ist, dass für den Kunden eine herausragende Customer Experience realisiert wird. Dies bedeutet,

dass anhand von Smartphones und Tablets mobile Applikationen, mobiles Bezahlen oder die Location-based Services in die Customer Journey eingebunden werden (Piotrowicz und Cuthbertson 2014, S. 6). Zusätzlich müssen auch alle Channel integriert werden, wie der stationäre

Einzelhandel, der Katalog, der Vertrieb über die Webseite, über mobile Kanäle und das soziale Netzwerk. Um aus diesen Anforderungen konkrete Erfolgsfaktoren abzuleiten, wird auf eine Sekundäranalyse von Eckardt zurückgegriffen, die aus ca. 300 gesichteten Quellen insgesamt ca. 30 Beiträge filterte, in denen **Erfolgsfaktoren** zur optimalen Umsetzung einer Omni-Channel-Strategie gefunden werden konnten (Eckardt 2017, S. 16). Zur besseren Übersichtlichkeit sind die Erfolgsfaktoren in sogenannte **Frontend**- und **Backend**aktivitäten eingeteilt. Mit Frontend sind allgemein Aktivitäten zusammengefasst, die in direktem Kontakt oder in Form einer Interaktion mit dem Kunden stattfinden. Backend hingegen beschreibt die Aktivitäten, die nicht unmittelbar vom Kunden wahrgenommen werden. Es handelt sich um einen passiven Kontakt, den der Kunde nicht direkt erfährt (Eckardt 2017, S. 42; Safizadeh et al. 2003, S. 560). Sowohl Frontend- als auch Backendaktivitäten sind in betriebliche Funktionen weiter unterteilt. Die Funktionen sind das Marketing, der Vertrieb und der Service im Frontend und die Logistik und Informationssysteme im Backend. Zusätzlich sind „**Eigenschaften des Anbieters**" mit in das Modell aufgenommen, um alle Erfolgsfaktoren abdecken zu können (siehe Tab. 5.4).

Der **Vertrieb** fasst die Erfolgsfaktoren zusammen, die direkt den Kaufprozess betreffen. Dazu zählen die Verknüpfung und die interne Koordination von Channeln, die angemessene Produkt-konsistenz und das Preisniveau über alle Channel sowie die Einführung zusätzlicher Kontaktpunkte entsprechend dem SoLoMo-Ansatz.

Verknüpfung und die interne Koordination von Channeln: Durch die Verknüpfung und Koordination von Channeln steigt die Flexibilität und Convenience für den Kunden. Insgesamt müssen durch die Koordination die Produkte oder Produktinformationen leichter zugänglich werden. Alle Kanäle müssen gemeinsam zu einem optimalen Ergebnis für den Kunden führen – unabhängig von der einzelnen Vertriebsleistung eines individuellen Channels. Eine erfolgreiche, gemeinsame Nutzung aller Channel erfordert, dass die Wertschöpfung jedes Channels bekannt ist. Dazu gehören die Stärken wie auch die Schwächen der Channel und ebenso die Ermittlung, wie die Channel optimal zusammenwirken (Weinberg et al. 2007, S. 386). Wenn der Kunde die Möglichkeit hat, zu entscheiden, ob er ein Produkt abholen oder dieses geliefert bekommen möchte, also den Channel zu wählen, so ist dies der Customer Experience förderlich. Vorteilhaft ist zum Beispiel beim in Deutschland verbreiteten Click & Collect, dass Kunden das Produkt noch am selben Tag in der Filiale abholen können. Die Termine für die Paketlieferung müssen nicht eingerichtet und auch Versandkosten können vermieden werden. Ebenso können dadurch Kosten für den Anbieter vermieden werden, da die Produkte nicht zum Kunden geliefert werden müssen. Zusätzlich bietet sich die Möglichkeit,

Tab. 5.4 Erfolgsfaktoren und Einteilung in Front- und Backendaktivitäten sowie grundlegende Eigenschaften des Anbieters (Quelle: in Anlehnung an Eckardt 2017, S. 42)

Frontend	Vertrieb	Verknüpfung der Channel und Koordination
		Angemessene Produktkonsistenz und Preisniveau
		Nutzung des SoLoMo-Ansatzes
	Marketing & Service	Einführung zusätzlicher Touchpoints und integrierte Aktionen
		Effektive Nutzung der Werbemöglichkeiten
		Komfortable Nutzung und dauerhafte Erreichbarkeit
Backend	Logistik	Rückgabemanagement
		Transportmanagement
		Lagerhaltungsmanagement
	Informationssysteme	Kundenseitiges Informationssystem
		Anbieterseitiges Informationssystem
Unternehmen	Eigenschaften des Anbieters	Verstehen des Benutzererlebnisses
		Einbindung von passenden Partnern
		Ressourcenbasierte Fähigkeiten und Anpassung der Mitarbeiterfähigkeiten

den Kunden in den Shop zu bringen, sodass eventuell weitere Produkte direkt im Shop erworben werden. Zur Koordination sind Features anzubieten, die eine mobile Standortsuche sowie die Verbindung zwischen dem stationären Geschäft und dem Webshop ermöglichen. Letzteres stellt sicher, dass ein gewünschtes Produkt auf die Verfügbarkeit geprüft werden kann und bei Besuch des Shops auch vorhanden ist (Eckardt 2017, S. 38–41).

Angemessene Produktkonsistenz und Preisniveau: Insgesamt ist es anzustreben, ein harmonisches, rationales und synchronisiertes Produktangebot über alle Channel zu schaffen. Einzig die Herausstellung von Artikeln des Sortiments kann channelspezifisch sein: So könnte beispielsweise im stationären Einzelhandel der Fokus eher auf Produkten liegen, die vom Kunden vor dem Kauf besser angefasst, genauer betrachtet oder anprobiert und getestet werden sollten. Auf diese Weise lässt sich der Konflikt zwischen den verschiedenen Channeln reduzieren. Es ist auch zu berücksichtigen, dass über die Online-Channel meist ein größeres Produktsortiment angeboten werden kann als über Offline-Channel, beispielsweise den stationären Handel, da der stationäre Handel Kapazitätsbeschränkungen und höhere Lagerhaltungskosten aufweist (Zhang et al. 2010, S. 175). Auch wenn die Produktpreise channelübergreifend konsistent sein sollten, so können die Preise bei Lieferung oder Abholung nach den Gegebenheiten eines Channels variieren (Zhang et al. 2010, S. 173). Beispielsweise ist die Lieferung zum Kunden direkt nach Hause teurer als die Lieferung zu einer Abholstation, da die Bestellungen zu einer Abholstation gebündelt geliefert werden und somit die Transportkosten auf die Anzahl der Produkte verteilt werden können (Eckardt 2017, S. 38–41).

Nutzung des SoLoMo-Ansatzes: Die Nutzung des SoLoMo-Ansatzes stellt einen wichtigen Erfolgsfaktor dar, um die Informationssuche vor dem Kauf und die Betreuung nach dem Kauf positiv zu beeinflussen. Das Social Commerce kann genutzt werden, um Fragen von Konsumenten zu beantworten, Hilfestellungen und Informationen zu den Produkten zu geben und Be-

schwerden der Konsumenten zu den Produkten entgegenzunehmen (Dalla Pozza 2014, S. 1275). Außerdem wird das Social Commerce von den Kunden genutzt, um Freunde, Kollegen oder andere Nutzer um Meinung oder Hilfe zu bitten. Hierdurch wird der sogenannte Value-Co-Creation-Ansatz begünstigt, der dem Kunden eine bestmögliche Unterstützung bietet, dem Anbieter aber auch Daten bereitstellt, die zur weiteren Gestaltung der Customer Experience und Channel nutzbar sind (Dalla Pozza 2014, S. 1290; Eckardt 2017, S. 38–41).

Zum **Marketing und Service** gehören die Erfolgsfaktoren, welche der Anbieter nutzt, um den Konsumenten bei seinem Kaufprozess und in den nachgelagerten Phasen zu beeinflussen. Hierzu gehören die Einführung zusätzlicher Kontaktpunkte, integrierte Aktionen über alle Channel sowie die effektive Nutzung der Werbemöglichkeiten. Zu dieser Kategorie zählen ebenfalls die Serviceerfolgsfaktoren, die im Wesentlichen eine komfortable Benutzung der Channel und dauerhafte Erreichbarkeit umfassen.

Einführung zusätzlicher Kontaktpunkte und integrierte Aktionen: Um das Omni-Channeling optimal zu nutzen, müssen gegebenenfalls die bisherigen Channel erweitert werden. Hierzu muss eine gute Strategie entwickelt werden, die zu den Fähigkeiten der Supply-Chain passt. Denn die zusätzliche Einführung neuer Kanäle kann auch Nachteile haben, wenn damit die Kostenperformance oder Reaktionsfähigkeit nachteilig beeinflusst wird. Ziel ist es, für den Konsumenten ein konsistentes und in einem thematischen Zusammenhang stehendes Bild aller verschiedenen Channel zu schaffen. Um ein optimales Zusammenspiel zwischen den Channeln zu erreichen, müssen die Aktionen aller Channel einheitlich sein und dürfen sich nicht widersprechen. Dabei ist es außerdem sinnvoll, wenn Verbindungen zwischen den Channeln geschaffen werden, indem sie beispielsweise aufeinander verweisen. Dies kann über QR-Codes, Hinweise auf eigene Online- oder Social-Media-Präsenzen, Filialfinderservices u. v. m. gestaltet werden. Damit dies nahtlos funktionieren kann, muss es eine einheitliche Denkweise für alle Channel geben (Eckardt 2017, S. 38–41).

Effektive Nutzung der Werbemöglichkeiten: Hier ist sowohl an Kommunikationseffekte aus den Earned und Managed Touchpoints als auch an die klassischen Werbemaßnahmen aus den paid und owned touchpoints zu denken (Abschn. 5.2.6). Zu ersterem gehört unter anderem der soziale Einfluss des Umfelds, der aus den Erfahrungen mit einem Touchpoint, aus Bewertungen auf Plattformen wie Amazon oder allgemein aus Posts auf Facebook & Co resultiert. Marketingaktivitäten können aber auch dazu beitragen, dass Kunden ohne diese Einflüsse andere Channel als die gewohnten nutzen und so in „vorteilhafte" Channel migriert werden. Vorteilhaft ist grundsätzlich, wenn mehr Einfluss auf die Gestaltung des Touchpoints genommen werden kann (paid/owned) oder aber Kostenvorteile gehoben werden können (durch Skaleneffekte, geringere Provisionszahlungen und logistische (Standort, Lager oder Transport) Effekte etc.). In einem Omni-Channel ist grundsätzlich die Kommunikation so zu gestalten, dass Kunden im Idealfall personalisierte, standort- und kontextabhängige Werbung und Angebote erhalten (Zhang et al. 2010, S. 175; Eckardt 2017, S. 39).

Komfortable Benutzung und dauerhafte Erreichbarkeit: Das Zusammenspiel der Channel muss an die Anforderungen und Bedürfnisse nach Serviceleistung abgestimmt werden. Kunden erwarten, dass der Einkauf für sie so convenient, schnell und unproblematisch wie möglich ist. Eine komfortable Benutzung der Kanäle ist dann gegeben, wenn durch die Option mehrerer Channel die Suchkosten der Kunden verringert und die Verfügbarkeit erhöht wird. Daneben sind insbesondere die Mobile-Shopping-Apps komfortabel, da diese meist eine einfache Bedienung aufweisen und das mobile Bezahlen vorsehen. Auch im Hinblick auf eine dauerhafte Erreichbarkeit eignet sich das Mobile-Commerce, da diese Option dem Kunden überall zur Verfügung steht. Das Mobile Commerce ermöglicht es dem Unternehmen, einen engen, schnellen und durchgängig verfügbaren Kontakt zu seinen Kunden aufzubauen. Um diesen mobilen Service zu realisieren, müssen sämtliche Channel-Inhalte mobiltauglich sein. Das heißt, Webseiten, FAQs, „Dial-for-Support", (Live-)Chat, Dokumentationen und Servicevideos (Anleitungen etc.) müssen für den mobilen Channel optimiert sein. Mobil ist im Omni-Channel-Einsatz natürlich nicht isoliert zu sehen. Beispiel für die gelungene Integration in den stationären Channel sind die an einigen Kleidungsstücken angebrachten RFID-Chips, über die der Kunde bei der Anprobe Informationen zum Artikel sowie Kombinationsvorschläge oder Videosequenzen gezeigt bekommt, wie das Kleidungsstück auf dem Catwalk getragen wurde (Eckardt 2017, S. 38–41).

Die Backendaktivitäten unterteilen sich in die Logistik und in die Informationssysteme. Zu der Kategorie der **Logistik** gehören das Rückgabemanagement, das Transportmanagement und das Lagerhaltungsmanagement.

Rückgabemanagement: Beim Aufbau oder Betrieb eines Omni-Channel-Systems ist es wichtig, sowohl die Möglichkeiten zum Erwerb als auch zur Rückgabe zu erweitern. Die Höhe der Rücklaufquoten ist sehr branchen- und letztlich auch produktabhängig. Die Rücklauf- oder Retourenquote ist aber so erheblich, dass sie den Erfolg der Online-Channel signifikant beeinflusst. Aufgrund der hohen Kosten, die mit Retouren verbunden sind, kann es häufig von Vorteil sein, dass online erworbene Produkte auch im stationären Einzelhandel zurückgegeben werden können (Zhang et al. 2010, S. 175). Es gibt verschiedene Möglichkeiten, wie die Rückgabe von Produkten gestaltet werden kann. Hierbei muss an die jeweiligen Gegebenheiten der Anbieter angeknüpft werden, um passende Möglichkeiten zu finden. Die Studie von Xing et al. 2011 hat gezeigt, dass Konsumenten erwarten, dass die Rückgabe von Produkten möglichst schnell und unproblematisch funktioniert (Xing et al. 2011, S. 351–352; Eckardt 2017, S. 38–41).

Transportmanagement: Dadurch, dass das Omni-Channeling einen direkten und einen indirekten Vertrieb der Produkte integriert, muss der Anbieter in der Lage sein, sein Transportmanagement dementsprechend anzupassen. Anders als bei dem traditionellen Abverkauf vom Lager, der beim stationären Einzelhandel Standard ist, sind beim Onlinehandel Lieferzeiten von hoher Bedeutung. Same Day Delivery oder zumindest eine Lieferung innerhalb weniger Werktage ist bei vielen Produkten ein Erfolgsfaktor. Die möglichst zeitnahe Zustellung hat oberste Priorität bei den Kunden. Aber ein ebenfalls hoher Anteil der Kunden ist bereit, längere Wartezeiten in Kauf zu nehmen und den Umfang der Käufe zu erhöhen, wenn sie Ort und Zeitpunkt der Lieferung frei bestimmen können. Als Alternativen zur Lieferung an den Kunden erlangen die Services „Click & Collect" und „Reserve & Collect" immer höhere Bedeutung (Eckardt 2017, S. 38–41).

Lagerhaltungsmanagement: Ein Nachteil des Omni-Channel-Systems ist, dass der Absatz über mehrere Channel einer stochastischen, unabhängigen Nachfrage folgt, die trotzdem mit sehr kurzen Lieferzeiten bedient werden muss. Hierbei muss der Anbieter zum einen den Trade-off zwischen dem Lieferprozess der Produkte und den Konditionen der Lieferanten und zum anderen den Trade-off zwischen intern angestrebter Kostenperformance und Reaktionsfähigkeit managen. Auch die potenziell steigende Produktvielfalt im Omni-Channel führt aufgrund der verteilten Nachfrage je Produkt zu einem Anstieg der Bestände. Ein Vorteil ist, dass ein Omni-Channel-System die Möglichkeit bietet, ein zentrales Lager für alle Channel vorzuhalten. Dieses ermöglicht es, Bestände zu reduzieren. Es müssen jedoch Anpassungen vorgenommen werden: Die Lieferung von Produkten sowohl zum Einzelhandel als auch direkt zum Kunden erfordert komplexere Kommissionierungsmaßnahmen. Da über den Onlinehandel häufig mehr, aber kleinere Mengen bestellt werden, müssen andere Strategien zur Auftragsabwicklung angewandt werden (Eckardt 2017, S. 38–41).

Zu der Kategorie der **Informationssysteme** gehören die Erfolgsfaktoren „kundenseitiges Informationssystem" und „anbieterseitiges Informationssystem".

Kundenseitiges Informationssystem: Ein kundenseitiges Informationssystem sollte Transparenz hinsichtlich der Verfügbarkeiten, Produktinformationen und Preisinformationen bereitstellen. Darüber hinaus sind weitere Informationen wie Kundenbewertungen, Ge- oder Verbrauchsvorschläge, alternative Produktempfehlungen und vieles mehr hier abzubilden. Die Herausforderung im Omni-Channeling ist, dass

ein einheitliches Informationssystem zur Verfügung gestellt wird, d. h. sowohl die Echtzeitverfügbarkeiten und Bestände als auch die weiteren oben genannten Informationen sind übergreifend auszuweisen. Weiter ist es von den Verbrauchern gewünscht, Informationen über den Status der Bestellung und zur voraussichtlichen Lieferung zu erhalten (Xing et al. 2011, S. 350; Eckardt 2017, S. 38–41).

Anbieterseitiges Informationssystem: Aufseiten des Anbieters muss ein Informationssystem effektive interne Kommunikation gewährleisten und die Koordination zwischen den Kanälen sicherstellen. Es wird ein Customer Relation Management benötigt, das den Kunden bei seinem Kaufprozess genauer analysiert und schlussfolgert, welchen Vorteil der Kunde aus dem Omni-Channeling zieht (Zhang et al. 2010, S. 172). Zusätzlich wird ein Warehouse Management-System zur Verwaltung des Lagerbestandes und ein Distributed Order Management zur Optimierung der Auftragsabwicklung notwendig. Hieraus können wichtige Informationen zum Cross- und Up-Selling, zum Beitrag des Channels am Umsatz, Kosten, Deckungsbeitrag und anderen Financials sowie auch zum Wechselverhalten zwischen den Channeln oder auch den einzelnen Touchpoints entlang der Customer Journey aufgedeckt werden. Und letztlich muss all das, was kundenseitig an Informationen bereitgestellt wird, auch in den anbieterseitigen Informationssystemen vorgehalten werden (Eckardt 2017, S. 38–41).

Zu den **Eigenschaften des Anbieters** gehören alle Erfolgsfaktoren, welche der Anbieter im Aufbau und Betrieb des Omni-Channel-Systems beachten muss. Diese Faktoren sind unabhängig von dem Angebot, das er erbringen möchte. Hierzu gehört ein tiefes Verständnis des Benutzererlebnisses, das Einbringen von passenden Partnern, die ressourcenbasierten Fähigkeiten und die Anpassung an die Mitarbeiterfähigkeiten.

Verstehen des Benutzererlebnisses: Um dem Kunden eine Customer Experience zu ermöglichen, ist es notwendig, die Touchpoints zwischen dem Kunden und dem Anbieter zu verstehen, die Experience messbar und steuerbar zu machen. Das Management eines Omni-Channel-Systems setzt voraus, dass die Präferenz für Absatzkanäle verstanden wird, um die Gestaltung der Channel entsprechend anzupassen oder um die Nutzung der Channel mittels der zur Verfügung stehenden Marketinginstrumente zu verändern bzw. einzelne Channel und Touchpoints eventuell in den Fokus zu rücken. Das Verständnis zum Wechselverhalten der Kunden zwischen den Channeln und den jeweiligen Touchpoints sollte genutzt werden, um die Customer Experience aktiv zu managen (Eckardt 2017, S. 38–41).

Einbindung von passenden Partnern: Ein Unternehmen muss entscheiden, welche Leistungen in der Gestaltung des Omni-Channel-Systems selbst erbracht oder aber an externe Dienstleister übergeben werden müssen. Häufig sind Leistungen im Bereich der Geldtransaktionen oder der Logistik von einem externen Dienstleister besser durchzuführen, sodass sich das Unternehmen auf die eigenen Kernkompetenzen ausrichten kann. Der Onlinehandel erzeugt meist eine erhebliche Komplexität und kann ohne die Einbindung von Logistics Service Providern nur selten in Eigenleistung wirtschaftlich erbracht werden. Diese ausgelagerten Funktionen erstrecken sich meist vom Design der Webseite, der Bestellplanung und -prozesse, dem sicheren Bezahlen, der Lagerhaltung, der Distribution bis hin zum Rückkehrmanagement (Eckardt 2017, S. 38–41).

Ressourcenbasierte Fähigkeiten und die Anpassung an die Mitarbeiterfähigkeiten: Zu diesem Erfolgsfaktor zählen die Wettbewerbsfähigkeit und Marktdominanz sowie der Umfang des Produktprogramms. Je stärker ein Unternehmen im Wettbewerb aufgestellt ist, desto einfacher ist ein Omni-Channel-System in die Wettbewerbs- und Vertriebsstrategie sowie in das existierende Geschäftsmodell einzubinden. Marktführende Unternehmen erkennen meist Änderungen im Nutzerverhalten schneller, können Kundenbeziehungen aktiver gestalten und neue technologische Entwicklungen eher einführen.

Je umfangreicher das Produktprogramm eines Unternehmens ist, desto leichter ist es, in ein Omni-Channel-System zu investieren. Dies ist damit zu begründen, dass die Kosten für die Nutzung von mehreren Channeln auf die Produkte aufgeteilt werden und sich die Kosten so schnel-

ler durch Skaleneffekte, Lernkurven und Fixkostendegression reduzieren.

Letztlich garantiert eine hohe Fähigkeit in der Marktausrichtung und ein umfangreiches Produktprogramm nicht eine erfolgreiche Omni-Channel-Strategie. Es ist sicherzustellen, dass das Omni-Channel-System akzeptiert ist, dass für die erforderlichen Aktivitäten Spezialisten eingebunden werden können und Mitarbeiter mit Erfahrungen im Bereich des Omni-Channeling existieren. Außerdem müssen alle Mitarbeiter in die Lage versetzt werden, die Aufgaben im Omni-Channelling erfolgreich zu bewältigen (Eckardt 2017, S. 38–41).

Die genannten Erfolgsfaktoren können erst Wirkung zeigen, wenn eine auf das Omni-Channel-System ausgerichtete Organisationsstruktur und -kultur etabliert ist. Die Planung und Umsetzung der Organisation nimmt eine grundlegende Rolle im Omni-Channel-Management ein. Multi-Channel-Händler müssen sich vom Paradigma einer „Silo-Organisation" verabschieden, in der die Channel hoheitlich in diversen Verantwortungsbereichen getrennt voneinander gesteuert und geführt werden. Vielmehr müssen die Barrieren zwischen ihnen aufgehoben werden, um eine touchpointübergreifende Total Customer Experience zu ermöglichen. Vor diesem Hintergrund gilt es von Anfang an eine Omni-Channel- Organisationsstruktur zu entwickeln, die die ganzheitliche Betrachtung des Systems und der interdependenten Channel ermöglicht (vgl. Heinemann 2013, S. 221). Gleichzeitig muss bei der Konzeption eines Touchpoints auch die Auswirkung auf die anderen Touchpoints und die gesamte Customer Journey beachtet werden (vgl. Morschett 2012, S. 14). Es gilt sämtliche Strukturen, Prozesse, Mitarbeiter und Systeme auf den Kunden auszurichten. Es gilt, interne Konkurrenzgedanken innerhalb des Multi-Channel-Systems zu vermeiden und ein gemeinsames Management zu installieren. Nur durch die nahtlose Integration der Channel können Synergieeffekte gehoben werden. Dies impliziert eine zentrale Planung, Umsetzung, Steuerung und Überwachung des Omni-Channel-Systems, was eine anspruchsvolle IT-Architektur voraussetzt.

5.4.5 Systemanforderungen und -architektur im Omni-Channel-Management

Das Omni-Channel-Management setzt nicht nur auf Kundenseite, sondern auch systemseitig den höchsten Grad der Integration voraus. Um eine vollständige Koordination und Abstimmung der Kanäle untereinander zu erreichen, ist eine **Integration der Backendprozesse** erforderlich (Heinemann 2013). Anhand Abb. 5.29 zur Omni-Channel-Systemarchitektur können diese und weitere Ausführungen zur Architektur verfolgt werden. Bei der Systemarchitektur liegt der Fokus nicht auf einem einzelnen Kanal, sondern auf dem Kunden. Dies ist die logische Konsequenz aus dem Umstand, dass sämtliche Channel voneinander abhängig und somit in hohem Maße verzahnt sind. Im Grunde sind die Channel in einer solchen Architektur obsolet. Vielmehr sind es die Touchpoints, die im Zentrum der Systemabbildung stehen. Und konsequenterweise ist es die kundenseitige Nutzung dieser Touchpoints, die abgebildet wird. Gewissermaßen befindet man

sich hier nicht in einer Architektur, die die Distribution im Fokus hat, sondern den Kunden. Betrachtet man einzelne Systemkomponenten, so ist für viele Aufgaben das Customer-Relationship-Management-System die zentrale Drehscheibe für das Omni-Channel-Management. Da aber in einem integrierten System, das in Echtzeit die Interaktion mit dem Kunden prozessieren soll, ein Zusammenspiel mehrerer **Komponenten** notwendig ist, werden diese kurz skizziert:

- **Enterprise Resource Planning (ERP):** Zentrales und führendes System ist das ERP eines Unternehmens. Für ein einheitliches Auftreten hinsichtlich Sortiment, Preis, Service etc. ist die zentrale Planung und Abbildung der Geschäftstätigkeit unumgänglich. Dies ist originäre Aufgabe des ERP-Systems und es bildet somit das Fundament aller Aktivitäten im Backend des Omni-Channel-Systems. Mit der Zentralisierung der Geschäftsvorfälle im Sinne eines Auftragsmanagements, Produktinformationsmanagements oder einer Warenwirtschaft ist das ERP das einheitliche und

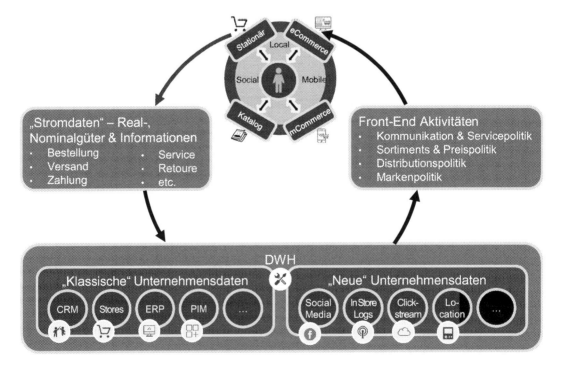

Abb. 5.29 Omni-Channel-Systemarchitektur

kanalunabhängige IT-System (Heinemann 2013, S. 77). Es kann – insbesondere mit den heute üblichen Ausbaustufen des Business Warehouse (BW) oder der Business Intelligence (BI) – die Koordination zwischen den Systemen sicherstellen und als Single-Point-of-Truth, d. h. als zentrale Datenbasis, fungieren. Die „echten" Stamm- und Bewegungsdaten stammen somit aus dem ERP-Umfeld und können zwar durch Systeme in der Peripherie der Systemarchitektur angereichert, nicht aber überschrieben werden.

- **Customer Relationship Management (CRM)**: Die Kunden sind im Omni-Channeling in einem einzigen System von Touchpoints eingebunden, sodass dem Unternehmen ein 360°-Blick geboten wird. Durch ein CRM besteht die Möglichkeit, den Kunden kanalübergreifend zu begleiten und simultan – im Idealfall: in Echtzeit – die verfügbaren Daten entlang des gesamten Kaufprozesses zu sammeln. Dieses Data Mining kann über den kundenspezifischen Datensatz des ERP hinaus gehen und gezielt zur personalisierten und kontextspezifischen Ansprache des Kunden auf allen Kanälen genutzt werden (Morschett 2012, S. 15). Wichtig ist auch hier festzuhalten: Single-Point-of-Truth bleibt das ERP.
- **Produktinformationsmanagement (PIM)**: Ein PIM dient der zentralen Verwaltung sämtlicher Produktinformationen (Produktbeschreibungen und -datenblätter, Produktrelationen, Preise, Rabatte und Konditionen, Aktionen). Ziel dieses Systems ist es, diese Informationen für verschiedene Ausgabemedien in den jeweiligen Touchpoints bereitzustellen (vgl. Lucas-Nülle 2005, S. 9). Dies ist im Rahmen des Omni-Channel-Managements insbesondere hinsichtlich der kanalübergreifenden Sortiments- und Preispolitik von besonderer Bedeutung, um die Informationen an jedem Touchpoint zu jedem Zeitpunkt einheitlich zu kommunizieren. Der Fokus liegt dabei auf den Informationen, die zu Marketing- und Vertriebszwecken genutzt werden.
- **Data Warehouse (DWH)**: Die oben skizzierten Aktivitäten im Front- und Backend des Omni-Channel-Managements benötigen zur Reali-

sierung von channelübergreifenden Prozessen den Aufbau einer zentralen Datenbasis. Entweder leistet dies das am ERP angedockte BW/BI-System oder ein eigener DWH-Ansatz. Dieser gewährleistet den Entscheidern im eCommerce einen einheitlichen Zugriff auf alle wichtigen (Kunden-)Daten – unabhängig von Speicherort und -form (vgl. Radding 1995, S. 53 f.). So können sämtliche Daten in einer Data-Warehouse-Lösung zentralisiert, konsolidiert und über die weiteren Komponenten der Architektur (ERP, PIM und CRM) kanalübergreifend verwaltet und genutzt werden (siehe Abb. 5.29)

Die Architektur einer Omni-Channel-Systemlandschaft unterscheidet nicht, ob und wann welcher Touchpoint seitens des Kunden genutzt wird, denn alle Touchpoints sind in demselben System abgebildet. Ebenso wie der Kunden nicht in Channeln denkt, sondern in Marken, ist die Systematik des Systems auf „Arbeitsebene" nicht der Channel, sondern der Touchpoint mit dem Kunden. Nach der Klassifizierung von Heinemann (2014) ist aber eine Einteilung in die Gruppen der Offline-, Online- und Mobile Channel sinnvoll. Diese Einteilung kann auch in Relation zum SoLoMo gesetzt werden, um hiermit eine zweite Ebene aufzuspannen. Dies ist sinnvoll, da auf diese Weise die Touchpoints zu den inhaltlichen Kategorien der Channel konsolidiert werden können. Diese Kategorien sind in der Planung, Analyse, Umsetzung und im Monitoring sinnvolle Aggregationslevel, um eine nicht zu granulare Steuerung zu ermöglichen. Es ist ferner unerheblich, ob es sich final um eine Customer Journey handelt, die auch einen Kaufprozess umfasst – oder nur um eine Nutzung der Touchpoints. Insofern ist auch die Existenz eines Data Warehouse – oder BW/BI – notwendig, da das ERP-System nahezu ausschließlich der Planung und Abbildung von Geschäftsvorfällen dient. Die Nutzung aber ist kein Geschäftsvorfall und unterliegt damit nicht der Dokumentationspflicht im ERP-System. Unabhängig davon, welcher Kategorie oder welchem Channel der Touchpoint zugeordnet ist, müssen die physischen, monetären und Informationsströme in der Systemarchitektur „fließen" können, um ein kanal- bzw. touchpointübergreifendes Fulfillment, von der Bestellannahme über den Versand (oder auch Warenübergabe am POS), die Zahlungsabwicklung und die After Sales Services bis zur Retoure zu ermöglichen.

5.4.6   Prozesse und Analytik

Aufbauend auf der beschriebenen Architektur sind Analysen möglich, die die Customer Experience auf der Ebene des einzelnen Kunden unmittelbar analysieren und Basis dafür sind, die Experience positiv zu beeinflussen (siehe Abb. 5.30). Mittels Analytik lässt sich beispielsweise schon vor der Kontaktaufnahme beurteilen, ob ein Kunde für Angebote eher per E-Mail, postalisch oder am Point of Sale empfänglich ist, oder wie bestimmte Nutzertypen auf Angebote reagieren. Die Analytik kann bis zur Bestimmung des besten Timings und der wirksamsten Formulierung reichen und gilt gleichermaßen für Bestands- als auch für Neukunden. Damit sind eine verstärkte Loyalität, die verbesserte Neukunden-

gewinnung und die Erreichung marktseitiger sowie finanzieller Ziele möglich.

Die grundsätzliche **Vorgehensweise** ist, dass 1) in Abhängigkeit der **historischen und Echtzeitdaten** ein (Omni-Chanel-Management-) System eine 2) **kontextbasierte Analyse** durchführt, um 3) den „**best next step**" abzuleiten. Der „best next step" als Interaktionsentscheidung muss in akzeptabler Interaktionsgeschwindigkeit, convenient und konsistent an den Nutzer vermittelt werden. Sein Kontext ist hierbei der zentrale Aufsatzpunkt und setzt sich aus Nutzerprofil und -historie sowie den Echtzeitverhaltensdaten zusammen. Der „best next step" bedient sich aus den zur Verfügung stehenden Aktionen. Dies umfasst aktuelle Marketingkampagnen, Vertriebsinitiativen, Service- und Kommunikationsaktivitäten in allen vorab vom Unternehmen definierten Ausprägungen. Wichtig ist, dass die Aktionen kanalunabhängig sind. Das Angebot oder der Service, das dem Kunden in der Mail unterbreitet wird, muss identisch sein mit dem Angebot über Facebook oder dem des stationären Handels. Alle Angebote oder Services sind über alle Kanäle darzu-

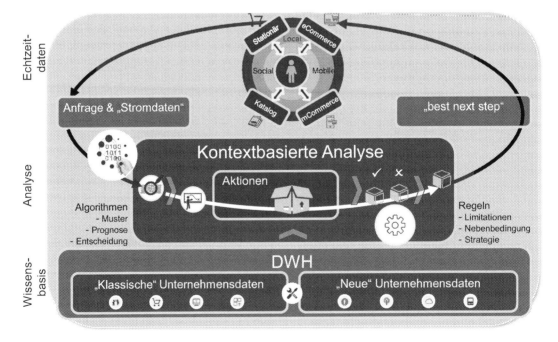

Abb. 5.30 Omni-Channel-Analytik

stellen und einheitlich anzubieten – auch wenn dies die Komplexität deutlich erhöht.

In Schritt 1) wird die Daten- bzw. „Wissensbasis" festgelegt. Hierzu wird auf dem existierenden Nutzerprofil und den historischen Daten aufgesetzt. Typisch für die Wissensbasis sind beispielsweise die Antworten auf folgende Fragestellungen: Wer ist der Kunde? Wie ist seine Loyalität? Wie ist sein Kundenwert(-potenzial)? Wen kennt er bzw. wie ist er vernetzt? Wo ist er gewöhnlich? Was äußert er gewöhnlich? Wie interagiert er gewöhnlich? Was kauft er gewöhnlich? Was ist sein präferiertes Zahlungsmittel? Wie groß sind Warenkörbe usw. Es ist nicht unüblich, dass hier Dutzende bis hin zu dreistelligen Datenmerkmalen in der Wissensbasis abgebildet werden. Häufig werden Daten in die Wissensbasis aufgenommen, die nicht aus dem Unternehmen stammen. Beispielsweise kann man die Anmeldung in dem Online- oder mobilen Bereich mit einer Anmeldung über einen Social-Media-Account – Facebook, LinkedIn etc. – vornehmen. Was für den Nutzer convenient ist, führt dazu, dass eine Vielzahl an Informationen aus dem Social-Media-Account an die unternehmensseitige Wissensbasis transferiert werden.

Die Echtzeitverhaltensdaten hingegen beantworten beispielsweise die Fragestellungen, welchen Touchpoint besucht er aktuell? Wo ist er aktuell? Was äußert er aktuell? Was kauft er aktuell, wie zahlt er usw. Die zentrale Echtzeitinformation ist meist die konkrete Anfrage des Besuchers. Diese ist der Trigger der Interaktion. Der Trigger muss nicht zwingend aktiv und bewusst vom Kunden gesetzt werden, es ist durchaus möglich, dass aufgrund der Einstellungen zu einem bestimmten Zeitpunkt (Datum, Befüllung eines Warenkorbes, Start einer Kampagne etc.), an einem bestimmten Ort oder Touchpoint (beim Passieren eines Point of Sale, bei Nutzung eines bestimmten Blogs etc.) automatisch ein Trigger abgesetzt wird.

In Schritt 2) werden die Daten analysiert. Dies geschieht kontextbasiert, d. h. unter Berücksichtigung der Customer Journey. Die Analysemodelle setzen auf der Wissensbasis auf,

berücksichtigen aber ganz wesentlich auch die Echtzeitdaten. Die Echtzeitdaten leisten, dass aus dem sehr umfangreichen Pool an Aktionen eine Auswahl getroffen werden kann. Das heißt, der zur Verfügung stehende Aktionsraum wird erheblich eingeschränkt. Dies ist nicht starr, sondern kann durchaus dynamisch realisiert werden. Hier sind Analytikverfahren im Einsatz, die auf Basis des vorhandenen Wissens, des aktuellen Verhaltens des Nutzers und des Nutzertyps bestimmte Muster erkennen. Aus diesen Mustern können (wahrscheinliche) Reaktionen antizipiert und die bestmögliche schließlich als Entscheidung präsentiert werden. Die Mustererkennung, Prognose und Entscheidungsselektion wird mittlerweile zunehmend „intelligenter", d. h. die Analytikalgorithmen funktionieren als ein lernendes System und jede Entscheidung kann zur weiteren Optimierung herangezogen werden. Welche Aktionen an wen, wie häufig über welchen Kanal und wie oft übermittelt werden und wie gegebenenfalls ein Rückgewinnungsangebot gestaltet sein muss, das vollzieht sich selbstoptimierend. In der Telekommunikationsindustrie beispielsweise kann die Tarifberatung im stationären Handel bei Eingabe des Namens des Interessenten sofort prüfen, wie die Bonität ist und ob bereits Tarife mit subventionierten Handys im Onlineshop abgeschlossen wurden. Bei geringer Bonität oder dem Besitz von Verträgen mit Handysubvention kann die Vorgabe gemacht werden, dass keine weitere Subvention mehr erfolgen kann oder bei geringer Bonität einzig ein Prepaidvertrag zur Verfügung steht. Ebenso können bei einem Trigger aus dem Touchpoint Amazon heraus sofort Produktbündel („Wird oft zusammen gekauft") offeriert werden, die auch im stationären Handel, bei Facebook oder Instagram so gebündelt werden.

Die auf diese Weise abgeleitete Entscheidung ist aber noch nicht endgültig. Eine weitere Einschränkung des Aktionsraums wird durch sogenannte Regeln herbeigeführt, die nicht auf dem Profil oder den Echtzeitdaten basieren, sondern die Ausrichtung und Restriktionen des Omni-Channel-Managements betreffen. Das

Unternehmen legt hier fest, wie die Customer Experience aktiv gemanagt wird. Und es spezifiziert, welche Restriktionen es hinsichtlich einzelner Aktionen hat. So können Aktionen limitiert sein durch die Anzahl zur Verfügung stehender Mitarbeiter, beispielsweise im Callcenter. Oder bestimmte Aktionen sind zeitlich limitiert, beispielsweise Rabattaktionen oder weitere Formen der Konditionspolitik. Alle Aktionen werden in den Regeln so gesteuert, dass eine Abwägung zwischen den Zielen des Unternehmens und einer bestmöglichen Customer Experience in den Channeln erreicht wird. Diese Regeln sind meist starr. Sie ergeben sich aus den Leitplanken des Omni-Channel-Managements und der zugrunde liegenden Strategien. Das Streben nach einer optimalen Customer Experience wird hier mit den vorliegenden Nebenbedingungen der Channel Strategie und wirtschaftlicher Ressourcen definiert. Auf Basis der Regeln und der kontextbasierten Analyse wird dann die **optimale Aktion als „best next step"** ausgeführt. Dies alles in Bruchteilen einer Sekunde.

Ein Omni-Channel-Management, das auf einer solchen Lösung aufsetzt, ist nicht State of the Art. Vielmehr sind wenige Unternehmen (weltweit) heute in der Lage, die beschriebenen Lösungen in der Weise einzusetzen. Dabei ist trotz des sehr komplexen und interdependenten Ansatzes eine Umsetzung als Big Bang nicht zu empfehlen. Empfehlenswert ist es, sich in den ersten Schritten auf ein oder wenige einfache Events zu konzentrieren. Für dieses Szenario kann definiert werden, wie eine Reaktion im Sinne einer „best next step"-Entscheidung aussehen müsste. Im Rahmen des Szenarios wird dann weiter ersichtlich, welche Daten hierzu benötigt werden. Ein solches Szenario kann schrittweise auf andere Channel ausgeweitet werden. Ist dies für alle Channels und Touchpoints erfolgreich implementiert, so kann die Anzahl der Szenarien bzw. Events sukzessive ausgeweitet werden. Das Ziel ist schließlich erreicht, wenn eine Customer Experience in Echtzeit über alle Channel bereitgestellt wird.

5.5   Digitalisierung – Entwicklung und Themencluster

5.5.1   Beschleunigte zeitliche Entwicklung

Der Umgang mit den Themen des eCommerce zeigt, dass Daten und die hierauf aufsetzenden Analysetechniken einen signifikanten Bedeutungsgewinn erfahren haben. Die Entwicklung, die dies insgesamt beschreibt, wird gerne mit „Digitalisierung" umschrieben. Wie im Kap. 2 aufgezeigt, vollzieht sich die digitale Entwicklung auf Basis von Gesetzen, die in allgemeiner Form die Zusammenhänge von betriebswirtschaftlichen Größen und deren Ursache-Wirkung-Mechanismen beschreiben. Diese Gesetze im digitalen Kosmos sind nicht neu, aber die Gesetze sind in einzelnen Bereichen deutlich verstärkt in ihrem Wirkungsmomentum. Die für dieses Momentum insbesondere ursächlichen Netzeffekte bewirken eine erhebliche Akzeleration der zeitlichen Entwicklung, gleichsam der Nutzung einer Zeitmaschine. Anders als jedoch in der physikalischen Welt, in der ein Reisender mit hoher Geschwindigkeit relativ gesehen auch langsamer altert, lässt uns die Zeitmaschine, mit der wir durch den digitalen Kosmos beschleunigt reisen, zunehmend „alt" aussehen. Konkret oder wissenschaftlicher formuliert, sind diese beschleunigten zeitlichen Entwicklungen von Menschen allgemein und auch von den Anbietern von eCommerce-Lösungen nicht adäquat zu verarbeiten. Dies ist darin begründet, dass die **Entwicklungen** nicht linear verlaufen, sondern einen **exponentiellen Wachstumstrend** aufweisen. Dem Menschen gelingt es nicht, solche nicht linearen Verläufe sicher zu handhaben oder gar zu antizipieren. Menschen denken meist linear, weil es schlicht leichtfällt. Tatsächlich sind viele Zusammenhänge exponentiell, wie beispielsweise der Zinseszinseffekt, das Wachstum von Bakterien oder eben die erläuterten Netzeffekte. Nahezu alle uns umgebenden Wachstums-, aber auch Zerfallsprozesse sind nicht linear. Der Mensch und auch der Anbieter klassischer Handelsformen haben bislang den Vorteil, dass die ihn umgebenden technologisch, betriebswirtschaftlich und psychologisch relevanten Größen sich aber mehrheitlich in einem großen Zeitintervall entwickelten. Schaut man auf eine nicht lineare Wachstumsfunktion (oder Schrumpfungsfunktion), die sich in einem sehr großen zeitlichen Intervall entwickelt, so kann der Eindruck von Linearität entstehen. In solchen Umgebungen sind unsere linearen Denkmuster einsetzbar und führen zu annehmbaren Planungen und Entscheidungen. Man betrachte die Entwicklung des Festnetztelefons: In den Jahrzehnten, die diese Technologie bis zum Status eines Massenphänomens bedurfte, konnte bei der Betrachtung eines vergleichbar kurzen Intervalls von z. B. zwei oder fünf Jahren (durchschnittliche Amtszeit von Bundesligatrainern und Vorstandschefs börsennotierter deutscher Unternehmen im Vergleich von 1998 bis 2009, Quelle: Statista 2018) eine lineare Handhabung und Modellierung der Wirklichkeit zu – noch – befriedigenden Ergebnissen führen. Der Ausschnitt des Zeitfensters aus der exponentiellen Funktion war näherungsweise gut linear darstellbar. Die Netzeffekte und digitalen Möglichkeiten jedoch haben dies grundlegend geändert: Technologien und auch auf-setzende Geschäftsmodelle benötigen nur wenige Jahre, Monate oder mittlerweile Wochen, um eine kritische Masse zu erreichen und ein Massenphänomen darzustellen. Die Abb. 5.31 zeigt exemplarische Beispiele für die zunehmende, exponentielle Diffusionsgeschwindigkeit. Als Kennzahl ist die in der Innovationsbetrachtung weitverbreitete Größe „Zeit bis zum 100 Mio. Nutzer" zugrunde gelegt. Das Telefon beispielsweise, eingeführt 1878, benötigte etwa 75 Jahre, bis der hunertmillionste Nutzer im Festnetz begrüßt werden konnte. Das World Wide Web brauchte ganze sieben Jahre, um so viele Nutzer zu erreichen. Das soziale Netzwerk Facebook generierte nach vier Jahren und fünf Monaten eine solche Nutzerzahl. Candy Crush Saga, ein Online-Puzzle-Videospiel, überschritt die 100-Mio.-Nutzer-Marke bereits nach einem Jahr und drei Monaten. Pokémon Go schließlich liegt im Bereich von unter drei Monaten.

Weitere Faktoren wie die unzureichende Standardisierung vieler technologischer Entwicklungen, die generelle Neuartigkeit, aber auch die sich wandelnde psychologische Struktur der Nutzer und Kunden sind neben der zeitlichen Beschleunigung Gründe für die hohe Herausforderung, die mit der Digitalisierung einhergeht.

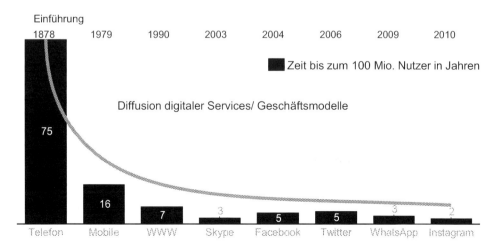

Abb. 5.31 Zeit bis zum 100 Mio. Nutzer. (Quelle: in Anlehnung an Statista)

5.5.2   Die 3+1 Themencluster der Digitalisierung

Was aber verbinden wir konkret mit Digitalisierung beziehungsweise, was genau verstehen wir heute unter diesem eher unscharfen Sammelbegriff? Eine allgemein anerkannte Definition hierzu existiert nicht. Es existiert eine Vielzahl von Begriffen, die hierunter subsumiert werden. Der Versuch einer Clusterung von Themen führt zu den **drei + eins (3+1)-Digitalclustern** (siehe Abb. 5.32):

- Internet of Things (IoT) oder Internet der Dinge: Das Internet der Dinge bezeichnet die Verknüpfung eindeutig identifizierbarer physischer Objekte (things) mit einer virtuellen Repräsentation in einer internetähnlichen Struktur
- Big Data & Analytics: Automatisierte Erfassung, Analyse, Auswertung und Nutzung (enormer) Datenmengen, die sich nur durch Computer und vernetzte Rechenzentren bewerkstelligen lässt
- Social Media: Onlinedienste, deren Inhalte im Wesentlichen von den Usern bestimmt werden. Sie basieren auf Informationsaustausch und Kommunikation
- Digitale Transformation: Veränderungen der Geschäftsmodelle, der Betriebsprozesse sowie der Kundeninteraktion

Das **Internet der Dinge (IoT)** bezeichnet ein cyberphysisches System, in dem physikalische Objekte untereinander ihre Zustände oder Kenngrößen mitteilen. Dies umfasst alle möglichen physikalischen Zustände wie Geschwindigkeit, Beschleunigung, Temperatur, Luftfeuchtigkeit, Drücke und vieles mehr. Ziel ist es, möglichst viele Zustandsdaten zwischen den virtuellen Repräsentanten der physischen Objekte auszutauschen. Der Austausch dient primär dazu, Systeme aus Sensoren (Informanten) und Aktoren (Handelnden) zu regeln. In diesem System ist die menschliche Interaktion nicht vorgesehen und viele Anwendungsgebiete finden sich in der Produktionssteuerung, der Steuerung der Supply Chain-Elemente – insbesondere der Logistik – und dem Qualitätsmanagement. Für den eCommerce aber sind zwei Anwendungsgebiete von Interesse, die das Internet der Dinge eröffnet:

- Informationen zur **Produkt- und Servicenutzung,** insbesondere in der Nachkaufphase
- Informationen zum Nutzer selbst, im Sinne einer …
  - **direkten Nutzerbeobachtung**
  - **indirekten Nutzerbeobachtung**

In der **Produkt- und Servicenutzung** werden alle IoT-Daten gesammelt, die von dem eigenen Produkt bzw. den am Produkt befindlichen Sensoren gemessen werden. Hierbei steht die Art der An-

Abb. 5.32 Themencluster der Digitalisierung

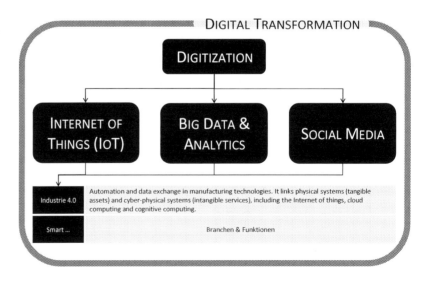

wendung im Vordergrund. Beispielsweise kann ein Automobilhersteller verstehen, ob es sich eher um einen sportiven Fahrer oder gemütlichen Crusier handelt. Im Gegensatz dazu ist auch eine Fokussierung auf den Nutzer in Form einer **direkten Beobachtung** möglich: Verkaufte Produkte oder Dienstleistungen wie beispielsweise Kleidungsstücke geben Informationen zur personengebundenen Geschwindigkeit, Beschleunigung, Temperatur und Umgebungsfeuchte wieder und können so Bewegungs- und/oder Erregungsmuster festhalten. Dies kann bis zur Messung der Sprechgeschwindigkeit (Aufregung), Sprachtonalität (Erregung, Emotionen) des Blutdrucks, Puls u. v. m. reichen. Schließlich können auch über Produkte und Dienstleistungen **indirekte Nutzerdaten** beobachtet werden, um auf die Bedürfnisse und Persönlichkeitsmerkmale der Person und des Umfeldes schließen zu können: Kühlschränke liefern Daten zum Essverhalten und zu konkreten Tages-/Wochen-/Jahreszeitmustern, Saugroboter, Bewegungs- und Rauchmelder liefern Anwesenheitsdaten etc. Alles dies kann genutzt werden, um indirekt den Nutzer und die zugrunde liegenden Verhaltensmuster sehr genau zu messen. Alle Formen der Sprachsteuerung (Siri, Alexa & Co) können neben den direkten Beobachtungsdaten auch viele indirekte Daten sammeln, indem An- und Abwesenheiten, Anzahl der Besuche/Fremden in den Räumlichkeiten, sprachgesteuerte Peripheriegeräte (Smart Home, Streaming etc.) usw. ausgewertet werden. Das IoT ist ein mächtiger Datenlieferant für den eCommerce.

Social Media bezeichnet die zweite große Datenquelle, die ebenfalls unter dem subsumiert werden kann, was heute „Digitalisierung" ausmacht. Durch die ersten Schritte der Digitalisierung ist die One-to-One (1:1)- und One-to-Many (1:n)- auch im wirtschaftlichen Bereich in eine Many-to-Many (m:n)- Kommunikation verändert worden. Durch Social Media ist die Many-to-Many-Kommunikation nochmals gesteigert worden, da nicht nur die Kommunikationspartner, sondern auch deren Follower $(m:n)^n$ integriert werden. Zudem ist jeder Teilnehmer der Kommunikation auch aktiver Erschaffer von Inhalten. Das passive Publikum der One-to-Many-Kommunikation verschwindet somit und spätestens mit den Social-Media-Plattformen ist das Thema Content Creation und Co-Creation mit allen Vorwie auch Nachteilen für die Unternehmen sehr präsent. Daneben ist der Kommunikation über diese Netzwerke gemeinsam, dass die Kommunikation nicht linear ist, d. h. die Sequenz in der Kommunikation kann von beiden Seiten beeinflusst werden und ist nicht a priori determiniert. Im Idealfall ist der Dialog simultan. Es bestehen zudem keine Hürden, um zu kommunizieren, weder zeitliche noch räumliche oder monetäre. Im Gegensatz zum Internet der Dinge sind es hier ausschließlich Menschen, die kommunizieren (zu Bots in Social Media: Ferrara et al. 2016, S. 96–104). Insofern kann Social Media als Datenbank der Kundenwünsche und Ideen angesehen werden.

Big Data & Analytics bezeichnet die automatisierte Erfassung, Aufbereitung, Analyse und Nutzung (enormer) Datenmengen. Big Data ist die Umschreibung der Technologie, die die Unmengen an Daten aus den vorab beschriebenen Datenquellen, IoT und Social Media, aufzunehmen imstande ist. Big Data ist somit der zentrale Datensauger und -eimer. Die gängigsten Definitionen weisen Big Data drei spezifische Eigenschaften zu:

- **Volume**
- **Velocity**
- **Variety**

Diese Eigenschaften werden gemeinhin als die drei Vs bezeichnet (vgl. u. a. Kudyba und Kwatinetz 2014, S. 2 ff.; Schroeck et al. 2012, S. 4 ff.). Zu den drei Vs sind mittlerweile weitere hinzugefügt worden (bspw. veracity, validity, volatility – zur Fortführung der Alliteration), die aber keine wesentlichen Erweiterungen der Begriffsbestimmung darstellen. Sie sind zwar wichtig für die Technologien der Datenspeicherung insgesamt, präzisieren aber die Charakteristik von Big Data im Besonderen eher nicht.

Das **Volume**/die Datenmenge bezeichnet die verfügbare Menge an Daten. Eine klare Grenze des Umfangs der Datenmenge ist nicht gezogen, jedoch verfügen immer mehr Organisationen und Unternehmen über gigantische Datenberge, die

von dreistelligen Terabytes bis hin zu Größenord-
nungen von Petabytes führen. Hive zum Beispiel
ist Facebooks Datenlager mit ca. 300 Petabyte an
Daten (= 300.000 Terrabyte) im Jahr 2016 (Dinsmore 2016, S. 95). Nimmt man die zeitgleich ca.
2,2 Milliarden monatlich aktiven Nutzer, so resultiert hieraus eine Datenmenge von ca.
140 Mbyte pro Nutzer. Legt man die Annahme
zugrunde, dass ein Buch ca. 20 MB Daten umfasst, so kann der – eher bildlich zu verstehende –
Vergleich aufgestellt werden, dass etwa sieben
Bücher über jeden Nutzer in der Bibliothek von
Facebook zu finden sind.

Variety/Datenvielfalt: Unternehmen haben
sich mit einer zunehmenden Vielfalt von Datenquellen und Datenformaten auseinanderzusetzen.
Aus immer mehr Quellen liegen Daten unterschiedlicher Art vor, die sich grob in unstrukturierte, semistrukturierte und strukturierte Daten
gruppieren lassen. Gelegentlich wird auch von
polystrukturierten Daten gesprochen. Das heißt,
Daten können in tabellarischer Struktur bis hin zu
Bildern oder Videos vorliegen. Die unternehmensinternen Daten werden zunehmend durch
externe Daten ergänzt, beispielsweise aus sozialen Netzwerken. Diese externen Daten sind in
den Formaten vorgegeben und können nur selten
aktiv beeinflusst werden.

Velocity/Geschwindigkeit: Riesige Datenmengen müssen immer schneller ausgewertet
werden, nicht selten in Echtzeit. Die Verarbei-
tungsgeschwindigkeit hat mit dem Datenwachs-
tum Schritt zu halten. Damit sind folgende
Herausforderungen verbunden: Analysen großer
Datenmengen mit Antworten im Sekundenbe-
reich, Datenverarbeitung in Echtzeit, Datengene-
rierung und Übertragung in hoher Geschwindigkeit. Sprechen sie mit „Alexa", so müssen die
Daten auf das Big Data-Cluster in Amerika übertragen, transkribiert und verarbeitet werden, um
dann die Antwort oder korrekte Response zu liefern. Gefühlt vollzieht sich dies alles in Echtzeit.

Daten stellen jedoch, egal in welcher Art und
Menge sie auch vorliegen, und wie schnell auch
immer die Verarbeitung vollzogen werden kann,
keine Informationen dar. Sie müssen ausgewertet
werden. Analytics bestimmt die Methoden zur
möglichst automatisierten Erkennung und Nut-

zung von Mustern, Zusammenhängen und Bedeu-
tungen. Zum Einsatz kommen u. a. statistische
Verfahren, Vorhersagemodelle, Optimierungsal-
gorithmen, Data Mining, Text- und Bildanalytik.
Dabei sind die seit mehreren Jahrzehnten bekannten Analyseverfahren bislang nicht abgelöst. Die
elaborierten statistischen Techniken sind weiterhin
im Einsatz. Geändert haben sich aber die zugrunde
gelegten Daten und Optimierungszyklen. Diese
Erweiterung hat zu einem enormen Veränderungs-
prozess geführt. Auf die Verfahren und ausgewählte Einsatzgebiete und Ergebnisse wird im
folgenden Abschnitt eingegangen.

Big Data & Analytics basiert nicht auf einer
singulären Technologie, sondern ist vielmehr das
Resultat des Zusammenwirkens einer ganzen
Reihe von Innovationen in verschiedenen Gebieten. Insgesamt erlauben diese Fortschritte, aus immer mehr Daten einen immer höheren betriebswirtschaftlichen Nutzen zu ziehen. Je nach
Anwendungsszenario können hierbei verschiedene Technologiekonzepte zum Einsatz kommen.

Die **digitale Transformation** vereinnahmt
die Themen, erstens, die den technisch dominierten Feldern nicht zugeordnet werden können
und zweitens, die die Unternehmensperspektive
vorrangig zum Gegenstand hat. Digitale Transformation beschreibt in dieser Darstellung die
notwendigen Anpassungen in der Unternehmensstrategie, dem Geschäftsmodell, den Geschäfts-
prozessen, der Unternehmensstruktur und den
Datensicherheits- und -schutzthemen. Zusammen mit der Unternehmenskultur bildet es somit
eine Klammer um die technologischen Themen
des Internets der Dinge, des Social Media und
Big Data & Analytics.

Aus diesen fundamentalen drei + eins
(3+1)-Digitalclustern leiten sich etliche weitere
Ausprägungen ab. Industrie 4.0 ist ein für
Deutschland sehr prominentes Beispiel oder auch
Smart Factory, Predicitve Logistics etc., die als
Mischformen der (3+1)-Digitalcluster auftreten.
Meist sind dies funktions- oder branchenspezifi-
sche Mischformen. Die Omni-Channel-Systeme
sind in vielen Ansätzen als Mischform aus den
3+1-Digitalclustern zu verstehen, die im eCommerce von großer Bedeutung sind. Aber auch alle
weiteren Lösungen, die in Funktionen des eCom-

merce – insbesondere in der Wertschöpfung und an der Schnittstelle zum Kunden – Anwendung finden, sind von zunehmender Bedeutung. Beispiele und Use Cases werden in den folgenden Abschnitten vorgestellt.

5.5.3 Fokuscluster: Big Data & Analytics

Die analytische Verarbeitung bildet den eigentlichen Kern von Big-Data-Anwendungen – der Gewinnung geschäftsrelevanter Erkenntnisse. Die analytische Verarbeitung umfasst ein ganzes Bündel von Technologien zur Aufbereitung der verschiedenen Datentypen sowie wichtige (statistische) Verfahren der Auswertung. Wesentliche Voraussetzung für den erfolgreichen Einsatz sämtlicher Verfahren ist es, die Zielsetzung der Analyse (z. B. Klassifikation, Segmentierung oder Assoziation), die Eigenschaften der zu analysierenden Daten (Semantik, Formate) und auch die Darstellungsform sowie Visualisierung der Ergebnisse vorab festzulegen.

5.5.3.1 Eigenschaften von Daten
Aufsetzpunkt zur Vertiefung der Themen Big Data & Analytics sind die Eigenschaften der Daten. Hier werden für den eCommerce folgende **Dateneigenschaften** unterschieden (Bitkom 2014, S. 57):

- Orts- und raumbezogene Daten
- Web
- Text und Semantik
- Bild, Video und Audio

Orts- und raumbezogene Daten: Viele Daten weisen einen Ortsbezug auf. Die hohe Penetration von Smartphones bietet die Grundlage, dass Daten zusammen mit GPS-Koordinaten oder ähnlichen Lokationsdaten (z. B. Beacons) erhoben werden. So sind im stationären Handel Analysen unter Einbeziehung der räumlichen Dimension seit vielen Jahren Standard zur Standortbewertung. Die Nutzung von ortsgebundenen Daten im Kontext des SoLoMo-Ansatzes ist bereits in Abschn. 5.4.3 vorgestellt. In die Ab-

satzprognosen für einzelne Artikel können so auch Wettermodelle eingehen wie auch die Einwohnerverteilungen bestimmter Einkommensklassen. Es besteht die Möglichkeit, dass Daten, die lediglich implizit über einen Ortsbezug verfügen, mit Geoinformationen verknüpft werden. So werden Bilder oder Texte nach Bezug zu Städten, Stadtvierteln, Straßen, Restaurants usw. durchsucht. Dies verdeutlicht, wie externe Daten mit internen Daten eines eCommerce-Unternehmens über die Dimension „Ort" in Beziehung gesetzt werden, um neuartige Datenprodukte und tieferes Verständnis zu den individuellen Verhaltensmustern der Nutzer zu schaffen (Bitkom 2014, S. 57). Die räumliche Lokalisierung des Kunden außerhalb und innerhalb des stationären Geschäfts zeigt nicht direkt Nutzenpotenziale für den eCommerce auf. Aber das Wissen um die typischen Laufwege des Kunden und seine Bewegung durch das Ladengeschäft liefern dem eCommerce-Unternehmen Ansatzpunkte für ein tieferes Kundenverständnis und darauf aufbauende Potenziale, um Einfluss auf die Customer Experience, die Loyalität und letztlich das Kaufverhalten sowie den Service zu nehmen.

Web und Web Analytics: Web Analytics umfasst die Messung und Erfassung bis hin zur Analyse und dem Reporting von Daten. Ziel von Web Analytics ist es, eine Webpräsenz zu optimieren. Hierzu experimentieren die Betreiber der eCommerce-Seiten (täglich) auf ihren Seiten: Sie wollen herausfinden, ob Änderungen in Strukturen und Inhalten der Seiten zu gewünschten Kundenreaktionen führen. Dies kann nutzerbezogene Kennzahlen wie die Conversion Rate, die Anzahl der Klicks auf einer Seite, die Suchbegriffe, die zum Besuch der Seite geführt haben, sowie weitere Kennzahlen betreffen. Aber auch komplette Pfade von Benutzern durch die verschiedenen Seiten werden analysiert und liefern Erkenntnisse, um damit die Webpräsenz als Ganzes zu optimieren. Die Vielzahl an Erkenntnissen aus Web Analytics hinsichtlich einzelner Benutzer(-gruppen) werden dazu genutzt, um in Echtzeit den Inhalt einer Webseite an den Benutzer (der zugehörigen Benutzergruppe) dynamisch anzupassen. Analytics-Verfahren eignen sich zur Modellierung der gewonnenen Daten, um über die offensichtlichen Abhängigkeiten hinaus den Benutzer über die Platzierung von Angeboten gezielter zu steuern. Diese Modelle liefern als Basis für Predictive Analytics die Möglichkeit, nicht nur das Verhalten eines Kunden zu beschreiben, zu verstehen und damit Webseiten zu optimieren, sondern auch Vorhersagen über seine nächsten Schritte, wahrscheinlichen Bedürfnisse und Vorlieben zu treffen und ihm z. B. speziell zugeschnittene Angebote zu präsentieren (Bitkom 2014, S. 58).

Text- und Semantik: Ziel ist es, mittels Semantik die Inhalte von Texten zu verstehen. Neben Datenströmen, die von Sensoren generiert werden und häufig aus Audiodaten in Text transkribierte Daten darstellen, stellt die Auswertung von Daten, die direkt in textueller Form vorliegen, ein großes wirtschaftliches Potenzial für eCommerce-Unternehmen dar. So lassen sich durch die Analyse von Social-Media-Daten Produkttrends erkennen, typische Nutzungssituationen aufdecken und (kollaborative) Produktentwicklungen anstoßen. Diese Daten basieren auf natürlicher Sprache und sind vorerst unstrukturiert. Eine unmittelbare Analyse über klassische Verfahren ist daher nicht möglich. Es müssen linguistische und semantische Verfahren zum Einsatz kommen, um aus den unstrukturierten Datenströmen und Texten relevante Informationen zu extrahieren, Strukturen zu erkennen und Relationen der Daten untereinander sowie mit anderen Datenquellen herzustellen.

- Auf Social-Media-Netzwerken gilt es, die Texte der Nutzer zu analysieren. Neben den Inhalten ist ein weiteres Erkenntnispotenzial über einen spezifischen Jargon oder Slang ein zugrunde liegendes Stimmungsbild abzuleiten (Sentiment-Analyse, vgl. Bitkom 2014, S. 104).
- Auf Blogs und Foren werden Beiträge inhaltlich erschlossen, um Problembeschreibungen, Symptome und Nutzungskontexte zu analysieren.
- In digitalen Dokumenten werden Sinnzusammenhänge erkannt und Bezüge zu eigenen

Produktkatalogen, -anleitungen etc. hergestellt (Bitkom 2014, S. 59).

Bild, Video und Audio: Da die Interaktion im digitalen Kosmos und auch die Steuerung digitaler Geräte immer stärker über Sprache vollzogen werden, gehört die Sprachtechnologie zu den Schlüsseltechnologien für die Gewinnung strukturierter Informationen. Neben den Datenströmen, die unmittelbar auf Textdokumenten basieren, wachsen diese Audio- und auch Videoinhalte explosionsartig an.

Allein die National Library in Washington verfügt über Zettabyte an Audio- und Videomaterial – woraus unmittelbar ersichtlich wird, dass eine manuelle Erschließung ausgeschlossen ist. Um diese Daten für die Analyseverfahren handhabbar zu machen und Audio- und Videoarchive zu erschließen, sind folgende Schritte notwendig (Bitkom 2014, S. 61):

- Die enormen Datenmengen müssen im ersten Schritt gespeichert und für die weitere Verarbeitung zugreifbar gemacht werden.
- Anschließend werden aus den Audio und Videodaten die Textinformationen extrahiert, wofür sogenannte Transkriptionsalgorithmen genutzt werden.
- Schließlich kommen linguistische und semantische Verfahren zum Einsatz, um die Transkriptionen inhaltlich zu erschließen und Sinnzusammenhänge herzustellen.

5.5.3.2 Aufgabenfelder der Analytics-Verfahren

Mit Analytics werden aus einem Datensatz Trends und Verhaltensmuster abgeleitet und vorhergesagt. Hierbei kommen je nach Anwendungsszenario verschiedene statistische Algorithmen und Techniken zum Einsatz. Diese zielen darauf ab, Muster in aktuellen und historischen Daten zu erkennen und ein System richtig zu beschreiben, um daraus Erkenntnisse für das zukünftige Verhalten dieses Systems zu ziehen. Üblicherweise beschreibt man die Vorgehensweise von Analytics in drei **Aufgabenfeldern** (siehe Abb. 5.33):

Abb. 5.33 Aufgaben der Analyseverfahren und korrespondierende Managementmodelle. (Quelle: in Anlehnung an Hahn und Laßmann 1986, S. 63)

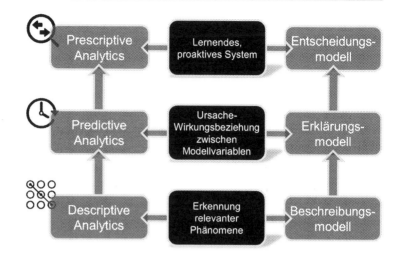

- **Descriptive** (Beschreiben)
- **Predictive** (Vorhersagen)
- **Prescriptive** (Empfehlen)

Die Aufgabenfelder sind eigenständig zu verstehen und sind keinesfalls als fester Zyklus zu durchlaufen.

Im **ersten Aufgabenfeld** werden alle Daten für die entsprechende Fragestellung oder konkrete Aufgabenstellung gesammelt, um daraus die Muster zu erkennen, die zu einem bestimmen Verhalten führen. Die herkömmlichen, rein beschreibenden Verfahren, wie sie in der klassischen Business Intelligence mit Dashboards und Reports sowie mit Online Analytical Processing (OLAP) gegeben sind, werden in diesem Kontext dann als **Descriptive Analytics** bezeichnet. In diesen Bereich fallen in der Regel auch die Lösungen, die sich der Analyse von Webdaten (s. o. Web Analytics) zuwenden und vor allem das Zugriffsverhalten auf sowie die Inhalte von Websites untersuchen.

Im **zweiten Aufgabenfeld** wird ein passendes statistisches Modell entwickelt, welches das Verhalten des untersuchten Systems hinreichend gut beschreibt, um daraus Vorhersagen über sein Verhalten in der Zukunft ableiten zu können. Diese **Predictive Analytics** nutzen proaktive Analysetechniken, um Vorhersagen über zukünftige Ereignisse und Entwicklungen anzustellen.

Im **dritten Aufgabenfeld** müssen Empfehlungen ausgearbeitet werden, die das System bei einem bestimmten Trend in eine gewünschte Richtung beeinflussen oder ein vorhergesagtes Ereignis verhindern. Diese **Prescriptive Analytics** versuchen über die reine Vorhersage hinaus Handlungsvorschläge zu unterbreiten und zugehörige Konsequenzen aufzuzeigen. Möglich wird dies meist, indem weitere, ggf. unternehmensexterne Daten in die Analyse einbezogen und mit zu optimierenden Zielgrößen in Verbindung gesetzt werden (Evans und Lindner 2012). Prescriptive Analytics ist insofern von besonderem Interesse, als dass hierbei die Beeinflussbarkeit der Zukunft transparent gemacht wird. Wenn bestimmte Rahmenparameter in einem gewissen Maße beeinflusst werden, dann kann sich ein bestimmtes Ereignis einstellen. Beispielsweise kann diese Form der Analytics dazu führen, dass ein Besucher hinsichtlich seines Wertpotenzials (historischer Umsatz, aktuelles Umsatzpotenzial (besuchte Produktseite(n)), Cross- und Up-Selling) beurteilt wird und 1) individuelle Rabatte, 2) Sonderaktionen und Angebote, 3) Sonderinformationen, 4) spezifische Lieferbedingungen erhält. Letztlich sind diese individuellen Rahmenparameter so gesetzt, dass das Ereignis Kauf und Wiederkauf auf der Seite des eCommerce-Anbieters signifikant erhöht wird.

Diese Strukturierung von Aufgabenfeldern weist eine deutliche Überschneidung mit der Ka-

tegorisierung von Modelltypen in der Betriebswirtschaftslehre auf, die zwischen Beschrei-
bungs-, Erklärungs- und Entscheidungsmodellen
unterscheidet (siehe Abb. 5.33).

5.5.3.3 Einteilung von Analytics-Verfahren

Der Einsatz von Analytics ist ein kontinuierli-
cher, iterativer Prozess. Durch den fortschreiten-
den Einsatz werden die eingesetzten Modelle
immer weiter verbessert und angepasst, und damit werden auch die Vorhersagen immer präziser.
Da es kein einzelnes Verfahren gibt, das für alle
Problemstellungen gleichermaßen geeignet ist
bzw. alle anderen Verfahren dominiert, hängt damit die Entscheidung bezüglich des zu verwen-
denden Verfahrens von der jeweiligen Problem-
stellung sowie – auch dies ist wichtig – von dem
Erfahrungshorizont des verantwortlichen Experten ab.

Wie bereits erwähnt, rekrutieren sich die statistischen Verfahren der Analytics durchgängig
aus dem bereits seit Jahrzehnten gängigen Instrumentarium der Statistik. Neu ist lediglich
die Art und Weise, in der die verfügbaren (Big-)
Data-Quellen einbezogen und genutzt werden.
Die gängigen multivariaten statistischen Verfahren wollen im Wesentlichen die in einem
Datensatz enthaltene Zahl der Variablen und/
oder Beobachtungen reduzieren, ohne die darin
enthaltene Information wesentlich zu reduzieren. Um die Struktur der Daten zu analysieren,
sind grundsätzlich zwei Herangehensweisen
unterscheidbar: Entweder gibt man eine Struktur vor und prüft, ob die Daten mit der vorgegebenen Struktur zusammenpassen. Dies umfasst
die Klasse der sogenannten strukturprüfenden
Verfahren. Diese Verfahren sind Teil der induk-
tiven Statistik (Backhaus et al. 2010, S. 7 ff.).
Oder man versucht, die Struktur aus den Daten
zu extrahieren. Dies beschreibt die Klasse der
sogenannten strukturentdeckenden Verfahren.
Diese sind Teil der explorativen Statistik (Backhaus et al. 2010, S. 7 ff.). Auch wenn die Logik
der Einteilung dieser statistischen Verfahren
sich nicht grundlegend änderte, so ist nun die
Art des (big) Data-Einbezugs mit in den Vordergrund gestoßen. Die statistischen Verfahren

oder in diesem Kontext auch Data-Mining-Verfahren, speziell Machine Learning, können anhand der Lernart, mithilfe derer sie ein Modell
aus den Daten erstellen, wie folgt eingeteilt
werden (Baumgärtel 2009, S. 12):

- **Überwachtes Lernen**: Dabei sind während
  des Lern- und Testvorgangs die zu prognostizierenden Werte bekannt. Zwei Beispiele für
  diese Verfahrensart sind die Regression und
  die Klassifikation.
  - **Regression**: Zur Vorhersage diskreter Werte
    (Absatzmengen, Umsatz, Websitebesuche,
    aktive Nutzerzahlen) können Regressions-
    methoden eingesetzt werden. Als einfachs-
    tes Beispiel kann hier die lineare Regression
    genannt werden, die, wie bei jeder funktio-
    nalen Regressionsrechnung, durch die Mi-
    nimierung der Fehlerquadrate eine Funktion
    erstellt, die zu jeder Merkmalskombination
    der betrachteten Attribute einen diskreten
    Wert ausgibt.
  - **Klassifikation**: Hier sind die Klassen be-
    kannt (z. B. Kunde/Nichtkunde, Mann/
    Frau oder Gold-/Silber-/Bronzekundensta-
    tus), denen man die Daten zuordnen will.
    Das können zwei (binäre Klassifikation)
    oder mehr Gruppen sein. Bei der Bilder-
    kennung können die Klassen z. B. Fotos
    des Nutzers sein, die dann in Nutzerfotos/
    Freunde/Privatsphäre/allgemeine Objekte
    eingeteilt werden.
- **Unüberwachtes Lernen**: Hier sind die zu
  prognostizierenden Werte a priori nicht be-
  kannt. Es wird also versucht, unbekannte
  Muster zu erkennen. Zwei Beispiele für diese
  Verfahren sind die Segmentierung und Asso-
  ziation.
  - **Segmentierung**: In diesem Fall möchte
    man in den Daten bestimmte vorher unbe-
    kannte Gruppen identifizieren – z. B. zur
    Marktsegmentierung. Dies ist mit klassi-
    schen Methoden möglich, wie der Cluster-
    analyse, bei der man mit verschiedenen
    Ähnlichkeits- oder Distanzmaßen sowie
    Fusionierungsalgorithmen rechnet.
  - **Assoziation**: Hier wird versucht, aus
    Transaktionsfolgen Regeln abzuleiten. Ein

Beispiel für die Assoziation ist die Warenkorbanalyse. Gesucht ist ein Muster, das prognostiziert, welches Produkt ein Kunde zusammen mit anderen kauft. Diese Informationen können für Sonderangebotsplanung und Cross-Selling genutzt werden.

Der Unterschied zwischen überwachten (supervised) und unüberwachtem (unsupervised) Lernen ist zu präzisieren, denn jeder Algorithmus wird – zumindest anfangs – vom Menschen überwacht. Sprachlich genauer wäre es, trainierte und untrainierte Verfahren zu unterscheiden. Der Unterschied wird transparent, betrachtet man die mit dem Einsatz und dem Training verbundenen Zwecke der Verfahren: Während überwachte maschinelle Lernverfahren über eine Trainingsphase auf ein (!) Problem spezialisiert werden und dann produktiv als Assistenzsystem (bis hin zum Automated Decision Making) funktionieren sollen, zielen demgegenüber unüberwachte maschinelle Lernverfahren darauf ab, unübersichtlich viele Zeilen und Spalten von (Big-)Datenbeständen für den Menschen leichter interpretierbar machen zu können.

Wenn ein Modell mit Trainingsdaten lernt, die das Ergebnis (z. B. Klassifikationsgruppe) bereits enthalten, handelt es sich um **überwachtes Lernen**. Die richtige Antwort muss während der Trainingsphase also vorliegen und der Algorithmus muss die Lücke zwischen dem Input (Eingabewerte) und dem Output (das vorgeschriebene Ergebnis) füllen. Die Überwachung bezieht sich dabei nur auf die Trainingsdaten. Im produktiven Lauf wird grundsätzlich nicht überwacht und das Lernen könnte sich auf neue Daten in eine ganz andere Richtung entwickeln, als dies mit den Trainingsdaten der Fall war.

Eine besondere Form des überwachten Lernens ist die des **bestärkenden** (**reinforcement**) Lernens. Bestärkendes Lernen kommt stets dann zum Einsatz, wenn ein Endergebnis nicht bestimmbar, jedoch der Trend zum Erfolg oder Misserfolg erkennbar ist (beispielsweise im Spielverlauf – AlphaGo von Google Deepmind soll bestärkend trainiert worden sein). In der Trainingsphase werden beim bestärkenden Lernen die korrekten Ergebnisse also nicht zur Verfügung gestellt, jedoch wird jedes Ergebnis bewertet, ob dieses (wahrscheinlich) in die richtige oder falsche Richtung geht (Annäherungslernen).

Beim **unüberwachten Lernen** haben wir es nicht mit gekennzeichneten Daten zu tun, die möglichen Ergebnisse sind unbekannt. Die Struktur der Daten sind zu erkunden, zu explorieren und es sind für uns Menschen sinnvolle Strukturen aufzudecken. Unüberwachte Verfahren des maschinellen Lernens dienen der Erkennung von Inhalten in Daten anhand von sichtbar werdenden Strukturen. Die Verfahren müssen nicht unbedingt mit Datenvisualisierung arbeiten, oft ist das aber ein eingesetztes Instrument, denn erst die visuellen Strukturen ermöglichen unseren menschlichen Gehirnen die Daten in einen Kontext zu bringen. Typische Beispiele sind das Clustering (Strukturen in Objekten) und zum anderen die Dimensionsreduktion (Strukturen in Variablen, bspw. mit der PCA-Hauptkomponentenanalyse).

Die Abb. 5.34 ordnet die häufig eingesetzten Verfahren den beiden Arten des überwachten und unüberwachten Lernens zu.

Bei den **Regressionsverfahren** suchen wir eine Funktion, die unsere (Big-)Data-Punktwolke – mit der wir uns zutrauen, Vorhersagen über die interessierende, abhängige Variable vornehmen zu können – möglichst gut beschreibt.

Bei den **Klassifikationsverfahren** wird eine Einteilung von Objekten oder Situationen in Klassen erreicht. Ziel ist das Einordnen von Objekten in bereits existierende Klassen. Auf Basis dieses Verfahrens werden Klassen unterschieden, um später hinzukommende Punkte ihren richtigen Klassen zuweisen zu können.

Viele Verfahren der Klassifikation lassen sich mit nur wenig Anpassung auch zur Regression anwenden oder umgekehrt. Künstliche neuronale Netze, k-nächste-Nachbarn und Entscheidungsbäume sind gute Beispiele, die in der Praxis sowohl für Klassifikation als auch für Regression eingesetzt werden – mit unterschiedlichen Stärken und Schwächen. Unterschiedlich ist jedoch der Zweck der Anwendung: Bei der Regression möchten wir stetige Werte vorhersagen (z. B. Größe des Warenkorbs im eCommerce), bei der Klassifikation hingegen Klassen unterscheiden (z. B. Besucher ist Käufer oder Nichtkäufer).

Abb. 5.34 Gruppierung
von Verfahren in die des
überwachten und
unüberwachten Lernens.
(Quelle: in Anlehnung
an Backhaus et al. 2010)

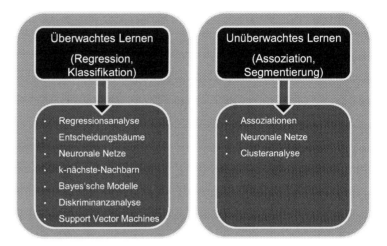

Bei der **Segmentierung** ist das Ziel eine Zuordnung eines jeden Datensatzes zu einem Segment. Es wird nach einer globalen Strukturierung
der Daten gesucht. Zu den wichtigsten Verfahren
zählt hier die Clusteranalyse.

Bei der **Assoziationsanalyse** wird versucht,
Beziehungen zwischen den Datensätzen zu finden, um daraus eigenständige Assoziationsregeln
zu formulieren, die häufig auftretende versteckte
Regeln oder Muster in Datenbeständen beschreiben. Zu den klassischen Methoden im Bereich
Analytics lassen sich neben Cluster-, Entschei-
dungsbaum- und Regressionsverfahren auch Assoziationsanalysen und künstliche neuronale
Netze zählen. Untersuchungen, die sich vor allem auf methodische Unterstützung bei Predictive bzw. Prescriptive Analytics beziehen, belegen die Dominanz dieser Ansätze (vgl. Abb. 5.35).
In der Praxis erlangt aufgrund seiner relativ
leichten Anwendbarkeit auch der Naive-Bayes-Algorithmus einige Verbreitung, auf den aber
hier nicht weiter eingegangen werden soll (zum
Naive-Bayes-Algorithmus siehe z. B. Cleve und
Lämmel 2014, S. 112 ff.). Wesentliche Voraussetzung für den erfolgreichen Einsatz sämtlicher
Verfahren ist es, die Zielsetzung der Datenana-
lyse (z. B. Klassifikation, Segmentierung oder
Assoziation), die Eigenschaften der zu analysierenden Daten (Semantik, Formate) und die Darstellungsform (z. B. Entscheidungsregeln) der zu
ermittelnden Beziehungsmuster festzulegen.

5.5.3.4 Vorstellung ausgewählter Analytics-Verfahren

Die folgenden Ausführungen stellen einige wesentliche Verfahren kurz dar:

- Regressionsanalysen
- Entscheidungsbaumverfahren
- Clusterverfahren
- Verfahren der Assoziationsanalyse
- Künstliche neuronale Netze

Regressionsanalysen (Gluchowski 2016, S. 282):
Vor allem die Schätzung bzw. Prognose der
Ausprägung der abhängigen bei bekannten
Wertausprägungen der unabhängigen Variablen
aus zuvor modellierten Kausalbeziehungen (Ur-
sache-Wirkungs-Beziehungen) steht hier im
Vordergrund der Untersuchung (Backhaus et al.
2010, S. 52). Wird nur eine unabhängige Variable betrachtet, so lässt sich dies als einfache
Regressionsanalyse, bei mehreren unabhängigen Variablen als multiple Regressionsanalyse
bezeichnen.

Ein sehr verbreitetes Verfahren im Rahmen
der Regressionsanalysen stellt die „Methode der
kleinsten Quadrate" (Kleinstquadrate- oder
KQ-Schätzung) dar. Hierbei wird, im Fall der
einfachen Regressionsanalyse, eine Regressions-
gerade bzw. Regressionsfunktion derart kon-
struiert, dass für bekannte Beobachtungen die
Summe der Quadrate der Abweichungen zwischen geschätzten und eingetretenen Werten für

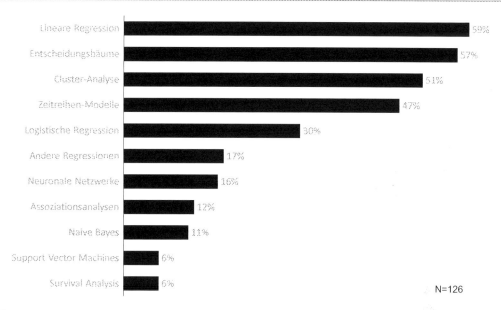

Abb. 5.35 Häufigkeit des Einsatzes von Analytics-Verfahren. (Quelle: in Anlehnung an Halper 2014, S. 18)

die abhängige Variable minimiert wird. Anschließend lässt sich mit einem Bestimmtheitsmaß messen, wie gut die Regressionsfunktion die beobachteten Werte der abhängigen Variablen erklärt bzw. vorhersagt. Dieses Maß bestimmt sich aus einem Verhältnis von aus der Regressionsfunktion erklärbaren Abweichungen der abhängigen Wertausprägungen von deren Mittelwert (Hilbert 2014).

Als Spezialfall der Regressionsanalysen lassen sich Zeitreihenanalysen verstehen, dann mit der Zeit als eine unabhängige Variable. Zu beachten ist, dass Regressionsanalysen immer nur Korrelationen belegen können. Ein Beweis der Kausalität dagegen lässt sich in der Regel nicht – zumindest nicht auf Basis des statistischen Verfahrens – zweifelsfrei erbringen.

Entscheidungsbaumverfahren (Gluchowski 2016, S. 278): Die Anwendung von Entscheidungsbaumverfahren konzentriert sich auf Problemstellungen, bei denen die eindeutige Zuordnung eines (neuen) Datenobjektes zu im Vorfeld gebildeten Klassen erforderlich ist. Dabei zielt das Verfahren darauf ab, auf der Basis eines historischen Datenbestandes mit bekannten Ergebnissen Regeln zur Klassifizierung eines neuen Datenobjektes zu generieren, welche sich in Form einer Baumstruktur zeigen.

Zunächst müssen dazu zum einen die zu erklärende Zielvariable (Klassifikationsvariable) als abhängige Größe und zum anderen die sie beeinflussenden, unabhängigen Größen bestimmt werden (siehe Abb. 5.36). Anschließend erfolgt die Aufteilung des Gesamtdatenbestandes in einen Trainings- und einen Testdatenbestand. Als repräsentative Stichprobe dient der Trainingsdatenbestand zur Erstellung eines ersten Entscheidungsbaumes. Dazu wird eine schrittweise Aufgliederung des Trainingsdatenbestandes in kleiner werdende Segmente (Knoten) vorgenommen, die sich bei jedem Schritt insgesamt als homogener bezüglich der Klassifikationsvariablen erweisen als der jeweilige Ausgangsknoten. Die Aufteilung in Teilknoten erfolgt mittels der Wertausprägungen der unabhängigen Größen. Diese Iteration wird so lange durchlaufen, bis alle erzeugten Detailknoten (Blätter des Baums) eine ausreichende Homogenität aufweisen (Küsters 2001, S. 109). Nachdem mit der Trainingsdatenmenge ein Entscheidungsbaum erstellt wurde, erfolgt eine Überprüfung der Güte des erzeugten Baumes anhand der Validierungs- bzw. Testmenge. Genügt die Klassifikation der in der Testmenge vorhandenen Datensätze den Anforderungen, dann lässt sich der Entscheidungsbaum zur Klassifikation neuer Datensätze nutzen.

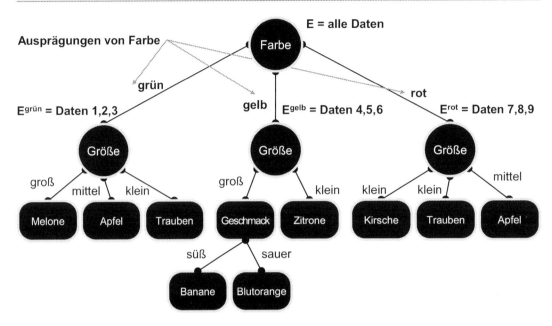

Abb. 5.36 Entscheidungsbaumverfahren. (Quelle: nach Goncharenko 2017, S. 38)

Das Entscheidungsbaumverfahren gehört zu den überwachten Verfahren, da eine Überprüfung des mit der Trainingsmenge erstellten Baummodells anhand der Wertausprägungen der Testdaten erfolgt. Um eine ausreichend große Trainings- und Testmenge und damit hinreichend aussagekräftige Ergebnisse zur Verfügung zu haben, ist eine große Datenbasis zwingende Voraussetzung (Larose 2005, S. 109; Gluchowski 2016, S. 278).

Clusterverfahren (Gluchowski 2016, S. 279): Der Einsatzbereich von Clusterverfahren zielt auf die Zuordnung der einzelnen Objekte eines Datenbestandes zu disjunkten Segmenten bzw. Clustern. Dabei sollen die Objekte eines Segmentes in Bezug auf die jeweiligen Merkmalsausprägungen möglichst ähnlich, die Objekte unterschiedlicher Segmente dagegen unähnlich sein (Küsters 2001). Da hier eine Überprüfung der Ergebnisse kein originärer Bestandteil ist, handelt es sich um ein nicht überwachtes Verfahren. Zur Messung der Ähnlichkeit bzw. Unähnlichkeit von Datensätzen erfolgt zumeist der Einsatz von Distanzmaßen. Neben der Auswahl des Distanzmaßes erweist sich vor allem das verwendete Verfahren zur Clusterbestimmung, die Fusionierung, als zentral. Insbesondere werden

heute partitionierende oder hierarchische Clusterverfahren gewählt, um einen Ausgangsdatenbestand in möglichst homogene Segmente aufzuteilen. Dabei ist den partitionierenden Verfahren gemein, dass zunächst die Anzahl der zu erzeugenden Cluster festgelegt werden muss. Anschließend erfolgt – automatisch oder durch einen Anwender vorgegeben – die Bestimmung der zugehörigen Clusterzentren, denen danach die übrigen Datenobjekte durch Verwendung eines Distanzmaßes zugeordnet werden.

Als Alternative zu den partitionierenden sind hierarchische Verfahren verwendbar, bei denen keine Clusterzentren als Ausgangsaufteilung vorgegeben werden. Die wichtigsten sind die agglomerative und die divisive Methode (siehe Abb. 5.37). „Agglomerativ" bedeutet, dass die Gruppierung (Bildung von Clustern) durch fortschreitende Zusammenfassung von Objekten erfolgt, während bei der divisiven Methode zu Anfang alle Objekte in einer Gruppe (in einem Cluster) zusammengefasst sind und durch das Verfahren in Untergruppen unterteilt werden (Gluchowski 2016, S. 280). Die Verfahren der hierarchischen Clusterung sind eindeutig den unüberwachten Verfahren zuzuordnen, da hier

Abb. 5.37 Hierarchische Clusterverfahren

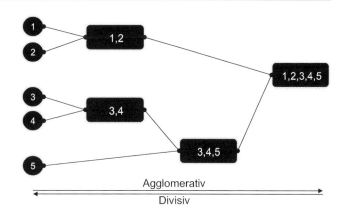

keinerlei Vorgaben zu Clusteranzahl oder -zentren zu machen oder sinnvoll sind.

Verfahren der Assoziationsanalyse (Gluchowski 2016, S. 281): Assoziationsanalysen werden angewendet, um Zusammenhänge bzw. Korrelationen zwischen gleichzeitig oder in einer sequenziellen Abfolge auftretenden Ereignissen oder Attributausprägungen zu bestimmen, ohne dabei ex ante entsprechende Verbindungen zu unterstellen. Kennzeichnend für die Assoziationsanalyse ist, dass die aufgedeckten Zusammenhänge sich anhand von Regeln in Form von Wenn-Dann-Beziehungen beschreiben lassen und daraus unmittelbar eine ökonomische Interpretierbarkeit resultiert. Der Bedingungsteil wird auch als Regelrumpf oder Prämisse bezeichnet, während als Synonyme für den Dann-Teil die Begriffe Regelkopf oder Konklusion Verwendung finden. Während die klassische, parallele Assoziationsanalyse gleichzeitig auftretende Ereignisse betrachtet, erzeugt die sequenzielle Assoziationsanalyse Regeln für Ereignisse, die zeitlich versetzt zu beobachten sind.

Künstliche neuronale Netze (Gluchowski 2016, S. 281): Künstliche neuronale Netze (KNN) verfolgen das Ziel, die Funktionsweise biologischer Nervensysteme bzw. natürlicher neuronaler Netze, wie z. B. menschlicher Gehirne, beim Prozess der Mustererkennung nachzubilden. Grundelemente biologischer Nervensysteme stellen miteinander vernetzte und interagierende Neuronen dar. Gegenstand der Interaktion ist der Austausch von Signalen bzw. Reizen, indem diese von der Umwelt aufgenom-

men und an nachgelagerte Neuronen weitergeleitet werden.

In Analogie dazu besteht ein KNN aus verschiedenen Computerneuronen bzw. Verarbeitungselementen (Units), zwischen denen gewichtete Verbindungen existieren. Die Werte der einzelnen Gewichte liefern Auskünfte über die Stärke der Verbindungen zwischen den Units, zu denen jeweils gewichtete Eingänge, eine Aktivierungs- oder Transformationsfunktion sowie ein Ausgang gehören (siehe Abb. 5.38). Die Neuronen in künstlichen neuronalen Netzen werden üblicherweise in unterschiedlichen Schichten organisiert. Die Art der Anordnung der Schichten sowie die Verknüpfungen zwischen den Neuronen definiert dann eine Netzwerktopologie. Gebräuchlich sind KNNs mit drei verschiedenen Schichten, wobei die Neuronen der Inputschicht Signale der Umwelt entgegennehmen, verarbeiten und ggf. eine Ausgabe erzeugen, die an eine versteckte Schicht (Hidden Layer) weitergeleitet wird. Auch hier nehmen die zugehörigen Neuronen die Ausgabesignale der Inputschicht entgegen und erzeugen ein Ausgabesignal, das an die Outputschicht weitergereicht wird. Die Neuronen der Outputschicht nehmen erneut die eintreffenden Signale auf und erzeugen hieraus ein Ausgabesignal, was z. B. eine Vorhersage oder eine Empfehlung sein kann (Lusti 2002).

Varianten zu diesem strikt vorwärts gerichteten Netz erlauben Rücksprünge zwischen den Units, indem beispielsweise der Wert einer Ausgabe-Unit wiederum als Eingangswert für ein Verarbeitungselement der Zwischenschicht dient. Der Lernpro-

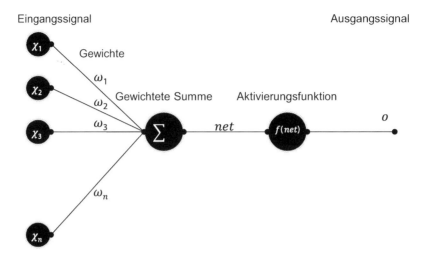

Abb. 5.38 Künstliche neuronale Netze

zess innerhalb eines KNN vollzieht sich durch das Heranziehen bekannter Ergebnisse und die Justierung von Verbindungsgewichten und Aktivierungsschwellen, ggf. auch durch eine Veränderung der Netzwerktopologie. Dem Netz werden so lange Beispiele (Daten) präsentiert, bis es die erwünschten Ergebnisse zeigt, d. h. bis die Gewichte optimal sind. Wenn die Ergebnisse der Beispiele bekannt sind, dann spricht man von überwachtem Lernen. Es gibt auch neuronale Netze für unüberwachtes Lernen, die als selbstorganisierende Netze bezeichnet werden.

5.5.4   Use Cases im eCommerce

Analytics ermöglicht eCommerce-Unternehmen, sich gegen den Wettbewerb zu behaupten. Mithilfe ihrer Daten und passenden Algorithmen können sie höhere Gewinne erzielen, innovativer und schneller am Markt sein. Meist ist der Ausgangspunkt für diesen Erfolg das Streben, dem Kunden jederzeit und in Echtzeit die bestmögliche Customer Experience zu bieten. Das kann nur gelingen, wenn die richtigen Entscheidungen schnell und automatisiert getroffen werden. Dazu werden mit Analytics Kundendaten analysiert und Muster erkannt, zukünftiges Verhalten und Bedürfnisse vorhergesagt und bestmögliche Rahmenbedingungen zur Herbei-

führung des gewünschten Ereignisses aufgezeigt – und das im eCommerce für meist mehrere Millionen Kunden gleichzeitig. Je mehr Daten zur Verfügung stehen, desto höher sind zum einen die Präzision der Eintrittswahrscheinlichkeiten und zum anderen die Qualität von statistischen Gütemaßen der Analysen. Die Personalisierung von Produkt und Serviceempfehlungen, Preisen und Servicebedingungen auf die aktuellen und künftigen Situationen einzelner Kunden trägt sehr schnell zur Erhöhung des Umsatzes und einer stärkeren Kundenbindung bei. Nicht nur Unternehmen mit Endverbraucherfokus profitieren dabei von den Potenzialen der Analytics. So ist zum Beispiel die für den eCommerce zentrale Logistikindustrie ebenfalls prädestiniert, um Analytics zu nutzen. Maschinen, die während der Überbrückung von Zeit, Raum und der Kommissionierung selbst Daten generieren, ermöglichen Analysen und Prognosen, um ihre Flexibilität und Effizienz zu erhöhen. Die vorausschauende Logistik kann kleinere Chargen mit hoher Reaktionsfähigkeit planen, die sich effizient transportieren, einfacher managen und effektiver kontrollieren lassen.

Folgende Use Cases werden vorgestellt:

1. Closed-Loop-Ansatz im Handel (OTTO und Blue Yonder)

2. Anticipatory Logistics (Amazon)
3. Netflix/„House of Cards"
4. Facebooks/„Likes"

Fallbeispiel: OTTO – Closed-Loop-Ansatz im Handel (Blue Yonder 2015, S. 18–19)
Big Data & Analytics erlauben es, Entscheidungsprozesse intelligent und in Echtzeit in Millionen von Einzelfällen automatisiert zu prozessieren. Das Handelsunternehmen OTTO setzt in seinem Onlineshop täglich rund 20 Millionen Artikel um – und diese gilt es zu prognostizieren (blue yonder 2015, S. 18). Die damit verbundenen Prozesse sind von immensen Datenmengen, einer Vielzahl von Einflussfaktoren, permanentem Handlungsbedarf in Echtzeit und hohem Zeitdruck geprägt. All das und steigende Kundenanforderungen bedeuten, dass Handelsunternehmen wie OTTO permanent nach neuen Ansätzen für Entscheidungsprozesse suchen. Mit Analytics werden die zur Verfügung stehenden Datenmengen entlang des gesamten Produktlebenszyklus zur Unterstützung oder Automatisierung von Entscheidungen genutzt.

Der Produktlebenszyklus im Bereich Mode und Lifestyle kann bei OTTO in vier Phasen eingeteilt werden, die im Zusammenspiel einen geschlossenen Kreislauf (Closed Loop) ergeben:

Trenderkennung, Planung, Prognose und Abverkaufsoptimierung (siehe Abb. 5.39). Aus den vorhandenen Daten leitet das Analytics System Bestellvorschläge für das gesamte Sortiment und für jede Filiale ab. Da der Planung automatisierte Entscheidungen und zuverlässige Prognosen zugrunde liegen, kann OTTO sowohl Out-of-Stock-Situationen als auch hohe Abschreibungen vermeiden.

Trenderkennung: Predictive Analytics kann schon in den ersten Entscheidungsfeldern des Produktlebenszyklus oder Portfoliomanagements eingesetzt werden. Das Handelsunternehmen kann rechtzeitig Indikationen erhalten, welche Trends insgesamt abzusehen sind und welche Artikel mit hoher Wahrscheinlichkeit in der Zukunft von den Kunden gewünscht werden. Hierbei kann eine Prognosesoftware die Trendexperten des Unternehmens sinnvoll unterstützen. Deren Entscheidungen basieren heute auf ihrem großen Erfahrungsschatz, auf Store Checks, Messebesuchen, Reisen in Absatz- und Produktionsmärkte und auf historischen Daten. Künftig können diese Informationen durch die Betrachtung und Analyse zusätzlicher Informationsquellen wie Google und Social Media präzisiert und mithilfe von Predictive Analytics ausgewertet werden.

Absatzplanung: Präzise Absatzprognosen sind für den Handel erfolgsentscheidend. Um

Abb. 5.39 Analytics entlang des Produktlebenszyklus. (Quelle: in Anlehnung an blue Yonder 2015, S. 18)

Fragestellungen entlang des Produktlebenszyklus

CLOSED LOOP

TRENDERKENNUNG
▪ Neue Informationsquellen
▪ Zukünftiges Produktbedürfnis

PLANUNG
▪ Aufbau Sortimentsstruktur
▪ Mengenschätzung
▪ Gestaltung der Supply Chain

PROGNOSE
▪ Beschaffung
▪ Absatz-/ Retourenprognose
▪ Publikationsmanagement

ABVERKAUFSOPTIMIERUNG
▪ Flexible Preissetzung
▪ Recommendation Engine
▪ Retourenmanagement
▪ Bestandssteuerung

Kollektionen zu planen, werden genaue Einschätzungen voraussichtlicher Abverkäufe und Ordermengen benötigt. Hier stellt Predictive Analytics konkrete Analysen zur Verfügung, die sowohl historische Daten, eigene Kundendaten, Warenkorb- und ggf. Wunschlistendaten, aber auch unstrukturierte Daten wie Suchanfragen auf Shopwebsites und neue Informationsquellen, z. B. aus Social Media oder Google, berücksichtigen. Die Sortimentsplanung wird deutlich einfacher und präziser und es lassen sich kostspielige Über- oder Unterbestände im Lager verhindern, zumindest aber reduzieren. Täglich wird für jeden Artikel je Farbe und Größe eine aktualisierte Prognose auf Basis von ca. 200 verschiedenen Inputvariablen (z. B. Marke, Preis, Onlineplatzierung, Bestandssituation, Wetter) ermittelt. Hierzu übergibt OTTO wöchentlich 300 Millionen Datensätze an Blue Yonder. Jedes Jahr werden auf dieser Basis mehr als fünf Milliarden Einzelprognosen erstellt. Die Prognosequalität verbesserte sich dadurch gegenüber den herkömmlichen Verfahren um bis zu 40 Prozent je Artikel.

Umsatzoptimierung durch dynamische Preisgestaltung. Der optimale Preis für ein Produkt im Handel hängt von zahlreichen Einflussfaktoren ab, die täglich variieren können. OTTO gelingt es mit Analytics, seine Preise anhand dieser zahlreichen Marktfaktoren permanent anzupassen, aber konsistent in der Preispolitik zu bleiben. Ob „verkaufen um jeden Preis" oder maximaler Gewinn: Mit der dynamischen Preisgestaltung auf Basis von Analytics werden Preise in Echtzeit und für den konkreten Nutzer und die konkrete Situation bestmöglich gesetzt. Im Modebereich sind Preise beispielsweise im Winter- oder Sommerschlussverkauf entscheidend, um die Lager pünktlich zum Saisonende zu räumen. Auch Wetterdaten oder Feiertage fließen in die Berechnung ein.

Wie viel darf eine Badehose kosten, wenn es in den Pfingstferien regnet? Was darf sie kosten, wenn die Sonne scheint? Ein Modehändler weiß aus seinen historischen Daten, dass der Absatz von Badehosen an den ersten warmen und freien Tagen generell deutlich steigt. Kunden, die das schöne Wetter für einen Tag am See oder über

Pfingsten in den Urlaub fahren, sind bereit, genau jetzt Geld für eine Badehose auszugeben. Das heißt: Der Händler kann mehr Geld verlangen, wenn er seinen Umsatz erhöhen will. Eine Predictive Analytics-Lösung rechnet hier mit Hilfe externer Daten (Wetter, Feiertage etc.) und interner Faktoren wie Einkaufspreise, Umsatzziel, historische Preise etc. mehrere Szenarien durch und ermittelt den optimalen Preis automatisiert.

Use Cases: Anticipatory Logistics im Onlinehandel (Amazon)

Eine entscheidende Rolle im Wettbewerb zwischen den großen Onlinehändlern spielt die Geschwindigkeit der Logistik. Kurze Lieferzeiten sind das Ziel vieler eCommerce-Anbieter. Wer zuerst liefert, wird von den Kunden bevorzugt. Zur Umsetzung einer „gefühlten" als auch tatsächlich schnelleren Lieferung entwickelte Amazon das sogenannte „Anticipatory Logistics". Der Ansatz für eine schnellere Lieferung greift auf Kundendaten zu, wertet diese aus und erstellt Vorhersagen, was von wem zu welchem Zeitpunkt bestellt werden könnte. Dieser neue Ansatz wird in der Branche als „Anticipatory Logistics" bezeichnet (DHL Trend Research 2018, S. 53). Ende des Jahres 2013 patentierte das Unternehmen Amazon diesen Ansatz des Anticipatory Logistics, der in den Medien auch als „Predictive Shipping" bekannt wurde. Amazon konnte auf diesen Analytics-Ergebnissen aufbauend die Lieferzeiten deutlich beschleunigen.

Dem Ansatz liegt im Wesentlichen eine Analytics-Lösung zugrunde, die es ermöglicht, dass Amazon Bestellungen der Kunden antizipiert und in das nächstgelegene Warenlager liefert, ohne tatsächlich Bestellungen empfangen zu haben. Die Anticipatory Logistics-Prognose basiert auf Datenauswertungen, die aus verschiedenen Amazonkanälen kommen: Datengrundlage sind frühere Bestellungen und Suchhistorien, Warenkörbe, Wunschzettel und auch die Dauer des Cursors auf bestimmten Produkten auf den Webseiten. Anticipatory Logistics bietet sich vor allem für Produktgruppen an, für die eine insgesamt starke Nachfrage besteht und bei denen die Kunden erwarten, dass sie taggleich geliefert werden können. Klassische Beispiele sind neue

Smartphonemodelle und aktuelle Bestsellerbücher. Umfassende Analyseverfahren sind sowohl im stationären Einzelhandel und auch im eCommerce nicht neu. Auf Basis der historischen Verkaufsdaten entscheiden die Händler bereits seit Langem, welche Waren in welchen Mengen in Lagerzentren vorrätig gehalten werden. Im Unterschied zu diesen aggregierten Kaufprognosen sieht das von Amazon patentierte System aber eine kundenindividuelle Kaufwahrscheinlichkeitsanalyse vor. Pakete werden an die Interessen der einzelnen Kunden angepasst und an speziellen Orten oder selbst auf Lkws im Postleitzahlgebiet des Kunden zwischengelagert. Sollte sich der Kunde dann tatsächlich für das Produkt entscheiden, wird die Bestellung als Same Day Delivery oder über Nacht geliefert.

Use Case: Netflix/„House of Cards"
Netflix ist das weltgrößte Video-Streaming-Portal und ist eine Daten- und Analytics-getriebene Organisation. Bei mehr als 130 Millionen Kunden fallen täglich enorme Daten zum Nutzerverhalten an. Netflix konnte hierauf aufbauend den Kunden schon seit dem Jahr 2000 konkrete Vorschläge unterbreiten, welche DVDs sie als Nächstes ausleihen könnten. Doch erst durch die Auswertung der Onlinenutzerdaten konnte ein äußerst umfangreiches Empfehlungssystem aufgebaut werden. Über 75 Prozent der Sendungen werden auf Basis von Empfehlungen durch den Netflixalgorithmus geschaut (Drösser 2016).

Das Beispiel von „House of Cards" zeigt, dass die Daten neben den Empfehlungen für existierende Inhalte auch für Investitionsentscheidungen in die Produktion neuer Inhalte nutzbar sind. Auf der Grundlage von Nutzerdaten wurde die Serie „House of Cards" bis ins Detail vorgeplant und vorgetestet. Sie basiert auf einer gleichnamigen Kurzserie, die die BBC Anfang der 1990er-Jahre ausgestrahlt hat. Die Art und Weise, wie die Hauptfigur ihr Handeln wie in Shakespeares „Richard III." dem Publikum ankündigt, wurde von dieser Vorlage übernommen. Der Regisseur der meisten Folgen von „House of Cards", David Fincher, hat nach einem Drehbuch von Sorkin den Film „The Social Network" gedreht. Dieser Film wurde von den Netflixkunden überdurchschnittlich oft verlangt. Auch Hauptdarsteller Kevin Spacey ist bei dieser Zielgruppe äußerst nachgefragt. Damit hatte Netflix die Koordinaten für seine Serie. Kevin Spacey und David Fincher wurden verpflichtet, weil sie beim Netflixpublikum in anderen Produktionen bereits gut angekommen waren. Der Erfolg der Serie in den USA und im Ausland etablierte das Geschäft mit TV-Produktionen für Netflix. Dieser Erfolg war möglich, da Netflix das Verhalten jedes einzelnen der Millionen Kunden analysierte. Wonach sie suchen, was sie anschauen, ja sogar, an welcher Stelle sie Filme pausieren, zurückspulen oder ganz abbrechen. Daraus lassen sich Muster generieren, die Netflix einiges an Sicherheit für die Empfehlungen, aber auch für die Produktionen eigener Serien geben.

Use Case: Facebook/„Likes" (Kosinski et al. 2013; Grassegger und Krogerus 2018)
Psychometrie, manchmal auch Psychografie genannt, ist der wissenschaftliche Versuch, die Persönlichkeit eines Menschen zu vermessen. In der modernen Psychologie ist dafür das Messinstrument OCEAN zum Standard geworden. OCEAN ist das psychologische Modell, mit dem der Charakterzug eines Menschen anhand von fünf Persönlichkeitsdimensionen gemessen werden kann. Diese sogenannten Big Five im OCEAN-Modell sind: Offenheit für Erfahrungen (Wie aufgeschlossen sind Sie gegenüber Neuem?), Gewissenhaftigkeit (Wie perfektionistisch sind Sie?), Extraversion (Wie gesellig sind Sie?), Verträglichkeit (Wie rücksichtsvoll, kooperativ und empathisch sind Sie?) und Neurotizismus (Sind Sie leicht verletzlich, emotional labil?). Anhand dieser fünf Dimensionen kann man die Persönlichkeit einer Person und damit auch die Bedürfnisse und Ängste beschreiben – und wie die Person sich tendenziell verhalten wird.

Das Verfahren, das Kosinski mit seinem Forscherteam auf diesem OCEAN-Modell aufbauend entwickelte, ist recht einfach: Zuerst legte man Testpersonen einen Fragebogen vor. Das ist das Onlinequiz. Aus ihren Antworten kalkulierten die Psychologen die persönlichen OCEAN-Werte der Befragten. Damit gleichte Kosinskis Team dann alle möglichen anderen

Onlinedaten der Testpersonen ab: Was sie auf Facebook gelikt, geshared oder gepostet haben, welches Geschlecht, Alter, welchen Wohnort sie angegeben haben. So bekamen die Forscher Muster, Zusammenhänge, und Indizien für Kausalitäten. Aus einfachen Onlineaktionen ließen sich so verblüffend zuverlässige Schlüsse ziehen. Zum Beispiel sind Männer, die die Kosmetikmarke MAC liken, mit hoher Wahrscheinlichkeit homosexuell. Einer der besten Indikatoren für Heterosexualität ist das Liken von Wu-Tang Clan, einer New Yorker Hip-Hop-Gruppe. Lady-Gaga-Follower wiederum sind mit sehr hoher Wahrscheinlichkeit extrovertiert. Wer Philosophie likt, ist eher introvertiert. Solche Informationen allein für sich genommen produzieren keine zuverlässigen Aussagen, aber wenn Hunderte oder Tausende solcher Datenpunkte kombiniert werden, sind die Ergebnisse erstaunlich präzise. 2013 publiziert Kosinski mit den Forscherkollegen, dass man aus durchschnittlich 68 Facebook-seiten-Likes eines Users vorhersagen kann, welche Hautfarbe er hat (95-prozentige Treffsicherheit), ob er homosexuell ist (88-prozentige Wahrscheinlichkeit), ob Demokrat oder Republikaner (85 Prozent) (Kosinski et al. 2013, S. 5802; siehe Abb. 5.40). Aber es geht noch weiter: Intelligenz, Religionszugehörigkeit, Alkohol-, Ziga-

retten- und Drogenkonsum lassen sich berechnen. Sogar, ob die Eltern einer Person bis zu deren 21. Lebensjahr zusammengeblieben sind oder nicht, lässt sich anhand der Daten ablesen. Wie gut ein Modell ist, zeigt sich daran, wie gut es vorhersagen kann, wie eine Testperson bestimmte Fragen beantworten wird. Bald kann das Analytics-Modell anhand von zehn Facebooks-Likes eine Person besser einschätzen als ein durchschnittlicher Arbeitskollege. 70 Likes reichen, um die Personenkenntnis eines Freundes zu überbieten, 150 um die der Eltern, mit 300 Likes kann die Maschine das Verhalten einer Person eindeutiger vorhersagen als deren Partner. Und mit noch mehr Likes lässt sich sogar übertreffen, was Menschen von sich selber zu wissen glauben.

Aber es geht nicht nur um die Likes auf Facebook: Kosinski und sein Team können inzwischen Menschen allein anhand des Porträtfotos den OCEAN-Kriterien zuordnen. Oder anhand der Anzahl unserer Social-Media-Kontakte (ein guter Indikator für Extraversion). Aber wir verraten auch etwas über uns, wenn wir offline sind. Der Bewegungssensor zeigt zum Beispiel, wie schnell wir das Telefon bewegen oder wie weit wir reisen (korreliert mit emotionaler Instabilität). Das Smartphone, stellt Kosinski fest, ist ein

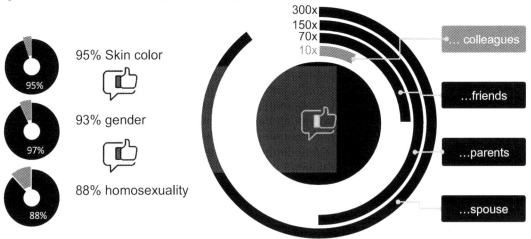

A FEW DOZEN "likes" can reveal skin color, gender, sexual orientation (…likelihood)

95% Skin color

93% gender

88% homosexuality

and give a strong prediction of the users PERSONALITY (…as reliable as …)

300x
150x
70x
10x

… colleagues

…friends

…parents

…spouse

Abb. 5.40 Facebook Likes – Tell me what you like and I tell you who you are. (Quelle: Kosinski et al. 2013, p. 5802–5805)

gewaltiger psychologischer Fragebogen, den wir konstant bewusst und unbewusst ausfüllen. Vor allem aber, und das ist wichtig zu verstehen, funktioniert es auch umgekehrt: Man kann nicht nur aus Daten psychologische Profile erstellen, man kann auch umgekehrt nach bestimmten Profilen suchen – etwa: alle besorgten Familienväter, alle wütenden Introvertierten. Oder auch: alle unentschlossenen Demokraten. Was Kosinski genau genommen erfunden hat, ist eine Menschensuchmaschine. Mit dieser lässt sich weit über die Anwendungsgebiete des eCommerce hinaus agieren. Die Grenzen sind hierbei sicherlich nicht wirtschaftlicher Art, sondern vielmehr auf rechtlicher und letztlich moralischer und ethischer Ebene zu ziehen.

Zusammenfassung

Die **Total Customer Experience** setzt sich aus der Erfahrungssicht und der Erlebnissicht des Kunden zusammen. Die Erfahrungssicht wird durch die eher informationsverarbeitende Sicht beschrieben und wird als Customer Journey Experience bezeichnet. Customer Journey Experience beschreibt die wahrgenommene Wertigkeit (Valenz) der Gesamterfahrung mit einer Marke über verschiedene Touchpoints im Zeitablauf, die sich durch die Wahrnehmung thematisch zusammenhängender (im Sinne eines übergeordneten Markenthemas oder -versprechens), konsistenter (einheitlich und harmonisch im Sinne der Markenpräsentation) und kontextsensitiver (passgenau für unterschiedliche Situationen, Kontexte und Vorlieben) Touchpoints manifestiert. Die Erlebnissicht hingegen beruht auf den unmittelbaren und spontanen Reaktionen, die im Rahmen der Brand Experience zusammengefasst sind. Brand Experience ist die Summe aus (sensorischen) Eindrücken, Gefühlen (affektiv), Denken (kognitiv) und (physischen) Reaktionen, die durch markenbasierte Stimuli an einem Touchpoint ausgelöst werden. Die Total Customer Experience wirkt sich schließlich positiv auf die Kundenloyalität aus und entfaltet einen positiven Effekt auf ökonomische Unternehmenskennzahlen.

Das Customer Experience Management beinhaltet zwei Perspektiven: Erstens die Anbieterperspektive, zweitens die Kundenperspektive. In der ersten sind vorrangig die internen Abläufe zu gestalten, d. h. eine entsprechende Kultur etablieren und die Organisation, Prozesse und Fertigkeiten sowie den Umgang mit den verfügbaren Ressourcen gestalten. Die zweite Perspektive hat die Ausrichtung auf den Kunden, die Interaktion und Gestaltung der Touchpoints zum Gegenstand.

Die Integration digitaler, aber auch nicht digitaler Vertriebskanäle ist eine Evolution, in der die Distanz zwischen dem Kunden und dem eCommerce-Unternehmen sukzessive verringert wird. Der Wandel hin zu einem Einkaufserlebnis, in dem der Kunde zu jeder Zeit auf Produkte und Leistungen mittels jedes beliebien Absatzkanals zugreifen kann, hat den Begriff des **Omni-Channel-Retailings** geprägt. Das Omni-Chanelling ist verknüpft mit einer Lokalisierungsfunktion, dem mobilen Internet und dem Zugriff auf soziale Netzwerke. Diese Funktionen werden als SoLoMo-Ansatz (social, local, mobile) abgekürzt.

Das Omni-Channel-Management setzt nicht nur auf Kundenseite, sondern auch systemseitig einen hohen Grad der Integration voraus. Die notwendige Systemarchitektur muss in der Lage ein, dass 1) in Abhängigkeit der historischen und Echtzeitdaten ein (Omni-Channel-Management-)System eine 2) kontextbasierte Analyse durchführt, um 3) den „best next step" abzuleiten. Diese Schritte sind auf Ebene des einzelnen Kunden und in Echtzeit zu prozessieren.

Die **Digitalisierung** lässt sich in drei + eins (3+1) grundlegende thematische Digitalcluster verdichten: In das Internet of Things (IoT) oder Internet der Dinge, in Social-Media-Dienste und in das Cluster **Big Data & Analytics**. Das Cluster der digitalen Transformation schließlich umfasst als Klammer die ersten drei Cluster und beschreibt die kulturellen Veränderungen und auch die Veränderungen der Geschäftsmodelle, der Betriebsprozesse sowie der Kundeninteraktion.

Big Data & Analytics umfasst ein ganzes Bündel von Technologien zur Aufbereitung der verschiedenen Datentypen sowie wichtige (statistische) Verfahren der Auswertung. Die statistischen Verfahren können anhand der Lernart, mithilfe derer sie ein Modell aus den (Big-)Daten erstellen, in überwachtes und unüberwachtes Lernen eingeteilt werden. Die am stärksten genutzten Verfahren hierzu sind Regressionsanalysen, Entscheidungsbaumverfahren, Clusterverfahren, Verfahren der Assoziationsanalyse und künstliche neuronale Netze.

5.6 Übungsaufgaben und Lösungen

5.6.1 Übungsaufgaben

Aufgabe 1
Nennen Sie die beiden Sichten der Customer Experience und grenzen Sie diese voneinander ab.

Aufgabe 2
Nennen und erläutern Sie die Dimensionen der Customer Journey Experience und auch der Brand Experience. Finden Sie ein Umsetzungsbeispiel für jede Dimension.

Aufgabe 3
Stellen Sie die Customer Journey grafisch dar, indem Sie als Strukturelemente

- die Phasen skizzieren,
- die potenziellen Tochpoints aufzeigen,
- die „Reise" des Kunden entlang der Phasen und Touchpoints visualisieren.

Aufgabe 4
Welche Effekte resultieren aus der (einzigartigen und positiven) Customer Experience? Modellieren Sie die Wirkungspfade als Modell.

Aufgabe 5
Definieren Sie das Customer Experience-Managementkonzept aus Kunden- und Anbieterper-

spektive. Wie können diese Perspektiven im Konzept verbunden werden?

Aufgabe 6
Erläutern Sie die Entwicklung vom Single- zum Omni-Channel-System. Geben Sie an, welche Faktoren diese Entwicklung maßgeblich treiben.

Aufgabe 7
Nennen und erläutern Sie kurz, welche Channel sich unterteilen lassen. Warum ist Unterteilung nicht immer trennscharf durchzuführen?

Aufgabe 8
Bitte erläutern Sie den SoLoMo-Ansatz anhand von Beispielen. Nutzen Sie bitte Beispiele, die nicht im Text bereits angeführt wurden.

Aufgabe 9
Welche Erfolgsfaktoren von Omni-Channel-Systemen existieren? Versuchen Sie diese systematisch anhand der betrieblichen Funktionen zu deklinieren.

Aufgabe 10
Erläutern Sie eine typische Systemarchitektur zum Management von Omni-Channel-Systemen und erläutern Sie die Systemkomponenten kurz.

Aufgabe 11
Erarbeiten Sie eine Arbeitsdefinition für den Begriff der „Digitalisierung". Orientieren Sie sich hierzu an den 3+1-Themenclustern.

Aufgabe 12
Beschreiben Sie die Eigenschaften und Aufgabenfelder von Big Data & Analytics.

Aufgabe 13
Welche Möglichkeit(en) zur Einteilung von Analytics-Verfahren kennen Sie? Bitte ordnen Sie konkrete Analytics-Verfahren in Ihr Einteilungsraster ein.

Aufgabe 14
Geben Sie eine kurze Beschreibung der Regressionsanalyse, des Entscheidungsbaum- und Clusterverfahrens. Was ist bei dem Einsatz im Rahmen

von Big Data & Analytics anders als in dem klassischen Einsatz dieser Verfahren?

Aufgabe 15
Finden Sie Einsatzfelder oder -beispiele für Analytics im eCommerce. Nutzen Sie bitte Beispiele, die nicht im Text bereits angeführt wurden.

5.6.2 Lösungen

Lösung zu Aufgabe 1
Die Total Customer Experience setzt sich aus zwei Sichten des Kunden zusammen: aus der Erfahrungssicht und der Erlebnissicht. Die Erfahrungssicht wird durch die informationsverarbeitende Sicht beschrieben und wird als Customer Journey Experience bezeichnet. Die Erlebnissicht hingegen beruht auf den unmittelbaren und spontanen Reaktionen, die dem Konstrukt der Brand Experience entsprechen.

Lösung zu Aufgabe 2
Die drei Dimensionen einer Customer Journey Experience sind:

1. Thematischer Zusammenhang von Touchpoints (z. B. Nespresso: urbanes System für komfortablen, hochwertigen Kaffeegenuss; Apple: Einfachheit, Minimalismus, Form follows function)
2. Konsistenz von Touchpoints (z. B. Designsprache, Kommunikationsinhalte, Interaktionsverhalten gegenüber dem Kunden, Prozess und Navigationslogik)
3. Kontextsensitivität von Touchpoints (z. B. kontextsensitive Bereitstellung von Informationen, Möglichkeiten der Selbstindividualisierung, selbstbestimmte Flexibilität bei Terminen mit Außendienstmitarbeitern, Servicekomfort).

Ebenfalls ist unter kontextsensitiv das Ausmaß zu verstehen, mit dem Kunden verschiedene Touchpoints als funktionell integriert mit möglichst nahtlosen Übergängen wahrnehmen (z. B. einheitlicher Blick auf Kundendaten im Verkaufsraum und im Callcenter, um zu vermeiden, dass der Kunde sich wiederholt erklären muss; online bestellen – offline abholen; Onlineübersicht über das aktuelle Inventar etc.)

Die vier Dimensionen einer Brand Experience sind:

1. sensorisch
2. affektiv
3. verhaltensbezogen
4. intellektuell

Die Brand Experience besitzt für den eCommerce eine hohe Relevanz, da eine Differenzierung meist nur noch über die emotionale Ebene erfolgen kann. Die kognitive Kaufentscheidung wird letztlich von Emotionen gesteuert und die Unternehmen stehen vor der Herausforderung, sich über eben diese zu differenzieren.

Lösung zu Aufgabe 3
Als Anregung ist die Abb. 5.20 zu verstehen. Hier sollten die konkreten Touchpoints der Journey aber noch stärker herausgearbeitet und visualisiert werden.

Lösung zu Aufgabe 4
Zentrale Effektgröße ist die Loyalität. Durch Loyalität wird das künftige Wiederkaufverhalten positiv beeinflusst und eine stabile Beziehung für die Zukunft eingeleitet. Es geht bei Loyalität um die positive Einstellung und die emotionale freiwillige Verbundenheit, die eine Beziehung ausmachen sollten. Die Bindung entsteht dabei durch kognitive und affektive Bindungskomponenten und manifestieren sich in der Einstellung gegenüber einer Marke. Diese Einstellung ist ein sogenannter Mediationsmechanismus, über die Customer Journey und Brand Experience die Kundenloyalität positiv beeinflussen. Das bedeutet, Customer Journey und Brand Experience beeinflussen die Kundenloyalität nicht nur direkt, sondern auch indirekt über Markeneinstellungen.

Lösung zu Aufgabe 5
In der Anbieterperspektive sind vorrangig die internen Abläufe zu gestalten – ohne dass es hier um den unmittelbaren Kontakt mit dem Kunden geht. Das Unternehmen muss eine bestimmte

Customer Experience für den Kunden ausarbeiten und sicherstellen, dass diese bereitgestellt wird. Für die Unternehmen des eCommerce sind hier die Themenkomplexe Kultur, Organisation, Prozesse und Fertigkeiten sowie der Umgang mit den verfügbaren Ressourcen die Themen. Die zweite Perspektive hat die Ausrichtung auf den Kunden, die Interaktion und Gestaltung der Touchpoints zum Gegenstand. Im eCommerce ist hiermit die Gestaltung der Experience als zentraler Wettbewerbsvorteil zu verstehen. Dies ist insofern eine Co-Creation-Perspektive, da die Customer Experience als Interaktion des Kunden mit anderen Individuen in einem weiteren Ökosystem gesehen wird.

Lösung zu Aufgabe 6

Die Integration digitaler, aber auch nicht digitaler Vertriebskanäle sowie deren parallele Nutzung wird als Multi-Channel-Management bezeichnet. Cross-Channel bedeutet: Integration der Kanäle durch den Einsatz kanalübergreifender Leistungen. Meist wird hier gefordert, dass mindestens ein Mobile-Kanal angeboten wird. Omni-Channel schließlich bedeutet: Es wird die volle Echtzeitintegration der Online-, Offline- und Mobile-Kanäle vorausgesetzt.

Die zunehmende Integration von Kundenwissen, die Verschmelzung von Touchpoints und die Vernetzung aller Zugangspunkte treiben die bisherige, aktuelle und zukünftige Kanalentwicklung voran.

Lösung zu Aufgabe 7

Es können die klassischen Offline-Channel (z. B. Herstellerlagerung mit Direktlieferung, Lieferung über einen Großhändler, Lagerung beim Einzelhändler und Abholung durch den Kunden) und die Online-Channel (z. B. stationäre Online-Channel, Mobile Channel, Social Channel) unterschieden werden. Eine klassische Trennung von Channeln ist aus Sicht des Kunden nicht sinnvoll bzw. machbar, da meist in einer Journey mehrere Channel parallel und gleichzeitig genutzt werden. Eine Betrachtung der Touchpoints ist erheblich sinnvoller und bietet konkreteren Ansatz zur Gestaltung der Journey.

Lösung zu Aufgabe 8

Der SoLoMo-Ansatz bedient folgende Bedürfnisse:

Social: Steht für das Bedürfnis nach Austausch mit anderen Nutzern, Freunden oder Leuten, die an demselben Thema, Unternehmen oder Produkten und Services interessiert sind. Ziel ist es, Vertrauen beim Kunden zu erzeugen.

Local: Betont das Bedürfnis nach ortsabhängigen Informationen und Transparenz in der Beschaffung von Produkten und Services. Neben technologiegebundenen Services wie Sendungsverfolgungen ist das Ziel, den Kunden am Point of Interest auf lokale Angebote hinzuweisen, um neue, oder aber Cross- und Up-Selling-Transaktionen anzustoßen.

Mobile: Steht für die Einbindung von mobilen Technologien während des Kaufprozesses, um zu jeder Zeit und am jeden Ort Produkte erwerben zu können. Zentral ist hierbei, einen nahtlosen und unkomplizierten Bezahlprozess über alle Touchpoints hinweg zu ermöglichen.

Beispiel: kaufDa

Lösung zu Aufgabe 9

Als grundsätzliche Erfolgsfaktoren sind die Kompetenz zur Koordination der passenden Partner, die Anpassung der Mitarbeiterfähigkeiten und die Kompetenz zur Erfassung des Benutzerlebnisses zu nennen.

Erfolgsfaktoren sind in den absatzmarktorientierten Funktionen bspw. die Verknüpfung und Koordination der Channel, der SoLoMo-Ansatz, die Einführung zusätzlicher Touchpoints und die komfortable Nutzung und dauerhafte Erreichbarkeit.

Im Backend sind die Erfolgsfaktoren die Logistik mit dem Management von Rückgaben, des Transports und der Lagerhaltung, aber auch die kunden-/und anbieterseitigen Informationssysteme.

Lösung zu Aufgabe 10

Bei der Systemarchitektur für das Omni-Channel-Management liegt der Fokus nicht auf einem einzelnen Kanal, sondern auf dem Kunden. Im Zentrum der Systemabbildung stehen die vom Kunden genutzten Touchpoints. Betrachtet man einzelne Systemkomponenten, so ist für viele Aufgaben das Customer-Relationship Management-System (CRM) die zentrale Drehscheibe. Da aber in einem integrierten System, das in Echtzeit die Interaktion mit dem Kunden prozessieren soll, ein einzelnes System nicht ausreichend ist, ist ein Zusammenspiel mehrerer Komponenten notwendig. Diese Komponenten sind meist das CRM, das Produktinformationsmanagement (PIM) und das Data Warehouse (DWH).

Lösung zu Aufgabe 11

Als Arbeitsdefinition der Digitalisierung ist festzuhalten, dass gegenwärtig drei + ein-Digitalcluster den Sachverhalt aufspannen. Diese sind:

* „Internet of Things" (IoT) oder Internet der Dinge
* „Big Data" & „Analytics"
* „Social Media"
* Zusätzlich (+ein) noch die „digitale Transformation"

Lösung zu Aufgabe 12

Big Data & Analytics trägt dazu bei, dass 1) relevante Phänomene erkannt und beschrieben, 2) Ursache-/Wirkungsbeziehungen aufgedeckt und 3) in Form eines lernenden Systems proaktiv Entscheidungen vorbereitet und getroffen werden.

Lösung zu Aufgabe 13

Die statistischen Verfahren oder in diesem Kontext auch Data-Mining-Verfahren, speziell machine learning, können anhand der Lernart, mithilfe derer sie ein Modell aus den Daten erstellen, eingeteilt werden. Beim überwachten Lernen sind während des Lern- und Testvorgangs die zu prognostizierenden Werte bekannt. Zwei Beispiele für diese Verfahrensart sind die Regression und die Klassifikation. Beim unüberwachten Lernen sind die Ergebnisse bzw. zu prognostizierenden Werte a priori nicht bekannt. Es wird also versucht, unbekannte Muster zu erkennen. Zwei Beispiele für diese Verfahren sind die Segmentierung und Assoziation. Eine besondere Form des überwachten Lernens ist die des bestärkenden (reinforcement) Lernens. Bestärkendes Lernen kommt stets dann zum Einsatz, wenn ein Endergebnis nicht bestimmbar, jedoch der Trend zum Erfolg oder Misserfolg erkennbar ist. In der Trainingsphase werden beim bestärkenden Lernen die korrekten Ergebnisse also nicht zur Verfügung gestellt, jedoch wird jedes Ergebnis bewertet, ob dieses (wahrscheinlich) in die richtige oder falsche Richtung geht

Lösung zu Aufgabe 14

Bei den Regressionsverfahren suchen wir eine Funktion, die unsere (Big-)Data-Punktwolke – mit der wir uns zutrauen, Vorhersagen über die interessierende, abhängige Variable vornehmen zu können – möglichst gut beschreibt.

Das Entscheidungsbaumverfahren konzentriert sich auf Problemstellungen, bei denen die eindeutige Zuordnung eines (neuen) Datenobjektes zu im Vorfeld gebildeten Klassen erforderlich ist.

Der Einsatzbereich von Clusterverfahren zielt auf die Zuordnung der einzelnen Objekte eines Datenbestandes zu disjunkten Segmenten bzw. Clustern. Dabei sollen die Objekte eines Segmentes in Bezug auf die jeweiligen Merkmalsausprägungen möglichst ähnlich, die Objekte unterschiedlicher Segmente dagegen unähnlich sein

Im klassischen Einsatz wurden meist keine lernenden Algorithmus-/Datensysteme eingesetzt. Erst durch diesen Einsatz aber entsteht die Illusion, dass eine lernende, intelligente Einheit in der Mustererkennung und Entscheidung beteiligt ist.

Lösung zu Aufgabe 15

Einsatzfelder für Analytics im eCommerce sind: Muster im Kundenverhalten, personalisierte und automatisch erstellte Landingpages, thematisch speziell trainierte Chatbots, bequemes Login bei Onlineshops per Gesichtserkennung u. v. m.

Literatur

Abbott, L. (1955). *Quality and competition*. New York: Columbia Press.

Angelis, J., & Pinheiro de Lima, E. (2011). Shifting from production to service to experience-based operations. In M. Macintyre, G. Parry & J. Angelis (Hrsg.), *Ser-*

vice design and delivery (S. 83–94). New York: Springer US. https://doi.org/10.1007/978-1-4419-8321-3.

Arnold, M. J., & Reynolds, K. E. (2003). Hedonic shopping motivations. *Journal of Retailing, 79*(2), 77–95. https://doi.org/10.1016/S0022-4359(03)00007-1.

Backhaus, K., Erichson, B., Plinke, W., & Weiber, R. (2010). *Multivariate Analysemethoden, Eine anwendungsorientierte Einführung.* Berlin: Springer.

Baumgärtel, T. (2009). *Vergleich ausgewählter Data Mining-Verfahren zur Prognose von Kündigungswahrscheinlichkeiten von Krankenkassenmitgliedschaften.* Hamburg: Universität Hamburg, Hochschule für angewandte Wissenschaften Hamburg, Technische Universität Hamburg-Harburg, Hochschulübergreifender Studiengang Wirtschaftsingenieurwesen.

Berry, L. L., Carbone, L. P., & Haeckel, S. H. (2002). Managing the total customer experience. *MIT Sloan Management Review, 43*(3), 85–92.

Bitkom. (2014). *Big-Data-Technologien – Wissen für Entscheider.* Berlin. https://www.bitkom.org/Bitkom/Publikationen/Big-Data-Technologien-Wissen-fuer-Entscheider.html. Zugegriffen am 18.12.2018.

blue yonder. (2015). *Auf dem Weg zum Predictive Enterprise. Mit datengetriebenen Entscheidungen den Geschäftserfolg sichern.* https://www.blueyonder.ai/de/infocenter. Zugegriffen am 20.02.2017.

Boldt, S. (2010). *Markenführung der Zukunft. Experience Branding, 5-Sense-Branding, Responsible Branding, Brand Communitys, Storytising und E-Branding.* Hamburg: Diplomica.

Bowersox, D. J., & Morash, E. A. (1989). The integration of marketing flows in channels of distribution. *European Journal of Marketing, 23*(2), 58–67. https://doi.org/10.1108/EUM0000000000546.

Brakus, J., Schmitt, B., & Zarantonello, L. (2009). Brand experience: What is it? How is it measured? Does it affect loyalty? *Journal of Marketing, 73*, 52–68.

Bruhn, M., & Hadwich, K. (2012). Customer Experience – Eine Einführung in die theoretischen und praktischen Problemstellungen. In M. Bruhn & K. Hadwich (Hrsg.), *Customer experience.* Wiesbaden: Springer Gabler.

Brunner-Sperdin, A. (2008). *Erlebnisprodukte in Hotellerie und Tourismus. Erfolgreiche Inszenierung und Qualitätsmessung.* Insbruck: Dissertation Universität Insbruck.

Bügel, M., Verhoef, P., & Buunk, A. (July 2011). Customer intimacy and commitment to relationships with firms in five different sectors: Preliminary evidence. *Journal of Retailing and Consumer Service, 18*(4), 247–258.

Burnham, T., Frels, J., & Mahajan, V. (2003). Consumer switching costs: A typology, antecedents, and consequences. *Journal of the Academy of Marketing Science, 31*(2), 109–126.

Cassab, H., & MacLachlan, D. L. (2006). Interaction fluency: A customer performance measure of multichannel service. *International Journal of Productivity and Performance Management, 55*(7), 555–568.

Ceyp, M., & Scupin, J.-P. (2013). *Erfolgreiches Social Media Marketing.* Wiesbaden: Springer Gabler.

Chandler, J. D., & Lusch, R. F. (2014). Service systems: A broadened framework and research agenda on value propositions, engagement, and service experience. *Journal of Service Research, 18*(1), 6–22.

Chang, T.-Y., & Horng, S. C. (2010). Conceptualizing and measuring experience quality. The customer's perspective. *The Service Industries Journal, 30*(13/14), 2401–2419. https://doi.org/10.1080/02642060802629919.

Chevalier, J., & Mayzlin, D. (2006). The effect of word of mouth on online sales: Online book reviews. *Journal of Marketing Research, 43*(3), 345–354. http://www.jstor.org/stable/30162409.

Chopra, S., & Meindl, P. (2014). *Supply Chain Management: Strategie, Planung und Umsetzung* (5. Aufl.). Hallbergmoos: Pearson.

Cleff, T., Walter, N., & Jing, X. (2018). The effect of online brand experience on brand loyalty: A web of emotions. *IUP Journal of Brand Management, 15*(1), 7–24.

Cleve, J., & Lämmel, U. (2014). *Data mining.* Berline: de Gruyter.

Court, D., Elzinga, D., Mulder, S., & Vetvik, O. (2009). The consumer decision journey. *McKinsey Quaterly,* 96–107. https://www.mckinsey.com/business-functions/marketing-and-sales/our-insights/the-consumer-decision-journey. Zugegriffen am 25.10.2018.

Dalla Pozza, I. (2014). Multichannel management gets „social". *European Journal of Marketing, 48*(7/8), 1274–1295.

Day, G. S. (2011). Closing the marketing capabilities gap. *Journal of Marketing, 75*(4), 183–195.

De Vries, L., Gensler, S., & Leeflang, P. (2012). Popularity of brand posts on brand fan pages: An investigation of the effects of social media marketing. *Journal of Interactive Marketing, 26*(2), 83–91.

DHL Trend Research. (2018). *Logistics Trend Radar Delivering insight today, creating value tomorrow.* https://www.logistics.dhl/content/dam/dhl/global/core/documents/pdf/glo-core-trend-radar-widescreen.pdf. Zugegriffen am 21.12.2018.

Dinsmore, T. W. (2016). *Diruptive analytics: Charting your strategy for next-generation business analytics.* Berkeley: Apress. https://doi.org/10.1007/978-1-4842-1311-7.

Doorn van, J., Lemon, K. N., Mittal, V., Nass, S., Pick, D., Pirner, P., & Verhoef, P. C. (2010). Customer engagement behavior: Theoretical foundations and research directions. *Journal of Service Research, 13*(3), 253–266.

Drösser, C. (2016). *Total berechenbar? Wenn Algorithmen für uns entscheiden.* München: Carl Hanser.

Eckardt, L. (2017). Erfolgsfaktoren im Omni-Channel-Retailing: Eine empirische Analyse der größten Unternehmen im Einzelhandel. In H. Koztab (Hrsg.), *Schriftenreihe des Lehrstuhls für Logistikmanagement,* 2017 (3). Bremen: Universität Bremen, Fachbereich Wirtschaftswissenschaften.

Edelmann, D. C., & Singer, M. (2015). Competing on customer journeys. *Harvard Business Review, 93*(11), 88–100.

Edvardsson, B., Enquist, B., & Johnston, R. (2005). Co-creating customer value through hyperreality in the prepurchase service experience. *Journal of Service Research, 8*(2), 149–161.

Emrich, C. (2008). *Multi-Channel-Communications- und Marketing-Management.* Wiesbaden: Springer Gabler.

Engelhardt, J.-F. (2006). *Kundenlauf in elektronischen Shops: Typologisierung und Analyse des Erlebens und des Blick-, Klick- und Kaufverhaltens in zwei- und dreidimensionalen elektronischen Shop-Umgebungen auf Grundlage statischer und sequenzanalytischer Mustererkennungen.* Hamburg: Dr. Kovac.

Engelhardt, J.-F., & Ziaja, C. (2018). *Customer Experience im Körperpflege- und Kosmetikmarkt. Nutzer-Typologisierung anhand von Customer Journey Aktivitäten.* Hamburg: Schriftenreihe BSP Business School.

Engelhardt, J.-F., Moormann, S., Niermann, J., & Steinhage, R. (2018). *(im Druck): Erklärung und Effekte der Customer Journey Experience am Beispiel von Apple, Nike und Hollister.* Hamburg: Schriftenreihe BSP Business School.

Esch, F.-R. (2008). *Strategie und Technik der Markenführung* (5. Aufl.). München: Vahlen.

Esch, F.-R., & Knörle, C. (2016). Omni-Channel-Strategien durch Customer- Touchpoint-Management erfolgreich realisieren. In L. Binckebanck & R. Elste (Hrsg.), *Digitalisierung im Vertrieb* (S. 123–137). Wiesbaden: Springer Gabler.

Evans, J. R., & Lindner, C. H. (2012). Business analytics: The next frontier for Decision Sciences, College of Business, University of Cincinnati, Decision Science Institute. http://www.cbpp.uaa.alaska.edu/afef/business_analytics.htm. Zugegriffen am 21. 12. 2018.

Ferrara, E., Varol, O., Davis, C., Menczer, F., & Flammini, A. (2016). The rise of social bots. *Communications of the ACM, 59*(7), 96–104: New York, USA. https://doi.org/10.1145/2818717.

Gatautis, R., & Medziausiene, A. (2014). Factors affecting social commerce acceptance in Lithuania. *Procedia – Social and Behavioral Sciences, 110,* 1235–1242.

Gluchowski, P. (2016). Business Analytics – Grundlagen, Methoden und Einsatzpotenziale. *HMD Praxis der Wirtschaftsinformatik, 53*(3), 273–286. https://doi.org/10.1365/s40702-015-0206-5.

Goncharenko, K. (2017). *Bewegungserkennung mittels Data Mining in Sensordaten.* Hamburg: Hochschule für angewandte Wissenschaften Hamburg, Fakultät Technik und Informatik.

Grassegger, H., & Krogerus, M. (2018). Ich habe nur gezeigt, dass es die Bombe gibt. *Tagesanzeiger.* https://www.tagesanzeiger.ch/ausland/europa/Ich-habe-nur-gezeigt-dass-es-die-Bombe-gibt/story/17474918. Zugegriffen am 21.12.2018.

Grohmann, M., Heumann, C., & von Wangenheim, F. (2013). Determinanten der Kundenbindung. In M. Bruhn & C. Homburg (Hrsg.), *Handbuch Kunden-*bindungsmanagement (8. Aufl., S. 81–100). Wiesbaden: Springer Gabler.

Gupta, S., Pansari, A., & Kumar, V. (2018). Global customer engagement. *Journal of International Marketing, 16*(1), 4–29.

Hahn, D., & Laßmann, G. (1986). *Produktionswirtschaft – Controlling industrieller Produktion* (Bd. 1 und 2). Heidelberg: Physika.

Halper, F. (2014). *Predictive analytics for business advantage,* TDWI Report, Renton. https://vods.dm.ux.sap.com/previewhub/ITAnalyticsContentHubANZ/downloadasset.2014-03-mar-17-21.predictive-analytics-for-business-advantage-pdf. Zugegriffen am 21.12.2018.

Haug, K. (2013). Digitale Potenziale für den stationären Handel durch Empfehlungsprozesse, lokale Relevanz und mobile Geräte (SoLoMo). In G. Heinemann, K. Haug & M. Gehrckens (Hrsg.), *Digitalisierung des Handels mit ePace.* Wiesbaden: Springer Gabler.

Heinemann, G. (2008). *Multi-Channel-Handel. Erfolgsfaktoren und Best Practices* (2. Aufl.). Wiesbaden: Springer Gabler.

Heinemann, G. (2009). Verkauf auf allen Kanälen – Multi-Channel-Systeme erfolgsorientiert ausrichten. *Thexis, 26*(4), 46–51.

Heinemann, G. (2011). *Cross-channel-management* (3. Aufl.). Wiesbaden: Springer Gabler.

Heinemann, G. (2012). *Der neue Mobile-Commerce – Erfolgsfaktoren und Best Practices.* Heidelberg: Springer Gabler.

Heinemann, G. (2013). *No-Line-Handel – Höchste Evolutionsstufe im Multi-Channeling.* Wiesbaden: Springer Gabler.

Heinemann, G. (2014). *SoLoMo – Always-on im Handel.* Wiesbaden: Springer Gabler.

Heinemann, G., & Gaiser, C. W. (2013). *SoLoMo- Always-on im Handel: Die soziale, lokale und mobile Zukunft des Omnichannel-Shoppings.* Wiesbaden: Springer Gabler.

Heinemann, G., & Gaiser, C. W. (2015). *SoLoMo – Always-on im Handel.* Wiesbaden: Springer Gabler.

Heinemann, G., & Gaiser, C. W. (2016). *SoLoMo – Always-on im Handel: Die soziale, lokale und mobile Zukunft des Omnichannel-Shopping* (3. Aufl.). Wiesbaden: Springer Gabler.

Hilbert, A. (17.–18. November 2014). Business Analysis using Regression Analysis, Data Warehousing (DW) Konferenz, Zürich.

Himmelreich, A., Meinert, M., & Pöpplow, M. (2013). Strategic Insight: Everywhere Commerce 2013. Studie der Mücke, Sturm & Company. http://docplayer.org/5090289-Everywhere-commerce-die-ganze-welt-ist-ein-shop.html. Zugegriffen am 25.10.2018.

Holbrook, M., & Hirschman, E. (1982). The experiential aspects of consumption: Consumer fantasies, feelings, and fun. *Journal of Consumer Research, 9*(2), 132–140.

Homburg, C., & Bruhn, M. (2013). Kundenbindungsmanagement – Eine Einführung in die theoretischen und praktischen Problemstellungen. In M. Bruhn & C. Homburg (Hrsg.), *Handbuch Kundenbindungsmanagement* (8. Aufl., S. 3–42). Wiesbaden: Springer Gabler.

Homburg, C., Becker, A., & Hentschel, F. (2013). Der Zusammenhang zwischen Kundenzufriedenheit und Kundenbindung. In M. Bruhn & C. Homburg (Hrsg.), *Handbuch Kundenbindungsmanagement* (8. Aufl., S. 101–134). Wiesbaden: Springer Gabler.

Hui, S. K., Huang, Y., Suher, J. & Inman, J. J. (2013). Deconstructing the „first moment of truth": Understanding unplanned consideration and purchase conversion using instore video tracking. *Journal of Marketing Research, 50*(4), 445–462.

Janiszewski, C., & Meyvis, T. (2001). Effects of brand logo complexity, repetition, and spacing on processing fluency and judgment. *Journal of Consumer Research, 28*(1), 18–32.

Jozic, D. (2015). *Customer Experience Management: Eine empirische Analyse der Gestaltungsmöglichkeiten und Erfolgsauswirkungen.* Mainz: Dissertation Universität Mannheim.

Kassun, J.-M. (2015). Entwicklung einer Multi-Channel-Strategie für den deutschen Lebensmitteleinzelhandel vor dem Hintergrund des Omni-Channeling. In H. Koztab (Hrsg.), *Schriftenreihe des Lehrstuhls für Logistikmanagement,* 2015(3). Bremen: Universität Bremen, Fachbereich Wirtschaftswissenschaften.

Klaus, P., & Maklan, S. (2011). EXQ: A multiple-item scale for assessing customer experience in the emerging experience marketing-model. *International Journal of Marketing Research, 53*(6), 115–122.

Kleinaltenkamp, M. (2013). Nutzungsprozesse – Die vernachlässigte Seite der Wertschöpfung. In G. Schmitz (Hrsg.), *Theorie und Praxis des Dienstleistungsmarketing. Aktuelle Konzepte und Entwicklungen* (S. 1–26). Wiesbaden: Springer Gabler.

Kosinski, M., Stillwell, D., & Graepel, T. (2013). Private traits and attributes are predictable from digital records of human behavior. *Proceedings of the National Academy of Sciences, 110*(15), 5802–5805. https://doi.org/10.1073/pnas.1218772110.

KPMG. (2016). So kaufen wir in Zukunft ein: Trends im Handel 2025. Hamburg. https://home.kpmg/de/de/home/themen/2016/11/trends-im-handel-2025.html. Zugegriffen am 21.12.2018.

Kudyba, S., & Kwatinetz, M. (2014). Introduction to the big data era. In S. Kudyba (Hrsg.), *Big data, mining, and analytics* (S. 1–15). Boca Raton: CRC Press.

Kumar, V., & Pansari, A. (2016). National culture, economy, and customer lifetime value: Assessing the relative impact of the drivers of customer lifetime value for a global retailer. *Journal of International Marketing, 24*(1), 1–21.

Küsters, U. (2001). Data Mining Methoden: Einordnung und Überblick. In H. Hippner, U. Küsters, M. Meyer & K. D. Wilde (Hrsg.), *Handbuch Data Mining im Marketing – Knowledge Discovery, in: Marketing Databases* (S. 95–130). Braunschweig: Vieweg.

Larose, D. T. (2005). *Discovering knowledge in data: An introduction to data mining.* Hoboken: Wiley.

Lemon, K., & Verhoef, P. (2016). Understanding customer experience throughout the customer journey. *Journal of Marketing: AMA/MSI Special Issue, 80,* 69–96.

Lieven, T., & Tomczak, T. (2012). Emotionales Erleben der Markenpersönlichkeit durch verbales Mitarbeiterverhalten. In H. H. Bauer, D. Heinrich & M. Samak (Hrsg.), *Erlebniskommunikation. Erfolgsfaktoren für die Marketingpraxis* (S. 73–96). Berlin: Springer. https://doi.org/10.1007/978-3-642-21133-1.

Löffler, M. (2013). Customer Experience Management: Kundenbindung durch Kundenbegeisterung. In M. Bruhn & C. Homburg (Hrsg.), *Handbuch Kundenbindungsmanagement* (8. Aufl., S. 867–884). Wiesbaden: Springer Gabler.

Lucas-Nülle, T. (2005). *Product information management in Deutschland.* Augsburg: pro literatur.

Lusti, M. (2002). *Data warehousing und data mining* (2. Aufl.). Berlin: Springer. https://doi.org/10.1007/978-3-642-56033-0.

Manning, H., & Bodine, K. (2012). *Outside in – The power of putting customers at the center of your business.* Boston: Brilliance.

Mayer-Vorfelder, M. (2012). *Kundenerfahrungen im Dienstleistungsprozess. Eine theoretische und empirische Analyse.* Berlin: Springer.

McKinney, L. N. (2004). Creating a satisfying internet shopping experience via atmospheric variables. *International Journal of Consumer Studies, 28*(3), 268–283.

Morgan, R., & Hunt, S. (1994). The commitment-trust theory of relationship marketing. *Journal of Marketing, 58*(3), 20–38.

Morschett, D. (2012). Cross-Channel-Retailing – Die Zukunft des Handels. T-Systems Whitepaper. In T-Systems Multimedia Solutions GmbH (Hrsrg.). Online verfügbar unter http://www.t-systems-mms.com/70788. Zugegriffen am 25.10.2018.

Moschis, G. (1976). Shopping orientations of consumer uses of information. *Journal of Retailing, 52*(2), 61–70.

Oliver, R. (1980). A cognitive model of the antecedents and consequences of satisfaction decisions. *Journal of Marketing Research, 17*(4), 460–469. https://doi.org/10.2307/3150499.

Pansari, A., & Kumar, V. (2017). Customer engagement: The construct, antecedents, and consequences. *Journal of the Academy of Marketing Science, 45*(3), 22–30.

Pine, J., & Gilmore, J. (1998). *The experience economy: Work is theater and every business a stage.* Cambridge, MA: Harvard Business School Press.

Pine, B. J., Gilmore, J. H., & Gebauer, S. (2000). *Erlebniskauf. Konsum als Erlebnis, Business als Bühne, Arbeit als Theater.* München: Econ.

Piotrowicz, W., & Cuthbertson, R. (2014). Introduction to the special issue information technology in retail: Toward omnichannel retailing. *International Journal of Electronic Commerce, 18*(4), 5–16.

Radding, A. (1995). Support decision makers with a data warehouse. *Datamation, 1995*(3), 53–56.

Rajumesh, S. (2014). The impact of consumer experience on brand loyalty: The mediating role of brand attitude.

International Journal of Management and Social Science Research, 3(1), 73–79.

Reckenfelderbäumer, M., & Arnold, C. (2012). Der informatisierte Kunde – Handlungsempfehlungen für das Customer Experience Management. In M. Bruhn & K. Hadwich (Hrsg.), *Customer Experience. Forum Dienstleistungsmanagement* (S. 85–106). Wiesbaden: Springer Gabler.

Reinartz, W., & Kumar, V. (2000). On the profitability of long-life customers in a noncontractual setting: An empirical investigation and implications for marketing. *Journal of Marketing, 64*(4), 17–35.

Rushton, A., Croucher, P., & Baker, P. (2007). *The handbook of logistics and distribution management* (3. Aufl.). London: Kogan Page.

Safizadeh, M.-H., Field, J. M., & Ritzman, L. P. (2003). An empirical analysis of financial services processes with a front-office or back-office orientation. *Journal of Operations Management, 21*(5), 557–576.

Schmitt, B. (1999). *Experiential marketing.* New York: The Free Press.

Schmitt, B. (2003). *Customer experience management. A revolutionary approach to connecting with your customers.* Hoboken: Wiley.

Schmitt, B. H., & Mangold, M. (2004). *Kundenerlebnis als Wettbewerbsvorteil. Mit Customer Experience Management Marken und Märkte Gewinn bringend gestalten.* Wiesbaden: Springer Gabler.

Schmitt, B., Brakus, J., & Zarantonello, L. (2015). From experiential psychology to consumer experience. *Journal of Consumer Psychology, 25*(1), 166–171.

Schnorbus, L. (2016). *Erlebnisqualität als Erfolgsfaktor für das Customer Experience Management – Am Beispiel der vom Anbieter beeinflussbaren Kontaktpunkte einer Badepauschalreise.* Lüneburg: Dissertation Leuphana Universität Lüneburg.

Schögel, M. (2012). *Distributionsmanagement – Das Management mehrerer Absatzkanäle.* München: Vahlen.

Schroeck, M., Shockley, R., Smart, J., Romero-Morales, D., & Tufano, S. (2012). *Analytics: The real-world use of big data.* New York: Somers.

Schüller, A. M. (2016). *Touch. Point. Sieg.: Kommunikation in Zeiten der digitalen Transformation.* Offenbach: Gabal.

Schwarz, N. (2004). Meta-cognitive experiences in consumer judgment and decision making. *Journal of Consumer Psychology, 14*(4), 332–348.

Schwerdt, Y. (2013). *Multi-Channel, Cross-Channel und Omni-Channel.* http://www.schwerdtblog.com/2013/02/26/multi-channel-cross-channel-und-omni-channel-retailing/. Zugegriffen am 25.10.2018.

Schwertfeger, M., & Geigemüller, A. (2012). Der Einfluss des Shopping Value auf die differenzierende Wirkung von Einkaufserlebnissen – Eine empirische Analyse. In M. Bruhn & K. Hadwich (Hrsg.), *Customer Experience. Forum Dienstleistungsmanagement* (S. 273–294). Wiesbaden: Springer Gabler.

Simões, C., Dibb, S., & Fisk, R. P. (2005). Managing corporate identity: An internal perspective. *Journal of the Academy of Marketing Science, 33*(2), 153–168.

Stone, G. (1954). City shoppers and urban identification: Observation on the social psychology of city life. *American Journal of Sociology, 60*(1), 36–45.

Trust, R., Zeithaml, V., & Lemon, K. (2000). *Driving customer equity: How customer lifetime value is reshaping corporate strategy.* New York: The Free Press.

Verhoef, P., Lemon, K., Parasuraman, A., Roggeveen, A., Tsiros, M., & Schlesinger, L. (2009). Customer experience creation: Determinants, dynamics and management strategies. *Journal of Retailing, 85*(1), 31–41.

Vorhies, D. W., & Morgan, N. A. (2005). Benchmarking marketing capabilities for sustainable competitive advantage. *Journal of Marketing, 69*(1), 80–94.

Voss, K. E., Spangenberg, E. R., & Grohmann, B. (2003). Measuring the hedonic and utilitarian dimensions of consumer attitude. *Journal of Marketing Research, 40*(4), 310–320.

Weinberg, B. D., Parise, S., & Guinan, P. J. (2007). Multichannel marketing: Mindset and program development. *Business Horizons, 50*(5), 385–394.

Winkielman, P., Huber, D. E., Kavanagh, L., & Schwarz, N. T. (2011). Fluency of consistency: When thoughts fit nicely and flow smoothly. In B. Gawronski & F. Strack (Hrsg.), *Cognitive consistency: A fundamental principle in social cognition* (S. 157–177). New York: Guilford Press.

Xing, Y., Grant, D., McKinnon, A., & Fernie, J. (2011). The interface between retailers and logistics service providers in the online market. *European Journal of Marketing, 45*(3), 334–357.

You, X., & Donthu, N. (2001). Developing and validating a multidimensional consumerbased brand equity scale. *Journal of Business Research, 52*(2), 1–14.

Zhang, J., Farris, P. W., Irvin, J. W., Kushwaha, T., Steenburgh, T. J., & Weitz, B. A. (2010). Crafting integrated multichannel retailing strategies. *Journal of Interactive Marketing, 24*(2), 168–180. https://doi.org/10.1016/j.intmar.2010.02.002.

Zomerdijk, L. G., & Voss, C. A. (2010). Service design for experience-centric services. *Journal of Service Research, 13*(1), 67–82.

Stichwortverzeichnis

© Springer Fachmedien Wiesbaden GmbH, ein Teil von Springer Nature 2019
J.-F. Engelhardt, A. Magerhans, *eCommerce klipp & klar*, WiWi klipp & klar,
https://doi.org/10.1007/978-3-658-26504-5

Printed in the United States
By Bookmasters